Ins Ohr geschrieben
Lyrik als akustische Kunst zwischen 1750 und 1800

Das achtzehnte Jahrhundert
Supplementa

Herausgegeben von der
Deutschen Gesellschaft für die Erforschung
des achtzehnten Jahrhunderts

Band 9

Joh. Nikolaus Schneider

Ins Ohr geschrieben

*Lyrik als akustische Kunst
zwischen 1750 und 1800*

WALLSTEIN VERLAG

Gedruckt mit Unterstützung des Förderungs-
und Beihilfefonds Wissenschaft der VG WORT

Bibliografische Information Der Deutschen Bibliothek
Die Deutsche Bibliothek verzeichnet diese Publikation in der
Deutschen Nationalbibliografie; detaillierte bibliografische Daten
sind im Internet über http://dnb.ddb.de abrufbar.

© Wallstein Verlag, Göttingen 2004
www.wallstein-verlag.de
Vom Verlag gesetzt aus der Adobe Garamond
Gedruckt auf alterungsbeständigem Papier
Druck: Hubert & Co, Göttingen
ISBN 3-89244-319-x

Inhalt

Dank 7

1 Einleitung 9

2 Mündlichkeit, Metrik und Sprachklang
  als Leitkategorien der Poetik 21
  2.1 Auf der Suche nach den Wurzeln der Poesie 21
    2.1.1 Bodmer und der neu-deutsche Minnesang 21
    2.1.2 Herders schriftkritische Poetik des Tons 26
    2.1.3 Nicolais Kritik an gelehrter Volkspoesie 32
  2.2 Auf welchen Füßen steht der Vers? 45
    2.2.1 Theoretischer Rahmen 45
    2.2.2 Metriktheorien zwischen 1750 und 1800
           im Widerspruch 55
      2.2.2.1 Zwischen Zeitmaß und Tonmaß:
              Zur Bestimmung der Silbenprominenz . . . 56
      2.2.2.2 Metrische versus sprachliche Einheiten:
              Eine neue Kategorie zur Beschreibung des Verses 69
      2.2.2.3 Theorien des musikalischen Taktes
              und ihr Einfluß auf die Verslehre 81
      2.2.2.4 Vom lästigen Klingler
              zur poetischen »Fundamentalfigur«:
              Zur Umbewertung des Reimes 95
      2.2.2.5 Künstlichkeit contra Natürlichkeit:
              Eine rhetorische Grundfigur der Metriktheorie 104
  2.3 Akustische Strukturen der Sprache
      in Theorien der poetischen Darstellung 108
    2.3.1 Neuorientierung der Kunsttheorie im 18. Jahrhundert:
           Ein Überblick 108
    2.3.2 Herder: Sprache als tönende Bewegung 113
    2.3.3 Klopstock: »Fastwirkliche Dinge«
           statt willkürlicher Zeichen 127
    2.3.4 Moritz: In sich selbst vollendete Wort-Kunst 139
    2.3.5 A.W. Schlegel:
           Silbenmaß als anthropologische Konstante 146
    2.3.6 Zusammenfassung und Ausblick 154

3 Zur Aufführung lyrischer Gedichte 157
   3.1 Schriftliche Spuren des Gedichtvortrags 157
      3.1.1 Vom Aussprechen geschriebener Verse 158
      3.1.2 Die Wissenschaft von der Deklamation 175
         3.1.2.1 Wider den stummen Buchstaben 177
         3.1.2.2 Systematisierungsversuche 178
         3.1.2.3 Redetöne 182
         3.1.2.4 Deklamation als Artikulations-
                  und Interpretationskunst 186
         3.1.2.5 Deklamation und Gesang 190
   3.2 Lyrik als gesungene Lyrik 198
      3.2.1 »Von jeder Note Rechenschaft«?
             Vertonungen Klopstockscher Oden 200
      3.2.2 »Durch die höchste Sympathie der Freundschaft ganz
             in dein Feuer gesetzt«: Die Briefwechsel zwischen
             Voss und Schulz sowie zwischen Goethe und Zelter . 224

4 Textinhärente akustische Strukturen:
   Zwei exemplarische Analysen 237

   4.1 Grundsätzliche Bemerkungen
        zu Problemen der Gedichtinterpretation 237
   4.2 Tanz der Signifikanten: Klopstocks Ode »Siona« 249
   4.3 Reim- und Frühlingsblüten: Arnims »Nähe des Frühlings« . 278
   4.4 Fazit: Textakustik anstelle von Vortragsakustik 297

5 Ausblick: Lyrik im 20. Jahrhundert als akustische Kunst 299

Anhang 308
   Zeichenerklärung 308
   Tabellen zu Kapitel 4 309
   Bibliographie 321
   Quellennachweise der Abbildungen und Notenbeispiele . . . 344

Dank

Bereits im 18. Jahrhundert mußten sich Zeitgenossen, die ein umfangreiches Studierpensum bewältigen wollten, zurückziehen. Daran hat sich bis heute wenig geändert. Dennoch haben mich während der Arbeit an diesem Buch, das ich im Sommersemester 2000 als Dissertation an der Neuphilologischen Fakultät der Universität Tübingen vorgelegt habe, viele Menschen unterstützt, indem sie mit mir über die zu schreibende Arbeit gesprochen oder schriftlich kommuniziert haben. Dafür möchte ich mich bei ihnen allen herzlich bedanken.

So hat Hans-Georg Kemper (Tübingen) die Dissertation als Doktorvater betreut und ihren Werdegang durch anhaltendes Interesse, durch Gutachten, Lektüren und herzliche Aufmunterungen unterstützt.

Klaus-Peter Philippi (Tübingen) hat sich nicht nur freundlicherweise bereiterklärt, das Zweitgutachten zu übernehmen, sondern hat mich auch durch seine minutiöse Kritik herausgefordert, mein Vorhaben beständig zu überprüfen.

Eine außerordentliche Hilfe waren mir die eingehenden Stellungnamen zu Fragen der Metrik von Leif Ludwig Albertsen (Aarhus), Achim Barsch (Siegen) und Christoph Küper (Vechta).

Für guten Rat in jeweils ganz verschiedener Hinsicht danke ich weiter Klaus Hurlebusch (Hamburg), Joachim Knape (Tübingen), Eva Lilja (Göteborg), Hans Lösener (Vechta), Renate Moering (Frankfurt), Hartmut Schick (München), Daniel Sturm (Ann Arbor), Dietmar Till (Regensburg) und Burghart Wachinger (Tübingen).

York-Gothart Mix (Marburg) hat die Dissertation für die Reihe »Das Achtzehnte Jahrhundert – Supplementa« empfohlen, wofür ich ihm sehr danke. Vor der Drucklegung wurde die Arbeit geringfügig überarbeitet.

Von September 1998 bis August 2000 ermöglichte mir ein Stipendium der Landesgraduiertenförderung Baden-Württemberg konzentriertes Arbeiten. Der VG Wort danke ich für die Gewährung eines Druckkostenzuschuß.

Ganz besonders möchte ich meinen Eltern, Claudia und Lorenz Schneider, und meiner Großmutter Margret Will für ihre großzügige materielle und uneingeschränkte ideelle Unterstützung meines gesamten Studiums danken.

Meine Frau Tanja Panke-Schneider ist, abgesehen von ihrer akribischen Lektüre der Arbeit, ganz entscheidend dafür verantwortlich, daß die Zeit, in der ich an diesem Buch gearbeitet habe, eine vergnügliche Zeit war. Wie so vieles in der folgenden Untersuchung ist auch mein Dank dafür schriftlich kaum auszudrücken.

Bonn, im August 2003 *Joh. Nikolaus Schneider*

Einleitung

Laut zu lesen beschreibt Johann Adam Bergk in seiner »Kunst, Bücher zu lesen« (1799) als kuriosen Ausnahmefall. Bei schlechtem Wetter »vertritt« es, so Bergk, »die Stelle eines Spazierganges«[1], es sei ferner beim Erlernen einer fremden Sprache sowie bei der Einübung der Deklamation nützlich und helfe außerdem, die korrekte Aussprache zu üben.[2] Normalerweise müßten Schriften aller Art jedoch leise gelesen werden. Bergk erläutert ausgiebig die Vorteile der stillen Lektüre; eine Textsorte verpflichtet er ganz entschieden auf diese Lesetechnik:

> Philosophische Schriften dürfen nicht laut gelesen werden, weil uns das Vernehmen der Töne an dem Uiberschauen des Ganzen hindert. Wir vergessen, was wir gelesen haben, und denken immer nur an das, was gegenwärtig ist.[3]

Die von Bergk favorisierte Art zu lesen, die von den lautlichen Einzelheiten eines Textes absieht und auf das Erfassen seiner Gesamtbedeutung ausgerichtet ist, hat sich um 1800 durchgesetzt, nicht nur für philosophische Schriften, sondern für alle Textsorten.[4] Wer den rasant expandierenden Buchmarkt weiterhin überblicken wollte, schaffte dies nur, indem er geselligen Vorleserunden fernblieb und in gesteigertem Lesetempo Schriftstück um Schriftstück abarbeitete, querlas und mehrere Bücher parallel bzw. Bücher über andere Bücher las.[5]

Leises Lesen ist noch heute, trotz der gravierenden Veränderungen der Medien und der Kommunikationsformen, die übliche Lektüretechnik. Insbesondere Literaturwissenschaftler sind Lese-Profis wie Bergk sie sich gewünscht hat. Egal ob sie Literarhistoriker älterer Schulen oder Poststrukturalisten oder empirische Literaturwissenschaftler sind, richtet sich ihr Blick nicht nur auf das Ganze des einzelnen Textes, sondern auf das Ganze möglichst vieler Texte, Kon-, Prä-, Sub-, Inter- und Metatexte nicht zu vergessen.

1 Bergk 1799, 69.
2 Ebd.
3 Ebd., 72.
4 Zur Entstehung der Technik des leisen Lesens im Mittelalter: Saenger 1998.
5 Die Veränderungen des Leseverhaltens am Ende des 18. Jahrhunderts hat Schön 1987 eingehend beschrieben. Stille Lektüre bedeutete auch von der Gemeinschaft isolierte Lektüre, die sich nur etablieren konnte, weil sich zur gleichen Zeit die Vorstellung von der Privatsphäre des Bürgers konstituierte. Zum Zusammenhang zwischen der neuen Lektüretechnik und der Aufwertung der Einsamkeit: Koschorke 1999a, 169-185.

Immerhin sind sich die meisten Literaturwissenschaftler, deren Interesse speziell der Lyrik gilt, bewußt, daß gerade in dieser Gattung das »Vernehmen der Töne«[6] nicht vernachlässigt werden darf. Dieses Bewußtsein wird jedoch oft nur als Selbstverständlichkeit bei der Beschäftigung mit Lyrik vorausgesetzt, ohne im konkreten Fall und in seiner ganzen Tragweite angewendet zu werden. Es ist zwar vorhanden, aber nicht präsent. Deshalb setzt sich die vorliegende Arbeit zum Ziel, akustische Dimensionen der Sprache als zentrale Kategorie zum Verständnis deutschsprachiger Lyrik zwischen 1750 und 1800 zu erschließen. Gerade in den Jahrzehnten, in denen das leise Lesen zum Normalfall der Literaturrezeption wird, beschäftigt insbesondere die Autoren von Lyrik die Frage, wie sie sich gegenüber der neuen Mediensituation verhalten können und sollen. Da das »Vernehmen der Töne« eines Gedichts infolge des umfassenden Verschriftlichungsschubs nicht mehr obligatorisch ist, nimmt seine – neu zu gestaltende – Rolle eine Schlüsselposition in der poetologischen Diskussion ein. Diese Position gilt es zu rekonstruieren.

Zur ersten Orientierung kann die Formulierung des Titels der Arbeit hilfreich sein. Geschrieben wird zum Beispiel in Stein, auf Wachstafeln oder auf Papier, nicht jedoch ins Ohr. Trotzdem durchzieht die europäische Lyrikgeschichte ein Topos, demzufolge Verse, wenn sie auch schriftlich tradiert werden, eher zum Hören als zum Lesen bestimmt sind. Obwohl Gedichtautoren im 18. Jahrhundert Texte schreiben und an ihrer Verbreitung durch den Buchdruck durchaus interessiert sind, intendieren sie oftmals, daß die eigentliche Existenzform der Texte die gesprochene, die erklingende Sprache sei. Schrift wird infolge dieser Intention als sekundäre Aufzeichnungsform verstanden. Dabei wird unterschlagen, daß jeder Autor eines Gedichts im 18. Jahrhundert in einer weitreichenden Tradition schriftlicher Lyrik steht. Die Schrift hat im Laufe dieser Tradition keineswegs erklingende Sprache lediglich wie ein Tonband festgehalten. Vielmehr hat die Schrift die gesprochene Sprache fortwährend bearbeitet und die Möglichkeiten, mit ihr umzugehen, geprägt. Deshalb deutet die Formulierung ›ins Ohr geschrieben‹ auf eine Ambivalenz hin, die den Gegenstand der Untersuchung und auch den Umgang mit ihm prägt.

Denn mit der Sprachakustik widmet sich die Arbeit einem Phänomen der Lyrik, das gleichzeitig elementar und ungreifbar ist. Einfache Selbstbeobachtungen bestätigen, daß die Lautlichkeit und der Rhythmus der Sprache für viele Gedichte konstitutiv sind: Wer Verse aufsagt oder memoriert, kann zum Beispiel feststellen, daß er, wenn er den Wortlaut

---

6 Bergk 1799, 72.

eines Verses vergessen hat, sich trotzdem sicher ist, wieviele betonte Silben der nicht-präsente Vers enthalten muß. Ohne den verbalen Inhalt kann er sozusagen akustische Eigenschaften des Verses als eigenständige Ebene fassen. Andererseits sind die akustischen Eigenschaften von Lyrik in ihrer schriftlichen Überlieferung nicht explizit dokumentiert. Phoneme, Wortbetonung, Satzintonation und Sprechzäsuren werden bei jedem Vortrag und auch bei jeder phonologisch rekodierenden Lektüre[7] aus dem Geschriebenen rekonstruiert. Es ist nicht davon auszugehen, daß der gemeinsame Nenner zwischen verschiedenen Rekonstruktionen, zumal wenn sie zeitlich weit auseinanderliegen, groß ist. Die Frage nach der Sprachakustik in Gedichten ist mit dem methodischen Grundproblem konfrontiert, daß sie sich einem Phänomen zuwendet, das sich in der Schrift nicht niederschlägt.

Das Verhältnis zwischen einem geschriebenen Gedicht und seiner lautlichen Realisierung ist als ein Spezialfall der Beziehung zwischen Schrift und gesprochener Sprache zu betrachten. Christian Stetter hat in seinem Buch »Schrift und Sprache« (1997) gezeigt, wie die Alphabetschrift seit ihrer Entstehung die gesprochene Sprache bearbeitet. Sowohl die Entwicklung der griechischen Grammatik, als auch die Art über Sprache nachzudenken, wie sie in den Dialogen Platons entfaltet wird, sieht Stetter in starker Abhängigkeit von der speziellen Form der Alphabetschrift. Sie sei keineswegs entwickelt worden, um die Laute der gesprochenen Sprache wiederzugeben, sondern um gut lesbare Texte zu erzeugen. Es kam, so Stetter, darauf an, Mehrdeutigkeiten, die beim Festhalten der griechischen Sprache in der semitischen Silbenschrift bestanden, zu beseitigen und die Lesefläche in leicht überschaubare Einheiten zu gliedern.[8] Das durch die Alphabetschrift verursachte Zerlegen des

---

7 Mit Hartmut Günther verstehe ich unter phonologischem Rekodieren »jede Art von Lesetätigkeit, die Lautsprachliches involviert« (Günther 1988, 122). Günther spezifiziert die Definition: »Phonologisches Rekodieren werde jeder psychische Prozeß genannt, bei dem interne Repräsentationen von Buchstabenfolgen in interne Repräsentationen von Lautfolgen umgewandelt werden.« (ebd., 125). Ob jede Lektüre den geschriebenen Text, wenn auch nur rudimentär, rekodiert, ist in der linguistischen Forschung umstritten: ebd., 122-148.

8 Stetter 1997, 56-62; Raible 1991, 5-14. Daß das Konzept der Alphabetschrift die Illusion erzeugt, Laute der gesprochenen Sprache wiederzugeben, hat bereits Lüdtke 1969 hervorgehoben; hierin folgt ihm Günther 1986. Maas 1986 referiert die Tradierung der antiken (speziell der aristotelischen) Schriftauffassung und zeigt auf, daß sich seit der Renaissance die Bemühungen mehren, das phonographische Schriftprinzip, das eine enge Bezugnahme der Schreibung auf die Lautung vorsieht, aufzuwerten. Vogt-Spira 1991 thematisiert ebenfalls die Beziehung zwischen

Sprachflusses in distinkte Elemente habe erst ein Grammatikmodell ermöglicht, das die Sprache in Silben, Wörter und Sätze segmentiert und die Beziehungen zwischen den segmentierten Elementen beschreibt.[9] Dieses Grammatikmodell beschränke sich nicht auf die griechische Antike, sondern habe das europäische Sprachdenken insgesamt geprägt. Stetter verfolgt die Auswirkungen des Prinzips der alphabetischen Schreibung bis in die Linguistik Ferdinand de Saussures und Noam Chomskys, bis in die Sprachphilosophie Wilhelm von Humboldts und Ludwig Wittgensteins.[10]

Die Bewertung der Schrift in Platons späten Dialogen ist zweigeteilt. Einerseits wird betont, daß das schriftliche Festhalten von Gedanken das Gedächtnis entlastet und eine neue Qualität der Reflexion ermöglicht. Andererseits wird Schrift als minderwertige Aufbewahrungsform der Gedanken betrachtet: Geschriebenes muß deshalb durch miteinander kommunizierende Sprecher jeweils in präsenten Sinn verwandelt werden.[11] Aufgrund dieser ambivalenten Haltung können sich Schrifttheorien unterschiedlicher Intentionen auf Platon berufen. Während etwa Eric A. Havelock in seinem »Preface to Plato« (1963) im platonischen Schriftverständnis den Durchbruch zu einer neuen Gesellschaft erkennt, in der die innerhalb der oralen Gesellschaft etablierten Machtverhältnisse hinterfragt und schließlich beseitigt werden, wird für Jacques Derrida mit Platon die Abwertung der Schrift gegenüber der Stimme begründet, die fortan – bis zu Derridas »Grammatologie« (1967) – die phono- bzw. logozentristische Ausrichtung der abendländischen Geistesgeschichte bestimmt.[12]

Die Frontstellung zwischen mündlicher und schriftlicher Kultur, zwischen oralen und literalen Gesellschaften, wie sie Marshall McLuhan in »The Gutenberg Galaxy« (1962) aufgebaut hat, konnte zwar die Sensibili-

    Buchstabe und Laut in der antiken Grammatik und ihre Tradierung bis in die Zeit der Renaissance.
9 Stetter 1997, 63 ff., 77-92; Günther 1986.
10 Stetter 1997, 197-269 (Saussure und Chomsky), 391-514 (Humboldt), 515-648 (Wittgenstein).
11 Eine Lektüre der Dialoge »Phaidros«, »Kratylos«, »Theaitetos«, »Sophistes« und »Parmenides«, die diese doppelte Wertung nachzeichnet: ebd., 299-355.
12 Zur Auseinandersetzung mit der Platon-Lektüre in Derridas »Grammatologie«: Borsche 1986; Koschorke 1997. Zur allgemeinen Auseinandersetzung mit der »Grammatologie«: Hauge 1993; Khushf 1993. Das Projekt B 10 des Freiburger Sonderforschungsbereiches ›Übergänge und Spannungsfelder zwischen Mündlichkeit und Schriftlichkeit‹ hat sich ebenfalls mit der »Grammatologie« auseinandergesetzt. Projektbeschreibung in: Raible 1998, 225-228.

tät der schriftkulturell geprägten Geisteswissenschaften dafür schärfen, daß das jeweilige Medium, durch das Sprache vermittelt wird, einen entscheidenden Teil ihrer *message* ausmacht; nicht gerecht werden konnte diese Opposition allerdings der für die Geschichte der europäischen Sprachen und Literaturen prägenden Koexistenz von Schrift und Sprache. Die Ethnologin Ruth Finnegan hat – veranlaßt durch Studien zu verschiedenen außereuropäischen Erzähltraditionen – die plakative Konfrontation von oraler und literaler Kultur bei Havelock und McLuhan kritisch hinterfragt.[13] Mittlerweile werden die vielfältigen Wechselbeziehungen zwischen Mündlichkeit und Schriftlichkeit und ihre Auswirkungen auf literarische Texte differenzierter beurteilt.[14] Durch die 1998 zum Abschluß gekommene Tätigkeit des Freiburger Sonderforschungsbereiches ›Übergänge und Spannungsfelder zwischen Mündlichkeit und Schriftlichkeit‹ sind eine Fülle von aufschlußreichen Detailstudien entstanden.[15] Sie zeigen insgesamt, daß sich Mündlichkeit und Schriftlichkeit dann als produktive Kategorien literaturwissenschaftlicher Untersuchungen eignen, wenn ihre spezielle Konstellation in der jeweiligen historischen Situation ausgelotet wird.

Deshalb muß gefragt werden, wie sich Schriftlichkeit, Mündlichkeit und Literatur zwischen 1750 und 1800 im deutschsprachigen Raum zueinander verhalten. In der zweiten Hälfte des 18. Jahrhunderts vollzieht sich ein gravierender Verschriftlichungsschub, an dessen Ende sich die von Bergk beschriebene Technik des leisen Lesens etabliert hat.[16] Techni-

13 Finnegan 1988, 12-14, 139-174. Während Havelock die oralen Kulturen pauschal als unreflektiert und primitiv charakterisiert hat, sah McLuhan in der sich ausbreitenden Schriftkultur eine Zerstörung oraler und lokaler Traditionen, die langfristig zu einer Entfremdung des Menschen geführt habe. Goetsch 1991 bietet eine prägnant zusammenfassende Auseinandersetzung mit McLuhans Ansatz sowie mit Jack Goodys und Ian Watts »The Consequences of Literacy« (1968) und mit Walther Ongs »Orality and Literacy« (1983), Arbeiten, die an Havelock bzw. an McLuhan anknüpfen.
14 Überlegungen zum methodischen Umgang mit dem Spannungsfeld ›Schriftlichkeit/Mündlichkeit‹ und mit seinem Niederschlag in Texten bei: Koch/Oesterreicher 1985.
15 Überblick über Forschungsprogramm, Einzelprojekte, Veranstaltungen und Publikationen: Raible 1998.
16 Umfangreiche Darstellungen der Druck-, Schreib- und Lesegeschichte von der Erfindung des Buchdrucks bis 1800 durch Engelsing 1974, Kiesel/Münch 1977, Goetsch 1994. Kiesel und Münch versammeln im Anhang umfangreiches Datenmaterial zu Buchdruck und Alphabetisation. Der von Paul Goetsch edierte Sammelband behandelt in Einzelbeiträgen die Bewertung des Lesens und Schreibens in Deutschland, England und Frankreich. In dem Sammelband Smolka-Koerdt

sche Innovationen führen zu einer enormen Steigerung der Produktion von Büchern und anderen Drucksachen.[17] Diese Expansion erfordert eine Differenzierung der sozialen Rolle des Literatur-Verteilers in die Berufsgruppen Drucker, Verleger und Buchhändler.[18] Die Arbeitsteilung und die technischen Neuerungen garantieren eine ganzjährige, nicht nur auf die Buchmessen beschränkte Versorgung des Publikums mit Lesestoff. Im 18. Jahrhundert entwickelt sich die moderne Form der Zeitung, die aktuelle Nachrichten und Kommentare dieser Nachrichten schnell und weit gestreut verbreitet.[19] In den zu untersuchenden Zeitraum fallen auch die Entstehung der neuen Publikationsformen Taschenbuch und Almanach[20] sowie die Entwicklung des Briefes zu einem Medium privater Mitteilung.[21] Das Anwachsen geschriebener Texte korrespondiert mit einem Anwachsen der Zahl der Lesekundigen. Lese- und Schreibfähigkeit entwickeln sich allmählich von einer exklusiven zu einer allgemeinen Kulturtechnik.[22] Neue Modi der Lektüre sind das Viel-Lesen sowie das Parallel-Lesen mehrerer Texte. Diese Phänomene lösen eine heftige Diskussion über den kulturellen Wert des Lesens, die sogenannte Lesesucht-Debatte, aus.[23]

Die Veränderungen des Buchmarktes und des Leseverhaltens können in Zusammenhang mit zwei anderen Tendenzen im Literaturbetrieb des 18. Jahrhunderts gesehen werden:

Erstens: Dadurch, daß Texte in vorher unbekanntem Ausmaß an ein anonymes Massenpublikum verteilt werden, wird es für die Autoren wichtig, ihre Rechte als Urheber der Texte zu definieren und zu artikulieren. Mit der juristischen geht auch eine ästhetische Aufwertung der Autorrolle einher.[24] Im Gegenzug entwickeln Verleger die Strategie, bestimmte Autoren an sich zu binden und ihre Namen als prestigeträchtige Aushängeschilder einzusetzen.[25] So kann sich das Berufsbild des profes-

et alii 1988 wird die Veränderung des Literaturverständnis infolge des Buchdrucks am Beginn der Neuzeit untersucht. Zum Zusammenhang von Buchmarkt und Lektüre im 18. und 19. Jahrhundert: Wittmann 1982.
17 Zur Entwicklung der Druckverfahren: Gerhardt 1975, 81-103.
18 Kiesel/Münch 1977, 123-132.
19 Ter-Nedden 1988 beschreibt die Publizistik des 18. Jahrhunderts als Rhetorik, die in die Ferne wirkt.
20 Mix 1996.
21 Vellusig 1991.
22 Kalmbach 1996, 69-77.
23 Zur Lesesucht: Schön 1987, 46-49, 317-320.
24 Plumpe 1979; Plumpe 1981; Bülow 1990.
25 Mix 1999, 44-47. Zu individuellen Autoren-Strategien auf dem sich neu konstituierenden Lyrikmarkt: Mix 2001.

sionellen Schriftstellers herausbilden, der nur vom und fürs Schreiben lebt. Die neuen juristischen und gesellschaftlichen Rahmenbedingungen begünstigen das ästhetische Konzept, in einem literarischen Werk die individuellen Züge seines Autors erkennen zu wollen. Anstatt, wie ein Kolporteur, eine kursierende Geschichte weiter zu verbreiten oder, wie ein Hofpoet, den rhetorischen Kanon auf einen bestimmten gesellschaftlichen Anlaß hin zuzuspitzen, richtet der neue Autorentypus seinen Text zwar an ein anonymes, undifferenziertes Publikum, erzählt dafür aber seine Geschichte in seinem Stil.

Zweitens: Da sich die Masse der literarischen Texte stark vermehrt hat, und da nicht mehr gemeinschaftlich, sondern isoliert gelesen wird, wird die Verständigung über die Intention eines Textes komplizierter. Texte müssen nicht nur gelesen, sondern auch gedeutet werden. Diese Aufgabe muß einerseits von jedem Leser selbst geleistet werden, andererseits wird sie an eine neue Berufsgruppe delegiert: die Literaturkritiker. Das starke Anwachsen der literaturkritischen und literaturtheoretischen Schriften und Zeitschriften im 18. Jahrhundert bestätigt den Bedarf an Verständigung über die Intention literarischer Texte. Nicht von ungefähr liegen die Wurzeln der modernen Literaturwissenschaft in der Literaturkritik des 18. Jahrhunderts.[26]

Das Zusammentreffen der skizzierten Veränderungen von Autorrolle, Leserrolle und Buchmarkt sowie das Aufkommen der Literaturkritik hat Siegfried J. Schmidt als Umorganisation des »Sozialsystems Literatur« beschrieben.[27] Obwohl Schmidts Ansatz vielfach kritisiert wurde,[28] erfaßt er, wie ich meine, die tiefgreifende Umstrukturierung des Literaturbetriebs im 18. Jahrhundert, die noch den heutigen Umgang mit Literatur prägt. Wenn mittlerweile auch der Autor- und der Leserbegriff problematisiert wurden und werden, und sich das Selbstverständnis von Verlegern, Literaturkritikern und Literaturwissenschaftlern in einer Krise befindet, erfüllen Literatur um 1800 und Literatur um 2000 ähnliche Funktionen in der Gesellschaft; diese Funktionen entwickeln sich erst in der zweiten Hälfte des 18. Jahrhunderts.

Der Verschriftlichungsschub zwischen 1750 und 1800 bildet den mediengeschichtlichen Hintergrund dieser Arbeit. Die Dynamik der Veränderungen fordert die Zeitgenossen dazu heraus, das Verhältnis von Schrift, gesprochener Sprache und Literatur intensiv zu durchdenken. Diesen Reflexionen wird nachzugehen sein.

26 Weimar 1989, 81-90, 125-147.
27 Schmidt 1989, insbesondere 280-380.
28 Zuletzt durch Mix 1999; vgl. auch Stanitzek 1992 sowie Danneberg et alii 1995.

Auch der im Titel der Arbeit verwendete Begriff ›Lyrik‹ kann profiliert werden. Der heute pleonastische Terminus ›lyrisches Gedicht‹ bezeichnet im 18. Jahrhundert – in Abgrenzung von epischen, dramatischen, epigrammatischen und didaktischen Gedichten – eine Teilmenge der Literatur in Versen. Unter den vielfältigen und durchaus nicht einheitlichen Bestimmungsversuchen der Gattung Lyrik zeichnen sich drei Konstanten ab:

- Lyrisch sind Verse, die gesungen werden oder die sich zumindest zum Singen anbieten.[29]
- Lyrik ist die Gattung des Empfindungsausdrucks. Während die anderen literarischen Gattungen äußere Eindrücke und Handlungen wiedergeben oder über bestimmte Ideen belehren sollen, ist das lyrische Gedicht, wie Johann Jacob Engel in seinen »Anfangsgründen einer Theorie der Dichtungsarten« (1783) formuliert, »Ausdruck des Zustandes, worinn seine [des Dichters] Seele durch gewisse Eräugnisse, gewisse Ideen versetzt ist;«[30]. Infolge der Konzentration auf den Empfindungsausdruck wird die Wirkung eines lyrischen Gedichtes häufig mit der Wirkung der Musik verglichen.[31]
- Anstatt die Gedanken eines literarischen Textes nach logischen oder rhetorischen Prämissen anzuordnen, stehen die Gedanken, Bilder und Eindrücke, die ein lyrisches Gedicht vermittelt, in einem assoziativen und sprunghaften Zusammenhang. Nicht der Verstand, sondern die Phantasie ist dazu in der Lage, diesen Zusammenhang zu erfassen.[32]

Das somit angedeutete Gattungsverständnis zeigt, daß Lyrik im 18. Jahrhundert in starker Affinität zur Ausdrucksart und zur Wirkung der Musik gesehen wird.

29 Vgl. z.B. den Artikel »Lyrisch« in Johann Georg Sulzers Lexikon: »Die lyrischen Gedichte haben diese Benennung von der Lyra, oder Leyer, unter deren begleitenden Klang sie bey den ältesten Griechen abgesungen wurden; [...] Der allgemeine Charakter dieser Gattung wird also daher zu bestimmen seyn, daß jedes lyrische Gedicht zum Singen bestimmt ist.« (Sulzer 1773-74, III, 299). Vgl. auch Engel 1783, 277.
30 Engel 1783, 283. Zur Abgrenzung der Lyrik von den anderen Dichtungsarten: ebd., 19-22.
31 Nach Karl Heinrich Heydenreichs »System der Ästhetik« (1790) sind musikalische Töne diejenigen Zeichen, die sich am besten zum Ausdruck der Empfindungen eignen: Heydenreich 1790, 161 ff. Zum Konzept des Empfindungsausdrucks in der musikästhetischen Literatur des 18. Jahrhunderts: Forchert 1988.
32 Vgl. Engel 1783, 284: »Werden sie [die Ideen] endlich verbunden, so wie sie, nach dem Gesetz der Phantasie, auf mannichfaltige Weise einander wecken; so ist das Werk lyrisch.«

Obwohl diese Affinität in den Poetiken beständig zur Sprache kommt, wird sie sehr unterschiedlich bewertet. Musik und Lyrik stehen keineswegs in einem unproblematischen Kongruenzverhältnis. Um nicht vorschnell die von einigen Autoren suggerierte Analogie von Lyrik und Musik zu übernehmen, bezeichnet der Titel der Arbeit Lyrik als ›akustische Kunst‹, und nicht als ›Musik‹, oder als ›Ton-‹ bzw. ›Klang-Kunst‹. Es geht um die akustischen Eigenschaften der Sprache und ihre ästhetische Funktion in Gedichten, und nicht darum, Gedichte als Musik zu interpretieren. Ich habe das Adjektiv ›akustisch‹ gewählt, weil es sowohl auf klangliche als auch auf rhythmische Eigenschaften der Sprache bezogen werden kann. Vergegenwärtigt man sich Johann Gottfried Herders Verständnis des Begriffes ›Ton‹, wäre der Ausdruck ›Ton-Kunst‹ vielleicht noch treffender als der Ausdruck ›akustische Kunst‹. Mit ›Ton‹ meint Herder zum einen alle Eigenschaften der Poesie jenseits des schriftlichen Textes: die ihr zugehörige Melodie, ihren konkreten Vortrag und ihre gemeinschaftliche Rezeption.[33] Zum anderen bezeichnet er mit ›Ton‹ – im Kontext der Beschreibung des Wahrnehmungsvorgangs – einen durch die Nerven in eine Empfindung umgewandelten akustischen Reiz.[34] In dieser Vielschichtigkeit und ohne seine spezifisch musikalischen Konnotationen wird Lyrik in dieser Arbeit als Ton-Kunst zu beschreiben versucht.

Während der Affinität von Sprache und Musik als Schlüssel zum Verständnis der romantischen Poetik eine Fülle von Untersuchungen gewidmet wurde,[35] liegen nur wenige Studien vor, die die Valenz des Akustischen für die Poetik weiter zurückverfolgen. Die Romantiker erfinden jedoch das Paradigma der Musik keineswegs in den 1790er-Jahren neu, sondern knüpfen an einen seit der Jahrhundertmitte geführten Diskurs an, der hier aufgearbeitet werden soll.

Lyrik zwischen 1750 und 1800 als akustische Kunst ist jedoch nur vermittelt und dadurch bereits interpretiert durch schriftliche Texte zugänglich. Die Textquellen, die über Sprachakustik und ihre Bedeutung für die Lyrik Auskunft geben, lassen sich wie folgt differenzieren.

Erstens: Texte, in denen zum Ausdruck gebracht wird, daß akustische Eigenschaften der Sprache für die Gattung Lyrik von zentraler Bedeutung sind. In diesen Quellen wird Sprachakustik als ästhetisches Pro-

---

33 Dazu ausführlich Kap. 2.1.
34 Dazu Kap. 2.3.2.
35 Aus einer großen Anzahl von Veröffentlichungen nenne ich vier jüngere: Naumann 1990, Stefano 1995, Lubkoll 1995, Menke 2000. Ausführliche Literaturhinweise insbesondere bei Lubkoll 1995.

gramm greifbar. Sowohl literarische Texte als auch ästhetische Schriften gehören dieser Quellengruppe an.

Zweitens: Texte, die darüber Auskunft geben, wie Gedichte vorgetragen werden sollen. Besonders die seit den 1780er-Jahren entstehenden Deklamationslehrbücher bieten relativ konkrete Bestimmungen zur Rezitation von Versen.

Drittens: Texte, die akustische Eigenschaften der Sprache beschreiben; hierunter fallen sprachwissenschaftliche Schriften, die sich den physiologischen und artikulatorischen Grundlagen des Sprechens widmen, sowie Abhandlungen zur Prosodie.

Natürlich lassen sich viele Texte nicht eindeutig einer dieser Gruppen zuordnen. Die zahlreichen Abhandlungen zur Metrik, die im 18. Jahrhunderts entstehen, vermischen nicht selten Programmatik, Pragmatik und Theorie. Gerade deshalb muß man sich bewußt machen, wann man programmatische, wann regulative und wann deskriptive Informationen zur Sprachakustik auswertet. Die Quellenlage motiviert sehr unterschiedliche Fragestellungen, die durch literatur-, sprach- und musikwissenschaftliche Forschungsperspektiven erschlossen werden müssen. Aufgrund dieser Heterogenität verzichte ich in der Einleitung auf einen blockhaften Forschungsüberblick und werde stattdessen an entsprechender Stelle die jeweils relevanten Positionen referieren und kommentieren.

Die Gliederung meiner Untersuchung, die Quellen aller drei Gruppen auswertet, wird durch folgende Leitfragen bestimmt:
1. Welche Bedeutung wird der Sprachakustik in den Poetiken eingeräumt? (Kapitel 2)
2. Wie werden Gedichte vorgetragen bzw. aufgeführt? (Kapitel 3)
3. Wie sind Gedichte hinsichtlich der Sprachakustik strukturiert? (Kapitel 4)

Die drei Hauptkapitel sind folgendermaßen untergliedert:

Kapitel 2.1 referiert verschiedene Versuche, die seit etwa 1750 unternommen wurden, um die Lyrik an mündliche Dichtungstraditionen – Homerische Epen, Anakreontik, Bardenpoesie, Minnesang, Volkslieder – anzuschließen. Gefragt wird nach gemeinsamen Motiven der heterogenen und teilweise auch konkurrierenden Suchen nach den Wurzeln der zeitgenössischen Poesie.

Kapitel 2.2 versucht die umfangreiche und vielschichtige Metrik-Diskussion zu rekonstruieren, die um 1750 mit einer erneuten Auseinandersetzung mit antiken Versen beginnt und in den Jahren nach 1800 relativ rasch zum Erliegen kommt. Kaum ein Lyrikautor dieses Zeitraums setzt sich nicht mit Verslehre auseinander. Die Metrik bietet die Möglichkeit, akustische Eigenschaften der Sprache innerhalb des Verses exakt zu thematisieren. Deshalb ist sie, entgegen ihrer gegenwärtigen Geringschätzung innerhalb der Literaturwissenschaft, kein Nebenschauplatz, sondern eine zentrale Kategorie der Poetik im 18. Jahrhundert.

Im Anschluß hieran widmet sich Kapitel 2.3 der Frage, wie die metrische Organisation eines Gedichtes an seiner Bedeutungskonstitution beteiligt ist. Die Verslehre wird so in Zusammenhang mit Theorien der poetischen Darstellung gebracht. Während sich im 18. Jahrhundert insgesamt das Modell der Willkürlichkeit der Sprachzeichen durchsetzt, verhandeln verschiedene poetologische Entwürfe die Frage, ob die Laute der gesprochenen Sprache – im Gegensatz zu den Schriftzeichen – in unmittelbarer Beziehung zum Bezeichneten stehen. Dieser Ansatz und seine Funktionalisierung für die Lyrik werden speziell bei Herder, Klopstock, Moritz und A.W. Schlegel untersucht.

Kapitel 3.1 thematisiert Konzepte des gesprochenen Vortrags von Lyrik. Zunächst werden Quellen zur Rezitation von Versen Friedrich Gottlieb Klopstocks sowie zur Lyrikrezitation innerhalb des Göttinger Hain ausgewertet. Hierauf folgt eine Skizze der Genese der Deklamation als Wissenschaft, die sich in etwa zwischen 1780 und 1810 vollzieht.

Kapitel 3.2 untersucht die Ästhetik des gesungenen Vortrags von Lyrik. Aus der Fülle der Lyrikvertonungen und der koproduktiven Arbeit von Dichtern und Komponisten werden zwei Bereiche herausgegriffen: erstens die verschiedenen Konzepte der Vertonungen der Oden Klopstocks, zweitens das Programm der Einheit von Wort und Ton, das die langjährigen Briefwechsel zwischen Johann Heinrich Voss und Johann Abraham Peter Schulz sowie zwischen Johann Wolfgang Goethe und Karl Friedrich Zelter durchzieht. Während die korrespondierenden Dichter und Komponisten die Affinität zwischen Musik und Lyrik rhetorisch beteuern, führt die Analyse einzelner Vertonungen immer wieder auf Inkongruenzen zwischen den beiden Künsten.

In Kapitel 4 geht es darum, den erschlossenen zeitgenössischen Horizont für eine detailgenaue Lyrikanalyse produktiv zu machen. Es wird gefragt, wie Gedichte – unabhängig von ihrem konkreten Vortrag als Rezitation oder als Gesang – im Hinblick auf akustische Eigenschaften der Sprache strukturiert sind, und wie diese Strukturierung analytisch zu ermitteln ist. Hierzu müssen zunächst generelle Überlegungen zur Analyse und Interpretation von Lyrik angestellt werden. Es folgen zwei exemplarische Analysen akustischer Strukturen in Klopstocks Ode »Siona« sowie in Ludwig Achim von Arnims Gedicht »Nähe des Frühlings«.

In diesen beiden Gedichtanalysen kommt ein Grundanliegen der Arbeit zum Ausdruck: Es ist mir wichtig, die erörterten Fragestellungen zur Metrik im besonderen und zur Poetik im allgemeinen konkret auf einzelne Gedichte zu beziehen. Die Kenntnis der aufgearbeiteten Positionen kann alternative Kategorien für die Lyrikinterpretation erschließen. Durch die angestrebte Konzentration auf die Struktur des einzelnen Textes unterscheidet sich diese Arbeit grundsätzlich von Studien, die Mündlichkeit, Stimme und Sprachakustik vornehmlich als Kategorien zur Beschreibung ästhetischer Diskurse untersuchen.[36]

---

36 Diese Tendenz z.B. bei Lubkoll 1995 und Menke 2000. Bezogen auf die genannten drei Quellengruppen widmen sich diese Studien nur den programmatischen Aussagen zur Akustik in Texten, nicht dagegen den regulativen und deskriptiven.

2 Mündlichkeit, Metrik und Sprachklang als Leitkategorien der Poetik

2.1 Auf der Suche nach den Wurzeln der Poesie

2.1.1 Bodmer und der neu-deutsche Minnesang

In Johann Jakob Bodmers »Neuen Critischen Briefen« (1749) wird von einem Literaturgespräch mit einem Außer-, besser gesagt, einem Unterirdischen erzählt. Von einem Freund erfährt der Erzähler, so die Ausgangssituation, daß aus einer Erdspalte in einem Eichenhain nächtens mittelalterliche Lieder zu hören seien. Er will sich davon mit eigenen Ohren überzeugen und singt der Erdstimme seinerseits Lieder vor – in die Erde hinein schickt er Verse aus Friedrich von Hagedorns »Oden und Liedern in fünf Büchern« (1747). Prompt locken diese den Hüter der mittelalterlichen Lieder, eine Art Zwerg, der bei Bodmer »Erdmännchen« genannt wird, hervor. Fachmännisch disputieren die beiden über alte und neue Poesie; dabei setzen sie ihre Liedschätze in einen Wechselgesang. Nachdem das Erdmännchen sich so von der Vertrauenswürdigkeit seines Gastes überzeugt hat, nimmt es ihn mit unter Tage. Dort präsentiert es ihm einen prächtig illuminierten Kodex voll mittelalterlicher Lyrik: die Manessische Liederhandschrift – Bodmer selbst hatte den Codex Manesse 1746 erstmals zu Gesicht bekommen, 1758-59 gab er ihn neu heraus. Das Erdmännchen überreicht seinem Gast den kostbaren Hort mittelalterlicher Poesie und legt ihm damit deren Erneuerung in die Hände.[1]

Diese Erzählung ist mehr als eine skurrile Geschichte oder eine märchenhafte Verklärung von Bodmers Mittlerrolle in Sachen Minnesang. Der Erzähler läßt die zeitgenössische Lyrik um 1750 in Dialog mit einer jahrhundertealten, fremden Lyrik treten. Doch offensichtlich stehen sich die beiden poetischen Sprechweisen so nahe, daß die Distanz spielend überwunden wird. Ohne Vermittlungsprobleme kann die mittelalterliche Lyrik die zeitgenössische direkt inspirieren, kann jene durch diese weitergetragen werden. Bodmer meint mit der zeitgenössischen Lyrik, die geeignet sei, mittelalterliche Poesie fortzuspinnen, explizit die anakreontische: Der Erzähler singt dem Erdmännchen Verse Hagedorns vor. Die anakreontischen Lieder von Hagedorn, Johann Wilhelm Ludwig

---

[1] Bodmer 1749b, 474-506. Dazu auch Debrunner 1996, 61 ff.; Müller 1977, 338-342.

Gleim und Johann Peter Uz benutzen ihrerseits fremde Poesie als Inspirationsquelle: griechische – aber ausdrücklich nicht-homerische – anonyme Gedichte, die dem Dichter Anakreon zugeschrieben wurden.[2] Wenn anakreontische Lieder um 1750 als ideale Antwort auf mittelhochdeutsche Minnelieder aufgefaßt werden, geht es, so kann festgehalten werden, nicht vorrangig um das quellenkritische Erschließen älterer Lyrik, sondern um die produktive Aneignung fremder Poesie bzw. um das Aufsuchen von neuen Inspirationsquellen für die zeitgenössische Lyrik.

Hinweise auf Mündlichkeit und Schriftlichkeit bilden zentrale Elemente der Erzählung Bodmers. Zunächst fordert der Gesang des Erzählers das Erdmännchen zum Gegengesang heraus. Alte und neue Poesie erscheinen als Lied, nicht als Text. Es schließt sich ein Literaturgespräch, ebenfalls eine Form mündlicher Kommunikation, an. Das Erdmännchen und der Erzähler haben die Liedstrophen, die sie in Rede und Gegenrede erörtern, jeweils auswendig parat. Der Höhepunkt der Erzählung bringt allerdings ein Buch als Autorität ins Spiel: Die Minnesängerhandschrift, die das Erdmännchen seinem Gast offenbart, ist sakrosankte Quelle der alten Lieder; in dem Kodex ist aufbewahrt, was im Laufe der Jahrhunderte, die zwischen der Jetztzeit der Erzählung und dem Hochmittelalter liegen, verlorenging. Die Erneuerung der alten Poesie glückt allerdings nur dann, so legt der Erzählzusammenhang nahe, wenn die schriftlich gespeicherten Texte wieder in eine mündliche Literaturpraxis eingebunden werden.

Bodmers Bemühungen um den Minnesang wurden in der zweiten Jahrhunderthälfte mehrfach aufgenommen: durch Gleim, durch den Göttinger Hain, durch Christoph Martin Wieland und Gottfried August Bürger, schließlich durch Ludwig Tiecks umfangreiche Minnesänger-Ausgabe (1803).[3] In seinen »Gedichten nach den Minnesingern« (1773) setzt Gleim seinen eigenen Gedichten diejenigen mittelhochdeutschen Strophen, die ihn jeweils inspiriert haben, direkt hinzu, macht also den in der Erdmännchen-Episode beschriebenen Wechselgesang zum Editionsprinzip.[4]

Die Ode »Der Minnesang« (1773) von Voss rühmt explizit Bodmers Verdienste. Sie ist gleichzeitig ein gutes Beispiel für das zeitübliche Synthetisieren verschiedener Dichtungstraditionen. Thema der Ode ist die Erweckung und Erneuerung des Minnesang durch Bodmer und durch Vossens Hainbundgenossen Johann Martin Miller. Als Strophenform

---

2   Zu den Carmina anacreontica und zur anakreontischen Tradition: Albertsen 1996.
3   Debrunner 1996, 60-81.
4   Ebd., 65.

wählt Voss allerdings ein antikes Versmaß, nämlich die dritte asklepiadeische Strophe. Auf ein wesentliches Element des Minnesang, den Reim, verzichtet er. Es folgen die ersten vier Strophen:

> Lange traurte der Geist Walthers in Ludewigs
> Büchersälen, wo Staub hüllte den Minnesang
>   Jener goldenen Zeiten,
>   Da noch Heinriche herrscheten.
>
> Sorgsam wehrt' er den Schwarm nagender Motten ab
> Von der farbigen Schrift, sorgsamer barg er noch
>   Ihre Deutung den Blicken
>   Des unheiligen Galliers.
>
> Oftmal horcht' er an dir, Donau, ob niemand sei,
> Den des Ahnen Gesang kümmerte: niemand war!
>   Zornig bäumt' er im Sturm des
>   Stromes Wogen, und floh zurück.
>
> Endlich sahst du die Schmach, Bodmer, und standest auf,
> Zu erlösen das Lied aus der Gefangenschaft;
>   Und nach müdender Arbeit
>   Gabst du es wieder dem Lande Teuts.[5]

Neben der asklepiadeischen Strophenform fällt ein anderes formales Element auf, das auf eine weitere Dichtungstradition hindeuten könnte. Angeregt durch Klopstock pflegten die Göttinger Haindichter die sogenannte Bardenmode, die sich aus einer Vermischung von Bruchstücken altnordischer und altfränkischer Mythologie sowie von Germanen-Topoi aus Tacitus' »Germania« speiste.[6] Bodmer lehnte diesen neuen Germanen-Mythos entschieden ab.[7] Die historischen Grundlagen der Bardenmode wurden noch deutlich unkritischer ausgewertet als diejenigen zur Beschäftigung mit dem Minnesang. Klopstock entwarf in seinen Barden-Oden und in seinen Hermannsdramen, die er in Anlehnung an Tacitus' Begriff »barditus«[8] als »Bardiete« bezeichnete, eine germanische »Pseudo-

---

5 Zit. nach: Göttinger Hain, 262.
6 Zur literarischen Bardenmode und ihren Quellen: Düwel/Zimmermann 1986. Wichtigste literarische Quelle waren James Macphersons Ossian- und Fingal-Nachdichtungen der 1760er-Jahre, die der Verfasser als Fragmente altschottischer Poesie ausgab. Zur politischen Stoßrichtung der Germanen-Rezeption des Göttinger Hain: Kemper 2002b, 148-166.
7 Debrunner 1996, 72 f.
8 Tacitus, Germania, 80. Dort allerdings die Schreibweise »baritus«; zur Schreibung: ebd., 308 f. (Kommentar). »Bar(d)itus« bezeichnet den Kriegsgesang der Germanen.

Mythologie«[9]. Trotz dieser diffusen Germanen-Rezeption haben die alliterativen Strukturen der zitierten Odenstrophen (z.B. »Heinriche herrscheten«, »[...] an dir, Donau, [...]«, »Zu erlösen das Lied«) möglicherweise den germanischen Stabreim zum Vorbild. Besonders in der zehnten Strophe verdichten sich die Alliterationen auf den metrisch betonten Silben:

> Ach! Wie reizest du, Lied! Reiner als Lerchensang
> Aus den Lüften im Mai; frischer als Morgentau
>   Über Rosen; bezaubernd
>   Wie der kußlichste Mädchenmund![10]

Nach der Huldigung an Bodmer, der den Minnesang wiederentdeckte, richtet sich die Ode in erster Linie an Miller, auf den der »Geist Walthers« direkt übertragen wird. In Millers Gedichten gelinge die lebendige *renovatio* des Minnesangs, sein »Lied« ist »frischer als Morgentau | Über Rosen«. Mit der Nennung der »Heinriche« in Strophe I wird auch auf Klopstocks Kaiser Heinrich-Ode (1764) angespielt; immerhin erschien Vossens Ode zuerst in der »An Klopstock« betitelten Lyriksammlung des Göttinger Hain von 1773.[11] Klopstocks in alkäischen Strophen abgefaßte Ode ruft ebenfalls die Epoche der staufischen Kaiser wach – explizit genannt werden Barbarossa und Heinrich VI., der Minnesänger, – und fordert, daß die in »Klosteröden« verborgene »farbenhelle Schrift« erneut zum Tönen gebracht werde.[12]

Vossens Intention ist weniger literarhistorisch als vielmehr kulturpolitisch. Bodmers langwierige Bemühungen, die Manessische Handschrift aus Paris in die Schweiz zu bekommen, werden bereits in den ersten Strophen zu einem deutsch-französischen Kulturkampf überhöht. Nicht die guten konservatorischen Bedingungen, sondern der den Liedern innewohnende »Geist Walthers« schützte die Handschrift vor dem »Schwarm nagender Motten«. Ja sogar eine Fehldeutung des »unheiligen Galliers« konnte dieser gute Geist verhindern. Auch die Schlußwendung der Ode fällt deutlich anti-französisch aus; aufgefrischt durch den Minnesang kann sich die zeitgenössische deutsche Poesie besser als zuvor von der französischen abgrenzen:

---

9 Düwel/Zimmermann 1986, 370. Zu den Hermannsdramen: Zimmermann 1981.
10 Göttinger Hain, 263 [Hervorhebungen von mir].
11 Eine umgearbeitete Fassung der Ode, die 1802 unter dem Titel »Der deutsche Gesang« erschienen ist (Voss, Lyrische Gedichte, I, 44-49), nennt neben Bodmer und Miller auch noch den Bundesgenossen Hölty sowie Hagedorn und Gleim als Wiedererwecker der Poesie.
12 Klopstock, Oden, I, 161 ff.

Lernt dies schmachtende Lied, Töchter Germaniens!
Sittsam ist es und keusch; nie wird ein Buhlerscherz,
   Wenn ihrs singet zur Laute,
      Schnell mit Röte die Wang umziehn!
Lernt dies schmachtende Lied! Oder soll immerfort
Weicher Franzen Gesang, und der Ausonische
   Schmerz in rasenden Opern
      Eure Lippen entheiligen?[13]

Der Synkretismus verschiedener fremder Poesien – antike Lyrik, Bardenpoesie, Minnesang – zielt bei Voss, wie der Titel der umgearbeiteten Odenfassung unmißverständlich anzeigt, auf einen neuen »deutsche[n] Gesang«[14], in dem das Fremde zum Eigenen geworden ist.[15]

Bodmer hat nicht nur die Manessische Handschrift neu ediert, er hat sich auch, bereits in den 1720er-Jahren, für die Lieder der schweizerischen Alpenbewohner interessiert.[16] Wie Albert Debrunner in seiner Studie über Bodmers Mittelalter-Rezeption herausgearbeitet hat, wurden seit etwa 1700 in der Schweiz volkskundliche Alpenexkursionen unternommen. Der edle Naturmensch, den die Antike in fiktiven Weltgegenden, die Renaissance in weit entfernten außereuropäischen Ländern gesucht hatte, wurde jetzt vor der eigenen Haustür entdeckt.[17] Der Züricher Universalgelehrte Johann Jakob Scheuchzer bereiste 1694 erstmals mit natur- und volkskundlichen Fragestellungen die Alpen; die Abschnitte über Alpen und Alpenbewohner in Bodmers Zeitschrift »Die Discourse der Mahlern« (1721-23) sind direkt von Scheuchzers Aufzeichnungen beeinflußt.[18] Seinerseits beeinflußte Bodmers Vorstellung, in den Alpen ein zivilisatorisch nicht überformtes Leben vorfinden zu können, etliche Autoren, darunter Albrecht von Haller, Salomon Gessner und die

13 Göttinger Hain, 263.
14 Voss, Lyrische Gedichte, I, 44.
15 Vgl. auch die der Fassung von 1802 beigefügte Notiz: »[...] Häufige Gespräche über Mangel an echtdeutschen Liedern, und über den eingeschränkten Modeton unserer aus Gottschedischer Verwässerung wieder aufblühenden Sprache, veranlaßten einige von uns, samt unserm benachbarten Freunde Bürger, den Geist und die Sprache jener Denkmäler etwas genauer zu erforschen. Mit gleicher Absicht lasen Virgil, Milton, Klopstock [!] und Lessing die Vorfahren, daß von ihren nicht ganz abgestorbenen Ausdrücken und Fügungen, was Leben verdiente, für die mannigfaltigen Tonarten der Poesie entdeckt würde.« Zit. nach: Göttinger Hain, 339.
16 Debrunner 1996, 46 f.
17 Ebd., 3-20.
18 Ebd., 7 f.

Brüder Stolberg.[19] Allerdings darf nicht übersehen werden, daß die schweizerische Alpen-Ethnologie des 18. Jahrhunderts wunschgeleitet war: Es ging nicht darum, die Lebensweise der Bergbauern zu dokumentieren, vielmehr sollte die seit der Antike geläufige Fiktion vom naturnahen Leben in der Gegenwart und in unmittelbarer räumlicher Nähe aufgefunden werden. Die fremde Lebensweise auf rauhen Bergeshöhen sollte der eigenen, als überzivilisiert empfundenen Lebensweise als Spiegel vorgehalten werden. Ähnlich wie bei der Suche nach fremder Poesie begegnet auch hier das Modell der Vereinnahmung des Fremden.

2.1.2 Herders schriftkritische Poetik des Tons

Im Laufe des 18. Jahrhunderts wurden verschiedene Versuche unternommen, die deutschsprachige Dichtung durch das Rezipieren fremder Poesie aufzufrischen. Die Inspirationsquellen Minnesang, Bardenpoesie und Anakreontik wurden bereits genannt. Auch die erneute intensive Hinwendung zu antiker Lyrik und Epik kann zu diesen Versuchen gerechnet werden. Als weitere entscheidende Inspirationsquelle wird die fremde Lyrik vor der eigenen Haustür, wie sie den Poeten in den Volksliedern entgegentritt, ausgeschöpft. Bereits Bodmer hatte sich für Lieder aus den Alpen interessiert, Gotthold Ephraim Lessings 33. Literaturbrief (1759) führt zwei sogenannte Dainos (ebenfalls Volkslieder) aus Litauen an. Wenn Herder, unterstützt durch Goethe, 1771 im Elsaß sein Volkslied-Projekt beginnt, greift er eine Idee auf, die deutlich älter ist als die Sturm und Drang-Bewegung.

Die Bemühungen um die verschiedenen Dichtungstraditionen stehen teilweise in Konkurrenz: Bodmer attackiert die Bardenmode der Göttinger; Herder hält aufgrund der Sprachbarriere die Beschäftigung mit mittelhochdeutscher Lyrik für wenig erfolgversprechend;[20] die Belebungsversuche des homerischen Epos durch Klopstock und Voss werden mehrfach als unersprießliche Graecomanie verspottet,[21] Voss seinerseits polemisiert gegen das Anknüpfen der Frühromantiker an die romanische Sonetten-Dichtung. Andererseits fällt trotz solcher Rivalitäten auf, daß – wie Vossens Ode »Der Minnesang« gezeigt hat – unterschiedliche Dichtungstraditionen unbekümmert synthetisiert werden. Deshalb ist zu überlegen, ob ein gemeinsamer Nenner der verschiedenen Suchen nach Wurzeln der Poesie bestimmt werden kann.

---

19 Ebd., 10-15.
20 Vgl. Herder, Volkslieder, 15 f., 239.
21 Vgl. Schlegel 1796.

Das Interesse an fremder Poesie im 18. Jahrhundert gilt, wie ich meine, nicht in erster Linie den einzelnen Texten, sondern einer durch die Texte noch rudimentär zu greifenden Praxis des Dichtens, die eine Alternative zum Literaturbetrieb der Gegenwart aufzeigt. Anhand der alten Lieder wie auch der Volkslieder soll die mündliche Kommunikation innerhalb von geschlossenen Produktions-Rezeptions-Gemeinschaften vergegenwärtigt werden. Diese wird von den Autoren des 18. Jahrhunderts zum Gegenbild ihrer Gesellschaft stilisiert, in der die fortgeschrittene Schriftlichkeit die unmittelbare Kommunikation vom Mund zum Ohr durch eine indirekte, anonyme Massenkommunikation ersetzt hat. Die zur Gegenwart alternative Praxis der Gedichtproduktion und -rezeption wird nicht als nur akzidentielles Merkmal der Lyrik, sondern als Wesensmerkmal von Poesie schlechthin begriffen. In den Vorreden zu Herders Volkslieder-Sammlungen wird eine Poetik formuliert, die das Wesen der Poesie jenseits der Schriftlichkeit sucht. Insofern laufen bei Herder die verschiedenen Bemühungen um fremde Poesie zusammen. Dies soll die folgende kursorische Lektüre der Volkslieder-Vorreden verdeutlichen.[22]

In seinem Ossian-Aufsatz (1773) führt Herder sich und dem Leser die Situation vor Augen, in der er die Ossian-Gedichte, James Macphersons brillante Nachdichtung alt-schottischer Poesie (1760-63), zuerst rezipiert hat:

> Ossian zuerst, habe ich in Situationen gelesen, wo ihn die meisten, immer in Bürgerlichen Geschäften, und Sitten und Vergnügen zerstreute Leser, als blos amusante, abgebrochene Lecture, kaum lesen können. Sie wissen das Abentheuer meiner Schiffahrt; aber nie können Sie sich die Würkung einer solchen, etwas langen Schiffahrt so denken, wie man sie fühlt. Auf Einmal aus Geschäften, Tumult und Rangespossen der Bürgerlichen Welt, aus dem Lehnstuhl des Gelehrten und vom weichen Sopha der Gesellschaften auf Einmal weggeworfen, ohne Zerstreuungen, Büchersäle, gelehrten und ungelehrten Zeitungen, über Einem Brette, auf ofnem allweiten Meere, [...], mitten im Schauspiel einer ganz andern, lebenden und webenden Natur, zwischen Abgrund und Himmel schwebend, täglich mit denselben Endlosen Elementen umgeben, [...] nun die Lieder und Thaten der alten Skalden in der Hand, ganz die Seele damit erfüllt, [...] glauben Sie, da lassen sich Skalden und Barden anders lesen, als neben dem Katheder des Professors![23]

22 Gaiers Kommentar thematisiert die Entstehungsgeschichte und den poetologischen Hintergrund von Herders Volkslied-Poetik eingehend: Herder, Volkslieder, 839-927.
23 Herder 1773, 168 f.

Die naturnahe Rezeption während seiner Schiffsreise ist, wie Herder ausführt, dem Entstehungszustand der Lieder angemessener als die buchgelehrte Rezeption. Die Schwierigkeiten bei der Übersetzung alter und fremdsprachiger Poesie, die Herder im gleichen Aufsatz ausführlich erörtert, sind für ihn hauptsächlich darin begründet, daß sich der gelehrte Übersetzer nicht in die Entstehungsweise und die ursprüngliche Rezeption seiner Vorlagen einzufühlen vermag.[24] Wörter von der einen Sprache in die andere umzusetzen, stelle kein Problem dar, was jedoch bei den meisten Übersetzungen verlorengehe, sei der »Ton«[25]. In diesem komplexen Begriff bündelt sich Herders Volkslied-Poetik: »Ton« meint nicht nur die musikalische Dimension eines Liedes, sondern den organischen Zusammenhang von Wort, Melodie und Vortrag, die unmittelbare Nähe von Dichter, der auch Sänger ist, und Hörer.[26] »Ton« bildet somit einen Gegenbegriff zum schriftlichen Literaturbetrieb, denn er bezeichnet alles das, was über die schriftliche Fassung eines Textes hinausgeht.[27] Entscheidend sind für Herder nicht die als Texte zu sammelnden Lieder, sondern die Mündlichkeit, die jenseits der Texte gerade noch zu greifen ist:

> Dort [in der älteren Poesie] Alles voll Sang und Klang, Einfalt und Würkung: hier [i.d. Gegenwarts-Poesie] schon immer und nichts als immer ein ausgeschnittenes Versebildchen, das dort an der Wand des Kabinettes so schön und müßig hanget. Und wenn man sich diese Lieder nun vom Papier hinweg, in ihren Kreis, ihre Zeiten, in die lebendige Rührung des Volks zurückdenkt: was die ältern Geschichtsschreiber von den alten Barden, und die mittlern Geschichtsschreiber von den Würkungen ihrer Minstrels und Meistersänger so viel sagen, kann man, dünkt mich, hier noch immer im kleinen Nachklange ahnden![28]

Auch die im Kontext des Herderschen Volklied vielfach beschriebene Poetik der »Sprünge und Würfe«[29] läßt sich leicht verstehen, wenn man den lebendigen Produktions-Rezeptions-Zusammenhang als Kern der Volkslied-Ästhetik begreift. Die Lieder stellen nicht den fiktionalen Entwurf eines Dichters vor, sondern sprechen Themen, Begebenheiten, Gefühle an, die der Gemeinschaft der Hörer präsent sind, die sozusagen

---

24 Ebd., 167.
25 Herder, Volkslieder, 247.
26 So auch Gaiers Kommentar, ebd. 887: »Mit ›Ton‹ [...] ist also die Zusammenstimmung von Musik und Sprache, Situation, Adressatenbezug, Thema, Tendenz, Form, und v.a. der poetische Wechsel (Modulation), [...] gemeint, [...]«.
27 Dazu s.a. Kemper 2002a, 230-232.
28 Herder, Volkslieder, 19.
29 Herder 1773, 197.

dem Kollektivbewußtsein angehören. Da sie nicht einem Außenstehenden einen nachvollziehbaren Erzählzusammenhang vermitteln müssen, können sie durchaus sprunghaft verfahren:

> Alle Gesänge solcher wilden Völker weben um daseiende Gegenstände, Handlungen, Begebenheiten, um eine lebendige Welt! Wie reich und vielfach sind da nun Umstände, gegenwärtige Züge, Teilvorfälle! Und alle hat das Auge gesehen! Die Seele stellet sie sich vor! Das setzt Sprünge und Würfe! Es ist kein anderer Zusammenhang unter den Teilen des Gesanges, als unter den Bäumen und Gebüschen im Walde, unter den Felsen und Grotten in der Einöde, als unter den Szenen der Begebenheit selbst.[30]

Entscheidend ist nicht die Wahl der Quellengattung – Bardenpoesie, Minne-, Meistersang oder Volkslied –, sondern die »lebendige Welt«, auf die die gesammelten Lieder verweisen können. Sie sind keine Individualschöpfungen einzelner Autoren, sondern Kollektivleistungen einer kulturellen Gemeinschaft. In den Volksliedern wird angeblich eine ursprungsnahe Stufe der Menschheitsentwicklung greifbar, in der die Gesellschaft noch nicht arbeitsteilig organisiert ist, in der es folglich auch noch keine professionellen Dichter gibt. Poesie ist hier keine gelehrte Disziplin, sondern eine jedem Menschen natürliche Äußerungsform. Damit wird deutlich, daß Herders Volkslieder-Sammeln weit über nur literarische und poetologische Interessen hinausgeht. Volkslieder werden ihm zur wichtigen Quelle für sein Großprojekt einer Universalgeschichte der Entwicklung der Menschheit. Mit den Volksliedern werden nicht nur Texte oder Lieder archiviert, sondern menschliche Grundsituationen und -emotionen.

Auf die Authentizität seiner Quellen legt Herder keinen besonderen Wert, vielmehr greift er auf, was er findet: laut den Angaben seiner Verzeichnisse peruanische, spanische, französische, italienische, lateinische, morlackische (d.h. serbokroatische), englische, nordische, baltische und deutsche Volkslieder – meist aus literarischen und oft bereits übersetzten Quellen.[31] Die Vorrede zum zweiten Teil der Volkslieder-Sammlung von 1778/79 macht auch Homer zum »Volksdichter« seiner Zeit und entzieht ihn dadurch dem klassischen – schriftlich manifestierten – Literaturkanon.[32] Insgesamt konzipiert Herder eine Poesie, für die die Schriftlichkeit sekundär ist:

---

30 Herder 1773, 196 f.
31 Gaiers Stellenkommentar arbeitet die Quellenlage präzise auf.
32 Herder, Volkslieder, 231.

Es ist wohl nicht zu zweifeln, daß Poesie und insonderheit Lied im Anfang ganz Volksartig d. i. leicht, einfach, aus Gegenständen und in der Sprache der Menge, so wie der reichen und für alle fühlbaren Natur gewesen. Gesang liebt Menge, die Zusammenstimmung vieler: er fodert das Ohr des Hörers und Chorus der Stimmen und Gemüter. Als Buchstaben- und Sylbenkunst, als ein Gemälde der Zusammensetzung und Farben für Leser auf dem Polster, wäre er gewiß nie entstanden, oder nie, was er unter allen Völkern ist, worden. [...] Sie [d. Poesie] lebte im Ohr des Volks, auf den Lippen und der Harfe lebendiger Sänger: sie sang Geschichte, Begebenheit, Geheimnis, Wunder und Zeichen: sie war die Blume der Eigenheit eines Volks, seiner Sprache und seines Landes, seiner Geschäfte und Vorurteile, seiner Leidenschaften und Anmaßungen, seiner Musik und Seele.[33]

Unter dieser Perspektive befindet sich der Volkslied-Sammler von Anfang an in einer paradoxen Situation: sein Sammeln der Texte kann das, worauf es ihm ankommt, eigentlich nicht festhalten. Während Herder dieses Paradoxon durchaus bewußt war, hat sich in den beachtlichen Volkslied-Korpora des 19. Jahrhunderts der philologische Sammeleifer verselbständigt.[34] Trotz der massiven Kritik am Literaturverständnis der Gelehrten in den hier zitierten Vorreden und im »Journal meiner Reise« (1769) fordert Herder kein simples Zurück zur Mündlichkeit. Bereits in den 1764/65 entstandenen Fragmenten »Von der Ode« erkennt er, daß sich der kulturelle *status quo* nicht einfach zurückdrehen läßt, daß man zwar auf die Kehrseiten der Verschriftlichung hinweisen, aber dennoch den Mechanismen der Schriftkultur nicht entgehen kann. Die Volkslieder können auf eine alternative Literaturpraxis verweisen, eine Restauration dieser Praxis ist dagegen nicht zu erreichen.

Herders Idee des Liedersammelns sowie seine Volkslied-Poetik werden von den Frühromantikern aufgegriffen. In der »Von Volksliedern« überschriebenen Begleitschrift zur Liedersammlung »Des Knaben Wunderhorn« (1806-08) nennt Arnim die schon für Herder zentralen Punkte. Wie Arnim am Beispiel von Christian Friedrich Daniel Schubarts »Kaplied«, das er während der Rekrutierung von Soldaten hört, erläutert, sei es entscheidend, sich den ursprünglichen Produktions-Rezeptions-Zusammenhang der Lieder bewußt zu machen;[35] erst durch diesen sei gewährleistet, »daß ein Ton in vielen nachhalle und alle verbinde«[36]. Schärfer als

---

33 Ebd., 230.
34 Zur besonderen Problematik der Volksliededition: Schade 1995.
35 Wunderhorn, 382 f.
36 Ebd.

bei Herder fällt die Zivilisationskritik der »Wunderhorn«-Herausgeber aus.[37] Der fortschreitenden Degenerierung entgegen wird die Fiktion einer besseren vergangenen Zeit gesetzt; die Alphabetisierung der Landbevölkerung wird explizit abgelehnt – sie sei überflüssig.[38] Während Herder auf die Volkslied-Praxis als kaum mehr greifbare Quelle verweist, stellen die »Wunderhorn«-Herausgeber deren Restauration in Aussicht:

> Wo Deutschland sich wiedergebiert, wer kann es sagen, wer es in sich trägt, der fühlt es mächtig sich regen. – Als wenn ein schweres Fieber sich löst in Durst, und wir träumen das langgewachsene Haar in die Erde zu pflanzen, und es schlägt grün aus und bildet über uns ein Laubdach voll Blumen, die schönen weichen den späten schöneren, so scheint in diesen Liedern die Gesundheit künftiger Zeit uns zu begrüßen.[39]

Die Volklieder fungieren hier nicht nur als anthropologisches Archiv und als Gegenbild zum zeitgenössischen Literaturbetrieb, sondern als Heilmittel einer zivilisations-verderbten Epoche. Darüberhinaus wird in ihnen ein Sprachrohr nationaler Erneuerung gesehen. Doch dem Konzept der Herausgeber zum Trotz wurden die »Wunderhorn«-Lieder nur in den alphabetisierten Kreisen der Bevölkerung rezipiert, die sich die Anschaffung der »Wunderhorn«-Ausgaben leisten konnten. Eine mündliche Verbreitung außerhalb dieser Kreise fand nicht statt.

Nicht nur die »Wunderhorn«-Sammlung, sondern auch zahlreiche Übersetzungen und Editionen älterer Literatur zeigen das Bemühen der Frühromantiker um fremde Poesie. In seiner Vorrede zu den »Minneliedern aus dem Schwäbischen Zeitalter« (1803) fordert der Herausgeber Tieck eine Synthese zwischen den verschiedenen Dichtungstraditionen. Wichtiger als ein Verständnis der historischen Situation der unterschiedlichen Quellen, sei deren gegenseitiges Sich-Erhellen, das den gemeinsamen poetischen Kern sichtbar mache:

> Denn es giebt doch nur Eine Poesie, die in sich selbst von den frühesten Zeiten bis in die fernste Zukunft, mit den Werken die wir besitzen, und mit den verlohrnen, die unsre Phantasie ergänzen möchte, sowie mit den künftigen, welche sie ahnden will, nur ein unzertrennliches Ganze ausmacht. Sie ist nichts weiter, als das menschliche Gemüth selbst in allen seinen Tiefen, [...] Erfreulich ist es zu bemerken, wie dies Gefühl des Ganzen schon jezt in der Liebe zur Poesie wirkt.

---

37 Ebd., 389-394.
38 Ebd., 394.
39 Ebd., 409.

> Wenigstens ist wohl noch kein Zeitalter gewesen, welches so viele Anlage gezeigt hätte alle Gattungen der Poesie zu lieben und zu erkennen (Individuen die sich oft beim ersten Anblick zu widersprechen scheinen), und von keiner Vorliebe sich bis zur Partheilichkeit und Nichterkennung verblenden zu lassen. So wie jezt wurden die Alten noch nie gelesen und übersezt, die verstehenden Bewunderer des Shakspeare sind nicht mehr selten, die Italiänischen Poeten haben ihre Freunde, man liest und studirt die spanischen Dichter so fleißig, als es in Deutschland möglich ist, von der Uebersetzung des Calderon darf man sich den besten Einfluß versprechen, es steht zu erwarten, daß die Lieder der Provenzalen, die Romanzen des Nordens, und die Blüthen der Indischen Imagination uns nicht mehr lange fremde bleiben werden; [...][40]

Die Affinität zu Herders anthropologischem Sammelinteresse wird hier ebenso deutlich wie der – ebenfalls von Herder angestrebte – Versuch, die verschiedenen Wurzeln der Poesie zusammenzuführen. In der Vorrede zur Ausgabe der »Minnelieder« formuliert Tieck das Konzept einer Weltpoesie, in der sich die Grundbefindlichkeit des Menschen, jenseits von Sprach-, Kultur- und Epochengrenzen, ausdrücke.

2.1.3 Nicolais Kritik an gelehrter Volkspoesie

Die Fiktion einer universalpoetischen Weltgemeinde stellt nicht in Rechnung, daß die Beschäftigung mit dem Fremden, gerade wenn sie von Dichtern vorgenommen wird, oftmals dessen verzerrende Vereinnahmung bedeutet. Friedrich Nicolai hatte bereits in den 1770er-Jahren auf dieses Problem aufmerksam gemacht. Ein Jahr vor dem Erscheinen von Herders erster Volkslieder-Sammlung lieferte er mit dem ersten Band des »Feynen kleynen Almanach« (1777) bereits deren Karikatur. Nicolai hatte erkannt, daß Herder eine Wunschvorstellung vom Volk in sein Konzept von Poesie und in sein Modell der Menschheitsentwicklung einfügte. Dem setzte Nicolai eine Liedersammlung entgegen, die zwar vor dem Geschmacksurteil Herders keine Gnade fand,[41] die jedoch unter der Perspektive eines um Authentizität bemühten Liedersammelns als weitaus zuverlässigere Quelle zu beurteilen ist.

Als Quellen dienten Nicolai die 1547 von dem Nürnberger Drucker Johann Daubmann herausgegebene Sammlung »Bergkreyen« sowie Flug-

---

40 Tieck 1803, IIff.
41 Zur Auseinandersetzung zwischen Herder und Nicolai vgl. auch Gaiers Kommentar: Herder, Volkslieder, 896-901.

blätter, die ihm der Kaufmann und Amateur-Bibliothekar Johann Steinacker aus Dessau regelmäßig zusandte.[42] Der Titel des Almanachs fingiert eine doppelte Herausgeberschaft: »[...] Volckslieder [...], gesungen von Gabriel Wunderlich weyl. Benkelsengernn zu Dessaw, herausgegeben von Daniel Seuberlich, Schusternn tzu Ritzmück ann der Elbe.« Hinter Gabriel Wunderlich verbirgt sich wohl Johann Steinacker, der auch öffentlich als Sänger auftrat, – allerdings beschreibt das Vorwort zum ersten Band des Almanachs Wunderlich als Bänkelsänger aus dem 16. Jahrhundert.[43] Daß der namensverwandte Herausgeber Daniel Seuberlich ausgerechnet Schuster ist, verweist auf Hans Sachs. Seuberlich beklagt sich im Vorwort, daß das Schuhmacher- und das Poeten-Handwerk in der Gegenwart getrennte Wege gingen, daß den gelehrten Dichtern der Bezug zur einfachen Bevölkerung abhanden gekommen sei. Aus dieser Perspektive wird massive Kritik an Herders und Bürgers Einfühlungsästhetik geübt, die – nach Nicolais Beurteilung – davon ausgeht, der gebildete Dichter der Gegenwart könne ohne weiteres den Produktions-Rezeptions-Zusammenhang der Volkslieder nachempfinden. Daß Herder das Gelingen dieser Form der Einfühlung durchaus hinterfragt hat, war Nicolai nicht bewußt.[44] Nicolais Vorrede betont die unüberbrückbare Distanz zwischen den buchgelehrten Poeten des 18. Jahrhunderts und den Liedern der illiteraten Bevölkerungsschichten. Die Inspiration der zeitgenössischen schriftlichen Poesie durch wiederzuentdeckende Schichten mündlicher Dichtung hält Nicolai für eine Farce: »wyndschife gelerte Volckslider«[45] nennt er die so entstehenden Produkte. Die poetische Anregung über Standes-, Kultur- und Epochengrenzen hinweg, die nach Herders Vorstellung eine Universalpoesie durchscheinen lasse, lehnt er ab:

Meyns Dunckens aber, ist doch zweyerlei nicht eynerlei. Wenns denn wer, dz d' Geiszhirten ym Grichenland, dz Lied Ilyas genannt, unndt d' Sackpfeyfer ynn Schottland, den Reyen von Fingal, einst gesungen hetten; mag doch dz, wz den Geiszhirten unndt Sackpfeyfern darin gefile, yetzunder 'ne Muck uffm Schwantz ubern Reyn furen, unndt musz noch etwan wz anders sein, dz so vilen furnembem gelarten Leuten, sint unndencklichen Jaren, ynn disen Poetereyen basz gefellt.[46]

42 Zur Beziehung zwischen Nicolai und Steinacker: Lohre 1915.
43 Nicolai 1777-78, I, 25-29.
44 Zum Unterschied der Volkslied-Poetik Herders und Bürgers: Laufhütte 1991, 95 ff.
45 Nicolai 1777-78, I, 19.
46 Ebd., 21.

Um die Bemühungen von Herder und Bürger zu karikieren, wird in Nicolais Almanach eine Pseudo-Fremdheit konstruiert. Hierzu dient neben der fingierten doppelten Herausgeberschaft die Orthographie der Sammlung. Bewußt unkonventionelle und inkonsistente Schreibweisen erzeugen graphisch Verwirrung und täuschen nur vor, die phonetische Repräsentation einer älteren Sprachstufe vor sich zu haben.[47] Jenseits der formalen Verfremdung trifft der Leser auf wohlvertraute inhaltliche Banalitäten. Während Herders Sammlung durch ihre Verknappung erklärungsbedürftige Liebessituationen vorstellt, finden sich bei Nicolai schlichte Betrugs- und Untreue-Szenarien[48], geradlinige Buhl-Lieder[49] oder einfach Blödeleien[50]. Viele Lieder schließen mit einer hausbackenen Moral oder mit Stammtischweisheiten, etwa: »Ach jr lyben Pewerleyn! | Laszt euch dz 'ne Warnung seyn, | Trawt nicht ewern Weybern! | Hm, hm, hm, | Ha, ha, ha, | Trawt nicht ewern Weybern!«[51].

Wesentlich häufiger als bei Herder findet sich in Nicolais Liedern das formale Merkmal des Refrain. 14 von 32 Liedern im ersten Band des Almanachs verwenden Refraine. Oft erstrecken sie sich über mehr als einen Vers der Strophe; dadurch erhöht sich die inhaltliche Redundanz. Extrem ist in dieser Hinsicht Nr. XXXII, »Eyn hipsch Scherenschleyfer-Lyd«: hier bieten jeweils nur die ersten beiden Verse der Strophen inhaltlich Neues, die Verse 2-6 sind Refrain.

Quellenkritisch betrachtet bietet Nicolais Sammlung den entscheidenden Vorteil, daß sie die Melodien der Lieder anführt. Diese gesammelten Melodien unterscheiden sich von Melodien, die etwa zur gleichen Zeit als Volkliedmelodien komponiert wurden. Ein Blick auf Johann Abraham Peter Schulz' komponierte Sammlung »Lieder im Volkston«

---

47 Obwohl Nicolais Orthographie in erster Linie der Irritation und nicht dem Festhalten anderer Sprachstufen dient, hat er sich an einigen Stellen konsequenter als Herder darum bemüht, dialektale Färbungen festzuhalten. Herders Texte weichen zwar gelegentlich von der Schriftsprache ab, diese Abweichungen sind jedoch nie so stark, daß sie einen charakteristischen landschaftlichen Dialekt erkennen lassen. Dagegen sind die schwäbischen Lieder in Nicolais Sammlung deutlich dialektal markiert; z.B. Nicolai 1777-78, I, 89: »Bischt hyr od'r bischt dort | Oder sonscht an eym' Ort, | Wolt' wunsche, konnt rede | Mit dir ey' paar Wort.«. Das »Sächsisch Pawren-Lied« bietet sogar in Fußnoten Verhochdeutschungen unkonventioneller Wortformen: ebd., 52-55.
48 Vgl. z.B. Nicolai 1777-78, I, Nr. I.
49 Zum Beispiel ebd., Nr. XIV.
50 Zum Beispiel ebd., Nr. XXXII.
51 Ebd., Nr. VII, Schlußstrophe.

AUF DER SUCHE NACH DEN WURZELN DER POESIE 35

(1782-90) kann dies bestätigen. Vergleichend betrachtet werden die Melodie zu »Eyn Hyrten-Lyd« im ersten Band von Nicolais Almanach und Schulz' Melodie zum »Mailied eines Mädchens« nach einem Text von Voss.

Nicolai, Eyn Hirten-Lyd

In Nicolais Sammlung ist nur eine Melodiestimme notiert, Schulz' Melodie wird von einem – wenn auch spärlichen – akkordischen Satz begleitet. Schon der Titel von Schulz' Sammlung – »Lieder im Volkston, bey dem Klavier zu singen« – zeigt, daß der Komponist als Aufführungsort nicht die Straße, sondern die bürgerliche gute Stube intendiert hat. Beide Melodien sind im ⁶/₈-Takt gesetzt und verwenden zur melodischen Fortschreitung Dreiklangtöne und Tonleiterausschnitte. Beide Melodien weisen eine leicht überschaubare Gliederung auf; die Melodie bei Nicolai

(folgen 2 Strophen)

Schulz, Mailied eines Mädchens

gruppiert sich in |:4:| + [(2 + 2) + 2] Takte, Schulz' Melodie in [(2 + 2) + 2] + [(2 + 2) + 2] Takte. Trotz dieser ähnlich einfachen Struktur fällt auf, daß sich bei Schulz keiner der zwölf Takte wörtlich wiederholt, wogegen bei Nicolai nicht nur die Takte 5-8 wörtlich die Takte 1-4 wiederholen, sondern auch die Takte 11-12 wörtlich die Takte 9-10 sowie Takt 13 wörtlich Takt 1; innerhalb von insgesamt vierzehn Takten gibt es bei Nicolai nur sieben verschiedene Takte.

Die der Melodie zugrundeliegende harmonische Fortschreitung ist bei Nicolai einfacher als bei Schulz. Von der Tonika C-Dur aus erfolgen lediglich zwei Harmoniewechsel: in der zweiten Hälfte von Takt 2 sowie in Takt 4 ein Wechsel zur Dominante G-Dur, in den Takten 9 und 11 (Takte 1 und 3 nach der Wiederholung) ein Wechsel zur Subdominante F-Dur. Die Melodieführung macht diesen Verlauf unmißverständlich klar: Am häufigsten und immer auf den betonten Zählzeiten wird der Grundton C angeschlagen, mit Ausnahme des Harmoniewechsels in Takt 2 werden auch bei den Harmoniewechseln jeweils die Grundtöne der zu erreichenden Tonstufen von der Melodie erreicht.

Schulz' Melodie verwendet ebenfalls nur die drei Hauptstufen Tonika, Dominante und Subdominante; allerdings werden die Harmonien nicht nur gewechselt, sondern teilweise auch in Modulationen erreicht. Es ergibt sich folgender Harmonieverlauf: Takt 1 und 2: Tonika (G-Dur) – Takt 3: Wechsel zur Subdominante – Takt 4: Tonika – Takte 5 und 6: Modulation zur Dominante (D-Dur)[52] – Takt 7: Tonika – Takt 8: Wechsel zur Subdominante – Takte 9 und 10: erneute Modulation zur Dominante – Takt 11: Tonika – Takt 12: Dominante/Tonika. Außerdem hebt die Melodiestimme die harmonischen Schritte weniger plakativ hervor: der Grundton G wird seltener erreicht, die Melodie setzt in Takt 1 und Takt 7 auf der Quinte ein, bleibt in Takt 2 auf der Quinte stehen, in Takt 4 auf der Terz. Besonders die Takte 7-10 sind – wegen der Sext-Sprünge Takt 7/8 und Takt 9/10 und wegen der Modulation, die in Takt 10 nicht den Grundton, sondern die Terz der Dominante ansteuert, – ohne die unterstützende Begleitung nicht ganz einfach zu singen. Es soll an dieser Stelle nicht darum gehen, Schulz' Melodie durch eine aufwendige Beschreibung kompliziert erscheinen zu lassen – gemessen etwa an zeitgleichen Opernarien ist auch sein Lied harmonisch einfach. Trotzdem zeigt der Detailvergleich, daß Schulz für ihn selbstverständliche satztechnische Möglichkeiten ausschöpft, die in Nicolais Melodie nicht vorkommen.

Wenn auch nicht zu ermitteln ist, ob Nicolais Melodie in der von Nicolai aufgezeichneten Weise gesungen wurde und Verbreitung fand, zeigt seine Korrespondenz mit Steinacker immerhin, daß er nicht verbessernd in die ihm zugesandten Melodien eingegriffen hat.[53] Der Niveauunterschied zu den von Schulz bewußt komponierten Melodien macht deutlich, daß sich die Bildungselite des 18. Jahrhunderts auch in musikalischer Hinsicht eine Fiktion von Volkstümlichkeit schuf.

Nach dem Melodievergleich soll schließlich ein Textvergleich zweier thematisch verwandter Lieder bei Herder und Nicolai die unterschiedliche Ausrichtung der Sammlungen im Detail herausarbeiten.

Herder beginnt seine Sammlung mit dem »Lied vom jungen Grafen«, das Goethe 1771 im Elsaß aufgezeichnet und an Herder weitergereicht hatte.[54] Thematisch überschneidet es sich mit einem Lied, das Nicolais Sammlung unter dem Titel »Eyn klegliche Mordgeschicht von ey'm Graven unndt eyner Meyd« anführt.[55] Insgesamt liegt zu dem Themenkom-

---

52 D.h. es wird nicht nur in die Dominante gewechselt, vielmehr entsteht durch Einführung der Zwischendominante A-Dur (Takt 5) kurzzeitig der Eindruck, die Dominante D-Dur sei neue Tonika.
53 Lohre 1915.
54 Eine Wiedergabe von Goethes Autograph in: Deutsche Volkslieder, Balladen VIII, 19 f.
55 Nicolai 1777-78, I, 38-43.

plex eine umfangreiche Überlieferung mit über 2000 deutschsprachigen Belegen vor.[56] Herders Text lautet folgendermaßen:

I Ich steh auf einem hohen Berg,
   Seh 'nunter ins tiefe Tal,
   Da sah ich ein Schifflein schweben,
   Darin drei Grafen saß'n.

II Der allerjüngst, der drunter war,
   Die in dem Schifflein saß'n,
   Der gebot seiner Lieben zu trinken
   Aus einem Venedischen Glas.

III »Was gibst mir lang zu trinken,
    Was schenkst du mir lang ein?
    Ich will jetzt in ein Kloster gehn,
    Will Gottes Dienerin sein.«

IV »Willst du jetzt in ein Kloster gehn,
   Willst Gottes Dienerin sein,
   So geh in Gottes Namen;
   Deins gleichen gibts noch mehr!«

V Und als es war um Mitternacht,
   Dem jung'n Graf träumts so schwer,
   Als ob sein allerliebster Schatz
   Ins Kloster gezogen wär.

VI »Auf Knecht, steh auf und tummle dich;
   Sattl' unser beide Pferd!
   Wir wollen reiten, sei Tag oder Nacht;
   Die Lieb ist reitens wert!«

VII Und als sie vor jen's Kloster kamen,
    Wohl vor das hohe Tor,
    Fragt er nach jüngst der Nonnen,
    Die in dem Kloster war.

VIII Das Nönnlein kam gegangen
     In einem schneeweißen Kleid;
     Ihr Härl war abgeschnitten,
     Ihr roter Mund war bleich.

---

56 Zur Überlieferungslage: Holzapfel 1989.

IX Der Knab er setzt sich nieder,
    Er saß auf einem Stein;
    Er weint die hellen Tränen,
    Brach ihm sein Herz entzwei.[57]

Die Schlußstrophe des Goetheschen Manuskriptes hat Herder weggelassen, sie lautet:

So solls den stolzen Knaben gehn
Die trachten nach grosem Gut.
Nimm einer ein schwarzbraun Maidelein,
Wie's ihm gefallen thut.[58]

Einerseits setzt der Text deutliche Signale für Einfachheit: Die Opposition von hohem Berg und tiefem Tal in der ersten Strophe ist reichlich abgenutzt, die Nennung der drei Grafen suggeriert eine – z.B. aus dem Märchen – hinreichend bekannte dreigliedrige Erzählstruktur. Die zahlreichen Wiederholungen und Redundanzen evozieren ebenfalls eine geradlinige, wenig komplexe Erzählhaltung. Andererseits weist Herders Text eine Fülle von metrischen, syntaktischen und semantischen Unstimmigkeiten auf.[59] Wenn auch die Verse 2 und 4 gelegentlich reimen oder wenigstens assonieren,[60] ist dennoch kein Reimschema konsequent durchgehalten. Auch die Hebungszahl schwankt, es lassen sich vier Typen voneinander abgrenzen:

Strophe I, II, IV, VII	Strophe III	Strophe V, VI	Strophe VIII, IX
4m[61]	3w	4m	3w
3m	3m	3m	3m
3w	4m	4m	3w
3m	3m	3m	3m

Während also die Verse 2 und 4 jeweils dreihebig sind[62] und männlich schließen, gibt es in den Versen 1 und 3 Variationen. Allerdings muß be-

---

57 Herder, Volkslieder, 75 f.
58 Deutsche Volkslieder, Ballden VIII, 22.
59 Das Phänomen der vordergründigen Einfachheit und der hintergründigen Komplexität des Textes habe ich an anderer Stelle – allerdings essayistisch – zu beschreiben versucht: Schneider 1998.
60 Vgl. Strophen I, II, III, V, VI, VIII, IX.
61 Lies: 4 Hebungen, männlicher Versschluß. In Strophe VII schließt allerdings der erste Vers weiblich.
62 Problematisch sind in dieser Hinsicht V,2 und VI,2: Die möglichen dreihebigen Betonungen »Dem jung'n Graf träumts so schwer«/ »Dem jung'n Graf träumts

rücksichtigt werden, daß diese metrischen Unterschiede nivelliert werden, sobald eine Melodie zum Text hinzutritt. Denn jede strophische Melodie sieht für die wechselnd drei- bzw. vierhebigen Verse das gleiche Taktschema vor. In Goethes und Herders Umkreis war wohl die 1782 in Johann Friedrich Reichardts »Musikalischem Kunstmagazin« aufgezeichnete Fassung geläufig.[63] Irritierender als die Analyse der metrischen Organisation ist jedoch eine genauere inhaltliche Auswertung.

Unklar bleibt zunächst der Tempuswechsel in der ersten Strophe. Wenn schon ein Tempuswechsel vorgenommen werden soll, böte es sich eher an, den Handlungsrahmen im Imperfekt zu erzählen, die konkret einsetzende Handlung dagegen im Präsens, also: »Ich stand [...] Da seh ich [...]«. Weiter verwundert, daß das »Ich« der ersten Strophen im weiteren Textverlauf nicht mehr zu Wort kommt, und daß die durch die drei Grafen suggerierte Dreierstruktur nicht ausgeführt wird. Von den anderen beiden Grafen ist mit keinem Wort mehr die Rede. Während in der ersten Strophe drei Grafen auf einem »Schifflein« beobachtet werden,[64] wendet sich die zweite Strophe einer Szene zwischen dem jungen Grafen und »seiner Lieben« zu. Ob diese Szene ebenfalls auf dem Schiff spielt, oder an einem anderen Ort, bleibt unklar.

Faßt man die weiteren Strophen zusammen, zeichnet sich folgender Handlungsverlauf ab: Ein Graf reicht seiner Geliebten einen Gifttrank[65]. Diese offenbart ihre Liebe zu Jesus, was dem Grafen nur die hämische Bemerkung »Deins gleichen gibts noch mehr!« entlockt. Eines Nachts scheint ihn jedoch seine Haltung zu reuen. Er macht sich mit seinem Knecht auf den Weg zu dem Kloster, in dem seine Geliebte, wie er geträumt hat, bereits weilt. Der Beginn von Strophe V suggeriert, daß sich der Ritt zum Kloster bereits in der Nacht direkt nach der Gifttrank-Szene

so schwer« bzw. »Sattl' unser beide Pferd!« / »Sattl' unser beide Pferd!« wirken erzwungen; allerdings deuten Herders Elisionen darauf hin, daß er die Verse nicht vierhebig betont haben möchte, etwa: »Dem jungen Grafen träumts so schwer« bzw. »Sattle unser beide Pferd.« Metrisch interessant ist auch die Wortform »saß'n« (I,4 und II,2). Hier ist nicht eindeutig zu entscheiden, ob Herder die zweite Silbe elidiert, um dadurch einen männlichen Versschluß zu erzielen, oder ob er darum bemüht ist, eine elidierende Aussprache zu dokumentieren.

63 Zit. in: Deutsche Volkslieder, Balladen VIII, 23. Dort sind auch weitere Fassungen der – sehr umfangreichen – Melodieüberlieferung dokumentiert.
64 Irritierend ist ferner die unkonventionelle Relativsatzkonstruktion der zweiten Strophe: »Der allerjüngst, der drunter war, | [von denen,] Die in dem Schifflein saß'n,«.
65 Vgl. Herders Anmerkung zu dem Ausdruck »Venedisches Glas«: »nach der Tradition ein Glas, das den Trank vergiftete.« (Herder, Volkslieder, 75).

abspielt. Allerdings muß wohl einige Zeit verstrichen sein, denn in den Strophen VII und VIII stellt sich heraus, daß sich die ehemalige Geliebte des Grafen schon einige Zeit in Obhut des Klosters befindet. Jedenfalls kommt der Graf zu spät. Sein Mädchen ist keineswegs vergiftet. Statt mit dem Grafen ist sie die Ehe mit Jesus eingegangen. Eine Kommunikation zwischen Graf und Nonne findet nicht mehr statt; der Graf verzweifelt.

Das Lied beschreibt eine desperate Liebesbeziehung. Das Aneinander-Vorbeireden von Graf und Mädchen in den Strophen III und IV spitzt sich in den Schlußstrophen zu einem sprachlosen Gegenüber zu. Goethes moralisierende Schlußstrophe, die das schockierende Ende des Liedes leidlich auffängt, hat Herder vermutlich mit Absicht weggelassen. Die angeführten Irritationen lassen sich mit Herders Ästhetik der »Sprünge und Würfe« kompensieren. Wer, als Mitglied einer geschlossenen Rezeptionsgemeinschaft, um das Schicksal von Graf und Mädchen weiß, hinterfragt weder die Logik des Handlungsverlaufs noch stößt er sich an der vagen zeitlich-räumlichen Organisation des Textes.[66]

Dank der umfangreichen Parallelüberlieferung läßt sich das Kollektivwissen, das der Rezeption zugrundeliegen sollte, ohne weiteres rekonstruieren. Eine im »Wunderhorn« unter dem Titel »Das römische Glas« überlieferte Fassung zeigt folgenden Handlungsverlauf:[67] Bei dem Ich-Erzähler der ersten Strophe handelt es sich dort um die Geliebte des Grafen, die vom Ufer aus die trinkenden Ritter auf einem Schiff beobachtet. Der junge Graf stellt seiner Geliebten von Bord aus einen Trank in Aussicht, der sie nicht vergiften soll, sondern Ausdruck seiner Liebe ist. Doch das Mädchen winkt ab, da ihr Vater für sie die Klosterlaufbahn vorgesehen hat. Die weitere Handlung schildert den – vergeblichen – Versuch des Grafen, seine Geliebte aus der Klosterverwahrung herauszuholen. Allerdings enthält auch diese Fassung einen narrativ nicht gekennzeichneten Zeitsprung zwischen dritter und vierter Strophe. Die ebenfalls im »Wunderhorn« überlieferte Fassung »Die Nonne« markiert diesen Zeitsprung. Dort lautet die neunte Strophe: »Es stund wohl an ein Vierteljahr, | Dem Grafen träumts gar schwer, | Als ob sein herz-allerliebster Schatz | Ins Kloster gezogen wär.«[68] Anders als in der Fassung »Das römische Glas« und in der Fassung Herders erhält in der Fassung »Die Nonne« das Mädchen vom Grafen keinen Gift- oder Liebestrank, sondern einen Ring.

---

66 Die vage zeitlich-räumliche Organisation ließe sich auch dadurch rechtfertigen, daß man alle Geschehnisse von Strophe V bis zum Ende lediglich als Traum des Grafen versteht.
67 Wunderhorn, 226-228.
68 Ebd., 66.

Ohne das so umrissene stoffliche Reservoir lassen sich die Irritationen in Herders Fassung nicht auflösen.

Nicolais Fassung lautet dagegen folgendermaßen:[69]

I   Eß[70] spylt eyn Grav mit eyner Meyd,
    Sie spylten alle beyde,
    Sie spylten die libe lange Nacht
    Biß an den hellen Morgen.

II Alß nu der helle Morgen anbrach,
    Dz Meydleyn fing an tzu weynen,
    Eß weynt sich die schwarzbraun Eugleyn rot,
    Ryngt jre schneweiße Hende.

III Weyn' nicht, weyn' nicht, allerschonstes Kynd!
    Die Ere ich dyr bezale,
    Ich will dyr geben eyn'n Reuters-Knecht,
    Datzu dreyhundert Taler.

IV Ewern Reutersknecht den mag ich nicht,
    Was frag ich nach ewern Gelde,
    Ich will tzu meyner Fraw Muter geen,
    In eynem frischen Mute.

V   Als sie nu vor die Stadt Regenspurg kam,
    Wol vor die hoen Tore,
    Da sah sie jre Fraw Muter stehn,
    Die tet jr frewndlich wincken.

VI Wyllkommen, wyllkommen o Tochter meyn,
    Wie hat eß dyr ergangen,
    Deyn Röckleyn ist dyr von hynden so lang,
    So kurtz ist dyrs von vorne.

VII Sie nam das Meydleyn bey der Hand,
    Unndt furte sie ynn jr Cammer,
    Sie setzt jr uff, eyn Becher Weyn,
    Dazu gebackne Fische.

---

69 Nicolai 1777-78, I, 39-43. Melodie ebd., 38.
70 Die Buchstabenkombination ›Schaft-s‹ plus Schluß-s‹ wird immer durch das Zeichen ›ß‹ wiedergegeben.

VIII   Ach hertzallerlybste Muter meyn,
Ich kann noch essen noch trincken,
Machtt myr eyn Bettleyn weyß unndt feyn,
Dz ich darynn kann ligen.

IX   Alß eß nu gegen Mytternacht kam,
Dz Meydleyn tet verscheyden.
Da kam dem jungen Graven eyn Traum,
Seyn Lybchen tet verscheyden.

X   Ach! hertzallerlybster Reutknecht meyn,
Sattel myr unndt dyr zwey Pferde,
Wir wollen reuten Tag unndt Nacht,
Biß wir die Post erfaren.

XI   Alß sie nu vor die Stadt Regenspurg kam'n,
Wol vor die hoen Tore,
Da trug'n sie seyn feyn Lybchen heraus,
Uff einer Todten-Baare.

XII   Setzt, ab setzt, ab [sic] jr Treger meyn,
Dz ich meyn Lybchen schawe,
Ich schaw nicht meer alß noch eynmal,
Ynn jre schwartzbraunen Augen.

XIII   Er deckt jr uff das Leychen-Tuch,
Unndt sah jr unnder die Augen,
O wee! o wee! der blaße Tod,
Hats Eugleyn dyr geschloßen.

XIV   Er tzog heraus seyn blanckes Schwerdt,
Unndt stach sych ynn seyn Hertze;
Hab ich dyr geben Angst unndt Peyn,
So wyll ich leyden Schmertzen.

XV   Man legt den Graven tzu jr ynn Sarg,
Verscharrt sie wol unnder die Lynde,
Da wuchsen, nach drey virtel Jar'n,
Aus jren Grabe drey Nelken.

Zunächst ist festzustellen, daß Nicolais Strophen metrisch regelmäßiger organisiert sind. Sie verwenden keine Reime; es läßt sich jedoch – bei variablen Senkungsfüllungen – das konstante Schema 4m ǀ 3w ǀ 4m ǀ 3w bestimmen. Die Handlung ist anders angelegt als bei Herder. Der Graf läßt sich nur zum Spaß mit dem Mädchen ein. Nach der Liebesnacht will er sie mit Geld bzw. mit seinem Reitknecht zufriedenstellen. Das Mädchen möchte davon jedoch nichts wissen und begibt sich nach Regensburg in die Obhut ihrer Mutter. Die merkt gleich, daß ihre Tochter geschwängert wurde und bereitet ihr das Wochenbett, das dem Mädchen jedoch zum Sterbebett wird. Der Tod des Mädchens wird in der neunten Strophe zweimal erzählt: als tatsächliches Ereignis sowie als Traum des Grafen. Aufgerüttelt durch diesen Traum reitet der Graf nach Regensburg, wo er nur noch dem Kondukt für das Mädchen beiwohnen kann. Voller Reue stürzt er sich in sein Schwert und wird mitsamt dem Mädchen bestattet.

Nicolais Fassung kommt ohne »Würfe« und »Sprünge« aus. Die bei Herder irritierenden Auslassungen sind vermieden, das zeitlich-räumliche Gefüge ist nachvollziehbar. Graf und Mädchen reden bei Nicolai nicht aneinander vorbei, sondern verhandeln ihre Anliegen[71]. Der Weg des Mädchens vom Grafen weg zur Mutter sowie der Weg des Grafen hin zum Mädchen ist durch die Nennung der Stadt »Regenspurg«[72] räumlich inszeniert. In Strophe IX wird explizit deutlich gemacht, daß sich Traum und Wirklichkeit entsprechen. Der Ausgang der Geschichte ist bei Nicolai zwar ebenfalls trostlos, nicht jedoch desolat-desparat. Unmißverständlich läßt sich eine drastische Warnung vor *one-night-stands* als Moral festhalten.

Der Unterschied zwischen beiden Fassung resultiert, wie ich meine, nicht nur aus einem abweichenden Sammel- und Überlieferungskontext, sondern hat poetologische Hintergründe. Herder stellt an den Anfang seiner Sammlung kein möglichst authentisches Volkslied, sondern einen Text, der seine Volkslied-Poetik exemplifiziert: das durch die extreme Verknappung der Motive vorderhand nicht eingängige »Lied vom jungen Grafen« wird erst dann verständlich, wenn der Leser es von der Schriftlichkeit auf seine mündliche Rezeptionsform rückprojiziert. Nicolai hält derartige Projektionen für einen Mißgriff der zeitgenössischen Dichter. Anstatt, wie Herders Volkslied-Projekt dies versucht, die Grenzen zwischen mündlicher und schriftlicher literarischer Kultur zu überwinden, markieren Nicolais Volkslieder diese Grenzen, weisen implizit auf die Unvereinbarkeit der beiden Kulturen hin.

Die hier angestellten Überlegungen lassen eine Ambivalenz erkennen, die im Laufe dieser Arbeit noch des öfteren thematisiert werden muß. Einerseits sind viele Autoren des 18. Jahrhunderts der Überzeugung, daß entscheidende Impulse für die Lyrik jenseits der Schriftlichkeit liegen. Herder prägt dafür den Begriff ›Ton‹: er bezeichnet all jene Komponen-

---

71 Strophen III und IV.
72 Strophen V und XI.

ten der Poesie, die im gegenwärtigen Literaturbetrieb vernachlässigt werden. Doch trotz der Sehnsucht nach alternativen literarischen Kommunikationsformen sind andererseits die Mechanismen der voranschreitenden Schriftkultur unhintergehbar. Diejenigen Autoren, die den Verlust von Mündlichkeit beklagen, gehören selbst der schriftkulturellen Elite an, die von den neuen medialen Errungenschaften intensiv Gebrauch macht. Unter den Voraussetzungen und im Medium avancierter Schriftlichkeit wird so Mündlichkeit als deren Gegenbegriff fingiert.[73]

Die metrischen Eigenschaften des Verses, deren intensive Reflexion im folgenden Teilkapitel erörtert wird, sind für Herders Zeitgenossen deshalb von besonderem Interesse, weil mit ihnen eine nicht-schriftliche Ebene der Poesie exakt thematisiert werden kann. Längen und Kürzen, Hebungen und Senkungen können zwar schriftlich festgehalten werden, beziehen sich jedoch auf hörbare Qualitäten der Sprache. Ihre optimale Rezeptionsbedingung ist nicht das stumme Lesen, sondern das Hören von Gedichten. Gerade die Verstheoretiker werden jedoch immer wieder, oft von ihren Kollegen, mit dem Vorwurf konfrontiert, metrische Gesetzmäßigkeiten auf dem Papier zu konstruieren und so eine Metrik-Theorie zu entwerfen, die den Mechanismen der Schriftkultur verhaftet ist.

Auch im Poetik-Kapitel[74] wird zu zeigen sein, daß die zunehmende Verschriftlichung der Kommunikation im 18. Jahrhundert eine intensive theoretische Durchdringung nicht-schriftlicher Sprachqualitäten auslöst. Schließlich stehen auch die zeitgenössischen Deklamationstheorien[75] vor dem Dilemma, daß sie auf dem Papier Regeln für den lauten Vortrag, der ja gerade vom Papier wegführen soll, geben wollen.

2.2 Auf welchen Füßen steht der Vers?

2.2.1 Theoretischer Rahmen

Die Beschäftigung mit Fragen der Metrik wird von vielen Literaturwissenschaftlern vernachlässigt. Da Verslehre einerseits mit basalen Eigenschaften der Sprache operiert, andererseits den künstlerischen Umgang

---

73 Zur Fiktion der Kategorie des Volkstümlichen: Siegert 1995. Zur Fiktion von Mündlichkeit im Medium der Schrift: Goetsch 1985. Die ambivalente Situation der auf Mündlichkeit anspielenden Textgattung des Dialogs im 18. Jahrhundert hat Kalmbach 1996 exemplarisch untersucht.
74 Kapitel 2.3.
75 Dazu Kapitel 3.1.

mit der Sprache beschreibt, erfordert ihre Erforschung linguistische und literaturwissenschaftliche Kompetenzen. Obwohl Roman Jakobson den Brückenschlag zwischen Linguistik und Literaturwissenschaft gefordert hat,[76] und obwohl seither etliche ambitionierte Arbeiten entstanden sind, die versuchen, zwischen den auseinanderdriftenden Disziplinen zu vermitteln,[77] gibt es nach wie vor Literaturwissenschaftler, die – wenn überhaupt – unreflektiert unter Verwendung von Versatzstücken der Verslehre Andreas Heuslers metrisieren, und ebensoviele Sprachwissenschaftler, die sich um den historischen und ästhetischen Rahmen der unter hochdifferenzierten linguistischen Fragestellungen analysierten Verse nicht im geringsten kümmern. Die Metrikdiskussion im 18. Jahrhundert unterscheidet sich von der heutigen Situation grundlegend dadurch, daß die Dichter dieser Zeit, die häufig über enorme sprachwissenschaftliche Kenntnisse verfügten, ihre Verse nicht selten selbst metrisch analysiert und interpretiert haben. Während ein Dichter des 18. Jahrhunderts über Kompetenz in Fragen der Metrik verfügen mußte, entstehen heute umfangreiche literaturwissenschaftliche Arbeiten über Lyrik verschiedener Epochen, die metrische Fragestellungen komplett ausblenden.

Deshalb halte ich es für erforderlich, zu Beginn dieses Kapitels einen theoretischen Rahmen abzustecken, der die Metrikdiskussion im 18. Jahrhundert durchschaubar machen soll. Damit wird keine Methode definiert, nach der Verse richtig beschrieben werden können, sondern ein Leitfaden zur systematischen Verknüpfung der im historischen Teil (2.2.2) behandelten Probleme gegeben. Viele der im 18. Jahrhundert gestellten Fragen tauchen in der Metrikdiskussion des 20. Jahrhundert erneut auf; ältere und neuere Metrikforschung können sich gegenseitig erhellen.

In der Metrik manifestiert sich die Vorstellung, daß Verssprache eine ästhetisch relevante zeitliche Ausdehnung aufweist. Diese zeitliche Ausdehnung wird, so läßt sich modellhaft formulieren, von vier Faktoren bestimmt: Erstens von den metrischen Einheiten, zweitens von den sprachlichen Einheiten, drittens von der Rezitation, viertens von der Rezeption.

Die Modellvorstellung dieser vier Faktoren knüpft an Jakobson an, der in einem Schlüsseltext zur modernen Metrikforschung von drei Ebenen metrischer Abstraktion gesprochen hat: »verse design«, »verse instance« und »delivery instance«,[78] wobei »verse design« die metrischen

---

76 Jakobson 1960.
77 Für die deutschsprachige Metrikforschung z.B.: Küper 1988, Barsch 1991 und zuletzt Lösener 1999.
78 Jakobson 1960, 364 f.

Rahmenbedingungen einer Menge einzelsprachlicher Verse meint, »verse instance« den einzelsprachlichen Vers selbst, in dem die metrischen Rahmenbedingungen durch konkrete sprachliche Einheiten realisiert sind, »delivery instance« schließlich die Rezitation einzelsprachlicher Verse, für die metrische und sprachliche Einheiten zusammengenommen die Rahmenbedingungen abstecken. Als Erweiterung von Jakobsons Modell sollte die Rezeption von Verssprache mit in die Betrachtung einbezogen werden. Vor allem die Arbeiten von Reuven Tsur haben gezeigt, daß die zeitliche Ausdehnung eines Verses nicht nur von der Sprache, vom Dichter oder vom Rezitator abhängig ist, sondern maßgeblich davon, wie ein Leser/Hörer ihn wahrnimmt.[79] Die aktive Bearbeitung poetischer Texte durch die Wahrnehmung des Rezipienten hat Tsur mehrfach unter dem Begriff ›cognitive poetics‹ beschrieben.

Beim Zusammenwirken der vier Faktoren steckt jeder Faktor einen Realisierungsrahmen für den folgenden ab. Ein metrisches Schema kann durch eine unendliche Zahl von einzelsprachlichen Versen, nicht jedoch durch beliebige Verse realisiert werden. Ebenso gibt es für einen einzelnen Vers zwar eine unbestimmt große Zahl von Rezitationsvarianten, nicht jedoch phonetisch ganz beliebige Realisierungen. Schließlich ist auch zwischen einem rezitierten Vers und seiner Wahrnehmung ein derartiges Abhängigkeitsverhältnis anzunehmen. Im Falle des leisen Lesens von Versen entfällt der dritte der genannten Faktoren, der Rezipient ist hier sein eigener inwendiger Rezitator.[80]

Die Geschichte der Metrikforschung hat immer wieder gezeigt, daß, obwohl die vier Faktoren zusammenwirken, ihre saubere methodische Trennung vonnöten ist. Der Vers ›Die Metrik macht uns heut viel Müh und Kopfzerbrechen‹ ist strenggenommen nicht als Alexandriner zu bezeichnen, sondern als Realisierung der metrischen Einheiten des Alexandrinerschemas (v – v – v – | v – v – v – v) durch konkrete sprachliche Einheiten. Das immer wieder eingeschlagene Verfahren, eine intuitive ad hoc-Rezitation eines Verses für *die* richtige Betonung zu halten, unterschlägt, daß jede Rezitation nur eine Interpretation metrischer und

---

79 Tsur 1977; Tsur 1992; Tsur 1998. Tsur geht davon aus, daß der Rezipient nach den Gesetzmäßigkeiten der Gestalttheorie aus den dargebotenen metrischen und sprachlichen Einheiten Rhythmen formt. In der jüngsten Publikation werden die bereits 1977 und 1992 formulierten Ausgangsthesen mit umfangreichem Datenmaterial aus empirischen Untersuchungen gestützt.

80 Inwiefern beim leisen Lesen das phonetische Korrelat der Schrift rekonstruiert wird, ist in der Forschung umstritten; dazu Günther 1988, 122-148.

sprachlicher Einheiten sein kann.[81] Die Erforschung des Bereiches der Rezitation muß sich auf möglichst vielfältige, möglichst umfangreiche phonetische Messungen von rezitierten Versen stützen. Bei der Erforschung von Rezitationspraktiken, die nicht anhand von Tonaufzeichnungen überprüfbar sind, ist man grundsätzlich mit dem Problem konfrontiert, nur schriftliche indirekte Quellen für den nicht-schriftlichen Untersuchungsgegenstand auswerten zu können. Die Erforschung der Rezeption sprengt die Kompetenzen von Linguistik und Literaturwissenschaft, hier ist die Zusammenarbeit mit Psychologie, Neurophysiologie und Soziologie erforderlich. Aussagen über Rezitation und Rezeption, die auf der eigenen Wahrnehmung basieren, können zwar zu Rate gezogen werden, allerdings ist man hier mit dem Problem der Objektivierbarkeit konfrontiert. Aus der als richtig empfundenen Rezitation oder aus der Wahrnehmung eines Verses als unrhythmisch läßt sich keine zu verallgemeinernde Regel ableiten.

Da die Metrikdiskussion des 18. Jahrhunderts vor allem die ersten beiden Faktoren eingehend thematisiert, wird deren Zusammenwirken im folgenden ausführlicher beschrieben.

Metrische Einheiten:

Metrische Einheiten lassen sich folgendermaßen charakterisieren:
– Metrische Einheiten sind abstrakt, d.h. dieselben metrischen Einheiten liegen einer unendlich großen Menge von Versen zugrunde.
– Metrische Einheiten sind außertextlich, d.h. sie werden nicht durch die Syntax, Lexik oder Grammatik eines Textes festgelegt.
– Metrische Einheiten weisen ein sprach-, epochen-, autoren- und gattungsspezifisches Profil auf.

Auch wenn metrische Einheiten als abstrakt und außertextlich bezeichnet werden, muß bedacht werden, daß erst konkrete Verstexte es nahelegen, metrische Einheiten aus ihnen zu abstrahieren. Nur sehr wenige Dichter setzen sich, so wie Klopstock dies in seinen Oden getan hat, ein metrisches Schema als abstrakten Bauplan vor, den sie von Strophe zu Strophe mit sprachlichen Einheiten ausfüllen. In aller Regel steht ein – detailliertes bis vages – Wissen um metrische Schemata im Hintergrund der Arbeit an den sprachlichen Einheiten. Da die metrischen Einheiten

---

81 Darauf haben zuerst Jakobson 1923 und Bernstejn 1927 aufmerksam gemacht. Für Hartwig Schultz' Analyse konkreter Rezitationen von Gedichten Eichendorffs und Droste-Hülshoffs bildet die grundsätzliche Variabilität der Rezitation eine entscheidende theoretische Voraussetzung: Schultz 1981, 123-127.

eines Verstextes meistens nicht angegeben sind, obliegt es dem Interpreten, sie zu rekonstruieren.[82] Dabei sind die folgenden Faktoren zu berücksichtigen:
– Sprachspezifisches Profil:
Auch wenn die Sprache des einzelnen Textes nicht dessen metrische Einheiten festlegt, ist dennoch die Sprache, in der er gedichtet ist, insgesamt an der Formung der metrischen Einheiten beteiligt. Beispielsweise wird eine Sprache, in der der Wortakzent ein relevantes Merkmal ist, dazu neigen, ein Verssystem, in dem ebenfalls Wortakzente relevant sind, zu entwickeln. Merkmale der Sprache, die zunächst gar nichts mit Versstrukturen zu tun haben, legen fest, auf welche Parameter die Verse überhaupt zurückgreifen können.
– Epochenspezifisches Profil:
Metrische Einheiten sind im Laufe der Sprachgeschichte starken Veränderungen ausgesetzt. Folgende Faktoren sind für diese Veränderungen relevant: Entwicklungen des Sprachsystems, z.B. die Substitution der Silbenquantität des Lateinischen durch den Druckakzent in den ersten nachchristlichen Jahrhunderten; Orientierungen an Verssystemen anderer Sprachen, z.B. die Übernahme des Endreims aus der romanischen in die mittelhochdeutsche Dichtung im 12. Jahrhundert;[83] Beeinflussung durch nicht-literarische Kunstformen, z.B. die Wechselwirkungen zwischen Metrik- und Musiktheorie im 18. Jahrhundert. Erst durch verschiedene Einflußnahmen ist zu erklären, daß im 18. Jahrhundert erheblicher Diskussionsbedarf hinsichtlich der metrischen Einheiten deutschsprachiger Verse entsteht.
– Autorenspezifisches Profil:
Ein einzelner Autor kann durchaus mit metrischen Einheiten operieren, die sich signifikant vom metrischen System seiner Epoche unterscheiden, mit Anleihen an ältere metrische Systeme arbeiten oder bewußt auf metrische Systeme anderer Sprachen Bezug nehmen. Es wäre außerdem wünschenswert, möglichst genau ermitteln zu können, wie präsent einem Dichter die metrischen Einheiten seiner Verse sind, ob er sie als konkrete Reglementierung der sprachlichen Einheiten denkt, oder ob sie seine Arbeitsweise als verinnerlichtes Rhythmusgefühl begleiten.

---

82 Zur Modellvorstellung der Wechselwirkung abstrakter metrischer und konkreter sprachlicher Einheiten: Küper 1988, 109-118.
83 Dem jahrhundertelangen Prozeß der Rezeption des antiken Verssystems in den europäischen Volkssprachen hat Aage Kabell eine eindrucksvolle Studie gewidmet: Kabell 1960.

- Gattungsspezifisches Profil:
Aufgrund ihrer Gattungszugehörigkeit können Verstexte innerhalb derselben Sprache und derselben Epoche mit unterschiedlichen metrischen Einheiten verbunden sein. Sobald sich bestimmte Verbindungen etablieren, können metrische Schemata zum Erkennungsmerkmal einer Gattung werden. In der deutschsprachigen Dichtung der zweiten Hälfte des 18. Jahrhunderts werden z.b. dem Drama der alternierende Blankvers, der lyrischen Gattung Ode dagegen antikisierende Versschemata zugeordnet; in den lyrischen Gattungen Ballade und Lied findet vor allem der taktierende Vers Verwendung.

Die Auswahl und Anordnung der einem Gedicht unterlegten metrischen Einheiten können als Versifikationsprinzip bezeichnet werden. Die Summe von Versifikationsprinzipien, die innerhalb einer bestimmten Epoche Versen einer bestimmten Sprache zugrundeliegen, formen deren Vers-System. Eine Übersicht der Dichtungen verschiedenster Sprachen und Epochen zeigt, daß es grundsätzlich drei Versifikationsprinzipien gibt, die selten in Reinform, sondern meistens vermischt vorliegen:[84]

a) Syllabik:
Ein Vers wird durch die Anzahl seiner Silben als Vers bestimmt. In Reinform liegt dieses Versifikationsprinzip z.b. im mordwinischen Vers vor, der weder durch hervorgehobene Silben, noch durch Reimbeziehungen, sondern nur durch die Silbenzahl bestimmt wird.[85]

Die Einheit ›Silbe‹ ist eine Konstante aller metrischen Systeme, auch derer, die nicht nur syllabisch messen. Diese Einheit wird meistens – in der Metriktheorie des 18. ebenso wie in der Metriktheorie des 20. Jahrhunderts – selbstverständlich verwendet und nicht definiert. Die moderne Phonetik versteht die Silbe als sprechphysiologisch und auditiv sich manifestierende Einheit, die als »als Artikulationsbewegung vom konsonantischen oralen Verschluß bzw. von der artikulatorischen Engebildung zur vokalischen Öffnung«[86] beschrieben werden kann. Innerhalb dieses Definitionsrahmens werden allerdings sehr unterschiedliche Beschreibungen der Silbenstruktur vorgenommen.[87] Eine klare Silbentrennung, wie sie durch die Schrift suggeriert wird, läßt sich experimentalphonetisch nicht

---

84 Eine Übersicht der europäischen Dichtungen hinsichtlich ihrer Versifikationssysteme durch Gasparov 1996. Die Unterscheidung von drei Versifikationsprinzipien bestimmt z.b. auch die »Deutsche Metrik« von Christian Wagenknecht: Wagenknecht 1981, 27.
85 Jakobson/Lotz 1941.
86 Pompino-Marschall 1995, 228.
87 Vgl. etwa: ebd., 227-233; Wiesemann 1997, 56-60; Maas 1999, 121-138.

bestätigen. Die artikulatorischen Öffnungen und Schließungen sind nicht exakt abgrenzbar.

b) Silben-Prominenz:
Ein Vers wird durch die Zahl und die Verteilung prominenter bzw. nicht-prominenter Silben als Vers bestimmt.[88] In allen Vers-Systemen, die das Versifikationsprinzip der Silbenprominenz verwenden, wird eine binäre Klassifizierung prominenter und nicht-prominenter Silben vorgenommen. Je nach Sprachsystem wird diese Klassifizierung unterschiedlich realisiert, als:[89]

– Melodische Prominenz: Die Silben werden aufgrund ihrer Tonhöhe als ›hoch‹ oder ›tief‹ klassifiziert (»frequency-defined syllables«[90]). In Reinform begegnet diese Klassifizierung z.B. in der klassischen chinesischen Dichtung.

– Quantitative Prominenz: Die Silben werden aufgrund ihrer Zeitdauer als ›lang‹ oder ›kurz‹ klassifiziert (»time-defined syllables«). Die antike griechische Dichtung verwendet diese Form der Klassifizierung.

– Dynamische Prominenz: Die Silben werden aufgrund ihrer Betonungsstärke als ›betont‹ oder ›unbetont‹ (auch ›akzentuiert‹ oder ›unakzentuiert‹) klassifiziert (»energy-defined syllables«). Diese Form der Klassifizierung verwenden die Dichtungen der germanischen Sprachen, z.B. die englische und deutsche Dichtung.

c) Reim:
Ein Vers wird durch regelmäßige phonetische Äquivalenzbeziehungen – entweder innerhalb eines Verses oder innerhalb mehrerer Verse – als Vers bestimmt. In Reinform liegt dieses Versifikationsprinzip z.B. im deutschsprachigen freien Knittelvers des 16. Jahrhunderts vor, der nur durch den Endreim zweier aufeinanderfolgender Verse, nicht durch Silbenzahl und Silbenakzente bestimmt wird.

Wie bereits gesagt liegen diese drei Versifikationsprinzipien fast immer vermischt vor. In den meisten deutschsprachigen Gedichten ist sowohl die Silbenzahl, als auch die Verteilung der prominenten Silben, als auch der Reim von Belang.[91]

---

88 Der Begriff ›Prominenz‹ bezeichnet allgemein die Hervorhebung einer Silbe, unabhängig davon, wie diese Hervorhebung phonetisch realisiert wird.
89 Die nachstehende Differenzierung folgt Lotz 1972, 16.
90 Die Begriffe »frequency-defined«, »time-defined« und »energy-defined« entstammen der Terminologie von Lotz 1972.
91 Eine Differenzierung der Versifikationstypen des Deutschen und Englischen bei: Küper 1988, Anhang I.

Realisierung der metrischen durch sprachliche Einheiten:[92]

Jedes Vers-Schema kann durch eine Vielzahl konkreter Verse realisiert werden. Dabei steht der relativen Gleichförmigkeit der metrischen eine hohe Variabilität der sprachlichen Einheiten gegenüber. In jedem einzelsprachlichen Vers kommt es zu einem spezifischen Spannungsverhältnis zwischen metrischen und sprachlichen Einheiten. Auch Verse, die ihre metrischen Einheiten reibungslos ausfüllen, unterscheiden sich durch ihre je andere Wortgruppenbildung und ihre je anderen syntaktischen Zäsuren. Folgendes konstruierte Beispiel für vier unterschiedliche sprachliche Realisierungen eines siebensilbigen Vers-Schemas (syllabisches Versifikationsprinzip) mag dies veranschaulichen:

Ein Siebensilbler kommt jetzt (1+4+1+1)
Her, fügt Silb auf Silb. Denn die (1+1+1+1+1+1+1)
Zahlengesetzmäßigkeit (7)
fordert dies unnachgiebig. (2+1+4)

Im Hinblick auf die drei Versifikationsprinzipien (Syllabik, Silben-Prominenz, Reim) ergeben sich drei unterschiedliche Spannungsformen:

a) Syllabik:
Ein konkreter Vers kann zu viele oder zu wenige Silben enthalten als das zugrundeliegende metrische Schema vorsieht. Folglich müssen Silben hinzugefügt oder Silben weggestrichen werden. Dieser Ausgleich kann bereits bei der Produktion der Verse erfolgen, oder aber bei der Rezitation. Es folgen zwei Beispiele:

geforderte Silbenzahl: 7
Ausgangsvers: Im Vers fehlen Silben (6)
Angleichung: Im Verse fehlen Silben

geforderte Silbenzahl: 6
Ausgangsvers: Und taumel und fodere mehr (8)
Angleichung: Und taum'l und fodre mehr[93]

Das hier beschriebene Spannungsverhältnis ist allerdings nur für den Verfasser von Versen selbst bzw. für den Rezitator von Belang, es dringt nicht bis zum Rezipienten. Der Rezipient nimmt möglicherweise eine durch den Silbenzwang verursachte unkonventionelle Wortform (›Verse‹ statt ›Vers‹, ›taum'l‹ statt ›taumel‹) oder Wortfügung wahr.

---

92 Grundlegend hierzu: Küper 1998.
93 Hölty: Trinklied. Zit. nach: Hölty, Sämtliche Werke, 115.

b) Silben-Prominenz:

- Nicht-binär klassifizierte sprachliche Einheiten treffen auf binär klassifizierte metrische Einheiten:
Die phonologische Beschreibung von Sprachen mit dynamischem Akzent unterscheidet mehrere Akzentstufen. Zusammengesetzte Substantive tragen Haupt- und Nebenakzente,[94] lexikalische Wörter tragen stärkere Akzente als nicht-lexikalische. In Abhängigkeit von verschiedenen Sinnhervorhebungen, können Akzentgrade unterschiedlich über eine Phrase verteilt werden, z.B.: ›Wir sprechen über Verse, nicht über Fersen‹ bzw. ›Wir sprechen über Verse, nicht über Fersen‹.[95] Deshalb kommt es auch in Versen, die alle nach dem metrischen Schema prominenten Silben mit sprachlich prominenten Silben besetzten, zu einem spezifischen Spannungsprofil, z.B. bei folgenden alternierenden Versen aus »Des Knaben Wunderhorn« (■ = metrisch prominente Silbe; □ = metrisch nicht-prominente Silbe):

☐ ■ ☐ ■☐ ■ ☐ ■
Gar hoch auf jenem Berg allein

☐ ■ ☐ ■☐ ■ ☐ ■
Da steht ein Rautensträuchelein,[96]

Diese Form der Versspannung ist von der Metrikforschung, die bislang hauptsächlich offensichtliche Verstöße der sprachlichen Einheiten gegen die metrischen thematisiert hat, noch nicht ausreichend aufgearbeitet worden.

- Prominente sprachliche Einheiten treffen auf nicht-prominente metrische Einheiten und umgekehrt:
Bei einer großen Anzahl von Versen kommt es dagegen explizit zu Reibungen zwischen dem metrischen Schema und der Struktur der sprachlichen Einheiten. Seit dem 18. Jahrhundert beschreibt die Metriktheorie solche Reibungen und versucht sie zu systematisieren. Entscheidend für jede nicht-normative, sondern desriptive Theorie ist die Frage, welche Reibungen vom Rezipienten toleriert werden, so daß er einen Vers, obwohl die sprachlichen Einheiten den metrischen zuwiderlaufen, als metrisch gelungen empfindet. Den in dieser Hinsicht ambitioniertesten Ansatz lieferte die generative Metriktheorie. In ver-

---

94 Zu den Akzentverhältnissen in Komposita des Deutschen: Giegerich 1983.
95 Doppelt unterstrichen: Hauptakzente der gesamten Phrase; einfach unterstrichen: einfache Hauptakzente; punktiert unterstrichen: Nebenakzente.
96 Wunderhorn, 65.

schiedenen Ansätzen versuchte sie Regeln zu formulieren, die einen Rahmen für die sprachlichen Einheiten, mit denen ein bestimmtes metrisches Schema gefüllt werden kann, definieren. Im Zuge dieser Forschungen wurde man darauf aufmerksam, daß einige Dichter sehr bewußt mit Graden unterschiedlich reibungsloser oder reibungsvoller Erfüllung des metrischen Schemas durch die sprachlichen Einheiten arbeiten.[97]

c) Reim:
Die vom Reimschema geforderten phonetischen Äquivalenzen können von den sprachlichen Einheiten ebenfalls reibungslos oder reibungsvoll erfüllt werden. Die Begriffe ›unreiner‹ bzw. ›rührender‹ Reim stecken für den Grad der Reibung eine Skala ab. Außerdem werden die phonetischen Äquivalenzen der reimenden Silben durch die weiteren Äquivalenz-/Differenzbeziehungen der reimenden Wörter begleitet. Verschiedenste Kombinationen sind hier denkbar: z.B. phonetische Äquivalenz bei lexikalischer, syntaktischer und semantischer Äquivalenz (›in Saus und Braus‹), phonetische Äquivalenz bei lexikalischer und syntaktischer Äquivalenz und semantischer Differenz (›Max ist ein Engel, Moritz ein Bengel‹), phonetische Äquivalenz bei lexikalischer, syntaktischer und semantischer Differenz (»Frauen flattern für dich, kriegen Blattern für dich«[98]).

Schon das Zusammenwirken von metrischen und sprachlichen Einheiten führt, wie zu sehen ist, zu komplexen Fragen, die längst noch nicht abschließend beantwortet sind. Daraus kann ermessen werden, wie weit das Feld einer Metrikforschung, die versucht, Rezitation und Rezeption zu berücksichtigen, sein wird. Unter dieser Perspektive wirken die anhaltenden Ressentiments zwischen Linguistik und Literaturwissenschaft kleinlich. Jakobsons Forderung der unbedingten Zusammenarbeit kann deshalb mit Nachdruck wiederholt werden:

> All of us here, however, definitely realize that a linguist deaf to the poetic function of language and a literary scholar indifferent to linguistic problems and unconversant with linguistic methods are equally flagrant anachronisms.[99]

---

97 Wichtige Arbeiten zur metrischen Komplexität werden von Küper 1988, 176-252, referiert und kritisiert.
98 Dieses Beispiel entstammt dem Lied »Der schöne Heinrich« von Georg Kreisler: Kreisler, Everblacks, CD II, Nr. 12.
99 Jakobson 1960, 377.

2.2.2 Metriktheorien zwischen 1750 und 1800 im Widerspruch

Im letzten Drittel des 18. Jahrhunderts werden nach vier verschiedenen Modellen Verse gedichtet: Erstens nach dem syllabotonisch alternierenden Modell,[100] das Martin Opitz in seinem »Buch von der deutschen Poeterey« (1624) zum maßgeblichen Versmaß für Dichtungen in deutscher Sprache erklärt hatte, zweitens nach dem aus der antiken Dichtung entlehnten Versfußmodell,[101] das seit der Jahrhundertmitte wieder verstärkt rezipiert wurde. Klopstock entwickelt in Auseinandersetzung mit diesem Versfußmodell seine freien Odenmaße, die drittens zum Modell des freien Verses führen, dem weder festgelegte Versfüße noch ein Alternationsschema zugrundeliegen. Viertens kommt, in Anlehnung an den Taktbegriff der zeitgenössischen Musiktheorie, das taktierende Versmodell[102] auf, nach dem nicht mehr einzelne betonte und unbetonte Silben gezählt werden, sondern der Vers in äquivalente Takte eingeteilt wird. Da viele Dichter im betreffenden Zeitraum nicht nur dichten, sondern auch das Maß ihrer Verse beschreiben, kann in vielen Fällen exakt rekonstruiert werden, welches der vier Versmodelle welchen Versen – nach Intention ihres Autors – zugrundeliegen soll. Metrik ist eine Disziplin der zeitgenössischen Poetik; die Frage, wie die Silben im griechischen Hexameter oder im fünffüßigen Jambus angeordnet werden müssen, hat noch unmittelbaren Bezug zur aktuellen Gedichtproduktion, ist noch keine Fragestellung einer deskriptiven Philologie.

Da viele Aussagen zur Metrik zwischen 1750 und 1800 nicht in Form von kompakten Theorien vorliegen, sondern neben umfangreichen Abhandlungen eine Fülle von Einzel- und Nebenbemerkungen existiert, werden nicht nacheinander die Positionen einzelner Autoren abgehandelt. Es wird auch nicht der Anspruch erhoben, alle vorhandenen Aussagen zur Metrik auszuwerten und chronologisch bzw. in ihrer Beziehung zueinander zu ordnen. Vielmehr ist die Darstellung problemorientiert. Sie gliedert sich in fünf Abschnitte: Zunächst werden verschiedene

---

100 Syllabotonisch heißen alle Verse, in denen die Klassifizierung von dynamisch prominenten und dynamisch nicht-prominenten Silben Versifikationsprinzip ist. Innerhalb dieser Verse bildet das syllabotonisch alternierende Modell eine Untergruppe: hier sieht das metrische Schema vor, daß immer eine betonte auf eine unbetonte Silbe folgt.

101 Das Versfußmodell klassifiziert quantitativ prominente und quantitativ nicht-prominente Silben. Diese werden in verschiedenen Kombinationen, den sog. Versfüßen, angeordnet. Ein Vers-Schema ergibt sich durch die additive Reihung eines oder durch die Kombination mehrer Versfüße.

102 Eine Begriffserklärung folgt im Laufe dieses Kapitels.

Aussagen zur Prominenzbildung der Silben, der metrischen Grundeinheiten des Verses, diskutiert, dann wird das Verhältnis von metrischen und sprachlichen Einheiten des Verses, das eine entscheidende Neubewertung erfährt, thematisiert. Der dritte Abschnitt referiert die Entwicklung des musiktheoretischen Taktbegriffs im 18. Jahrhundert und fragt nach dem Einfluß dieser Entwicklung auf die Metrik. Der vierte Abschnitt gilt der wechselnden Wertschätzung des Reimes, im fünften wird eine Metaebene der metrischen Diskussion behandelt, nämlich die rhetorische Grundhaltung, die eigene Theorie als natürlich, die abweichenden dagegen als künstlich zu begreifen.

Neben deutschen werden auch englische Verstheoretiker zur Sprache kommen. Ein Vergleich bietet sich an, erstens weil die beiden Sprachen eine ähnlich strukturierte Prosodie aufweisen – in beiden Sprachen sind, anders als z.B. im Französischen, betonte und unbetonte Silben für die Charakterisierung der Verse relevant –, zweitens weil, wie z.B. aus den bibliographischen Angaben in Johann Georg Sulzers Lexikon entnommen werden kann, die englischen Autoren auch im deutschen Sprachraum präsent waren.

Um das Bemühen der Verstheoretiker um eine konsistente Terminologie zu dokumentieren, wird relativ ausführlich aus den zeitgenössischen Quellen zitiert. Die vielseitige und oft verworrene Diskussion soll nicht durch eine moderne Terminologie vorschnell schematisiert werden. Ausblicke auf die philologische Metrikdiskussion im 19. und 20. Jahrhundert können zeigen, daß viele der im 18. Jahrhundert aufgeworfenen Fragen keinesfalls gelöst sind, und daß auch die moderne – linguistische und literaturwissenschaftliche – Metrikforschung tiefer in ihre poetologischen Vorgeschichten verstrickt ist, als sie sich meistens eingesteht.

2.2.2.1 Zwischen Zeitmaß und Tonmaß:
Zur Bestimmung der Silbenprominenz

Die Darstellung der weitverzweigten Diskussion über die Verssprache beginnt bei den metrischen Grundeinheiten. Da Metrik die Sprache innerhalb eines Verses messen soll, stellt sich zunächst, damals wie heute, die Frage, welche Maßeinheiten überhaupt angelegt werden können. Denn in der alltäglichen Kommunikation wird gesprochen, ohne daß zeitliche Maßeinheiten mitgedacht werden.

Schon die Kongruenz bzw. Nicht-Kongruenz von Laut und Buchstabe wird von den Sprachgelehrten problematisiert.[103] Christian Garve bei-

---

103 Dazu ausführlich: Gessinger 1994, 633-689.

spielsweise schneidet dieses Problem an, wenn er über die Dauer, die zum Aussprechen von Silben benötigt wird, nachdenkt. Obwohl Garve der Meinung ist, daß die zeitliche Dauer einer Äußerung von der Anzahl der zu artikulierenden Laute abhängt, bestreitet er eine proportionale Entsprechung zwischen Buchstabenzahl und Dauer der Äußerung.[104] Klopstocks Orthographiereform verfolgt das Ziel, Lautung und Schreibung der Sprache zur Deckung zu bringen.[105] Doch nicht einmal Klopstock selbst hat seine Neuregelungen durchgehalten.

Aus den Lauten, die von den Buchstaben nicht adäquat repräsentiert werden, setzen sich, darin besteht Konsens, die Silben einer Sprache zusammen, die als Basiseinheiten aller weiteren metrischen Überlegungen angesehen werden. Silbengrenzen werden – durchaus verschieden – gesetzt, die theoretischen bzw. empirischen Voraussetzungen für das Setzen von Silbengrenzen werden indes keiner eingehenden Reflexion unterzogen.

Ausgiebig diskutiert wird dagegen das Problem der Silbenprominenz. Denn sowohl deutsche als auch englische und antike Verse werden nicht nur anhand ihrer Silbenzahl gemessen; hinzu kommt die Differenzierung dieser Silben in prominente und nicht-prominente. Sulzers Lexikon vermerkt, »daß das Ohr die Rede in Wörter abtheilet, kommt blos von dem Accent her«[106]. Ohne Silbenprominenz, die für Sulzer durch Akzentuierung realisiert wird, gäbe es gar keine Wortgrenzen.

Um die Silbenprominenz zu messen werden verschiedene phonetische Parameter angeführt, meistens in Kombination. Oft ist dabei nicht zweifelsfrei zu entscheiden, welche Parameter mit welchen Termini gemeint sind. Breits in Opitz' »Buch von der deutschen Poeterey« (1624) heißt es:

> nicht zwar das wir auff art der griechen vnnd lateiner eine gewisse grösse der sylben können inn acht nemen; sondern das wir aus den accenten vnnd dem thone erkennen/ welche sylbe hoch vnnd welche niedrig gesetzt soll werden.[107]

---

104 Garve 1770, 70.
105 Zu Klopstocks Orthographiereform: Garbe 1981. Grundsätzliche Probleme der Verschriftlichung von Sprachlauten diskutiert Stetter 1997; er weist auf den grundlegenden Widerspruch zwischen dem orthographischen Arbitraritätsprinzip (d.h. die Zuordnung von Schriftzeichen und Bedeutungen beruht auf einer willkürlichen Setzung) und dem phonematischen Ähnlichkeitsprinzip (d.h. die Schriftzeichen bilden die Sprachlaute ab) hin: ebd., 54 f.
106 Sulzer 1773-74, I, 16 (Artikel »Accent«).
107 Opitz 1624, 392.

Drei Termini werden hier genannt: Einmal die »grösse« der Silben, was wohl ihre Dauer meint; diese ist, laut Opitz, für die deutsche Sprache nicht von Belang. Ob mit »accent« und »thone« unterschiedliche Parameter gemeint sind, etwa Lautstärkenprominenz einerseits und Tonhöhen-Prominenz andererseits, wird in Opitz Darstellung nicht klar. Die gängige Interpretation[108] ist die, daß Opitz die Silbenbetonung[109] (Qualität) gegenüber der Silbenlänge (Quantität), die der deutschen Sprache nicht adäquat ist, etabliert. Es bleibt festzuhalten, daß bereits bei Opitz, wenn auch begrifflich nicht streng getrennt, die Parameter Dauer, Lautstärke und Tonhöhe für die Prominenzbildung der Silben erwogen werden.

Diese drei Parameter sind auch um die Mitte des 18. Jahrhunderts präsent. Dadurch, daß man sich jetzt verstärkt bemüht, antike Versmaße ins Deutsche zu übertragen, erhält der Parameter Dauer, den Opitz ganz gestrichen hatte, einen neuen Stellenwert in den theoretischen Überlegungen. Die Gewichtung der drei Parameter schwankt, terminologische Unschärfen begegnen allenthalben. Während für Johann Christoph Gottsched die Übernahme antiker Versmaße ins Deutsche kein Problem darstellt – »Wir, und alle übrige Völker haben lange und kurze Sylben«[110] –, wird von einigen Zeitgenossen die Deckungsgleichheit der metrischen Systeme angezweifelt. Johann Jacob Breitinger unterscheidet in seiner »Critischen Dichtkunst« (1740) ausdrücklich die Längen- von der Tonhöhenprominenz:

> Und hier muß man sich einen unbestimmten Ausdruck der Prosodie-Lehrer nicht lassen irre machen, wenn sie sagen, die langen und die kurtzen Sylben müssen in einem Verse in einer bestimmten Ordnung mit einander abwechseln; sie wollen alleine sagen, daß die hohen Accente mit den niedern abwechseln müssen. Ihr flüchtiger Ausdruck entstehet vermuthlich daher, weil sie in den Gedanken stehen, daß jede lange Sylbe einen hohen Accent, und jeder hohe Accent eine lange Sylbe erfodere. Dieses ist nicht durchgehends wahr, [...] Die andere Sylbe in den Wörtern Heiland, Klarheit, Unschuld, Großmuth, Lodernd, ist lange und doch darum nicht hoch.[111]

---

108 Zum Beispiel bei Bockelmann 1991, 23.
109 Ich verwende die Begriffe ›Betonung‹ und ›Akzentuierung‹ synonym und meine damit die Prominenzbildung mittels Druckakzent (»energy-defined syllables« nach der Terminologie von Lotz 1972).
110 Gottsched 1730, VI/1, 464.
111 Breitinger 1740, II, 440.

Auch Johann Elias Schlegel ist diese Unterscheidung geläufig.[112] Schlegel verwirft für den deutschen Vers die Messung der Silbendauer, womit er direkt an Opitz' Standpunkt anknüpft. Klopstock, der gegen Ende des Jahrhunderts als fanatischer Verfechter antiker Silbenmaße im Deutschen galt, spricht sich bereits 1748 ebenfalls gegen die direkte Kompatibilität griechischer und deutscher Verse aus.[113]

Johann Michael Heinze problematisiert im Anhang seiner kritischen Erwiderung auf Gottscheds Sprachlehre ebenfalls die Kongruenz bzw. Nichtkongruenz der metrischen Systeme. So heißt es zunächst:

> Die Deutschen machen ihre Verse blos nach dem Accente oder Tone, welcher bey ihnen, wie bey den Griechen, zweyerley, scharf oder gezogen ist; wovon eigentlich nur der letzte die Sylbe lang machet, da der erste sie nur hebet.[114]

Bei genauer Lektüre bereitet diese Stelle Interpretationsprobleme. Heinze scheint die Begriffe »Accent« und »Ton« synonym zu verwenden. Prominenzbildung werde, bei den Griechen wie bei den Deutschen, durch zwei Parameter realisiert: durch Betonung (bzw. Tonhöhe?), worauf sich die Ausdrücke »scharf« und »hebet« beziehen – vermutlich denkt Heinze an den griechischen Akut –, und durch Dauer (»gezogen«, »lang«). Doch schon im folgenden Paragraphen wird der Parameter Dauer verworfen:

> Hieraus folgt 1) daß die deutsche Sprache wenig lange Sylben habe, indem auf den wenigsten Wörtern ein dehnender Accent stehet: 2) daß wir auch die, welche wir haben, im Versmachen nicht in Betrachtung ziehen: und daher 3) die Eintheilung in kurze und lange Sylben in unsrer Prosodie unnöthig und ohne Nutzen sey.[115]

Anders als in der Alltagssprache gelte in der Versprache eine »gezogne Sylbe [...] für eine steigende«[116]. Die Messung von Sprache ist für Heinze nicht deckungsgleich mit der Messung von Sprache innerhalb des Verses; hier müssen andere Maßeinheiten angelegt werden als dort.

Da sich der deutsche Vers nicht nach Silbendauer, sondern nach Silbenakzenten bemesse, seien die antiken Versfüße keine adäquaten Maßeinheiten.[117] Hiermit formuliert Heinze das entscheidende Argument ge-

---

112 Schlegel 1747, 6.
113 Vgl. Klopstocks Brief an J.J. Bodmer vom 21. 9. 1748: Klopstock, Briefe 1738-1750, 16-21.
114 Heinze 1759, § 2.
115 Ebd., § 3.
116 Ebd., § 5.
117 Ebd., § 11.

gen die Übernahme antiker Versmaße. Doch die antike Dauernprominenz werde, so Heinze weiter, einfach durch die deutsche Akzentprominenz ersetzt.[118] Deshalb könne man im Deutschen zwar keine originären lateinischen Hexameter dichten, wohl aber solche, »welche in unsern Ohren eben so klingen, als die Lateinischen Hexametern«[119]. Mit dieser Formulierung ist auch Klopstocks Position umschrieben, der nicht den lateinischen Hexameter unbeholfen und ungenügend nachahmen, sondern einen deutschen Hexameter neu schaffen möchte.[120]

Im Gegensatz zu Heinze, der im Vers die langen Silben als betonte interpretiert, mißt Garve beiden Parametern auch in der Verssprache Bedeutung bei. Wie er folgert, gebe es drei Prominenzgrade: erstens lange und gleichzeitig betonte Silben, z.B. »be<u>rauscht</u>«; zweitens lange unbetonte bzw. betonte kurze Silben, z.B. »Bey<u>stand</u>« bzw. »<u>U</u>nehre«; drittens kurze unbetonte Silben, z.B. »<u>er</u>haben«.[121]

Karl Philipp Moritz unterscheidet gleich im einleitenden Dialog seines »Versuch einer deutschen Prosodie« (1786) die Parameter Silbendauer und Silbenbetonung. Allerdings versteht er den Parameter Betonung anders als die bisher genannten Theoretiker:

> Oder haben Sie nie einen Menschen im heftigen Affekt ausrufen hören: *Gerechter Himmel!* so daß er die Höhe des Tons gerade auf die unbedeutendste Vorschlagssilbe *ge* setzte, die demgeachtet [sic] kurz blieb, indes die folgende Hauptsilbe lang tönte, ob sie gleich mit einem tiefern Tone ausgesprochen wurde.[122]

Der Parameter »Höhe des Tons« ist für Moritz also an den besonderen Affekt einer einzelsprachlichen Äußerung gebunden. Die Silbe »Ge-« in »Gerechter« würde nicht den Parameter Betonung, wie Heinze, Garve und andere ihn verstehen, erhalten, vielmehr wäre nach deren Klassifizierung die Silbe »-recht-« betont bzw. lang. Bleibt der besondere Affekt aus, geht für Moritz die Betonung in der Regel mit der Dauer konform:

> Freilich, wenn der erste Reiz des Affektes vorüber ist; wenn das ruhige Nachdenken wieder an dessen Stelle tritt; dann häufen wir die Tonhöhe, das Verweilen der Stimme und den Nachdruck auf die bedeutende

---

118 Ebd., § 12.
119 Ebd., § 26.
120 Bereits 1749 verteidigt Bodmer Klopstocks akzentuierenden Hexameter gegen einen Kritiker, der die antike Quantität bewahrt wissen möchte; Bodmer 1749a.
121 Garve 1770, 77; dort auch die angegebenen Beispiele.
122 Moritz 1786, 1 f.

Silbe, weil sich unsre Sprache freilich mehr zum Gedanken als zum Empfindungsausdruck neigt.[123]

Hier werden drei Parameter – Tonhöhe, Dauer (»Verweilen der Stimme«), Lautstärke (»Nachdruck«) – genannt; allerdings hat Moritz an anderen Stellen seiner Schrift nicht von dieser Differenzierung Gebrauch gemacht. Es bleibt festzuhalten, daß Moritz zwischen Silbenprominenzen in abstrakt vorgestellter, von der konkreten Äußerung losgelöster Sprache und Silbenprominenzen in einzelsprachlichen Äußerungen unterscheidet.

Obwohl es derart differenzierte Aussagen über die Parameter der Prominenzbildung gibt, zeichnet sich die allgemeine Tendenz ab, den Parameter Dauer nach und nach zu unterschlagen und ihn ganz durch den Parameter Betonung zu ersetzen. Für den Vers des 19. Jahrhunderts ist die Silbenlänge als Maßeinheit praktisch bedeutungslos. Am unnachgiebigsten hat Voss, der sich ein Leben lang an antiken Versen schulte, am Parameter der Silbendauer festzuhalten versucht.[124] Ähnlich wie Garve verrechnet Voss Dauern- und Betonungs-Prominenz, in seiner Terminologie »Zeitmaß« und »Tonmaß«,[125] und kommt dadurch zu einem mehrstufigen System der Silbenprominenz.

Englische Sprachgelehrte äußern sich im gleichen Zeitraum noch differenzierter zu den Parametern der Prominenzbildung. Lord Henry Home Kames gibt in seinen »Elements of Criticism« (1762) fünf Kategorien zur Bestimmung der Aussprache von Silben an. Diese könne »harsh or smooth«, »long or short«, »high or low«, »loud or soft«, »slow or quick« sein.[126] Die erste Kategorie hänge von den beteiligten Lauten (»component letters«) ab – ich schlage ›Klangfarbe‹ (der mit den Buchstaben bezeichneten Laute) als Parameterbezeichnung vor –, die zweite Kategorie sei durch die Sprechgewohnheit festgelegt und lasse keine Variabilität zu. Hierbei ist nicht zweifelsfrei zu klären, ob Kames konkret an den Parameter Dauer denkt, oder ob er sich einfach auf den ihm geläufigen englischen Wortakzent bezieht, ohne dessen akustische Realisation näher zu spezifizieren. Tonlage, Lautstärke und Sprechtempo hingen dagegen von der Intention des Sprechers ab. Somit ist auch bei Kames eine Unterscheidung von abstrakten, bereits im Sprachsystem gegebenen (Klangfarbe, Silbenakzent) und konkreten, erst in der einzelnen Äußerung zu

---

123 Ebd., 6.
124 Zu Voss' Homer-Übersetzungen: Häntzschel 1977.
125 Voss 1802, 9-14.
126 Kames 1762, II, 351.

bestimmenden Parametern der Silbenprominenz (Tonhöhe, Lautstärke, Sprechtempo) angelegt.

Die terminologisch genaueste Parameter-Differenzierung des 18. Jahrhunderts stammt von Joshua Steele. In seiner »Prosodia rationalis« (1779) legt er vier Parameter fest: »accent«, »quantity« bzw. »pause«, »emphasis« und »force«[127]. Unter »accent« versteht er das Tonhöhenprofil einer Silbe, das »acute« (steigend) oder »grave« (fallend) sein könne. Mit »quantity« meint er Dauern, die er in exakten Notenzeichen angibt; »pauses« sind die ebenso exakt meßbaren Pausen innerhalb der Rede. »Force« bezieht sich auf die Lautstärke, meßbar auf der vierstufigen Skala »louder/loud/soft/softer«[128]. Neu, und für Steeles Abhandlung von besonderem Gewicht, ist der Parameter »emphasis«. Steele versucht die zeitliche Ausdehnung der Sprache in Analogie zur Musik zu verstehen und zu klassifizieren. So kommt er zu folgender Definition:

> Our breathing, the beating of our pulse, and our movement in walking, make the division of time by pointed and regular *cadences*, familiar and natural to us. Each of these movements, or *cadences*, is divided into two alternate motions, significantly expressed by the greek words *arsis* and *thesis*, *raising* and *posing*, or setting down; the latter of which, coming down as it were with weight, is what we mean to call *heavy*, being the most energic or emphatic of the two; the other, being more remiss, and with less emphasis, we call *light*.[129]

»Cadence« meint nicht die musikalische Kadenz, sondern den Takt. Nicht nur der Kunstmusik, sondern auch anderen Bewegungen in der Zeit, so auch der Sprache, liege eine Takteinteilung zugrunde. Der Parameter »emphasis« meint nun die Stellung des Teils einer Bewegung bzw. einer sprachlichen Äußerung im schweren oder leichten Teil des Taktes. Das Merkmal »emphasis« schlage sich, anders als die Merkmale Dauer, Tonhöhe, Lautstärke, nicht in einem meßbaren Wert nieder, sondern es basiere auf der jeder sprachlichen Äußerung virtuell zugrundegelegten Takteinteilung:

> The instinctive sense of pulsation gives the mind an idea of emphasis and emphatic division, independent of any actual increment of sound, or even of any sound at all.[130]

---

127 Steele 1779, 24.
128 Ebd.
129 Ebd., 20.
130 Ebd., 117.

Steele ordnet die bisher geläufigen Parameter auf der Matrix der Taktstellung an. Außerdem nimmt er als einziger Theoretiker des 18. Jahrhunderts eine exakte Unterscheidung der Parameter vor, die sich auch in einem eigenen, an der Musik orientierten Notationssystem niederschlägt. Trotz oder gerade wegen seiner beachtlichen Differenzierungsleistung stellt sich die Frage, ob Steele mehr mit dem Auge als mit dem Ohr gearbeitet hat. Er hat ein elaboriertes Zeichensystem, das ihm aus der Musik geläufig war, an die gesprochene Sprache herangetragen und versucht, sie damit zu messen. Ob er die akustische Nachprüfbarkeit der exakt notierbaren Parameter problematisiert hat, ist nicht nachzuvollziehen. Die Voraussetzung, daß jeder Bewegung eine Takteinteilung zugrunde liege, begründet oder hinterfragt er nicht.

Die Lektüre verschiedener Aussagen hinsichtlich der Bestimmung der Silbenprominenz rekonstruiert ausschnittweise die Arbeit der Sprachgelehrten in der zweiten Hälfte des 18. Jahrhunderts, ihren Diskussionsbedarf, ihr Ringen um Definitionen. Wenn schon betreffend kleinster Maßeinheiten für die Sprache des Verses verschiedenste Thesen existierten, kann man schon an dieser Stelle die Heterogenität der Metrik-Konzepte insgesamt erahnen.

Auch die Linguistik des 20. Jahrhundert diskutierte und diskutiert bis heute die Frage nach den Parametern der Silbenprominenz. Die methodische Differenzierung von Phonetik und Phonologie[131] schaffte allerdings insofern eine methodische Erleichterung, als die Frage nach der akustischen Meßbarkeit der Parameter sprachlicher Äußerungen strikt von der Frage nach den durch das Sprachsystem abstrakt definierten Silbenprominenzen getrennt wurde. Die Phonologie kümmert sich seitdem um die Fragen, welchen Silben unter welchen – morphologischen, phraseologischen, syntaktischen – Bedingungen Prominenzen zugewiesen werden, um die vom Phonetiker gemessene Tonhöhe, Lautstärke, Klangfarbe und Dauer kümmert sie sich nicht. Doch erstens ist der heuristische Wert der Trennung von Phonetik und Phonologie durchaus nicht unangefochten,[132] zweitens besteht auch dann, wenn diese Arbeitsteilung akzeptiert wird, weiterhin erheblicher Diskussionsbedarf. Hinsichtlich

---

131 Sie wurde explizit erstmals von Nikolaj Trubetzkoy vorgenommen: Trubetzkoy ³1958, 7. Schon Jan Mukařovsky fordert die methodische Trennung von Phonologie und Deklamation: Mukařovsky 1930. Die Phonologie beschreibe die invarianten, bereits schriftlichen Äußerungen inhärenten akustischen Merkmale der Sprache, die Deklamation die variablen, erst in gesprochenen Äußerungen sich manifestierenden akustischen Merkmale.

132 Dazu: Tillmann/Günther 1986.

der Frage, wie die meßbaren akustischen Signale im Gehirn des Hörers ausgewertet und verarbeitet werden, muß der Phonetiker den Neurobiologen zu Rate ziehen. Eberhard Stock betont zurecht, »daß die Intonationswahrnehmung nicht aus Meßdaten und Kurvenverläufen rekonstruiert werden kann.«[133] Es gebe deshalb »keine Möglichkeit, um aus dem Verlauf der einzelnen Parameter zuverlässig zu erkennen, welches Signal oder welche Signalkombination an einer gegebenen Textstelle als Hinweisreiz für einen Akzent oder eine Pausenstelle fungieren könnte.«[134]

Auch die gängige Hypothese, daß die Prominenzbildung im Deutschen auf Druckakzenten, im Gegensatz zu melodischer oder quantitierender Prominenzbildung in anderen Sprachen, beruhe, muß hinterfragt werden:

> Da etwa die Wahrnehmung eines Akzents, wie mit Relevanztests (Hörversuche mit planmäßig deformierten Sprechsignalen) nachgewiesen wurde, auch dann zustande kommt, wenn im Akzentsignal das relevante Merkmal durch ein redundantes ersetzt wird, […] kann es nach unserer Meinung nicht sinnvoll sein, die Akzente einer Sprache generell als dynamisch oder melodisch oder als Druckstärkeakzente zu bezeichnen.[135]

Aus der Perspektive der Linguistik des 20. Jahrhunderts ist die Bestimmung der Parameter der Prominenzbildung ein phonetisches Problem. Die Phonologie stellt dagegen die Frage, unter welchen grammatikalischen bzw. lexikalischen Bedingungen eine Silbe eine Prominenz zugewiesen bekommt. Auch diese Frage wurde im 18. Jahrhundert diskutiert.

Neben das Konzept der – wie man glaubte in den antiken Sprachen allein gültigen – mechanischen Prominenz-Zuweisung, nach dem alle lautlich bzw. schriftlich langen Silben als prominent auszeichnet werden, tritt im 18. Jahrhundert das Konzept der begriffsmäßigen Prominenz-Zuweisung, nach dem die Silben aufgrund ihres semantischen Gewichts bzw. aufgrund grammatikalisch-lexikalischer Eigenschaften als prominent bzw. nicht-prominent eingestuft werden. Kein Theoretiker des 18. Jahrhunderts hält ausschließlich an der mechanischen Prominenz-Zuweisung fest. Die Frage dreht sich vielmehr darum, ob die mechanische zugunsten der begriffsmäßigen Zuweisung ganz vernachlässigt werden kann. Die Kriterien für die begriffsmäßige Zuweisung müssen erst erarbeitet werden. Allerdings reflektieren viele Sprachgelehrte dieses

---

133 Stock 1996, 219.
134 Ebd., 219.
135 Ebd., 217.

Problem nicht. Sie setzen stillschweigend die Intuition eines Muttersprachlers voraus, der eben automatisch wisse, welche Silbe betont sei und welche nicht.

Klopstock hält die begriffsmäßige Silbenzeit im Deutschen für wichtiger als die mechanische, allerdings will er diese nicht ganz aufgeben:

> Die Silbenzeit der Alten wurde bloß durch das Ohr bestimmt; sie war mechanisch. Die unsrige gründet sich auf die Begriffe; (Empfindung und Leidenschaft werden hier nicht ausgeschlossen) Mechanisches, das aber von andrer Art ist, nimmt sie nur bei Bestimmung von Zweizeitigkeit zu Hülfe, wohlverstanden, daß sie dies nicht eher tut, als bis durch die Begriffe nichts mehr entschieden werden kann. [...] Daß wir auch ein Ohr haben, das genau bemerkt, und dem das Mechanische nicht gleichgültig ist, zeigen wir also genug bei Bestimmung der Zweizeitigkeit durch die Stellung der Wörter und Silben.[136]

Mit dem Begriff »Zweizeitigkeit« ist in diesem Kontext folgendes gemeint: nach Klopstock können die zweisilbigen Füße im Hexameter sowohl durch Spondeen (– –) als auch durch Trochäen (– v) besetzt werden; obwohl die zweiten Silben in beiden Füßen im Verhältnis zu den ersten Silben unbetont sind, haben sie unterschiedliche Dauernwerte; im Spondeus ist die zweite Silbe zweizeitig, im Trochäus einzeitig.

Moritz lehnt dagegen die mechanische Zuweisung ganz ab:

> Es kömmt also bei der Bestimmung der Länge und Kürze unsrer Silben nicht im geringsten auf die Buchstaben der einzelnen Laute, woraus sie bestehen, sondern bloß auf ihre Stellung neben einer bedeutenderen oder unbedeutenderen Silbe, an.[137]

Moritz meint mit den Begriffen »Länge« und »Kürze« nicht mehr die antike Silbenquantität, sondern deren Substitut in der deutschen Sprache, nämlich die Betonung. Moritz' »Versuch einer deutschen Prosodie« ist der erste Versuch einer kompletten Systematisierung der begriffsmäßigen Prominenz-Zuweisung. Da die Stellung einer Silbe »neben einer bedeutenderen oder unbedeutenderen« das entscheidende Kriterium ist, folgert Moritz, daß die Akzentzuweisung nicht absolut festgelegt werden kann, sondern in jeder sprachlichen Äußerung relational bestimmt werden muß. In mehrsilbigen Wörtern, die in sich schon eine Zusammenstellung von Silben bilden, liege die Akzentzuweisung fest. Moritz gibt folgendes Beispiel:

---

136 Klopstock 1779a, 80.
137 Moritz 1786, 126.

Nur ist die Länge und Kürze der Silben in den mehrsilbigten Wörtern durch die Bedeutung einmal fest bestimmt; man verweilet nehmlich auf der Silbe mit der Stimme am längsten, die den *Hauptsinn* des Worts in sich faßt, welche daher in dem Worte die herrschende ist, und der die anderen Silben untergeordnet sind, wie z.b. die Silbe *geb* in *Vergebung,* welche den Hauptbegriff des *Gebens* in sich faßt, der durch die Silben *ver* und *ung* nur seine besondere Einkleidung oder Modifikation erhält. Wenn ich die Silbe *geb* aus dem Zusammenhange heraus nehme, so gewährt sie mir doch an und für sich noch einen Begriff; die Silben *ver* und *ung* hingegen sind mir außer der Zusammensetzung ganz *bedeutungsleer*.[138]

Moritz erkennt allerdings, daß es Ausnahmen von dieser Regel gibt, und versucht auch diese zu berücksichtigen:

Wir wollen in den Wörtern *Vortritt, Vorschlag, Vorgang* z.B. uns die Hauptbegriffe von *Tritt, Schlag, Gang* lieber als Modifikationen von dem Begriffe *vor* denken, indem wir Substantive zu *Anhangsilben* von einer Präposition machen, als daß wir *vor* eine bloße Modifikation der Begriffe *Schlag, Tritt* und *Gang* seyn ließen.[139]

Bei einsilbigen Wörtern könne dagegen nicht von vornherein entschieden werden, ob sie den Akzent zugewiesen bekommen oder nicht. Hier müsse ihre je andere Stellung berücksichtigt werden. Moritz versucht das Bedeutungsgewicht von der Wortart abhängig zu machen und kommt dabei zu folgender Rangliste[140]: 1. Substantiv, 2. attributiv und adverbial gebrauchtes Adjektiv, 3. Verbum, 4. Interjektion, 5. Adverb, 6. Hilfsverb, 7. Konjunktion, 8. Pronomen, 9. Präposition, 10. Artikel. Steht also ein einsilbiges Substantiv neben einem einsilbigen Adjektiv, wird dem Substantiv der Akzent zugewiesen, steht ein einsilbiges Adjektiv neben einem einsilbigen Verbum, wird dem Adjektiv der Akzent zugewiesen, usw.

Komme allerdings zu dem Akzent, den der Verstand des Sprechers in Abhängigkeit von dieser Wortartenrangliste verleiht, noch der leidenschaftliche Akzent hinzu, lasse sich die Betonung vieler sprachlicher Äußerungen nicht zweifelsfrei ermitteln, wie Moritz an dem Beispielvers »Wenn du mir das versprichst« diskutiert.[141] Denn unabhängig von der semantischen Gewichtung, die die Wortartenrangliste vorgibt, könne der Sprecher durch eine in seinem Ermessen liegende Akzentuierung unter-

138 Ebd., 131.
139 Ebd., 163.
140 Ebd., 184 ff.
141 Ebd., 172 ff.

schiedliche Sinngewichtungen vornehmen. Er könne den Hauptakzent des Satzes sowohl auf »Wenn«, als auch auf »du«, als auch auf »mir«, als auch auf »das« legen. Der »Redeaccent«, wie Moritz die in jedem Sprechakt individuell gestaltete Betonung nennt, entziehe sich der Systematisierung, »weil er immer erst durch die Willkür des Redenden bestimmt werden muß.«[142] Dagegen sei die Akzentuierung mehrsilbiger Wörter »unabänderlich durch sich selbst bestimmt«.[143]

Moritz erkennt also, daß zwischen der Betonungsstruktur, die mithilfe sprachwissenschaftlicher Methoden aus einem geschriebenen Text ermittelt werden kann, und der Betonung einer einzelsprachlichen Äußerung eine Differenz besteht. Der Artikel »Accent« in Sulzers Lexikon unterscheidet ebenfalls den »grammatischen Accent«, der laut Sulzer nur mehrsilbigen Wörtern zugewiesen werden kann und durch das Sprachsytem festgelegt wird,[144] vom »oratorischen Accent«, der von der individuellen Äußerung abhängt. Einsilbige Wörter erhalten nach Sulzer nur oratorischen, keinen grammatischen Akzent. Zur Interaktion der beiden Akzentarten bemerkt Sulzer, daß der »oratorische Accent« den »grammatischen« verstärken oder abschwächen bzw. sogar verändern könne.[145]

Voss, der noch zu Beginn des 19. Jahrhunderts den Parameter Dauer zu berücksichtigen versucht, läßt folglich auch die mechanische neben der begriffsmäßigen Prominenz-Zuweisung gelten, wenngleich er einräumt: »Beides, Dauer und Ton, ist größtentheils vom Begrif abhängig«[146]. Vossens »Zeitmessung der deutschen Sprache« (1802) versucht noch deutlich gründlicher als Moritz' »Versuch einer deutschen Prosodie« die begriffsmäßige Silbenzeit zu systematisieren. Auch für Voss erfolgt die Akzentzuweisung im Kontext konkreter sprachlicher Äußerungen, er klassifiziert »lange«, »kurze« und »mittelzeitige« Silben:[147] Die langen sind, sei es durch begriffsmäßige oder mechanische Kriterien, immer lang, die kurzen immer kurz, die mittelzeitigen dagegen, in Abhängigkeit ihrer Stellung, fakultativ lang oder kurz.

Auch Voss hat das grundsätzliche methodische Problem im Blick, ob Sprache allgemein oder Sprache speziell innerhalb des Verses beschrieben werden soll. Er nimmt diese Unterscheidung bewußt vor:

142 Ebd., 175.
143 Ebd.
144 Wie es zur Akzentzuweisung kommt, läßt Sulzer allerdings offen: »Er [der grammat. A.] wird in jeder Sprache blos durch den Gebrauch bestimmt, dessen Gründe schwerlich zu entdecken sind.« (Sulzer 1773-74, I, 16).
145 Ebd.
146 Voss 1802, 10.
147 Ebd, 9.

> Im Gespräch ist die Dauer von jeder Art Silben nicht scharf begrenzt
> [...] In gemessener Rede wird die Kürze als Eine Zeit, die Länge gewöhnlich als zwei, behandelt, und die mittelzeitige Silbe aus ihrer natürlichen Dauer entweder verkürzt oder verlängert.[148]

Einem Kontinuum der Prominenzgrade in der Alltagssprache steht also eine binäre Prominenzgrad-Messung der Sprache im Vers gegenüber. Die binäre Messung wird nicht nur durch die antike Nomenklatur (– versus v) nahegelegt, sie ist eine bemerkenswerte Konstante aller Verssysteme, für die die Silbenprominenz versifikationsrelevant ist. Voss' Formulierung »wird als Eine Zeit [...] behandelt« zeigt, daß nach seiner Vorstellung die Silben innerhalb des Verses nicht tatsächlich in ein binäres Verhältnis treten, sondern, trotz verschiedener Längen- und Betonungsgrade, als ein- oder zweiwertig interpretiert werden.

Um der Spannung zwischen der binären Silben-Klassifizierung innerhalb der Versschemata und der vielstufigen Silben-Klassifizierung innerhalb der Sprache Rechnung zu tragen, definiert Voss, indem er die Parameter Dauer und Akzent verrechnet, mehrere Prominenzgrade: Eine Silbe kann lang und hochtonig, z.B. »*grau*ndrohende«, lang und tieftonig, z.B. »An*dacht*«, kurz und hochtonig, z.B. »*An*dacht«, oder kurz und tieftonig, z.B. »graundroh*en*de«, sein.[149] Stehen zwei Silben nebeneinander, die beide lang und hochtonig sind, führt Voss als weitere Stufe den »Überton« ein: Während z.B. in dem Wort »frohlockt« beide Silben lang sind, die erste tieftonig, die zweite hochtonig, sind in dem Ausdruck »singt laut« beide Wörter lang und hochtonig; zur Differenzierung erhält deshalb das Wort »laut« den »Überton«[150].

Bürger differenziert in der Verteidigungsschrift seiner jambischen Ilias-Übersetzung (1776) – ebenfalls um zu demonstrieren, daß die Silben der Sprache nicht streng binär angeordnet sind – acht Prominenzgrade: Längste, längere und lange Länge, kurze, kürzere und kürzeste Kürze, dazwischen zwei weder lange noch kurze Stufen, von denen die eine »mehr lang als kurz«, die andere »mehr kurz als lang ist«[151]. Bürger nennt dieses Verfahren allerdings eine »Claßische[n] Kleineley«[152]. Aus den Versen, die Bürger mit seinen Prominenzgraden auszeichnet, folgt je ein

---

148 Ebd.
149 Beispiele nach Voss 1802, 11 f. Die jeweils gemeinte Silbe ist kursiv gesetzt. Die von Voss vorgenommene Systematik entspricht derjenigen, die auch Garve erarbeitet hat (s.o.).
150 Ebd., 127.
151 Bürger 1776, 59 f.
152 Ebd.

AUF WELCHEN FÜSSEN STEHT DER VERS? 69

Beispiel (1 = kürzeste Kürze, 8 = längste Länge):[153] »g*e*ordnet« (1), »*ver*haßt« (2), »*um*her« (3), »ober*sten*« (4), »*durch*wandelten« (5), »Schlacker*wetter*« (6), »*Schlack*erwetter« (7), »Ge*kreisch*« (8). Da Bürger die Kriterien seiner Zuweisung nicht systematisiert, sondern die Stufen 1-8 intuitiv vergibt, läßt sie sich natürlich leicht anfechten. Bürger ist jedoch durchaus bewußt, daß er kein verbindliches System vorlegt. So räumt er selbst ein, »daß es [das Zeitmaß der Silben] sich noch viel weiter abstufen laße«[154]. Im Grunde möchte Bürger durch seine Prominenzstufen-Zuweisung nur verdeutlichen, daß hinter der binären Silbenmessung im Vers ein Prominenzstufen-Kontinuum der Sprache steht.

2.2.2.2 Metrische versus sprachliche Einheiten: Eine neue Kategorie zur Beschreibung des Verses

Den nur begrenzt variablen, abstrakten metrischen Einheiten des Verses steht eine hohe Variabilität der sprachlichen Einheiten gegenüber. Doch dieses Spannungsverhältnis wurde erst im Laufe des 18. Jahrhunderts von der Verstheorie thematisiert. Vorher bestand – meist unausgesprochen – die Regel, daß die sprachlichen Einheiten sich den metrischen anpassen müssen, daß also z.b. auf einer metrischen Länge des Verses immer eine lange bzw. betonte Silbe stehen muß.[155] Natürlich gab es schon im 17. Jahrhundert häufig Verse, die gegen diese Anpassungsregel verstießen und dennoch von keinem Metriker als mißglückt empfunden wurden. Die Beispiele der Verstheoretiker beschränkten sich allerdings ausschließlich auf im Sinne der Anpassungsregel korrekte Verse.

An dieser Stelle muß rekapituliert werden, welche metrischen Kategorien den deutschen bzw. englischen Verstheoretikern am Beginn des 18. Jahrhunderts zur Verfügung standen. Neben der Silbenzahl und dem Reim, den einzigen Vers-Strukturkriterien in den romanischen Sprachen (syllabischer Vers), bestimmte im Deutschen wie im Englischen ebenso die Prominenz der Silben, wie auch immer realisiert oder definiert, die Metrik des Verses (syllabotonischer Vers). Durch die antiken Versfüße standen verschiedene Kombinationen von prominenten und nichtprominenten Silben zur Verfügung. Sowohl im Deutschen als auch im Englischen wurde das alternierende Muster, bei dem immer eine prominente auf eine nicht-prominente Silbe folgt, am häufigsten verwendet. Dieses

---

153 Die jeweils gemeinte Silbe ist kursiv gesetzt.
154 Ebd.
155 Einen Beleg für diese meist stillschweigend vorausgesetzte Regel bietet Omeis 1712, 58 ff.

Muster ergab sich durch die additive Reihung der antiken Füße Jambus (v –) bzw. Trochäus (– v). Während Opitz in seinem »Buch von der deutschen Poeterey« (1624) nur rein jambische bzw. rein trochäische Verse zuließ, billigte August Buchner in seiner »Anleitung zur deutschen Poeterey« (1665) auch den Daktylus (– v v) bzw. den Anapäst (v v –) als Versifikationsprinzipien. Die Mischung verschiedener Versfüße innerhalb eines Verses, die für die lateinischen und griechischen Oden bzw. die hexametrischen Dichtungen charakteristisch ist, wurde allerdings für deutsche bzw. englische Verse abgelehnt.

Daß in der dichterischen Praxis fortwährend Verse gedichtet wurden, die gegen das strikt alternierende Versmodell verstießen, wurde im Laufe des 18. Jahrhunderts als theoretisches Problem erkannt und zu lösen versucht. In England galt das Versmaß in John Miltons »Paradise Lost«-Epos (1667) als sakrosankte Norm. Schließlich konnte nicht mehr übersehen werden, daß zahlreiche Verse Miltons gegen das Schema des jambischen Pentameters (v –, v –, v –, v –, v –) verstoßen. Samuel Say fügte seinen »Poems on Several Occasions« (1745) zwei Essays bei, die meines Wissens erstmals die Differenz zwischen sprachlichen und metrischen Einheiten des Verses beschreiben:

> The GRACE or HARMONY of NUMBERS, in the usual Sense of this Word in English, is the agreeable Distinction which the Ear perceives between a certain Number or Quantity of Sounds; and a kind of Beating of Time with the Voice; sometimes at Equal, sometimes at Various, but always Measur'd and Regular Distances.[156]

Der besondere ästhetische Reiz der Verssprache resultiere also gerade daraus, daß der Rezipient zwei Wahrnehmungsebenen kontrastieren lasse: zum einen die konkrete Anzahl bzw. Zeitdauer der Silben, zum anderen ein abstraktes gleichförmiges Einteilen der Zeit (»a kind of Beating of Time with the Voice«). Um das Zusammenwirken beider Ebenen zu verdeutlichen, führt Say folgende Bezeichnungsweise ein:

$$- \quad v \quad v \quad - \quad v \quad / \quad v \quad - \quad v \quad -$$
Pleas'd thou | shalt hear | and learn | the Se | cret Pow'r
$$v \quad / \quad v \quad v \quad v \quad - \quad v \quad / \quad v \quad /$$
Of Har | mony; | in Tones | and Num | bers hit
$$v \quad - \quad v \quad -$$
By Voice | or Hand[157]

---

156 Say 1745, 98.
157 Ebd., 102.

Oberhalb der Verszeile ist die Betonung der konkreten sprachlichen Einheiten bezeichnet, die Say mithilfe von drei Prominenzgraden (Länge, Kürze, Betonung) klassifiziert.[158] Innerhalb der Zeile ist mit senkrechten Strichen das mitgedachte Zeitmaß (metrische Einheiten) eingetragen, das je zwei Silben zu einer Einheit zusammenfaßt. Vor Say hätte man diese Verse als jambische Pentameter interpretiert und hätte die beiden Abweichungen bei »Pleas'd thou« und »Harmony« zurechtgebogen, indem man sprachwidrig aber metrisch angepaßt »Pleas'd thou« bzw. »Harmony« betont hätte. Say interpretiert seine Metrisierung folgendermaßen:

> And by This Variety the Movements in this Second Line are Sufficiently distinguish'd from the Same Movements in the First and in the Third Line, tho' the *Caesura* be exactly the Same in every Line. The First of which begins with a *Trochee* followed by an *Iambick*; the Last with Two *Iambicks*; and the Middle, if we regard the Time only, with Two *Pyrrichius's*, but the Former distinguish'd by a strong Accent, which gives it, to an *English* Ear, the Force of an *Iambick*.[159]

Say kontrastiert also die je andere Versfüllung oder -bewegung (»Movement«) mit der konstanten Verseinteilung (»Caesura«), die sich nicht akustisch manifestiert, sondern vielmehr dem Vers abstrakt – als gedachte Einheit – zugrundeliegt. Anders als in den Poetiken des 17. Jahrhunderts gibt es bei Say keine rein jambischen, trochäischen oder daktylischen Verse mehr, sondern austauschbare Betonungsmuster innerhalb eines Verses. Mit seinem System kann Say Miltons »Paradise Lost«-Verse wesentlich eleganter beschreiben als mit dem starren Schema des jambischen Pentameters, das die zahlreichen Abweichungen von diesem Schema unerklärt läßt. Folglich wehrt sich Say heftig gegen zeitgenössische »Paradise Lost«-Editionen, die durch schriftliche Tricks reine Pentameter herstellen, bzw. gegen das gewaltsam jambisierende Zurechtskandieren Miltonscher Verse:[160]

/   /   /   /   /
Whose an | n'al Wound | in Le | banon| allur'd |

/   /   /   /   /
The Syr | 'an Dam | sels to | lament | his Fate |

/   /   /   /   /
In am | 'rous Dit | ties all | a Sum | mer's Day |

---

158 Auch bei Say ist der Unterschied zwischen langer (–) und betonter (/) Silbe nicht exakt definiert.
159 Ebd.
160 Diese beiden weit verbreiteten Phänomene beschreibt Fussell 1954, 56-67.

> But what Monsters of Sound would *Ann'al* or *An-wal,* *Syr'an* or *Am'rous* be? or does any one really pronounce any otherwise than *annual* (/ v v), *Syrian* (/ v v), *amorous* (/ v v), in three short, but distinct Syllables? why then does he suffer his *Eyes* to judge for his *Ears*? or suffer Words so agreeable in Sound to be written or printed in a manner he never pronounces? or who would dwell on a Sound naturally short? or lay the Stress of the Voice on an inconsiderable *to* or *the,* on pretence that the Laws of Versification require it?[161]

Says Differenzierung von »Caesura« und »Movement« ermöglicht es, die normale Schreibung bzw. die normale Betonung der Wörter beizubehalten und dennoch eine Metrisierung in äquivalenten Einheiten vorzunehmen. Der Vers, wie Say ihn beschreibt, stellt eine Erweiterung bzw. Umdeutung des syllabotonischen Verstyps dar. Denn die Silbenzahl und die Verteilung der prominenten Silben sind bei Say nicht mehr strikt festgelegt. Stattdessen tritt die abstrakte Einteilung des Verses in äquivalente Einheiten als entscheidende Kategorie hinzu.

Der Verstheoretiker John Mason knüpft an Say an, allerdings hält er begrifflich am syllabotonischen Vers mit den geläufigen Verteilungen prominenter Silben fest. Und obwohl er Says Notierungsweise übernimmt, denkt er die von den konkreten sprachlichen Einheiten unabhängige Einteilung der Verse weniger eigenständig als dieser. Auch er erkennt die Spannung zwischen gleichbleibenden metrischen und variablen sprachlichen Einheiten, erfaßt sie allerdings theoretisch anders. Zunächst metrisiert er in gleicher Weise wie Says Vorgänger: »THE different *Measures* used in English Poetry are principally these three: The *Iambic, Trochaic,* and *Anapaestic.*«[162] Doch er fährt fort:

> But though it is called Iambic Measure, it is not always made up of pure Iambics, but frequently admits of all the other three dissyllable Feet; which being skilfully mixt with the Iambics, so diversify the Measure as to give it a Variety and Harmony far beyond what we find in the Latin Hexameters, which are confined to *Dactyls* and *Spondees.*[163]

Mason läßt also zu, in ein rein jambisches Metrum andere Versfüße einzufügen. Die daraus resultierende Variabilität, und in diesem Punkt trifft er sich mit Say, macht den Vers erst reizvoll, schafft »Variety and Harmony«. Im folgenden gibt Mason zwölf Regeln zulässiger Abweichungen

---

161 Say 1745, 130 f.
162 Mason 1749, 40.
163 Ebd., 40.

vom strikt jambisch alternierenden Vers.[164] Obwohl die Verse mit eingefügten abweichenden Füßen keine rein jambischen Verse mehr sind, sind sie trotzdem noch als jambisch zu klassifizieren. Mason hält an den herkömmlichen metrischen Einheiten fest und definiert die zulässigen sprachlichen Abweichungen, die eintreten dürfen, ohne daß der Vers dadurch unmetrisch wird. Er eröffnet damit eine Diskussion, die auch noch in der generativen Metrik der 70er-Jahre des 20. Jahrhunderts geführt wird. Zentral ist in der generativen Metrik die Frage, wann eine Verszeile noch als metrisch im Hinblick auf ein gegebenes metrisches Schema wahrgenommen wird bzw. wann die Abweichungen der sprachlichen Einheiten so stark sind, daß die Verszeile als unmetrisch gilt.[165] Mason schneidet diese Frage mit der folgenden Formulierung an:

> Provided the Iambic Air and Movement prevail and is easily distinguished by the Ear in any Verse, that may properly be called Iambic Verse, whatever heterogenous Numbers be introduced into it. But when the Iambic Air is lost by admitting too many Numbers of another Kind, it is no longer Iambic.[166]

Die bei Say angelegte Differenzierung von »Caesura« und »Movement« wird durch Steeles Konzept der Taktstellung perfektioniert. Die jedem Vers abstrakt zugrundeliegende Einteilung sieht Steele in Analogie zur musikalischen Takteinteilung. Allerdings ist für Steele die Takteinteilung nicht das besondere Merkmal der Verssprache, sondern Merkmal jeder sprachlichen Äußerung:

> As all speech, prose as well as poetry, falls naturally under emphatical divisions, which I will call cadences: Let the thesis or pulsation, which points out those divisions, be marked by *bars*, as in ordinary music.[167]

Im deutschen Sprachraum werden die Defizite des syllabotonisch alternierenden Versmodells etwa zur gleichen Zeit problematisiert. Breitinger definiert in seiner »Critischen Dichtkunst« (1740) zwar die »abgemessene Anzahl der Sylben, die wir das Zahlmaß heissen«, den »Accent, da noth-

---

164 Ebd., 42-50.
165 Angeregt wird diese Diskussion durch zwei Arbeiten von Morris Halle und Samuel Keyser: Halle/Keyser 1966; Halle/Keyser 1971. Viel diskutiert wurden auch die Arbeiten Bernhart 1974 und Kiparsky 1975. Einen Überblick dieser Diskussion bei Küper 1988, 152-252. Siehe auch Ihwe 1975.
166 Mason 1749, 49. »Number«, was oft einfach »Vers« (›Anzahl von Versfüßen‹) bedeutet, ist in diesem Fall am besten mit »Akzentuierungsmuster« zu übersetzen.
167 Steele 1779, 11.

wendig auf gewissen Plätzen ein hoher auf andern ein niederer gesetzt wird,« und die »Reimen« als Strukturmerkmale des Verses,[168] thematisiert aber am Ende seiner Abhandlung die Mängel des so festgelegten metrischen Schemas. Da der deutsche Vers, im Gegensatz zum französischen, nicht nur syllabisch, sondern syllabotonisch geregelt sei, sei er in besonderem Maße der Gefahr der Monotonie ausgesetzt.[169] Die Italiener hätten, obwohl ihre Sprache akzentuierend sei, die genaue Abfolge der Akzente als Verskriterium verworfen, besonders den für Monotonie anfälligen Alexandriner (v − v − v − ‖ v − v − v − [v]). Als gutes Beispiel innerhalb der eigenen Sprache gibt Breitinger Verse aus der Lyrik vor Opitz' Reform an, insbesondere von Sebastian Brant; sie würden nicht streng alternierend gemessen. Breitinger notiert sie folgendermaßen:

Ich hab | etwann | zu Nacht | gewacht
Da die | schliefen, | der ich ge | dacht,
Oder viel | leicht bey | Spiel und | Wein
Sassen und | wenig | dachten | mein.[170]

Unterschiedliche Silbenzahlen und unterschiedliche Betonungsmuster faßt Breitinger, durch das Setzen senkrechter Striche, zu Einheiten zusammen. Jeder Vers wird aus vier so entstehenden Einheiten gebildet. Obwohl Breitinger sich nicht dazu äußert, ist anzunehmen, daß er sich die Einheiten als äquivalente Zeitintervalle vorstellt. Ähnlich wie Mason räumt er im folgenden ein, daß der syllabotonisch alternierende Vers variiert werden könne:

Wie gemein ist die Licenz, und auch den reinsten Poeten nicht ungewöhnlich, da ein hoher [Akzent] für einen tiefen, und umgekehrt ein tiefer für einen hohen gesezet wird?[171]

Daraufhin werden »Licenzen« für den alternierenden Vers aufgelistet, und zwar Abweichungen vom strikt alternierenden Schema auf der ersten bis sechsten Silbe der ersten Alexandrinerhälfte: »*Solch* ein unschätzbar Gut«[172] / »Auf *den* geflohnen Schiffen« / »Und der *nicht* seine Macht« / »Verwundern*den* Gebehrden« / »Weil ich nun nicht *seyn* kan« / »Zeigt ihr

---

168 Breitinger 1740, II, 438.
169 Ebd., 450 f.
170 Ebd., 468.
171 Ebd.
172 Statt »Solch ein unschätzbar Gut« wird also die Betonung »Solch ein unschätzbar Gut« zugelassen. Die in den Beispielen jeweils kursiv gesetzte Silbe widersetzt sich dem metrischen Schema des Alexandriners.

am deutlich*sten*«. Breitingers Zweifel am althergebrachten metrischen Schema gipfelt in folgendem vorsichtig formulierten Vorschlag:

> woraus [aus dem vorigen] von sich selber und ohne meine Schuld fliesset, daß, weil doch solche Verse wegen der Art der deutschen Sprache nicht können wegbleiben, man besser thäte, so man die Regel, die befiehlt die hohen und tiefen Accente beständig mit einander abwechseln zu lassen, fahren liesse, und erlaubete, nach dem Exempel der Ausländer, auf jedem Tritte, alleine die Abschnitte ausgenommen, hohe oder tiefe, lange oder kurtze Sylben zu setzen, zumahl da es nicht fehlen könnte, daß man auf diese Weise nicht einen angenehmen Wechsel von natürlichen Jamben, Trochäen und Dactylischen, erhalten würde, welche gantz unbegehrt und ungesucht in den Vers kommen würden.[173]

Ein Ernstnehmen der sprachlichen Einheiten des Deutschen veranlaßt Breitinger also zu einer Revision der metrischen Einheiten. Der Ausdruck »Tritte« ist zwar eine Übersetzung des lateinischen *pes*, trotzdem scheint mir, daß Breitinger mit diesem Ausdruck hier weniger die verschiedenen antiken Versfüße meint, als vielmehr eine neue Kategorie, ähnlich der »Caesura« bei Say. Denn der Wechsel der Jamben, Trochäen und Daktylen ergibt sich nicht durch die dem Text vorausgehende Setzung dieser Füße, sondern dadurch, daß unterschiedliche sprachliche Akzentuierungsmuster »gantz unbegehrt und ungesucht«[174] auf die – abstrakt zugrundeliegenden – »Tritte« fallen.

Auch Bürger beschäftigt das Problem der Monotonie des streng alternierenden Verses. Er löst es, indem er nicht das metrische Schema, im speziellen Fall seiner Abhandlung den Jambus, verwirft, sondern es – durch die bereits erwähnten Prominenzgrade – sozusagen von innen erweitert. Die Variabilität der sprachlichen Einheiten wird durch die acht Prominenzgrade, hinter denen das statische alternierende Schema als Folie steht, berücksichtigt. Auch für Bürger ist also die Spannung zwischen abstrakten metrischen und konkreten sprachlichen Einheiten ästhetisch relevant. Zur Verdeutlichung führe ich die ersten drei seiner Beispielverse an. Über den Zeilen sind zum einen das abstrakte Jambenschema, zum anderen die von Bürger bezeichneten Prominenzgrade (1 = kürzeste Kürze, 8 = längste Länge) angegeben:

---

173 Ebd., 470.
174 Ebd.

```
3   7 5     8   3    7 2  7 2  4
v  - v     -   v    - v  - v  -
```
Als jeglich Heer, samt seinen Obersten,
```
1 7   3  8   3    6  1 8   4    8
v-   v  -   v    -  v  -   v    -
```
Geordnet war, zog mit Gekreisch und Lärm,
```
2    7 2   8    2   6 2    8  3    7
v   - v   -    v   - v    -  v    -
```
Den Vögeln gleich, der Troer Schaar einher.[175]

Bürgers dialogisch konzipierte Abhandlung zur Verteidigung der jambischen Ilias-Übersetzung greift den Vorwurf, der Jambus sei monoton, auf, um ihn zu entkräften. Bürger stellt seine Schrift damit in eine Diskussion, die seit den 1750er-Jahren im Gange ist. Allgemein geht es um die Frage, ob es sinnvoll sei, antike Versmaße für die deutsche Dichtung zu verwenden, speziell um die Frage, ob bei einer Übersetzung der homerischen Epen der griechische Hexameter beibehalten werden oder durch den dem Deutschen adäquateren Jambus ersetzt werden solle.[176] Klopstock, der die Diskussion mitinitiierte, indem er 1755 dem zweiten Band seines »Messias« die Abhandlung »Von der Nachahmung des griechischen Sylbenmaßes im Deutschen« zur Seite stellte, bündelte seine metrische Theorie in der nach mehrfachen Revisionen 1779 erschienenen Abhandlung »Vom deutschen Hexameter«. Klopstock zitiert hier mehrfach wörtlich aus Bürgers Verteidigung des Jambus, die er zu widerlegen versucht. Klopstock beschreibt mit seiner metrischen Theorie einen Sonderweg. Eine Darstellung seiner Position soll im folgenden dazu verhelfen, den Kern der Kontroverse mit Bürger zu erklären und nicht nur die rhetorische Oberfläche dieser Kontroverse wiederzugeben.[177]

Die Monotonie des alternierenden Verses stellt für Klopstock ein – zunächst eher dichtungspraktisches – Problem dar. Deshalb verwendet er schon in den ersten »Messias«-Gesängen antike Versmaße, die, wie er erstmals 1755 darlegt, dem alternierenden Versmaß überlegen seien, da sie sich durch größere Variationsmöglichkeiten auszeichneten:

> Er [Homers Hexameter] hat den großen, und der Harmonie wesentlichen Vorzug der Mannigfaltigkeit. Da er aus sechs verschiedenen

---

175 Bürger 1776, 60. Bürger notiert das abstrakte Jambenschema und die konkreten Prominenzgrade nicht in getrennten Zeilen, sondern mit aus Strichen, Haken und Zahlen kombinierten Zeichen.
176 Dazu auch Fuhrmann 1987.
177 Eine Zuspitzung der in den Abschnitten 2.2.2.2 und 2.2.2.3 angestellten Überlegungen auf die Position Klopstocks hin habe ich an anderer Stelle versucht: Schneider 2002.

AUF WELCHEN FÜSSEN STEHT DER VERS? 77

Stücken, oder Füßen, besteht; so kann er sich immer durch vier, bisweilen auch durch fünf Veränderungen, von dem vorhergehenden oder nachfolgenden Verse unterscheiden. Und da diese Füße bald zwo bald drei Silben haben; so entsteht daher eine neue Abwechslung.[178]

»Mannigfaltigkeit« bleibt über Jahrzehnte das Ziel der metrischen Theorie Klopstocks. Während Bürger »Mannigfaltigkeit« zu erreichen versucht, indem er innerhalb des jambischen Schemas die Variabilität der sprachlichen Einheiten berücksichtigt, verwirft Klopstock dieses Schema von Anfang an. 1752/53 erfindet er drei neue Odenstrophenformen, indem er aus Bestandteilen bekannter antiker Odenmaße neue zusammenstellt.[179] 1754 entsteht das erste Gedicht in freien Rhythmen, »Die Genesung«, eine mehrstrophige Ode, die nicht einem für alle Strophen verbindlichen Schema folgt, sondern in Silbenzahlen und Akzentuierungsmustern von Strophe zu Strophe variiert. Die Forderung nach Variabilität der metrischen Einheiten ist hier bereits auf die Spitze getrieben. Denn es gibt kein konstantes metrisches Schema mehr, auf das verschiedene sprachliche Einheiten projiziert werden, vielmehr sind die metrischen Einheiten eliminiert. Damit ist die traditionelle Anpassungsregel auf den Kopf gestellt: Die Metrik des Verses besteht allein aus den Hebungen und Senkungen, welche die konkreten sprachlichen Einheiten vorgeben.

1764 erfindet Klopstock 30 neue Strophenformen, die sogenannten »Lyrischen Sylbenmaasse«, indem er insgesamt 19 antike Versfüße frei zu Versen kombiniert, die er zu vierzeiligen Strophen anordnet.[180] Unter den 120 Verszeilen (4 mal 30) gibt es 102 hinsichtlich der Verteilung ihrer Hebungen und Senkungen verschiedene Verzeilen.[181] Die meisten der Strophenformen verwendet Klopstock nur ein- oder wenige Male. Wiederum zeigt sich deutlich die Tendenz zur Variabilität. Es gibt, so Klopstock, kein Versmaß, das einer Vielzahl von Gedichten oder gar der gesamten deutschsprachigen Dichtung als Grundlage dienen kann, vielmehr muß jedes Gedicht zu dem ihm adäquaten Versmaß, zu individuellen metrischen Einheiten finden. Ebenfalls 1764 führt Klopstock die neue Kategorie »Wortfuß« in seine metrische Theorie ein.[182] In seiner Hexameter-Schrift definiert Klopstock diesen Terminus folgendermaßen:

> Durch den Gebrauch der künstlichen oder der Füße der Regel entstehen die Wortfüße, welche die eigentlichen Teile des Verses sind, und

---

178 Klopstock 1755, 10.
179 Hierzu ausführlich: Hellmuth 1973, 84 ff.
180 Ebd.
181 Ebd., 89.
182 Ebd., 90 sowie 78 f.

auf die auch der Zuhörer, den die künstlichen gar nichts angehn, allein achtet.[183]

Der Hexameter »Schrecklich erscholl der geflügelte Donnergesang in der Heerschaar« wird von Klopstock nicht in seine sechs »künstlichen« Füße (– v v, – v v, – v v, – v v, – v v, – –) sondern in die vier »Wortfüße« »Schrecklich erscholl« (– v v –), »der geflügelte« (v v – v v), »Donnergesang« (– v v –), »in der Heerschaar« (v v – –) eingeteilt.[184] Mit der Kategorie »Wortfuß« kommt wiederum zum Ausdruck, daß in Klopstocks metrischer Theorie konkrete sprachliche Einheiten über abstrakte metrische Einheiten dominieren. »Wortfüße« bestehen, wie es heißt, »nicht imer aus einzelnen Wörtern, sondern oft aus so vielen, als, nach dem Inhalte, zusammengehören, und daher beinah wie ein Wort ausgesprochen werden; doch dies unter der Einschränkung, daß, wenn ein Wort viele Silben hat, es nicht mit zu dem, welchem es dem Sinne nach gehört, genommen wird. Denn es füllt in diesem Fall das Ohr zu sehr, um nicht für sich einen Fuß auszumachen.«[185]

Die Einheit »Wortfuß« wird also zweifach bestimmt: zum einen als semantische bzw. syntaktische Einheit, zum anderen als akustische Einheit. Im obigen Beispiel würde »der geflügelte Donnergesang« zwar eine semantische Einheit bilden, allerdings wäre diese Einheit zu lang, um als ein Bewegungsimpuls wahrgenommen zu werden; deshalb wird der Ausdruck in zwei »Wortfüße« aufgespalten.

Klopstocks Bemühungen um die Variabilität der metrischen Einheiten gehen noch weiter. Die Abhandlung »Vom Sylbenmaße« (1771) wird als Dialog konzipiert. Minna, die sich als einziges »Frauenzimmer« unter die Dialogpartner mischt, zeichnet sich dadurch aus, daß sie nicht theoretisch verbildet ist. Ihr natürliches, nur an der normalen Sprachbetonung geschultes Sprechen, Vorlesen und Hören soll, so wird gefordert, als Kriterium für die Bewertung eines Verses als ge- oder mißglückt gelten.[186] Kompetenz in metrischen Fragen obliegt demnach nicht dem Sprachgelehrten, sondern dem Sprachempfinden jedes Muttersprachlers. Es wäre eine verkürzte Interpretation, in Klopstocks Hexameterschrift nur eine Verteidigung des Hexameters gegen den Jambus zu sehen. Wichtiger ist Klopstock die »Mannigfaltigkeit« oder »Polymetrie«[187] des deutschen Verses, die er im Hexameter, der in vier Füßen zwischen Tro-

183 Klopstock 1779a, 130.
184 Ebd., 131.
185 Ebd.
186 Klopstock 1771, III, 236.
187 Klopstock 1779a, 72.

chäus und Daktylus wählen kann, besser verwirklicht sieht als im Jambus. Klopstock fordert metrische Einheiten, die den sprachlichen nicht im Wege stehn. Letzte Konsequenz dieser Forderung ist die Eliminierung der abstrakten metrischen Einheiten in den individuellen Strophenformen bzw., noch radikaler, in den freien Rhythmen. So gesehen ist die Kontroverse zwischen Klopstock und Bürger ein Scheingefecht. Denn auch Bürger hat ja die Variabilität des Verses als Zielvorstellung; und auch Bürger wendet sich gegen eine jambisierende Skansion, die die metrischen Einheiten hervorkehrt und dadurch die sprachlichen zerstört. Der Unterschied besteht im Lösungsweg. Bürger unterscheidet – ansatzweise – mit metrischen und sprachlichen Einheiten zwei Ebenen des Verses, deren Kontrast er als ästhetisch reizvoll empfindet. Klopstock hebt das alternierende Versmaß, das er als Korsett empfindet, auf und setzt konkrete sprachliche Einheiten als jeweiliges Maß des Verses.

Klopstocks Konzeption ist ein Sonderweg geblieben. Kein Verstheoretiker knüpfte an seine Position an. Voss vertrat zwar ebenfalls die Meinung, daß der Hexameter aufgrund seiner metrischen Variationsmöglichkeiten den alternierenden Maßen überlegen sei, doch mit neuen Strophenformen oder freien Rhythmen experimentierte er trotzdem nicht. Auch die anderen auf Klopstock sich berufenden Dichter des Göttinger Hain verwendeten fast ausschließlich den Hexameter und den Kanon der antiken Odenmaße. Lediglich die freirhythmischen Gedichte Friedrich Leopold Stolbergs, Friedrich Hölderlins und des jungen Goethe können als Reflex auf Klopstocks theoretische Bemühungen verstanden werden. Eine breitere Tradition freirhythmischer Dichtung entwickelte sich jedoch erst gegen Ende des 19. Jahrhunderts parallel in mehreren europäischen Sprachen. An Klopstocks Theorie knüpfte man dabei allerdings nicht an. Die Spannung zwischen metrischen und sprachlichen Einheiten, wie sie für deutschsprachige Verse erstmals Breitinger beschrieben hat, wurde hingegen zur Grundlage der Versdichtung und Versbeschreibung im 19. Jahrhundert.

Als erster Autor im deutschen Sprachraum differenziert Moritz begrifflich klar metrische und sprachliche Einheiten. Er interpretiert die einfache trochäische Konstellation

Mein Ge | liebter –

wo das Silbenmaaß die Silbe *ge* aus ihrem natürlichen Zusammenhange herausreißt, und in einen neuen, ihr vorher fremden Zusammenhang bringt, [...] Denn es kömmt doch beim Versbau vorzüglich darauf an, daß die Rede in sich selbst zurückgedrängt, und jede einzelne Silbe gewissermaßen veredelt wird, welches dadurch geschieht, wenn sie gleichsam ein doppeltes Interesse erhält, indem sie in einen doppelten Zusammenhang gebracht wird. [...] man fühlt sich [...] doppelt angezogen, indem der Zusammenhang nach dem Metrum und der Zusammenhang nach der Idee einander entgegenstreben, so daß uns das erstere noch zurückhält, wenn das andere uns schon vorwärts zieht. Wie z.b. bei der Silbe *ge*, welche durch den Zusammenhang nach dem Metrum an *mein*, und zu gleicher Zeit durch den Zusammenhang nach der Idee an *liebter* geknüpft wird, [...] Dieß doppelte sich selbst entgegenstrebende Anziehen versetzt die Seele in eine ungewohnte Thätigkeit;[188]

Die Nichtkongruenz von metrischen und sprachlichen Einheiten, die frühere Theoretiker durch die Anpassungsregel unterdrücken wollten, macht für Moritz gerade den Reiz der Verssprache aus.

Der »doppelte Zusammenhang«, den Moritz als ein Phänomen der Wahrnehmung von Verssprache beschreibt, wird, trotz aller Divergenzen, zur Grundlage metrischer Theorien im 19. und 20. Jahrhundert. Gerard Manley Hopkins charakterisiert in der zweiten Hälfte des 19. Jahrhunderts die Verswahrnehmung mit einem Terminus aus der musikalischen Satzlehre:

[...] since in the new or mounted rhythm [einer neuen Verszeile] is actually heard and at the same time the mind naturally supplies the natural or standard foregoing rhythm, for we do not forget what the rhythm is that by rights we should be hearing, two rhythms are in some manner running at once and we have something answerable to counterpoint in music.[189]

In der englischsprachigen Lyrik um 1900 ist Hopkins »counterpointing« eine ästhetische Leitvorstellung.[190] Auch im russischen Formalismus wird der Kontrast zwischen sprachlichen und metrischen Einheiten ein Axiom der Beschreibung poetischer Sprache. Jurij Tynjanov beschreibt die Verssprache als »System der Wechselwirkung zwischen den Tendenzen der Versreihe und den Tendenzen der grammatischen Einheit«[191]. Osip Brik spricht 1927 von der Anordnung der Wörter nach »zweierlei Regeln«, die die »Besonderheit der Versrede« ausmache.[192] 1960 führt Jakobson die

---

188 Moritz 1786, 43 ff.
189 Hopkins [4]1967, 46.
190 Einen Überblick der Metrik-Konzepte in der englischen Dichtung am Ende des 19. Jahrhunderts bietet Taylor 1988, 18-42.
191 Tynjanov 1924, 7.
192 Brik, 193.

berühmt gewordene Differenzierung von »verse design« und »verse instance« ein. »Verse design« meint bei Jakobson allerdings nicht das abstrakte metrische Schema selbst, sondern die unveränderlichen Merkmale verschiedener »verse instances«:

> We are inclined to designate such phenomena as unstress in the downbeats and stress in upbeats as deviations, but it must be remembered that these are allowed oscillations, departures within the limits of the law. [...] Far from being an abstract, theoretical scheme, meter – or in more explicit terms, *verse design* – underlies the structure of any single line – or, in logical terminology, any single *verse instance*. Design and instance are correlative concepts. The verse design determines the invariant features of the verse instances and sets up the limits of variations.[193]

Mit dem Begriffspaar »verse design« / »verse instance« wird die schon von Mason und Breitinger gestellte Frage, wie sehr ein konkreter Vers vom abstrakten Schema abweichen darf, ohne dadurch unmetrisch zu sein, terminologisch gefaßt. Hinzu kommt bei Jakobson die Kategorie »delivery instance«, welche die konkrete Rezitation eines Verses bezeichnet. Denn auf der Ebene »verse instance« wird nicht die konkrete akustische, sondern die phonologische, allein aus dem schriftlichen Text ableitbare Realisation einer Verszeile betrachtet. Das so entworfene dreistufige Modell metrischer Abstraktion bildet noch die Grundlage der heutigen, sowohl linguistisch als auch literaturwissenschaftlich ausgerichteten Metrikforschung.[194]

2.2.2.3 Theorien des musikalischen Taktes und ihr Einfluß auf die Verslehre

Wie zu sehen war, fügen sowohl Say als auch Breitinger senkrechte Striche in die Notation von Verszeilen ein, mit denen sie offenbar eine metrische Einheit bezeichnen, die sich nicht mehr mit den alten Versfüßen deckt. Es stellt sich nun die Frage, inwieweit sich diese Einheit mit dem musiktheoretischen Taktbegriff des 18. Jahrhunderts deckt. Der aus der Musiktheorie entlehnte Taktbegriff hat, so meine These, dazu geführt, daß in der metrischen Diskussion sowohl das antike Versfußmodell als auch das Modell des syllabotonisch alternierenden Verses durch ein tak-

---

193 Jakobson 1960, 364.
194 Die deutschsprachigen Metriktheorien um 1900, die in diesem Kontext ebenfalls zu beachten sind, werden am Ende des folgenden Abschnitts thematisiert.

tierendes Versmodell verdrängt wurden. Zunächst soll die Genese des musikalischen Taktbegriffs im 18. Jahrhundert referiert werden.

Die Veränderung der Bezeichnungsart musikalischer Takte im 18. Jahrhundert drückt einen Wandel im Verständnis des Taktes aus. Um 1700 ist das Grundzeichen zur Angabe der Taktarten noch ein Kreis, der auf verschiedene Weise modifiziert werden kann. Im Horizont dieser Bezeichnung wird der Takt als eine unterteilbare Einheit gedacht. Um 1800 ist das Grundzeichen ein Bruch, der die Teile des Taktes angibt. Hier wird der Takt als additive Reihe betrachtet; die Grundeinheit ist jetzt der einzelne Schlag. In diesem Wechsel der Bezeichnungsart drückt sich der Übergang vom bereits im Mittelalter theoretisch fundierten Divisionstakt zum neuzeitlichen Progressionstakt aus.[195] In der Musikpraxis setzte sich bereits im 17. Jahrhundert der Progressionstakt durch. Allerdings hält noch Johann Mattheson, einer der einflußreichsten Musiktheoretiker in der ersten Hälfte des 18. Jahrhunderts, am Modell des Divisionstaktes fest. Für Mattheson wird der Takt grundsätzlich zweigeteilt.[196] Die Teile des Taktes, die Mattheson auf die Systole und die Diastole des Blutkreislaufes zurückführt[197] und nach den Begriffen der antiken Metrik »Thesis« und »Arsis« nennt[198], können gleichlang sein (in den geraden Taktarten), oder ungleich lang (in den ungeraden Taktarten).[199] Ein ¾-Takt besteht für Mattheson nicht aus drei Viertelschlägen, sondern aus einer langen »Thesis« und einer kurzen »Arsis«; »Thesis« und »Arsis« stehen hier im Verhältnis 2:1. Matthesons Takt äußert sich nur bedingt als wahrnehmbare Größe, er entspricht nicht der Dirigierbewegung oder den melodischen bzw. harmonischen Akzenten einer Komposition. Er ist vielmehr eine gedachte Maßeinheit musikalischer Zeitverläufe.[200]

Die Taktvorstellung, die sich im Laufe des 18. Jahrhunderts im Gegensatz zu der noch von Mattheson vertretenen Konzeption durchsetzt – komprimiert findet sie sich in den Artikeln »Rhythmus« und »Tact« in Sulzers Lexikon[201] –, geht von einer unendlichen Reihe gleicher Schläge in gleichem Zeitabstand aus. Die Wahrnehmung des Menschen, die an der Eintönigkeit dieser Reihe ermüde, neige dazu, die Einzelimpulse in Gruppen einzuteilen. Bei der Einteilung würden einfache ganze Zahlen

---

195 Hierzu ausführlich: Seidel 1975, 15-23.
196 Mattheson 1739, 171.
197 Ebd.
198 Ebd., 172.
199 Seidel 1975, 54 f., 60.
200 Ebd., 55.
201 Sulzer 1773-74, IV, 90-105 (»Rhythmus«) bzw. 490-502 (»Tact«).

bevorzugt, also Zweier-, Dreier- und Vierer-Gruppierungen. Am naheliegendsten sei die Zweier-Einteilung, bei der jeder ungeradzahlige Schlag der Reihe als prominent, jeder geradzahlige Schlag dagegen als nicht-prominent gedacht würde.[202] Nach analogem Prinzip könnten die Glieder der ersten Einteilung noch weitere Male unterteilt werden;[203] aus den verschiedenen daraus resultierenden Teilungsverhältnissen entstünden die Taktarten. Die Zahlenproportionen, die für die Einteilung und die Untereinteilungen des Taktes maßgeblich sind, würden auch die Makro-Organisation, also die Gruppierung mehrerer Takte zu längeren musikalischen Phrasen, bestimmen. Sulzers Taktmodell wird in der Musik seiner Zeit deutlicher bestätigt als das alte Divisionsmodell. Die harmonische und melodische Akzentuierung sowie die Gruppierung von Takten zu größeren Einheiten in der Musik um 1750 entsprechen den von Sulzer beschriebenen Teilungen.

Alle Takttheorien des 18. Jahrhunderts streifen die Frage nach dem Verhältnis von musikalischen Takten und Versmetren. Schließlich stand jeder Komponist eines Vokalwerkes vor der Frage, ob und wie die beiden Systeme verbunden werden könnten. Mattheson räumt bereits ein, daß in der Musik eine wesentlich differenziertere Messung der Dauer stattfinde als in der Versmetrik, die nur Länge und Kürze kenne. Die metrischen Längen-Kürzen-Verhältnisse müssten deshalb nicht nur durch Notenwerte im Verhältnis 1:2 wiedergegeben werden. Der Versfuß Daktylus könne beispielsweise in folgenden Taktarten vertont werden:[204]

Hier zeigt sich, daß nicht die Notendauer, sondern die Stellung im Takt über das Silbengewicht entscheidet. Diesen Sachverhalt hatte bereits Ende des 17. Jahrhunderts Wilhelm Caspar Printz formuliert:

§.6. Ferner hat er [der Komponist] zu wissen/ daß die Zahl eine sonderbare Kraft und Tugend habe/ welche verursacht/ daß unter etlichen der Zeit nach gleichlangen Noten oder Klängen/ etliche länger/ etliche

---

202 Ebd., 92 f.
203 Ebd., 498 f.
204 Nach Mattheson 1739, 166.

kürtzer zu seyn scheinen/ welches sonderlich zu mercken/ so wohl wegen des Textes als der Consonantien und dissonantien. §.7. Diese unterschiedene Länge etlicher der Zeit oder Wehrung nach gleich langen Noten wird genennet Quantitas Temporalis Intrinseca eine innerliche Länge.[205]

Zur Veranschaulichung gibt Printz die Beispiele

| ♩ ♩ ♩ ♩ | (richtig) | 𝄾 ♩ ♩ ♩ | ♩ | (falsch)
Chri-sti - a - nus   Chri-sti - a - nus

Auch bei Johann Adolph Scheibe begegnet Mitte des 18. Jahrhunderts das Konzept der »Quantitas intrinseca«, die Scheibe, in deutlicher Abgrenzung zur »Quantität« der antiken Metrik, »Qualitas« nennt.[206] Da es nicht auf die absoluten Notendauernwerte, sondern »auf die natürlichen und innerlichen Größen, (Quantitas intrinseca) der Glieder eine[r] Taktart ankömmt«[207], könne der gleiche Versfuß, wie schon Mattheson eingeräumt hatte, in verschiedenen Taktarten erscheinen. Im folgenden differenziert Scheibe die Taktstellung genauer. Werde ein 4/4-Takt in zwei halbe Noten unterteilt, sei die erste nach der »Quantitas intrinseca« lang, die zweite kurz. Werde er dagegen in vier Viertelnoten unterteilt, seien die erste und dritte lang, die zweite und vierte kurz. Das zweite Viertel eines ¾-Taktes könne, je nachdem ob es zum Niederschlag oder zum Aufschlag gerechnet werde, lang oder kurz sein.[208] Ein Trochäus läßt sich für Scheibe also durchaus folgendermaßen in Musik setzen

¾ | ♩ ♩ |
     — v

Hier gehört das zweite Viertel zum Aufschlag, ist also kurz. Mattheson hätte diese Notenfolge noch als Jambus interpretiert, Printz als Notenfolge, bei der sich äußerliche und innerliche Länge widersprechen. An den drei Klassifikationen kann abgelesen werden, daß die äußerliche Länge sukzessiv an Bedeutung verliert und ganz durch die Taktstellung ersetzt wird.[209] Eine komplette Systematisierung der innerlichen Länge liefert Friedrich Wilhelm Marpurgs berühmte Definition:

---

205 Printz 1676-96, I, §§ 6-7; nachfolgende Notation nach ebd., § 8.
206 Scheibe 1745, 358.
207 Ebd., 347.
208 Ebd.
209 Dazu auch Maier 1984, 65 ff.

Man unterscheidet die Tacttheile also in gute und schlechte. a) Die guten Tacttheile, die auch innerlich lange, anschlagende, ungerade oder accentuirte genennet werden, dienen in jeder Tactart [...] 1) zum Gesang der langen Sylben; 2) zum Anschlage der Dissonanzen, und 3) zur Bemerkung des rhythmischen Tactgewichts, und der dahin gehörigen Einschnitte. In jeder zweytheiligen Tactart ist nur ein guter Tacttheil vorhanden, nemlich der erste. In jeder vier-theiligen Tactart sind ihrer zween, nemlich der erste und dritte. b) Die schlechten Tacttheile, die auch innerlich kurze, durchgehende, gerade, oder unaccentuirte genennet werden, dienen in jeder Tactart [...] 1) zum Gesang der kurzen Sylben; 2) zur Vorbereitung und Auflösung der Dissonanzen, und 3) zur Vorbereitung des rhythmischen Tactgewichts. In jeder zweytheiligen Tactart ist nur ein schlechter Tacttheil vorhanden, nemlich der zweyte. In jeder viertheiligen Tactart sind ihrer zween, nemlich der zweyte und vierte.[210]

Während Printz die »Quantitas intrinseca« als abstrakte Größe beschreibt, die durch die Zahlenreihe bestimmt werde, macht Marpurg das Taktgewicht nicht nur von numerologischen Kriterien abhängig, sondern von konkreten musikalischen Ereignissen, nämlich der Silbenverteilung in Vokalkompositionen, der Dissonanzbehandlung und der Akzentuierung (»Bemerkung« bzw. »Vorbereitung des rhythmischen Tactgewichts«). Marpurg denkt die Taktierung abstrakt und konkret zugleich: Einerseits erhalten die »guten Tacttheile« allein aufgrund ihrer Stellung an ungeraden Positionen innerhalb der Schlagreihe eine gedachte Prominenz, andererseits werden Noten, die auf diesen Taktteilen stehen, automatisch auch hörbar akzentuiert. In dem an die zitierte Passage anschließenden Abschnitt erläutert Marpurg, daß die »Glieder« des Taktes, wie er die kleineren Teilungsebenen nennt, sich analog zur Proportion der Teile verhalten. Joseph Riepel erörtert bereits 1752 weitschweifig die Proportionen musikalischer Makroeinheiten. Sein Grundsatz ist folgender:

Denn 4, 8, 16, und wohl auch 32. Tacte sind diejenigen, welche unserer Natur dergestalt eingepflanzet, daß es uns schwer scheinet, eine andere Ordnung (mit Vergnügen) anzuhören.[211]

Die Feinunterteilung des Taktes in Viertel-, Achtel-, Sechzehntel- und Zweiunddreißigstel-Noten wird hier auf die Makroebene gespiegelt. Mit

---

210 Marpurg 1763, 76 f.
211 Riepel 1752, 23.

einer Fülle konkreter Beispiele – sein Traktat ist als Kompositionslehrstunde zwischen einem *Discipulus* und seinem *Praeceptor* angelegt – versucht Riepel zu belegen, daß melodische Fortschreitungen dann besonderes ästhetisches Vergnügen bereiten, wenn sie aus symmetrischen Hälften (und diese wiederum aus symmetrischen Hälften) zusammengesetzt sind. Die von Riepel für den Makrobereich, von Marpurg für den Mikrobereich beschriebene Taktvorstellung ist für die zweite Hälfte des 18. Jahrhunderts maßgeblich, sie begegnet z.B. auch in Sulzers Lexikon, bei Johann Philipp Kirnberger[212] und bei Heinrich Christoph Koch.[213]

Das Verhältnis von Taktmodell und musikalischer Füllung ist grundsätzlich ein anderes als das Verhältnis von metrischen und sprachlichen Einheiten in der Verssprache. Denn während Musik im 18. Jahrhundert immer schon taktierte Musik ist, gibt es einen Großteil sprachlicher Äußerungen – schriftlich wie mündlich –, für die die Frage der Metrisierung gänzlich irrelevant ist. Trotz dieser grundsätzlichen Einschränkung besteht meines Erachtens ein nicht zu unterschätzender Einfluß des neuen Taktbegriffs auf die Metrik.[214] Er setzt bei der sukzessiven Verdrängung der äußerlichen Länge durch die Taktstellung und bei der Möglichkeit, gleiche Versfüße in verschiedenen Taktarten wiederzugeben, an.

Mason räumt die Möglichkeit ein, Versfüße wie musikalische Takte zu messen: »Hence then it follows that the metrical feet are as capable of being measured by the Motion of the Hand or Foot as the Musical Notes.«[215] Zwar hält Mason, im Gegensatz zur zeitgenössischen Musiktheorie, daran fest, daß bestimmte Versfüße nur mit bestimmten Taktarten verbunden werden können, daß also die äußerliche Länge der Silben nicht unbedeutend ist,[216] trotzdem mißt er die Bewegung des Verses, auch wenn dieser gar nicht mit Musik in Verbindung tritt, nach den gleichen Prinzipien wie musikalische Bewegungen.[217] Breitinger subsumiert, wie zu sehen war, Versfüße unterschiedlicher Silbenzahl und Prominenzbildung – Jamben, Trochäen und Daktylen – unter äquivalente Einheiten, die er allerdings nicht ›Takte‹ nennt; er geht damit den umgekehrten Weg wie die zeitgenössischen Musiktheoretiker. Von hier ist der Schritt

---

212 Kirnberger 1776-79, II, 105-153.
213 Koch 1782-93, II, 270-288.
214 Diesen Einfluß hat die Forschung bislang kaum thematisiert. Lediglich Leif Ludwig Albertsen hat mehrfach darauf hingewiesen: z.B. Albertsen 1995, 70.
215 Mason 1749, 22.
216 Im Gegensatz etwa zu Mattheson läßt sich für Mason der Daktylus nur im geradzahligen Takt wiedergeben.
217 Masons Messung begegnet in Sulzers Lexikon wieder. Vgl. Sulzer 1773-74, IV, 94 f.

nicht mehr weit, das antike Versfußschema ganz durch ein unabhängig von Silbenzahl und Prominenzbildung gedachtes Taktschema zu ersetzen. Steele versucht konsequent, Verssprache wie Musik zu messen. Exakt die gleichen Parameter, mit denen er musikalische Töne bestimmt, legt er auch sprachlichen Äußerungen zugrunde. Wie bereits dargestellt sind dies die Parameter »accent« (Tonhöhenverlauf), »quantity« bzw. »pause« (absolute Ton- bzw. Pausendauer), »force« (Lautstärke) und die übergeordnete Einheit »emphasis« (Taktstellung). Die Takteinteilung musikalischer Klänge und sprachlicher Äußerungen vollzieht sich für Steele nach einem naturgegebenen Zahlenverhältnis:

> The division of all rhythmical sounds by the multiples or subduples of 2 or 3, is so strongly affected by our nature, that either a tune or discourse will give some uneasiness [...], if its whole duration be not measured by an even number of compleat cadences, commensurable with, and divisible, by 2 or by 3.[218]

Die Zahlen 2 und 3 sind auch für die Einteilung der unendlichen Schlagreihe bei Sulzer maßgeblich; Zweier- und Dreier-Takt sind die beiden Grundschemata in der Musik des 18. Jahrhunderts, alle anderen Taktarten lassen sich auf diese zurückführen. Aus der beschriebenen Zahlengesetzmäßigkeit folgert Steele, daß der zehnsilbige bzw. fünfhebige Vers der zeitgenössischen englischen Dichtung, der jambische Pentameter, entweder als Sechstakter (2 x 3) oder als Achttakter (2 x 2 x 2) realisiert werden müsse. Für den Vers »Oh, happiness, our being's end and aim!« notiert er beide Möglichkeiten.[219] Die Ausdehnung des Pentameters auf sechs bzw. acht Takte ermögliche außerdem eine bessere Deklamation, da man mehr Atempausen einlegen und Sinngewichtungen vornehmen könne, als wenn man den Vers in der Zeit von fünf Takten deklamieren müsse. Die sechstaktige Variante sei der achttaktigen in der Regel vorzuziehen, woraus Steele folgert: »[...] our heroic lines are truly *hexameters*«[220]. Steele deutet den antiken sechsfüßigen Vers in einen Sechstakter nach den Prinzipien der zeitgenössischen Musik um, paßt den zeitgenössischen Pentameter in eben diesen Sechstakter ein und liefert damit eine elegante Lösung in der Streitfrage, ob der antike dem modernen Vers vorzuziehen sei oder nicht. Die Eingangsverse aus »Paradise Lost« notiert Steele folgendermaßen:[221]

218 Steele 1779, 25 f.
219 Ebd., 26.
220 Ebd., 27.
221 Ebd., 77.

Bis auf »force« sind hier alle Parameter bezeichnet: »accent«, dargestellt durch die Schrägstriche und Bogen unter den Notenhälsen, die melodische Auf- und Abwärtsbewegungen andeuten, »quantity« bzw. »pause«, dargestellt durch die Zeichen für halbe Noten, Viertel, punktierte Viertel und Achtel und die entsprechenden Pausenzeichen, »emphasis«, dargestellt sowohl durch die Taktstriche, als auch durch die Zeichen für thesis (Δ) und arsis (∴). Die großen Sprechpausen folgen nicht den Versgrenzen, sondern den syntaktischen Einschnitten. Der erste komplette Pentameter (bis »fruit«) erscheint als Sechstakter, allerdings nur, wenn der Auftakt »Of« als ganzer Takt gezählt wird, die beiden folgenden Pentameter (bis »taste« bzw. bis »woe«) erscheinen als Sechstakter mit Auftakt. Außerdem fällt auf, daß die jambischen Versfüße, die diesen Versen nach Vorstellung der Zeitgenossen zugrundeliegen, ignoriert werden. Die nach dem jambischen Schema betonten Silben fallen – gemäß ihrer vom metrischen Zusammenhang unabhängigen Betonung – mal auf den schweren Taktteil (etwa »man's«), mal auf den leichten (»*dis*obedience«). Die Silbenzahl innerhalb eines Taktes variiert zwischen Null und Drei.

An späterer Stelle in seiner Abhandlung erörtert Steele explizit die Unterschiede zwischen den antiken Versfüßen und den modernen Verstakten:

CADENCES, under the same RHYTHMUS [hier wohl: Taktart], are exactly equal in duration of time to each other, [...] But the Greek METRES [...] are not always of equal length; some being simple METRES of one *foot*, and others compounded by *copula* of two *feet*, of various lenghts; consequently, not always reducible within the compass of equal periodical pulsations like our CADENCES.[222]

Steeles System der Versnotation mißt nach Takten, die antike Fußmessung schlägt sich nur noch in den Parametern »accent« und »quantity« nieder. Das Besondere an Steeles Theorie besteht darin, daß er nicht nur Verse als musikalische Takte notiert, sondern auch alltagssprachliche Prosasätze – etwa »As Peter was going to the hall, he met John.«[223] – und einzelne Wörter[224]. Er kontrastiert also nicht sprachliche mit metrischen Einheiten, obwohl sein Notationssystem, das die verschiedenen Parameter exakt voneinander trennt, und seine Vorstellung von »emphasis« als übergeordnete Einheit, dazu prädestiniert wären. Während die meisten zeitgenössischen Musiktheoretiker die Systeme von Musik und (Vers-)Sprache für inkongruent halten, möchte Steele die Deckungsgleichheit der Systeme durch seine Notationen beweisen. Ihm schwebt dabei die antike Einheit von Dichter und Sänger als Idealbild vor.[225]

Eine Bewertung der Theorie Steeles muß einerseits ihre erstaunliche Differenzierungsleistung beachten, andererseits problematisieren, daß Steele der Sprache das Zeitmaß-System der Musiktheorie aufzwängt. Steele hat versucht, die synthetische Wahrnehmung gesprochener Sprache in ihre Parameter zu zerlegen. Daß er dabei das System der ihm bekannten Musik zum akustischen Maß aller Dinge genommen hat, ist nicht verwunderlich. Die Exaktheit dieses Systems, seine Möglichkeit der feinstufigen Einteilung der Parameter war bestechend. Liest man heute die von Steele notierten Beispiele, erscheinen sie unnatürlich, überexakt. Die experimentalphonetische Analyse gesprochener Sprache seit dem späten 19. Jahrhundert hat gezeigt, daß sich gesprochene Sprache nicht in zeitlichen Proportionen, die auf den Zahlen 2 und 3 basieren, bewegt, daß sie, verglichen mit den Zeit- und Intervallverhältnissen der abendländischen Musik, unscharf bzw. unsauber ist.

Auch wenn kein Verstheoretiker um 1800 direkt an Steeles Position angeknüpft hat, wäre es falsch, ihn als Außenseiter zu bezeichnen. Die von ihm konsequent durchgeführte Methode, Verse nicht mehr in Füßen,

---

222 Ebd., 115.
223 Ebd., 134.
224 Ebd, 136 ff.
225 Ebd., 173.

sondern in Takten zu messen, wurde von vielen Verstheoretikern – wenn auch weniger bewußt – angenommen und praktiziert.

Interessanterweise zeigt sich gerade bei Voss, der am unnachgiebigsten sowohl an der Silbenquantität als auch an den lateinischen Versfüßen festgehalten hat, eine deutliche Beeinflussung durch den musikalischen Taktbegriff.

Ein Versmaß also, oder ein Metrum, heißt uns eine rhythmische Komposition, der man zutreffende Worte unterlegt; oder ein aus abwechselnden Zeitfüßen in bestimmte Schritte geordneter Tanz [...] Die Tanzschritte aber bestehen aus Hebung und Senkung, indem jene die zugemessenen Zeiten mit stärkerem Druck der Stimme aushebt, diese die ihrigen gelassener fallen oder hinschweben läßt, und bewegen sich alle in gleichmäßiger Dauer; [...] Und weil man die gleichen Abstände der Hebungen durch einen Schlag der Hand oder des Fußes andeutet, so werden sie auch Füße oder Takte genannt.[226]

Voss trennt die abstrakten metrischen Einheiten von den sprachlichen Einheiten des Verses. Schläge im gleichen Zeitabstand bilden das metrische Raster des Verses. Steele hatte darauf hingewiesen, daß antike Versfüße innerhalb eines Verses unter Umständen keine zeitgleichen Intervalle füllen, und deshalb die antiken Versfußgrenzen unberücksichtigt gelassen. Voss dagegen übersetzt Versfüße direkt in musikalische Takte, etwa bei folgendem Hexameter:

♩ ♩ | ♩ ♫ | ♩ ♩ | ♩. ♪ | ♩ ♫ | ♩ ♩ |

Graun-voll   schmet-ter-te   nun Zeus'   Don-ner - strahl vom O - lym-pos

Hier füllen der dreisilbige Daktylus »schmetterte«, der zweisilbige Spondeus »nun Zeus« und der zweisilbige Trochäus »Donner-« je ein gleiches Zeitintervall.

Der Taktbegriff des 18. Jahrhunderts bietet, angewandt auf die Versmetrik, zwei entscheidende Vorteile gegenüber der antiken Versfußmessung sowie gegenüber dem syllabotonisch alternierenden Versmodell:

- Erstens: Nicht-Übereinstimmungen zwischen metrischen und sprachlichen Einheiten, die in Gedichten allenthalben vorkommen, können durch die Kontrastierung von je gleichen Takten und ihrer wechselnden musikalischen bzw. sprachlichen Ausfüllung theoretisch besser erfaßt werden. Ein Takt, der nicht auf dem prominenten Taktteil betont

---

226 Voss 1802, 171 f; nachfolgende Notation nach ebd., 181.

wird, ist deswegen immer noch ein korrekter vollständiger Takt, ein jambischer Versfuß, der auf der ersten Silbe betont wird, ist dagegen ein zerstörter Jambus.
– Zweitens: Die variable Füllung der Senkungen im syllabotonisch alternierenden Vers, die gegen Ende des 18. Jahrhunderts immer üblicher wurde, läßt sich mit einem Taktmodell besser beschreiben als mit dem strikt syllabotonisch alternierenden Modell, für das jede nicht einsilbige Senkungsfüllung einen Regelverstoß darstellt.

Das neue taktierende Versmodell läßt sich wie folgt charakterisieren: Die metrischen Einheiten des Verses sind Verstakte, die aus einem prominenten und einem nicht-prominenten Taktteil bestehen. Die sprachlichen Einheiten können die prominenten Taktteile entweder durch eine Pause oder durch eine Silbe realisieren, die nicht-prominenten Taktteile durch eine Pause oder durch eine oder zwei (selten auch drei) Silben. Die Silben, die auf die prominenten Taktteile fallen, müssen nicht notwendigerweise prominente Silben sein, die Silben auf den nicht-prominenten Taktteilen nicht notwendigerweise nicht-prominente Silben. Dadurch, daß Versen Takte zugrundegelegt werden, wird das Versifikationsprinzip Syllabotonik noch keineswegs außer Kraft gesetzt. Denn trotz der variablen Senkungsfüllung und der Möglichkeit, Taktpositionen durch Pausen zu besetzen, sind Silbenzahl und -akzentuierung in taktierenden Versen nicht beliebig. Hingegen gibt es für die Anzahl der Noten in einem musikalischen Takt keine einschränkenden Regeln; hier ist der Grad der Füllungsfreiheit wesentlich höher. Der taktierende Vers ersetzt also nicht den syllabotonischen Vers, er bildet lediglich ein Subsystem innerhalb des Versifikationsprinzips Syllabotonik.

Die Auseinandersetzung mit dem musikalischen Taktbegriff ist auch in den metrischen Theorien des 19. und frühen 20. Jahrhunderts ein zentraler Aspekt. Anknüpfend an Voss geht August Apels »Metrik« (1814-16) davon aus, daß jeder Vers in Takten zu messen sei. Damit richtet er sich gegen Gottfried Hermann, der sich gegen eine generelle Takt-Messung ausgesprochen hatte.[227] Heusler unternimmt den Versuch, alle ihm bekannten Verse nach der ihm bekannten musikalischen Taktvorstellung, der Taktvorstellung des 18. Jahrhunderts, zu messen. Heusler nennt die »Unvereinbarkeit des metrischen und des musikalischen Rhythmus« ein »Gespenst«[228], das er unter Berufung auf Voss und Apel[229] auszutreiben

---

227 Hermann 1799, XIX-XXIII.
228 Heusler 1891, 37.
229 Ebd., 38.

versucht. Im ersten Band seiner »Deutschen Versgeschichte« (1925-29) zementiert er seine metrische Takt-Theorie: »Als entscheidend gilt uns ein gehörmäßiges Merkmal: der Takt. *Verse* sind uns taktierte, takthaltige Rede.«[230]

Heusler operiert exakt mit den Taktkategorien des 18. Jahrhunderts: mit der dem Menschen natürlichen Ordnung von Bewegungen nach gleichmäßigen Abschnitten, mit der Einteilung der Schlagreihe nach den Verhältnissen ganzer Zahlen.[231] Für den Vers »alles in der welt läßt sich ertragen« gibt Heusler einmal die Dauern der Silben im ad hoc bestimmten Prosarhythmus, daneben im »metrischen Rhythmus« an:

```
Prosarhythmus        1,4|0,8| 1 | 0,7 | 2,3 |  1,7 | 1,2 |0,6|1,9| 0,6
                     al-les  in  der  welt  läßt sich er-tra-gen
metrischer Rhythmus   1   1   1   1    4    2    1   1   2   2
```
[232]

Der von Heusler angesetzte »metrische Rhythmus« besteht aus 16 Zeitwerten, die sich in vier Vierergruppen einteilen lassen. Heusler fährt fort:

Die geregelten Zeitspannen von Iktus zu Iktus sind die *Takte*. Wir begrenzen sie so, daß sie mit dem Iktus beginnen. Die Taktstriche, die den Takt einschließen, fallen vor den Iktus:

```
     /            /          /            /
alles in der | welt     | läßt sich er- | tragen
```
[233]

An Steele erinnert Heuslers Verfahren, dann, wenn Verszeilen keine geradzahlige Hebungsanzahl aufweisen, Pausentakte einzufügen, um vier-, sechs- oder achttaktige Verse zu erhalten.[234] Da Heusler die musikalische Taktmessung konsequent durchführen will, setzt er die geläufigen Zeichen für die Notendauer, von der Sechzehntel bis zur ganzen Note akribisch in metrische Zeichen um,[235] Zeichen, mit denen sich der Mediävistik-Student heute noch herumschlagen muß. Und wenn er in den Gedichten aus »Minnesangs Frühling« keine Zweiviertel- oder Vierviertelteltakte hört, die erst Heusler an diese Gedichte herangetragen hat, kommt er zu dem vorschnellen Schluß, daß Metrik wohl nicht seine

---

230 Heusler 1925-29, I, 4.
231 Ebd., 18 f., 23.
232 Ebd., 24.
233 Ebd.
234 Ebd., 28.
235 Ebd., 33 f.

Sache sei. Heuslers holistische Sichtweise der deutschen Literatur will, wie seine Versgeschichte belegt, alle verfügbaren Verse, vom altgermanischen Stabreimvers bis in die Gegenwart, mit einem metrischen Leisten messen. Gegen Darstellungen, die die Diskontinuität der deutschen Versgeschichte betonen, argwöhnt Heuslers »historische Witterung [...], daß nicht alles in Ordnung sei«[236], denn: »Die Grundmauern unserer Verskunst sind von urgermanischer Zeit bis heute die gleichen geblieben.«[237] Das ideologische Fahrwasser solcher Äußerungen ist unschwer zu erkennen.

Auch in Jakob Minors »Neuhochdeutscher Metrik« (1893) sind die Kategorien Sulzers, die Einteilung der Schlagreihe, die Organisation des einzelnen Taktes, die Bildung von Taktgruppen, präsent.[238] Minor unterscheidet grundsätzlich zwei Arten von Versen:

> Erstens solche, die auf regelmässigem Wechsel von Hebung und Senkung beruhen, also alle Versmaasse, die bloss aus Jamben, bloss aus Trochäen, bloss aus Daktylen oder bloss aus Anapästen bestehen. Hier wird die Taktdauer nicht weiter in Betracht kommen [...] Zweitens solche, wo kein regelmässiger Wechsel von Hebung und Senkung stattfindet, sondern wo Takte oder Versfüsse verschiedener Silbenzahl gemischt sind. Diese Versarten stehen der Musik weit näher, als die ersteren.[239]

Minor gebraucht also das taktierende Versmodell nur dort, wo das syllabotonisch alternierende bzw. das fußmessende nicht adäquat erscheinen. Er nennt die Verse des ersten Typs, da in ihnen die von Vers zu Vers gleichbleibende Verteilung der akzentuierten Silben entscheidend ist, »accentuierend«, die des zweiten Typs, da hier die gleiche Dauer der Takte maßgeblich ist, »quantitierend«[240] – eine Benennung, die dazu geeignet ist, terminologische Verwirrung zu stiften. Auch wenn den »quantitierenden« Versen äquivalente Takte zugrundeliegen, wehrt sich Minor gegen eine Umsetzung der einzelnen Silben in musikalische Notendauernwerte. Denn die symmetrische Zeitgliederung, die die Notenschrift suggeriert, entspräche nicht den tatsächlichen Silbendauern; lese man die Verse nach musikalischen Notendauernwerten, klängen sie »unnatürlich«[241]. Auch

236 Ebd., 12.
237 Ebd.
238 Minor 1893, 3 f.
239 Ebd., 13 f.
240 Ebd., 15.
241 Ebd., 138 f.

Franz Saran spricht sich in seiner »Deutschen Verslehre« (1907) explizit gegen eine Taktnotation aus.²⁴²

Die Unterscheidung von metrischen und sprachlichen Einheiten, die sich in den Verstheorien des 18. Jahrhunderts als neue Kategorie herausbildete, ist auch für die Metriken Heuslers und Minors ein leitender Grundsatz.²⁴³ Saran folgt diesem Grundsatz nicht. Er fordert vielmehr, daß »das natürliche, nicht reflektierende Sprachgefühl des Hörers von einem Gegensatz des Metrums zur Schallform der Sprache nicht das Geringste merken«²⁴⁴ dürfe. Fälle, in denen dennoch Inkongruenzen zwischen Sprache und Metrum auftreten, glättet Saran in einem komplizierten Verfahren, das sich zwar in den von ihm gewählten Beispielen rechtfertigen, nicht aber generalisieren läßt.²⁴⁵ Zum fünfhebigen jambischen Vers »Nein, Herr! Seitdem es mir so schlecht bekam« aus Friedrich Schillers »Wallenstein« bemerkt Saran etwa:

> Die Worte *Nein, Herr!* haben am meisten Ethos. Sie sind deshalb der akzentuellen Schwere nach fast gleich. *Herr!* tritt zwar an Inhaltsbedeutung zurück, wird aber dafür wieder mehr gedehnt und beschwert, den Hohn mit auszudrücken. […] Nun wirft das Metrum seine Macht in die Wagschale. Denn der an den gleichmäßigen Gang des fünffüßigen Iambus gewöhnte Sprecher setzt denselben unwillkürlich auch an Stellen voraus, an denen er objektiv, akzentuell nicht vollkommen hergestellt ist, […] Beim Vortrag gibt er dem durch eine, wenn auch nur kleine metrische Beschwerung des *Herr!* Ausdruck. So ergibt sich also auch an dieser Stelle der iambische Rhythmus. *Herr!* wird metrisch tatsächlich schwerer als *Nein!*²⁴⁶

Bereits Mason hätte diese Stelle als reguläre trochäische Inversion im jambischen Pentameter interpretiert. Im Modell des taktierenden Verses würde die im Vergleich zu »Nein« weniger betonte Silbe »Herr« ungeachtet der konkreten Betonungsverhältnisse auf den prominenten Taktteil fallen. Saran dagegen argumentiert unter Rückgriff auf einen konkreten Textvortrag, den er gestützt durch seine inhaltliche Interpretation der Textstelle zugrundelegt. Nach diesem Vortrag differieren metrische und sprachliche Einheiten nicht.

---

242 Saran 1907, 160.
243 Minor 1893, 11; Heusler 1925-29, I, 11.
244 Saran 1907, 135
245 Ebd., 205 ff.
246 Ebd., 207.

Das bei Heusler offenkundige methodische Problem, verschiedenste Verse mit einerlei Maß messen zu wollen, begegnet auch in der heutigen Metrikforschung. Eske Bockelmann versucht in seiner »Propädeutik einer endlich gültigen Theorie von den deutschen Versen« (1991) allen deutschsprachigen Versen, spätestens seit Opitz, das »alternierende Prinzip« zu unterlegen.[247] Dieses habe sich als Wahrnehmungsprinzip für Verse so sehr verfestigt, daß es immer dann, wenn wir Verse hören oder lesen, unwillkürlich zum Maßstab gesetzt werde. Hingegen konnte in der vorliegenden Arbeit gezeigt werden, daß im späten 18. Jahrhundert, sowohl in der Dichtung als auch in der Verstheorie, vier Versmodelle koexistieren. Oft kann exakt rekonstruiert werden, welches Versmodell welchem Text von seinem Dichter zugrundegelegt wurde. Insofern ist die These von der Übermacht des »alternierenden Prinzips« nicht haltbar. Und wenn Bokkelmann argumentiert, daß es nicht auf das vom Dichter intendierte, sondern auf das vom Interpreten wahrgenommene Versmaß ankomme,[248] steht er damit Heusler, der in Versen, die lange vor der Erfindung des Taktstrichs gedichtet wurden, $^2/_4$- und $^4/_4$-Takte hörte, in nichts nach.[249]

2.2.2.4 Vom lästigen Klingler zur poetischen »Fundamentalfigur«[250]: Zur Umbewertung des Reimes

Die Frage nach der Verwendung und Wirkung des Reims gehört nicht zum Kernbereich der metrischen Theorien des 18. Jahrhunderts. Sie thematisiert nicht den Zeitverlauf der Silben, der sich in Silbenzahlen oder Silbenprominenzen ausdrücken läßt, sondern lautliche Äquivalenzbeziehungen zwischen einzelnen Silben in Abhängigkeit von ihrem Zeitverlauf.

Für die deutschsprachigen Dichter und Theoretiker des 17. Jahrhunderts, die die Eigenständigkeit ihrer Poesie gegenüber der lateinischen engagiert betonen, sind deutsche Verse stets endgereimte Verse. Erst im

---

247 Bockelmann 1991, 26 f., 58 f.
248 Ebd., 58: »Das alternierende Muster ist also nun, nach dem Moment seines historischen Durchbruchs, nicht mehr abzuschütteln, da es den Versen unterliegt, da die Verse auf es aufgebracht sind, ohne daß noch der Dichter willentlich darüber zu entscheiden hätte, ob er es seinen Versen unterlegen [...] solle. Das Umgreifende, [...] nämlich daß das Muster von nun an in jedem Vers wirksam sei, bestätigt sich so.«
249 Eine eingehende Auseinandersetzung mit Bockelmanns Entwurf bietet Bernhart 1995.
250 Bernhardi 1801-03, II, 395.

18. Jahrhundert zieht man, veranlaßt durch die erneute Hinwendung zur antiken Dichtung, die Möglichkeit in Erwägung, reimlose Verse zu schreiben. Trotzdem überwiegt, auch auf dem Höhepunkt der Homer-Nachahmung in den 1770er-Jahren, der gereimte Vers bei weitem. Nur auf der Bühne setzt sich dauerhaft der Blankvers durch. Diejenigen Autoren, die reimlos dichten, sind allesamt an der Antike geschulte Poeten. Insofern ist auch die Kritik am Reim, die um die Jahrhundertmitte mehrfach hervorgebracht wird, eine gelehrte Tendenz innerhalb des Literaturbetriebs – ein großer Teil der dichterischen Praxis bleibt davon ganz unberührt.

1737 legt Jakob Immanuel Pyra seinen »Tempel der Wahren Dichtkunst. Ein Gedicht in reymfreyen Versen« vor. Mit über 1000 Alexandrinern belegt er, daß die Poesie auch ohne das Joch des Reimes auskomme.[251] Zehn Jahre später formuliert Pyras akademischer Lehrer Georg Friedrich Meier einen poetologischen Angriff gegen den Reim, und zwar als Vorrede zu den »Horatzischen Oden« (1747) von Pyras Studienkollegen Samuel Gotthold Lange. Das Hauptziel der Poesie sei die »Schönheit der Gedanken«[252], zu welcher der Reim wenig beitragen könne:

> Der Reim ist kein Zeichen eines Gedanken, und er macht die Gedanken weder lebhafter, noch edler, noch wahrscheinlicher, noch rührender u.s.w. Folglich ist er keine Schönheit des poetischen Ausdrucks, in so fern derselbe ein Zeichen der Gedanken ist, indem er ja nur die Aehnlichkeit des Schalls einiger Sylben ist.[253]

Der Reim verursache beim Hörer »Monotonie«[254], der Dichter behindere er beim Auffinden der Gedanken:

> Wenn ein Dichter einen Vers hingeschrieben hat, und es fält ihm ein anderer ein, der natürlich auf den ersten folgt, und welcher volkommen schön ist, so ist es ein blosses Glück, wenn er sich reimt. Reimt er sich nicht, so muß, wider die poetische Erleuchtung, ein schönerer Gedanke einem schlechtern Platz machen, [...] Ein Dichter also, der reimen will, sieht sich genöthiget, wider die Regeln einer gehörigen poetischen Meditation, zuerst den Reim in Ordnung zu bringen.[255]

---

251 Zur Poetologie in und um Pyras »Tempel der Wahren Dichtkunst«: Kemper 1997, 103-114.
252 Meier 1747, 8.
253 Ebd.
254 Ebd., 14.
255 Ebd., 14 f.

Daß die Einhaltung eines Versmaßes ebenfalls den Dichter in Bedrängnis bringen könnte, wird von Meier nicht erwogen; ein Dichter scheint für ihn automatisch in Versmaßen zu denken. Aus den hohen lyrischen Gattungen, explizit aus der »pindarische[n] oder horatzische[n] Ode«[256] will Meier den Reim ganz verbannt sehen, in niedrigeren Gattungen dürfe er zuweilen verwendet werden.

Auch in Breitingers »Critischer Dichtkunst« wird der Reim einem trivialen Niveau der Dichtung zugerechnet, Breitinger vergleicht seine Wirkung mit dem plumpen Händeklatschen bei einem »Kirmeß-Tantz«[257]. Am entschiedensten wehrt sich Klopstock gegen den Reim, allein schon in seiner Dichtungspraxis. Lediglich in seinen Kirchenlied-Bearbeitungen verwendet er den Reim, in seiner Oden-Dichtung dagegen nicht ein einziges Mal.[258] In dem Gespräch über die Verskunst aus Klopstocks »Grammatischen Gesprächen« (1794) hat der Reim lediglich einen kurzen Auftritt als Klassenclown, von dessen klingelnden Wortreihen die anderen Gesprächsteilnehmer schnell genervt sind. Die Gesprächsleiterin »Verskunst« schließt ihn kurzerhand aus.[259] Klopstock widerstrebt die Gleichförmigkeit der regelmäßig wiederkehrenden Reimklänge, durch die er die Variabilität des Verses bedroht sieht. Als poetologischer Text wendet sich die Ode »An Johann Heinrich Voss« (1783/84) in ungereimten Versen gegen den Reim. Sein Aufkommen wird als Sprachkultur-Verfall dargestellt:

Zween gute Geister hatten Mäonides
Und Maro's Sprachen, Wohlklang und Silbenmaß.
Die Dichter wallten, in der Obhut
Sicher, den Weg bis zu uns herunter.

Die spätern Sprachen haben des Klangs noch wohl;
Doch auch des Silbenmaßes? Stattdessen ist
In sie ein böser Geist, mit plumpem
Wörtergepolter, der Reim, gefahren.

Red' ist der Wohlklang, Rede das Silbenmaß;
Allein des Reimes schmetternder Trommelschlag
Was der? was sagt uns sein Gewirbel,
Lermend und lermend mit Gleichgetöne?[260]

---

256 Ebd., 18.
257 Breitinger 1740, II, 460.
258 Zum Gefälle zwischen Klopstocks Oden- und Kirchenlied-Poetik: Albertsen 1989.
259 Klopstock 1794, IX, 200 f.
260 Klopstock, Oden, II, 57 f.; hier: Strophen I-III.

Der Hohn der gelehrten Dichter gegen den Reim findet sich gebündelt in Sulzers Lexikon: er wird eine »Deke [sic]« genannt, »die man vor die Schwäche und Fehler des Verses ziehet«[261].
Dagegen vertritt Johann Adolf Schlegel eine Mittlerposition. Der Reim werde, so Schlegel, durch den Gebrauch unbeholfener Poeten in Mißkredit gebracht, sei aber an sich kein zu verachtendes poetisches Mittel. Die Fülle schlechter deutscher Hexameter, so die Gegenargumentation, ziehe schließlich auch nicht die Konsequenz nach sich, den Hexameter an sich zu verwerfen. Der Reim sei vielmehr ein in der Dichtung verschiedener Sprachen in je unterschiedlicher Ausprägung vorhandenes Grundprinzip. Als ›Reim‹ bezeichnet Schlegel nicht nur den Endreim, sondern Ähnlichkeitsbeziehungen auf verschiedenen Ebenen der poetischen Sprache. So spricht Schlegel von einem »Reim des Sylbenmaaßes« in der antiken Poesie, von einem »Reim des Gedankens« in der hebräischen Poesie – er bezieht sich damit auf den *parallellismus membrorum* in den Psalmen – und von einem »Reim der Sylben« in der zeitgenössischen Poesie[262] – Jakobson würde von Äquivalenzbeziehungen auf verschiedenen strukturellen Ebenen sprechen. Der Silbenreim zeichne sich dadurch aus, »daß die gereimten Töne genauer miteinander übereinstimmen. Hier reimen sich die articulirten Töne, wie sich dort [in den antiken Versen] nur die unarticulirten reimten;«[263]. Da in den modernen Sprachen die Quantität der Silben nur noch unvollkommen realisiert sei, ersetze der Silbenreim die fehlenden Äquivalenzbeziehungen langer und kurzer Silben. Jede Sprache müsse die ihr inhärenten Strukturen zum Prinzip ihrer Verse machen. So sei für die antiken Sprachen die Silbenquantität tragendes Versprinzip, der Reim dagegen entbehrlich, im Französischen fehle die Silbenquantität völlig, deshalb sei hier der Reim unentbehrlich, das Deutsche stünde sprachstrukturell zwischen den beiden, deshalb seien hier beide Prinzipien möglich, keines dagegen unentbehrlich.

Herder mißt, wie noch ausführlich zu zeigen sein wird,[264] dem Klang der Sprache entscheidende Bedeutung bei. Seine wiederholten Plädoyers für den Parallelismus, in dem er ein universales poetisches Prinzip sieht, werten auch den Reim, verstanden als Klang-Parallelismus zwischen Versen, auf. Insbesondere in der Schrift »Vom Geist der Ebräischen Poesie« (1782) weitet Herder den *parallelismus membrorum* der Psalmen zur sprach- und epochenüberspannenden poetischen Grundfigur aus.[265]

261 Sulzer 1773-74, IV, 82.
262 Schlegel 1770, 525.
263 Ebd.
264 Kapitel 2.3.2.
265 Dazu Menninghaus 1987, 9-13.

Durch die Frühromantiker erfährt der Reim eine grundsätzliche Neubewertung. In seinen »Betrachtungen über Metrik« (1795-99) kehrt August Wilhelm Schlegel die Priorität der Silbenbewegung gegenüber dem Silbenklang um. Er bezeichnet den Silbenklang als »Materie«, die Silbenbewegung dagegen als »Form« der Verssprache, und folgert, die angenehme »Materie« sei für die ästhetische Wirkung wesentlicher als die angenehme »Form«.[266] Hinzu kommt die Vorstellung von den Vokalen einer Sprache als dem »Ausdrückenden«, von ihren Konsonanten als dem »Darstellenden«.[267] Die Konsonanten entsprächen den Umrißlinien der Malerei, die Vokale den Farben.[268] Da die Poesie und speziell die Lyrik sich nach Meinung A.W. Schlegels von einer darstellenden Kunst ganz in eine reine Ausdruckskunst umwandeln soll, ist die Struktur der Vokale in einem poetischen Text von eminenter Bedeutung. In seinen Jenaer »Vorlesungen über philosophische Kunstlehre« (1798-99) liegt A.W. Schlegels Laut-Charakteristik und die darauf fußende Reim-Theorie explizit vor:

§53. Der Wohlklang ist nicht ein zufälliger Nebenzierrat der Sprache, sondern er erstreckt sich über das Ganze derselben und greift überall in das innerste Wesen der Sprache als einer hörbaren Darstellung ein, indem alle Eindrücke, die sie macht, zuvörderst durch das Medium der sinnlichen Erscheinungen gehen müssen (s. §21). Die Sprache ist eine hörbare Darstellung, hat nur Töne und Laute und es kommt alles darauf an, wie diese Laute beschaffen sind. [...]
§54. Beim Wohlklange ist zu unterscheiden die Beschaffenheit der Laute und ihre Bewegung: Euphonie und Eurhythmie; [...] Die Neueren sehen aber mehr auf die Materie als auf die schöne Form; dahingegen die Alten mehr auf letztere sahen; – daher sahen sie so sehr auf den Rhythmus.[...]
§123. Da die Poesie notwendig ein Gesetz der Wiederkehr verlangt, so wird, wenn es einer Sprache an bestimmter Quantität, oder denen, die sie reden, an Gehör dafür mangelt, etwas anders zu Hilfe genommen werden, um es merklicher zu machen, welches also etwas zur Qualität der Silben Gehöriges sein muß.
§124. Dergleichen Hilfsmittel sind Alliterationen, Assonanzen und Reime. Am entferntesten von wahrer Schönheit sind unter diesen metri-

---

266 Schlegel 1795-99, 157.
267 Ebd., 162.
268 Ebd., 167. In Weiterführung dieser Analogisierung ordnet A.W. Schlegel den Vokalen folgende Farben zu: A = rot, O = purpurn, I = himmelblau, Ü = violett, U = dunkelblau: ebd., 175. Er bezeichnet dies allerdings selbst als »Tändeleien der Phantasie«.

schen Beziehungen diejenigen, welche die Aufmerksamkeit des Ohres ausschließend auf die Konsonanten als auf den Hauptteil der Sprache richten. Am meisten musikalisch ist die Assonanz, die bloß in gleichlautenden Vokalen besteht, wegen der natürlichen Übereinkunft der Vokale mit den Modulationen der Singstimme. Für den Reim, der zwischen beiden das Mittel hält, scheint sich der Geschmack solcher Völker, die für reine Metrik noch nicht empfänglich waren, im allgemeinsten erklärt zu haben. In den Vokalen liegt der Geist und die Seele des Gedichts und der Musik.[269]

Auch die Wirkungsweise des Reims wird von A.W. Schlegel charakterisiert. Der Vergleich von klanglich ähnlichen aber semantisch unähnlichen Teilen der Rede sei ein besonderer »Reiz für die Phantasie«[270]. Der Reim führe, und damit kehrt A.W. Schlegel die Priorität der metrischen Kategorien endgültig um, zu einer Umstrukturierung der Verswahrnehmung:

§ 133. Durch die Gewöhnung, auf die Bestandteile der Worte zu achten, welche den Reim hervorbringen, wird die Empfänglichkeit ganz auf die Euphonie gelenkt und dadurch dem rhythmischen Teile der Poesie die nötige Ausbildung entzogen. Die Verse werden nun nicht mehr taktmäßig gemessen, sondern der ganze Vers von einem Reime zum andern wird gleichsam wie *ein* Fuß betrachtet, bei dem das Ohr eine ungefähre Bestimmung der Dauer verlangt.[271]

August Ferdinand Bernhardi greift im sechsten Buch seiner »Sprachlehre« (1801-03) die Theorie seines Freundes A.W. Schlegel auf. Nach Bernhardis Vorstellung durchzieht ein Netz von strukturellen Analogien alle Ebenen der Sprache. So entspreche dem Vokal (Ebene der Laute) der Nicht-Akzent (Ebene der Wortbetonung), das »Nebenwort«[272] (grammatikalisch-lexikalische Ebene), die Folge (Ebene der logischen Verknüpfung der Rede), die Empfindung bzw. der Ausdruck des Inneren (Ebene des Sprachausdruck). Dem Konsonanten entspreche der Akzent, das »Hauptwort«, die Ursache, die begriffliche Erkenntnis, die Darstellung des Äußeren. Aufgrund dieser Strukturanalogien erweitere die Sprachwissenschaft den Zuständigkeitsbereich der traditionellen Grammatik,

---

269 Schlegel 1798-99, 16 f., 43.
270 Ebd., § 130.
271 Ebd., 47.
272 »Nebenworte« sind für Bernhardi die Wortarten Präposition, Konjunktion, Pronomen und Artikel, als »Hauptworte« bezeichnet er Substantiv, Adjektiv, Partizip, Verb und Adverb: Bernhardi 1801-03, II, 317 f.

die lediglich sprachliche Oberflächenphänomene beschreibe, und könne sich dem ehrgeizigen Ziel zuwenden, die Struktur der menschlichen Erkenntnis, der menschlichen Empfindung und des menschlichen Ausdrucks zu erforschen. Bernhardis Konzept der Strukturanalogien bietet auch für die Beschreibung poetischer Sprache eine neue Methode. Denn über die Kette der Analogien müßte es, so Bernhardi, möglich sein, von den sprachlichen Mikrostrukturen eines Textes auf seine Bedeutung, und weiter noch auf die ihm zugrundeliegende Empfindung rückzuschließen.

Die lyrische Poesie versteht Bernhardi als Ausdruck des Inneren, folglich wird sie der vokalischen, tönenden Sphäre der Sprache zugeordnet:

> Wir haben sie [die Sprache] [...] lediglich als Organ, als Mittel, als Werkzeug der Dichtkunst angesehen, wir haben immer nur behauptet, sie stelle die Poesie dar, sie sei ein Medium derselben, jetzt aber wollen wir zu der höchsten Ansicht derselben uns erheben, wir wollen die Sprache einzig als eine Sammlung von einzelnen Tönen betrachten, und die Poesie aufsuchen, welche durch diese, rein, vom Gegenstande der Darstellung entweder ganz, oder zum Theil abgesehen möglich ist.[273]

Die phonetische Äquivalenz bei semantischer Differenz bezeichnet Bernhardi als »die Fundamentalfigur aller übrigen musikalisch-poetischen Sprachfiguren«[274]. Anschließend daran behandelt er die drei »Hauptfiguren« Alliteration, Assonanz und Reim. Diese beziehen sich auf unterschiedliche strukturelle Ebenen des poetischen Textes: der Reim strukturiere die Strophen eines Gedichtes, die Alliteration strukturiere einzelne Verse, die Assonanz schließlich den gesamten Text.[275]

Auch bei Bernhardi hat der Reim längst die Rolle des lästigen Klinglers abgestreift, vielmehr ist in seiner Sprachlehre der »Weg zur höchsten und poetischen Ansicht des Reims« gebahnt, »in welcher er nehmlich nicht mehr auf das einzelne Reimwort, und dessen etwaige Bedeutung bezogen wird, sondern als Musik auf das einzelne Gedicht überhaupt, und als musikalische Mahlerei des Inhalts. Es sind in dieser Ansicht ganze Verse welche sich reimen, nicht einzelne Wörter«[276]. Wie A.W. Schlegel scheint auch Bernhardi eine Gedichtrezeption zu intendieren, die eher dem Anhören einer musikalischen Komposition als dem auf die Bedeutung ausgerichteten Hören oder Lesen eines Textes entspricht.

273 Ebd., 393.
274 Ebd., 395.
275 Ebd., 410.
276 Ebd., 423.

Schließlich soll eine spielerische, eben gereimte Verarbeitung der theoretischen Auseinandersetzungen um den Reim betrachtet werden. Für Voss, der am längsten an den bereits in den 1750er Jahren formulierten Positionen festhielt, war die Überhandnahme und die ästhetische Neubegründung des Reims um 1800 ein Dorn im Auge.[277] Vor diesem Hintergrund sind seine »Schwergereimten Oden« (1773 und 1777) und seine »Klingsonate« (1808) zu verstehen. Die »Schwergereimte Ode. An Reimbold« (1773) macht Vers für Vers die Folgen der »grausen Reimsucht« hörbar:

> Getrieben von der grausen Reimsucht,
> Irrst du umher, und brummst voll Angst,
> Gleichwie ein Bär, der Honigseim sucht,
> Bis du den neuen Reim erlangst. [...]
>
> Des Horns Gebrüll brüllt jetzt vom Harzwald
> Ins Wutgeheul des Weserstroms,
> Der schwarz, von Varus Blute schwarz wallt,
> Ins Angstgeheul der Hügel Roms.[278]

Die Schwerfälligkeit des Reims versucht Voss zu karikieren, indem die Verben »sucht« bzw. »wallt«, die als betonte Monosyllabica am Versende eigentlich in männlichen Reimen stehen müßten, in einen weiblichen Reim presst. Im Falle der ersten Strophe führt zudem die Gegenüberstellung von kurzem und langem »u« zu einem Mißklang. Ebenso reimen in der fünften Strophe »Amor« mit »(seiner) Dam' Ohr«, in der achtzehnten Strophe »Lolli« mit »Moll lieh«, in der einundzwanzigsten »Niklas« mit »(wird kein) Blick laß«, in der dreiundzwanzigsten »Eidex« mit »(Heuche)lei deck's«. Der dritte Vers der dritten Strophe nimmt bewußt eine lexikalische Redundanz in Kauf, um die Wörter »schwarz wallt« in Reimposition zu postieren. Die »Reimsucht«, so Voss' implizite Kritik, führt zu syntaktisch unbeholfenen Fügungen und zu gesuchten, gestelzten Ausdrücken.[279]

---

277 Zum Sonettenstreit zwischen Voss, den Heidelberger Romantikern, Goethe, Arnim und A.W. Schlegel: Moering 1999, 115-128. Hummel 1997 zeigt, daß Voss, entgegen älterer Thesen der Forschung, die Romantik keineswegs pauschal abgelehnt hat.
278 Zit. nach: Voss, Lyrische Gedichte, IV, 105-111. Hier: erste und dritte Strophe.
279 Eine entscheidende Rolle spielt natürlich der Geschmack der Rezipienten, der die Reimstrukturen an einer bestimmten ästhetischen Erwartung mißt und als geglückt, mißglückt, häßlich, komisch etc. bewertet. Wir würden heute in Voss' Reimen wohl nicht die Häßlichkeit des Reimes entlarvt sehen, eher würden wir

Noch einen Schritt weiter geht Voss in seiner »Klingsonate«. Sie gliedert sich in drei Teile, bzw. Sätze, die mit »Grave«, »Scherzando« und »Maestoso« überschrieben sind. Der erste Teil besteht lediglich aus 14 Silben:

>Mit
>Prall-
>Hall
>Sprüht
>Süd-
>Tral-
>Lal-
>Lied.
>Kling-
>Klang
>Singt
>Sing-
>Sang
>Klingt.[280]

Es liegt ein Sonett vor, das ganz auf die Reimsilben reduziert ist. Das idealiter zugrundeliegende Reimschema abba – abba – cde – cde wird folgendermaßen gefüllt: $abba_1 - a_1 bba_2 - cdc_1 - cdc_1$. Allerdings läßt sich die Sonettform nur durch die Anordnung der Silben auf dem Papier erkennen, denn eine nicht-schriftgestützte Rezeption der beiden kurzen Sätze würde sie wohl als artifizielle Prosa mit Binnenreimen, eventuell als Zungenbrecher, einstufen.[281] Alle vierzehn Silben des Textes stehen in einer Reimbeziehung. Voss überstrapaziert damit die Forderung der Frühromantiker, den Reim zum obersten metrischen Prinzip zu erheben. Er geht dabei so weit, die mehrsilbigen Wörter »Prallhall«, »Südtralalied«, »Klingklang« und »Singsang« über zwei bzw. vier Verse zu brechen – die

---

die verblüffenden Wortzusammenstellungen, die sich durch die Reime ergeben, als komisch empfinden. Georg Kreisler reimt in seinem Lied »Der schöne Heinrich« formal entsprechend: »Erst wenn ich 'nen Wein riech | Kann ich vom Heinrich | Lassen [...]« und überbetont in der Aufführung die zweite Silbe von »Heinri(e)ch«: Kreisler, Everblacks, CD II, Nr. 12.

280 Zit. nach: Voss, Ausgewählte Werke, 157.

281 Hier zeigt sich deutlich, daß die metrische Kategorie Reim nicht unabhängig von den Kategorien der Silbenzahl und der Silbenprominenz ist. Denn zwischen Reimsilben wird gemeinhin eine gewisse Anzahl von ungereimten Silben erwartet. Meist ist die Wahrnehmung des Reims exakt auf bestimmte Positionen innerhalb eines Textes festgelegt.

zweite Strophe besteht lediglich aus dem Wort »Südtralalied«. Alle Substantive des Sonetts sind onomatopoetisch: »Prallhall« ist ein Synonym für »Reim«; in Analogie zum metrischen Hebungsprall bezeichnet es das klangliche Aufeinanderprallen von Silben. »Südtralalied« ist ein Synonym für ›Sonett‹, die von den Romantikern aus der italienischen Dichtung wiederaufgegriffene Form. »Klingklang« und »Singsang« bezeichnen das an den Reimen bzw. am Sonett von Voss und anderen kritisierte Phänomen des monotonen Gleichklangs der Silben. Doch abgesehen von diesen semantischen Konnotationen weist der Text kaum über seine Lautgestalt hinaus, er verharrt, in Übertreibung der frühromantischen Poetik, ganz in seinem Sprachklang, ist inhaltsleeres Getön. Bernhardi wollte die Sprache der lyrischen Poesie »einzig als eine Sammlung, als einen Inbegriff von einzelnen Tönen betrachten«[282] – in Vossens »Klingsonate« bietet sich gar keine andere Hörart mehr an. Während wohl die meisten Leser um 1800 diesen Text als ironisch im Sinne Vossens aufgefaßt haben, möchte ich zu bedenken geben, ob nicht A.W. Schlegel und Bernhardi – unabhängig von Vossens Intention – seine Konzentration auf den Sprachklang gelobt hätten. 100 Jahre später hätten sich Christian Morgenstern, Hugo Ball und Kurt Schwitters, wenn sie die »Klingsonate« gekannt hätten, mit Vergnügen darauf berufen. Während Vossens Sonate das Sonett in eine inhaltlich komplett ausgehöhlte Form umwandelt, will Schwitters »Ursonate« (1922-32) den Lauten ihre von semantischer Funktionalisierung befreite Lautlichkeit zurückgeben.

2.2.2.5 Künstlichkeit contra Natürlichkeit:
Eine rhetorische Grundfigur der Metriktheorie

Der letzte Abschnitt dieses Kapitels ist einem Aspekt gewidmet, der in den Metriktheorien des 18. Jahrhunderts jenseits aller Einzelfragen omnipräsent ist. Wenngleich die Diskussion über Metrik im Medium der Schrift stattfindet, entzieht sich ihr Gegenstand eigentlich der Verschriftung. Jede schriftlich niedergelegte Theorie über schriftlich niedergelegte Verse muß die ihr zugrundegelegte akustische Wahrnehmung ihrem Leser vermitteln. Immer kann der Leser seine akustische Wahrnehmung der vermittelten entgegenhalten; nur im günstigsten Falle kommen die Wahrnehmung des Lesers und die Wahrnehmung des Schreibers einer Verslehre exakt zur Deckung. Jede Theorie sieht sich – allein schon durch ihren medialen Status als schriftliche Theorie – mit dem Vorwurf konfrontiert, sie stünde in unaufhebbarem Widerspruch zu ihrem schriftlich

---

282 Bernhardi 1801-03, II, 393.

nicht einholbaren Gegenstand. Dieses Grundproblem führt dazu, daß jede Metriktheorie des 18. Jahrhunderts implizit oder explizit ihre Natürlichkeit, d.h. ihre Fundierung auf Parametern gesprochener Sprache, reklamiert. Noch häufiger anzutreffen als die positive Bekräftigung der eigenen Natürlichkeit ist allerdings diejenige Argumentationsfigur, die den entgegenstehenden Theorien polemisch Künstlichkeit, d.h. Fundierung auf Parametern, die erst durch die Schrift erzeugt werden, vorwirft.[283]

Bürger und Klopstock betonen in ihrer Debatte über Jambus und Hexameter die Natürlichkeit des von ihnen vorgeschlagenen Versmaßes. Bürger will

[...] als Satz der Wahrheit abstrahiren, daß sein Jambus das einzige wahre ächte natürliche heroische Metrum unsrer Sprache sey. Man kann sagen, daß neun Zehntheile derselben in dies Metrum recht bequem sich fügen, hergegen kaum ein Zehntheil im Stande seyn, richtige gute Hexameter zu bilden.[284]

Dagegen erwidert Klopstock,

Daß also das nun so hingewagte Verhältnis von eins zu neun nicht nur völlig ungegründet, sondern der Hexameter vielmehr, in Ansehung des bequemen Fügens, in der ganzen Sprache zu Hause wäre; der Jambe aber nur einen Flügel, (wenn man ihm anders so viel einräumen kann) und zwar mit dem Hexameter in Gesellschaft, inne hätte.[285]

Wer den Jambus zur Übersetzung homerischer Verse einführe, müsse, heißt es wenig später, seinen Lesern »das Hören verbieten«[286]. Immer wieder betont Klopstock die Natürlichkeit seiner Versifikation: Etwa in dem bereits erwähnten Gespräch »Vom Sylbenmaße«, in dem das in metrischen Fragen ungeschulte Ohr der Gesprächsteilnehmerin Minna zur Kontrollinstanz der Richtigkeit von Versen gemacht wird. Alle metrischen Bemühungen Klopstocks zielen, wie gezeigt wurde, auf einen Vers ab, in dem die metrischen nicht im Widerspruch zu den, jedem Muttersprachler automatisch bewußten, sprachlichen Einheiten stehen. Andererseits hat Klopstock, wohl um die akustische Wahrnehmung seiner Leser zu lenken, seine Oden in eigenen Maßen mit den berühmten Strich-

---

283 Die Begriffe »Künstlichkeit« und »Natürlichkeit« werden hier nur in der dargelegten enggefaßten Bedeutung verwendet.
284 Bürger 1776, 52 f.
285 Klopstock 1779a, 65 f.
286 Ebd., 70.

Haken-Formeln versehen. Wer sich also unsicher ist, darf schwarz auf weiß nachsehen, was er hören sollte.

Für A.W. Schlegel sind Klopstock und Voss die Hauptexponenten einer verschriftlichten Metrik. In einer Rezension zu Voss' Homer-Ausgabe (1793) bemerkt er lakonisch: »Homer schrieb seine Verse nicht [...] Das Gehör entschied also damals ganz empirisch.«[287]

Hieraus leitet er ab, daß Voss' metrische Überlegungen auf der Basis der Schriftkultur stünden. Voss' Kategorien – die Silbenmessung nach Zeit- und Tonmaß, das Prinzip der metrischen Variabilität des Hexameters – seien auf dem Papier entwickelt und nur auf dem Papier nachvollziehbar. Den homerischen Kategorien würden sie deshalb unter keinen Umständen entsprechen. In seinen »Betrachtungen über Metrik« (1755-99) läßt A.W. Schlegel es nicht dabei bewenden, Klopstocks Argumente zu kritisieren, er hebt vielmehr zu einem Angriff auf dessen Gehör an: »Er hat ein wahrhaft deutsches Ohr – das heißt, eines, welches sich entsetzliche Dinge bieten läßt, ohne aufrührisch zu werden;«[288].

A.W. Schlegel bemüht sich andererseits nachdrücklich darum, die Natürlichkeit der für ihn relevanten metrischen Kategorien zu beweisen. Seine zunächst stückweise in den »Horen« veröffentlichten »Briefe über Poesie, Silbenmaß und Sprache« (1795) kreisen um die Frage, ob »das Silbenmaß der Poesie wesentlich« oder »vielmehr unnatürlich« sei.[289] Diese Frage wird emphatisch pro Natürlichkeit bejaht; immer wieder versucht der Verfasser zu belegen, daß der »rhythmische Gang der Poesie«[290] eine anthropologische Konstante sei. Rhythmus entstehe dadurch, daß der menschliche Körper das Bedürfnis empfinde, die frei dahinströmenden Leidenschaften der menschlichen Seele in eine überschaubare Form zu bringen:

> So leitete den Menschen dann der Instinkt, oder, wenn man lieber will, eine dunkle Wahrnehmung auf das Mittel, sich dem berauschendsten Genuße ohne abmattende Anstrengung lange und ununterbrochen hingeben zu können. Unvermerkt gewöhnten sich die Füße nach einem Zeitmaße zu hüpfen, wie es ihnen etwa der rasche Umlauf des Bluts, die Schläge des hüpfenden Herzens angaben; nach einem natürlichen Gesetze der Organisation mußten sich die übrigen Geberden, auch die Bewegungen der Stimme in ihrem Gange darnach richten; und durch diese ungesuchte Uebereinstimmung kam Takt in

287 Schlegel 1796, 314.
288 Schlegel 1795-99, 157.
289 Schlegel 1795-96, 101.
290 Ebd., 103.

den wilden Jubelgesang, der anfangs vielleicht nur aus wenigen oft wiederholten Ausrufungen bestand.[291]

Das »Zeitmaße« dieser ältesten menschlichen Kunstäußerungen bestimme, so A.W. Schlegels ambitionierte These, auch noch die poetischen Texte der Gegenwart. Deren Silbenmaß sei nicht etwa durch die Schriftkultur entstellt. Auch dem Reim, seinem bevorzugten metrischen Prinzip, verhilft A.W. Schlegel zu einem natürlichen Ursprung, indem er ihn beim Spracherwerb der Kinder entdeckt: »Die Kinder spielen gleichsam mit den Reimen.«[292]

Voss bezichtigt dagegen diejenigen Poeten, die vom Reim übermäßig Gebrauch machen, der Künstlichkeit. Als Goethe 1807 ein Sonett in Cottas »Morgenblatt für gebildete Stände« einrückt, mokiert sich Voss in dem Sonett »An Goethe« (1808):

Du hast, nicht abhold künstelnder Beschränkung,
Zwey Vierling' und zwey Dreyling' uns gereimet?
Wiewohl man hier Kernholz verhaut, hier leimet,
Den Geist mit Stümmlung lähmend, und Verrenkung?[293]

Und es folgt der vertrauliche Ratschlag: »Laß, Freund, die Unform alter Truvaduren, | [...]«[294].

Bei der Lektüre der Metriktheorien des 18. Jahrhunderts wird man gut daran tun, jeder Beteuerung von Natürlichkeit zu mißtrauen und nach ihren unhinterfragten Voraussetzungen zu fragen. Die Verfasser spürten offenbar die Diskrepanz zwischen ihrem Gegenstand und seiner schriftlichen Vermittlung. Die zuweilen aufwendige Rhetorik, mit der die Natürlichkeit der eigenen Theorie bekräftigt wird, kann deshalb als Selbstvergewisserung verstanden werden.

In den ersten Jahrzehnten des 19. Jahrhunderts verlor die Metrik ihren erstrangigen Platz innerhalb der Diskussion der Dichter, sie wurde zu einer Teildisziplin der Philologie. Heinrich Heine empfand sie als »rasend schwer«[295] und schrieb lieber Gedichte als Metrik-Traktate. Carl Lachmann wandte sich der Beschreibung alt- und mittelhochdeutscher Verse zu und fing damit an, Metrik als Versgeschichte zu betreiben. Doch auch die philologischen Verslehrer wurden nicht müde, sich gegenseitig Künstlichkeit vorzuwerfen. 1925 schreibt Heusler:

---

291 Ebd., 137.
292 Schlegel 1798-99, 43 f.
293 Voss, Ausgewählte Werke, 159.
294 Ebd.
295 Zit. nach: Wagenknecht 1981, 7.

Die überkommene Schulmetrik hatte daran gewöhnt, das Gehörmäßige am Verse zu mißachten. Sie versteckte es hinter mehr oder weniger schalldichten Scheidewänden. [...] Man darf ohne Übertreibung sagen: in den allermeisten Schriften zur Metrik steht Augenphilologie [...][296]

Was Heusler dieser »Augenphilologie« entgegensetzte, wurde bereits beschrieben: den allwaltenden, schon im germanischen Ohre pochenden Takt.

Mittlerweile gehört metrische Kompetenz nicht mehr zu den wichtigen Qualitäten eines Dichters. Sowohl die literaturwissenschaftliche als auch die linguistische Metrikforschung stehen unter einem generellen Künstlichkeits-Verdacht – so rächt sich das unnachgiebige Insistieren auf Natürlichkeit. Die *communis opinio* vieler Literaturwissenschaftler hinsichtlich der Metrik lautet in etwa: sie sei langweilig, spröde, kompliziert, bestenfalls esoterisch, und verhelfe nicht dazu, Gedichte zu verstehen. Dieser Meinung ist nicht durch neue Plädoyers für Natürlichkeit, sondern nur dadurch abzuhelfen, daß jede neue Abhandlung über Metrik zeigt, daß sie nicht beim Abzählen von Silben und Akzenten stehenbleibt. Die Metrik-Theoretiker des 18. Jahrhunderts haben sich intensiv mit der Frage beschäftigt, wie das Zusammenspiel von metrischen und sprachlichen Einheiten auf den Hörer bzw. Leser von Gedichten wirkt, wie die akustischen Eigenschaften mit der Bedeutung des Textes zusammenhängen. Das folgende Teilkapitel wendet sich diesen Fragen zu. Hier werden Moritz' »Versuch einer deutschen Prosodie«, Klopstocks metrische Theorie sowie A.W. Schlegels Forderung nach der Musikalisierung der Poesie noch einmal zur Sprache kommen.

2.3 Akustische Strukturen der Sprache in Theorien der poetischen Darstellung

2.3.1 Neuorientierung der Kunsttheorie im 18. Jahrhundert: Ein Überblick

Die Frage, wie die metrische Organisation eines Textes an seiner Sinnkonstitution mitwirkt, führt von der Spezialdisziplin Metrik ins Feld der ästhetischen Theorien. Ästhetik als eigenständige Form des Nachdenkens über Kunst wird im 18. Jahrhundert begründet und erfährt innerhalb

---

296 Heusler 1925-29, I, 10.

weniger Jahrzehnte bereits eine vielschichtige, sprachen- und fächerübergreifende Diskussion. Zunächst kommt es deshalb darauf an, einen Überblick zu geben, der wichtige Tendenzen ästhetischer Theorien des 18. Jahrhunders skizziert. Vor diesem Hintergrund soll dann die spezielle Frage nach der Wirkung akustischer Strukturen in der Poesie gestellt werden.

Um 1700 wird Kunstlehre als ein Regelsystem zum Verfertigen von Kunstwerken verstanden. Sie verweist auf kanonische Vorbilder und orientiert die Kunst an kunst-externen Normen – sie müsse z.b. religiös erbauen oder moralisch nützen. Dieser Rahmen wird im Laufe des 18. Jahrhunderts gesprengt. Anstatt Verfertigungsregeln zu definieren, versuchen mehr und mehr Autoren, die Wirkung von Kunstwerken zu beschreiben. Ihr Interesse gilt nicht mehr einer Regelung, sondern einer Theorie von Kunst. Versucht man die fundamentalen Neuorientierungen zu strukturieren, lassen sich drei Grundausrichtungen beschreiben.

Erstens: Die Wahrnehmung und Wirkung von Kunstwerken rückt in das Zentrum des Interesses. Statt einer autororientierten Verfertigungslehre werden rezipientenorientierte Wahrnehmungs- und Wirkungstheorien formuliert. Bereits Breitinger konzipiert umfangreiche Passagen seiner »Critischen Dichtkunst« (1740) aus der Perspektive des Lesers,[297] auch Herder stellt den Rezeptionsprozess in den Mittelpunkt seiner kunsttheoretischen Überlegungen.[298] Die Wahrnehmung von Kunst wird als eine spezifische Leistung der menschlichen Sinne verstanden; explizit wird die unterschiedliche Wahrnehmungsstruktur der Sinne thematisiert.[299] Viele Autoren sind bestrebt, ihre Thesen zur Wahrnehmung von Kunst durch den Rückgriff auf naturwissenschaftliche Erklärungsmodelle – vornehmlich aus den Disziplinen Physik, Physiologie und Medizin – zu stützen.[300] Zwischen diesen Disziplinen und der philosophischen Betrach-

---

297 Dazu Weimar 1989, 63-67.
298 Aufschlußreich wird dies in Simons Habilitationsschrift herausgearbeitet: Simon 1998.
299 Wie Peter Utz beschreibt, ist der enorme Fortschritt bei der wissenschaftliche Beschreibung der einzelnen Sinne im 18. Jahrhundert mit dem mentalitätsgeschichtlichen Verlust der Sinnlichkeit gekoppelt: Utz 1990, 25-38. Die Studie von Utz versteht die Literatur dieses Zeitraums als Gegenentwurf zur Entsinnlichung der Diskurse.
300 Diesen umfangreichen Kontext präsent zu haben – und nicht nur eklektizistisch auf ihn zu verweisen –, bringt den Literaturwissenschaftler an die Grenzen seiner Kapazitäten. Gessinger 1994 bietet ein faszinierendes Szenario der wissenschaftlichen Bemühungen im 18. Jahrhunderts, die sich mit der gesprochenen Sprache (Experimente mit Blinden und Taubstummen, Konstruktionen von Sprech-

tung menschlicher Empfindungs- und Erkenntnisvermögen formiert sich in der zweiten Hälfte des Jahrhunderts die neue Wissenschaft vom ganzen Menschen, die Anthropologie. Ihrer Erforschung widmet sich mittlerweile eine eigene Richtung innerhalb der Germanistik.[301]

Zweitens: Die Differenzierung der Sinne lenkt das Interesse auf die spezifischen Eigenschaften der Kunstmedien. Der Ausdruck der Laokoon-Plastik sei, so argumentiert Lessing in seinem »Laokoon« (1766), nicht durch eine kunstexterne Vorgabe – Johann Joachim Winckelmanns »edle Einfalt und stille Größe«[302] – motiviert, sondern durch die spezifischen Anforderungen des Mediums Plastik. Stärker als bisher müßten die durch das jeweilige Material vorgegebenen Bedingungen der verschiedenen Künste berücksichtigt werden. Kunsttheorie wird somit auch zur Medientheorie.[303] Die Differenzierung der Zeichensysteme, derer sich die Künste bedienen, führt zu immer neuen Gliederungsversuchen und Hierarchiebildungen unter den Künsten. Die Leitfunktion der Malerei, die in der ersten Hälfte des Jahrhunderts noch nahezu unangefochten gilt, löst sich nach 1750 mehr und mehr auf; verschiedene Alternativen werden erwogen.

Drittens: Noch bevor sich der Begriff ›Ästhetik‹ auf die Wahrnehmung und Wirkung von Kunstwerken im engeren Sinn bezieht, eröffnet die Begründung der philosophischen Disziplin ›Aesthetica‹ eine neue Dimension der Erkenntnistheorie. Alexander Gottlieb Baumgartens namengebender Traktat (1750-58) versucht die sinnliche – im Gegensatz zur intellektuellen – Erkenntnis ins System der Philosophie einzugliedern. Dadurch, daß der sinnlichen Erkenntnis in der Philosophie des 18. Jahrhunderts ein neuer, zentraler Stellenwert eingeräumt wird, erhält auch die Kunst, da sie sich diese Erkenntnisart in besonderem Maße zunutze macht, eine neue Wertschätzung. Die auf die Sinneswahrnehmung ausgerichtete Dimension der Erkenntnistheorie trägt ebenfalls dazu bei, daß sich Kunst nicht mehr gegenüber kunst-externen Normen rechtfertigen muß, sondern als Modus besonders intensiver Sinnlichkeit Eigenwert

---

Maschinen, Stimmphysiologie, Phonetik) auseinandersetzen. Koschorke 1999a erhellt den Zusammenhang zwischen medizinischen und ästhetischen Diskursen.

301 Überblicke bei Riedel 1994 und Schings 1994. Zum Zusammenhang von Ästhetik und Anthropologie: Adler 1994.

302 Winckelmann 1756, 21.

303 Stierle 1984 interpretiert Lessings »Laokoon« als Durchbruch zu einer medientheoretischen Ausrichtung der Ästhetik. Koschorke 1999a zeigt die Abhängigkeit des Nachdenkens über den Körper und Körperliches vom Medium der Schrift; die Verschiebung anthropologischer und ästhetischer Vorstellungen faßt er unter dem Begriff »Mediologie« zusammen.

erlangt. Die Frühromantiker erklären, in radikaler Konsequenz der im 18. Jahrhundert angestoßenen Neu-Ausrichtung, jede Philosophie, die letztbegründbare Gewißheiten zu gewinnen und abzusichern versucht, für obsolet und fordern stattdessen eine dem künstlerischen Schaffen analoge Art des Philosophierens, die die Bedingungen von Erkenntnis beständig reflektiert, spiegelt und bricht.[304]

Für die Neuorientierung der Poetik sind – neben den genannten allgemeinen Ausrichtungen der Ästhetik – noch besondere Faktoren zu skizzieren.

Die drucktechnischen Neuerungen und die Alphabetisierung weiter Kreise der Bevölkerung führen im 18. Jahrhundert zu einem neuen Leseverhalten und folglich auch zu einem neuen Textbegriff.[305] Die heute noch übliche Form der stummen, isolierten Lektüre, die sich im 18. Jahrhundert entwickelt, verändert die Kommunikationssituation zwischen Autor und Rezipient grundlegend. Der geschriebene Text wird zu einer eigendynamischen Instanz zwischen Autor und Rezipient.[306] Basisaxiome der modernen Literaturwissenschaft wie die Mehrdeutigkeit eines Textes und die daraus erwachsende Interpretationsbedürftigkeit, ferner das Modell hermeneutischen Verstehens sowie die Vorstellung vom Lesen als kreativer Übersetzungsleistung des Geschriebenen in präsenten Sinn entstehen auf der Grundlage der Trennung von Autor und Rezipient, die sich im 18. Jahrhundert so sehr verschärft, daß sie theoretisch reflektiert werden muß.[307]

Grundlegend für die poetologische Diskussion ist ferner die Aufnahme der seit Platons »Kratylos« virulenten Zeichendebatte unter neuen Bedingungen. Die alte Frage, ob die sprachlichen Zeichen mit den Signifikaten in natürlicher oder in willkürlicher Beziehung stehen, rückt dadurch in ein neues Licht, daß – infolge der neuen Kommunikationssituation – erstmals ganz bewußt zwischen stimmlichen und schriftlichen Sprachzeichen unterschieden wird. Was die schriftlichen Zeichen anbelangt, setzt sich das Modell der Konventionalität durch, das von einer gesellschaftlichen Vereinbarung willkürlicher Zeichen ausgeht. Auf Ebene der stimmlichen Zeichen werden verschiedene Grade von Natürlichkeit bzw. Will-

---

304 Grundlegend dazu: Menninghaus 1987; Frank 1989.
305 Zu Veränderungen von Drucktechnik, Buchmarkt und Leseverhalten im 18. Jahrhundert: Engelsing 1974; Kiesel/Münch 1977; Schön 1987; Ter-Nedden 1988; Goetsch 1994.
306 Weimar 1989, 56-85; Bosse 1994.
307 Zur Entstehung der Hermeneutik aus den mediengeschichtlichen Voraussetzungen des 18. Jahrhunderts: Weimar 1991; Koschorke 1999a, 383-389; Koschorke 1999b.

kürlichkeit, angesiedelt zwischen dem natürlichen Schmerzensschrei und der quasi-schriftlichen Erörterung, deren Zeichen ausschließlich auf Vereinbarung beruhen, – angesetzt. Außerdem wird nicht nur die Polarität von Signifikant und Signifikat, sondern auch das Spannungsverhältnis zwischen Zeichen, Ding und Vorstellung problematisiert. Das Signifikat wird sozusagen in den zu bezeichnenden Gegenstand einerseits und die Vorstellung von dem zu bezeichnenden Gegenstand andererseits aufgespalten: Konventionalität bzw. Natürlichkeit muß dann nicht mehr nur in der Beziehung zwischen Zeichen und Bezeichnetem, sondern auch in den Beziehungen zwischen Zeichen und Vorstellung bzw. zwischen Vorstellung und Bezeichnetem überprüft werden.[308]

Verbindet man die Überlegungen zur Beschaffenheit der sprachlichen Zeichen mit der neuen Ausrichtung der Kunstlehre als Wahrnehmungstheorie, stellt sich die Frage, welche Wahrnehmungsvorgänge beim Hören bzw. beim Lesen von Sprache ablaufen. Einerseits wird Sprache als sinnliche Präsenz ihrer Zeichen wahrgenommen, also vom Ohr als Laut bzw. vom Auge als Bild für den Laut,[309] andererseits wirkt Sprache, so führt etwa Breitingers »Critische Dichtkunst« aus, ohne den Umweg über die äußerlichen Sinne direkt auf die Einbildungskraft.[310] Die Willkürlichkeit der sprachlichen Zeichen wird hier erstmals als Vorzug gewertet: Ohne den Ballast der Sinnlichkeit können die vereinbarten Zeichen eine große Zahl differenzierter Vorstellungen vermitteln.[311]

Auch diejenigen Theoretiker des 18. Jahrhunderts, die mit der Vorstellung von einer *lingua adamica*, in der Signifikant und Signifikat ungeschieden sind, sympathisieren, halten diese Natursprache, und darin unterscheiden sie sich einhellig von ihren Vorläufern im 17. Jahrhundert,[312] für unwiederbringlich verloren. Eindrucksvoll verbindet sich die Sehnsucht nach einer dem Menschen von Gott in den Mund gelegten Natursprache mit dem gleichzeitigen Verweis auf die Unmöglichkeit, den – nachbabylonischen – status quo der Sprachen überwinden zu können, in Johann Georg Hamanns »Aesthetica in nuce« (1762). Die mehrfach ge-

308 Koschorke 1999a, 351-363.
309 Daß die Beziehung zwischen Laut und graphischem Zeichen für diesen Laut nicht eindeutig ist, wird durchaus als Problem erkannt. Klopstocks Kritik an der deutschen Rechtschreibung mahnt gerade diesen Punkt an. Weitere Überlegungen zur Sicherstellung der Beziehung zwischen Lauten und Schriftzeichen referiert Gessinger 1994, 649-689.
310 Breitinger 1740, I, 19 ff.
311 Dazu auch Koschorke 1999a, 281 ff.
312 Zu Natursprachmodellen des 17. Jahrhunderts: Gardt 1994.

brochene Sprachform, die zwischen verschiedenen Sprechweisen und Intertexten oszilliert, ist bei Hamann impliziter Ausdruck weit vorangeschrittener Konventionalität.

Obwohl sich also im 18. Jahrhundert die Vorstellung von der Sprache als System willkürlicher, schriftlicher Zeichen durchsetzt, und das Sprechen als individueller, sinnlicher Akt des Menschen aus dem Blick gerät,[313] wird jedoch gerade der Lyrik die Möglichkeit eingeräumt, die willkürlichen Zeichen in quasi-natürliche zurückverwandeln zu können. Diese Verwandlung macht sich die lautlichen und zeitlichen Eigenschaften der sprachlichen Zeichen eines poetischen Textes zunutze – damit ist das Thema dieses Teilkapitels im engeren Sinn erreicht.

Vor dem knapp umrissenen Hintergrund sollen nun vier Positionen im Detail herausgearbeitet werden. Zunächst werden Überlegungen Herders zu den Ausdrucksmöglichkeiten der Poesie in den Fragmenten »Von der Ode« (1764/65) und sein zukunftsweisender Neuentwurf einer Wahrnehmungstheorie im »Vierten Kritischen Wäldchen« (1769) dargestellt, anschließend Klopstocks Theorie vom »Mitausdruck« und Moritz' Aufhebung der Zeichendebatte im »Versuch einer deutschen Prosodie« (1786) sowie in zwei zeitlich nahestehenden Aufsätzen. Den Abschluß bildet die anthropologische Fundierung der Verssprache in den frühen Schriften A.W. Schlegels, die, deutlich an Herder und Moritz anknüpfend, zur frühromantischen Poetik überleiten. Die Position des jungen Herder halte ich für besonders relevant, weil sie die akustische Seite der Sprache in einen umfassenden wahrnehmungstheoretischen und anthropologischen Zusammenhang einbettet. Die versästhetischen Entwürfe von Klopstock, Moritz und A.W. Schlegel habe ich ausgewählt, weil sie eine enge Verknüpfung zwischen Ästhetik im allgemeinen und Metrik im besonderen herstellen.

2.3.2 Herder: Sprache als tönende Bewegung

Oft und gerne wird Herder als Kritiker der im 18. Jahrhundert auf dem Vormarsch befindlichen »Letternkultur« zitiert.[314] Allerdings fordert Her-

---

313 Gegen diese – vor allem auch in den Ansätzen zur modernen Sprachwissenschaft um 1800 unterstützte –Vernachlässigung bezieht Gessingers Darstellung der »Sprache am Menschen« Stellung (Gessinger 1994). Um 1800 bildet W. v. Humboldts Nachdenken über die Sprache eine Gegenposition zur fortschreitenden Arbitrarisierung: Trabant 1990, 11-33.
314 Z.B. von Grimm 1998, 308-318. Herder selbst prägt den Begriff »Letternkultur« in »Auch eine Philosophie der Geschichte zur Bildung der Menschheit« (1773): SWS, Bd. V, 541.

der keinen simplen Rückschritt in mündliche Literaturformen, sondern reflektiert die eigene Befangenheit in der Schriftkultur. Anstatt die verlorene *face-to-face-*Kommunikationssituation zu restaurieren, versucht Herder Lese- und Interpretationstechniken zu entwickeln, die es ermöglichen – trotz Schriftlichkeit – die stummen Schriftzeichen zu verlebendigen. Herder liefert, wie Ralf Simon herausgearbeitet hat,[315] eine auf den Rezipienten ausgerichtete Theorie zum Umgang mit literarischen Texten. Darüber, wie der Autor mit der neuen Kommunikationssituation umgehen kann, gibt Herder weniger konkrete Auskunft. Die Probleme des Autors werden von Herder zwar benannt, er entwickelt jedoch keine Schreib-Strategie, die seiner ambitionierten Rezeptions- und Interpretationstheorie zur Seite stehen könnte.

In den 1764/65 entstandenen, zu Lebzeiten unveröffentlichten Fragmenten, die Ulrich Gaier 1985 unter dem Titel »Von der Ode« ediert hat,[316] beschäftigt sich Herder nicht etwa mit einer Gedichtgattung unter anderen. Die Ode ist ihm vielmehr der Inbegriff lyrischer Poesie schlechthin – er nennt sie »Das erstgeborene Kind der Empfindung, der Ursprung der Dichtkunst, und der Keim ihres Lebens«[317]. Mit der Charakterisierung der Ode als Ausdruck der Empfindungen, die eine 1763 anonym erschienene Abhandlung in den »Vermischten Beiträgen zur Philosophie und den schönen Wissenschaften« gegeben hatte,[318] stimmt Herder nicht überein. Vielmehr konstatiert er, daß der Poesie seiner Gegenwart ein unmittelbares Aussprechen von Empfindung verwehrt sei. Trotzdem bleibt unmittelbarer sinnlicher Ausdruck Fluchtpunkt der Abhandlung. Aus dieser prekären Ausgangslage resultiert, wie ich meine, das Stocken und schließlich die Unabgeschlossenheit der frühen Schrift. Das Manko der Poesie begreift Herder als allgemeines Problem der Sprache:

> Daß Worte Gedanken, Beziehungen ausdrücken, weiß ich wohl, aber Empfindungen? Nein! eigentlich zu reden auch nicht eine einzige: eine ausgedrückte Empfindung ist ein Widerspruch […] Empfindungen und Worte sind sich so gar entgegen: der wahrhafte Affekt ist

---

315 Simon 1998.
316 Herder, Frühe Schriften, 57-99. Hinweise zur Entstehungsgeschichte in Gaiers Kommentar: ebd., 928 f. Gaiers Edition folgt Adler/Irmscher, Nachlaß. SWS, Bd. XXXII, Nr. VIII, bietet nur zwei der von Gaier edierten Fragmente.
317 Herder, Frühe Schriften, 78. Weitere Quellen zur Ode als Ursprung der Dichtarten verzeichnet Gaiers Kommentar: ebd., 945 f. Eine kompakte Interpretation der frühen Odenabhandlung Herders bietet Kemper 2002a, 232-236.
318 Scherpe 1968, 107.

stumm, durchbraust unsre ganze Brust inwendig eingeschlossen. Sein erstes Wort, ist ein Begriff; er schwächt sich, wälzt zu klaren Begriffen, zum Selbstgefühl, zum Bewußtsein, zur Vernunft herunter; und die wird jetzt wortreich, sie sagt, was sie nicht mehr empfindet.[319]

Ordne man die dem Menschen ursprünglich zur Verfügung stehenden Zeichen nach ihrer Natürlichkeit an, stünden an erster Stelle die unartikulierten Akzente, gefolgt von Gebärden, Mienen und Blicken; Worte seien schließlich die am weitesten de-naturierten Zeichen.[320] Doch selbst die unartikulierten Akzente seien bereits nicht mehr identisch mit den Empfindungen. Trotz des Widerstandes, den die Sprachzeichen dem Empfindungsausdruck entgegensetzen, bleibt dieser Empfindungsausdruck für Herder Ziel der Poesie.

Die Unsinnlichkeit der Sprachzeichen erschwere jedoch nicht nur den Empfindungsausdruck, sie wirke sich auch auf die Empfindungsfähigkeit aus:

Ein rasender Naturmensch, wird hüpfen, unartikuliert tönen, deklamieren mit den natürlichen Akzenten, und eben durch das Unregelmäßige rühren. Unser Wohlstand hat nicht den Zeichen der Empfindung bloß Ketten angelegt, da das Gehüpf ein Tanz [,] die Töne der Natur, Musik, die Akzente und Geberden, Deklamationen im Air geworden sind, sondern auch wirklich unsre Empfindung der Natur phantastisch eingeschränkt, daß wir sie nie zu ihrer vorigen Lebhaftigkeit zurückführen können.[321]

Der beständige Umgang mit künstlichen Zeichen – nicht nur in der Sprache, sondern auch in Musik und Tanzkunst – habe die Art der Empfindung selbst verändert, es finde deshalb eine doppelte Brechung statt: »Die Ode ist also ein künstlicher Ausdruck einer künstlichen Empfindung durch die Sprache«[322]. Anstatt Empfindung zu vermitteln, könne die gegenwärtige Poesie immerhin den Empfindungsvorgang selbst transparent machen. Sie gebe »nicht mehr wahre Empfindungen, sondern ein Perspektiv von ihnen, in dem sie der andre [der Leser] siehet«[323]. Somit gewinnt Dichtung einen reflexiven Zug. Sowohl die Tätigkeit des

---

319 Herder 1764/65, 66.
320 Ebd.
321 Ebd., 72 f.
322 Ebd., 69.
323 Ebd., 68.

Dichters als auch die Rezeption von Poesie gewähren, folgt man Herder, eine besondere Form der Einsicht in die eigene Empfindungsfähigkeit.[324] Die Fragmente »Von der Ode« zeigen besonders deutlich, daß Herder keine simple Mündlichkeits- und Natürlichkeits-Nostalgie gegen die Letternkultur aufbaut, sondern die Befangenheit in der Gegenwart, in der dem Ausdrucksbedürfnis nur noch willkürliche Zeichen zur Verfügung stehen, präzise analysiert und die neue Rolle, die der Poesie unter solchen Bedingungen zukommt, beschreibt.

Die prekäre Situation der Poesie, die die Fragmente »Von der Ode« diagnostizieren, stellt sich im »Vierten Kritischen Wäldchen«, das ebenfalls zu Herders Lebzeiten unveröffentlicht blieb, anders dar. Durch eine umfassende wahrnehmungstheoretische Orientierung gewinnt Herder hier neue Argumentationsperspektiven.[325]
Gegen eine Philosophie, die ein unhintergehbares menschliches Gefühl für Wahres, Gutes und Schönes konstatiert,[326] fordert Herder eine Betrachtungsweise, die hinter die nur vermeintlichen Grundgefühle dringt, indem sie Wahrnehmung und Empfindung als komplexe Prozesse aufschlüsselt. Definitionen des Schönen dürften nicht von oben deduziert werden, sondern müßten von der Beschreibung der Sinneswahrnehmungen ausgehen.[327] Damit begreift Herder Ästhetik als Wahrnehmungstheorie. Sein Neuentwurf eines Systems der Sinne wertet sowohl den Hör- als auch den Tastsinn entscheidend auf. Der Sehsinn, in Herders Begrifflichkeit das »Gesicht«, stünde in größter Distanz zu seinen Objekten, sei der »kälteste, künstlichste, philosophischste« Sinn[328] und entspreche der ordnenden Verstandes-Erkenntnis. Dem entgegengesetzt sei der Tastsinn, in Herders analogisierender Wortbildung das »Gefühl«, die un-

---

324 Dazu auch Simon 1998, 329-333.
325 Herder schrieb die erste Fassung des »Vierten Wäldchens« in der ersten Jahreshälfte 1769, vor seiner Abreise aus Riga. Auf Veranlassung seines Verlegers Johann Friedrich Hartknoch erstellte er etwa ab September 1769 in Nantes eine zweite Fassung, die komplett erhalten ist. Auf dieser Fassung beruht die Ausgabe des Aufbau-Verlags, aus der im folgenden zitiert wird. Wichtige Anregungen verdanke ich der eingehenden Interpretation des »Vierten Kritischen Wäldchen« durch Solms 1990, 193-241.
326 So versteht Herder Friedrich Justus Riedels »Theorie der schönen Künste und Wissenschaften« (1767), gegen die sich das »Vierte Kritische Wäldchen« polemisch wendet.
327 Herder 1769, 502, 570 f.
328 Ebd., 429 f.

mittelbarste aber deshalb auch undifferenzierteste Wahrnehmungsart.[329] Genau in der Mitte befinde sich das »Gehör«:[330]

Das Gehör allein ist der innigste, der tiefste der Sinne. Nicht so deutlich wie das Auge, ist es auch nicht so kalt; nicht so gründlich wie das Gefühl, ist es auch nicht so grob; aber es ist so der Empfindung am nächsten wie das Auge den Ideen und das Gefühl der Einbildungskraft. Die Natur selbst hat diese Nahheit bestätigt, da sie keinen Weg zur Seele besser wußte als durch Ohr und – Sprache.[331]

Der Sprache, die in den Fragmenten »Von der Ode« als willkürliches Zeichensystem gekennzeichnet wurde, wird hier, insofern sie als gehörte Sprache erscheint, besondere Nähe zur Empfindung zugestanden. Eine weitere Differenzierung der drei Sinne betrifft die Art und Weise, wie sie die ihnen dargebotenen Reize aufnehmen: Das »Gesicht [begreifet] Teile als außer sich neben einander«, das »Gehör« »Teile in sich und in der Folge nach einander«, das »Gefühl« »Teile auf einmal in und neben einander«[332]. Während also »Gesicht« und »Gefühl« räumliche Konstellationen simultan erfassen, nimmt das »Gehör« zeitliche Verläufe sukzessiv wahr. Bei der Weiterverarbeitung der Sinnesreize fließen die unterschiedlichen Wahrnehmungsarten allerdings zusammen,

[...] und zuletzt tragen sich aus allen Sinnen komplexe Begriffe in die Seele über, wie sich verschiedene Ströme in ein großes Meer ergießen. So wird der Begriff der Wahrheit und auch der Schönheit [...] gleichsam ein Raub vieler Welten. Die Einbildungskraft nimmt und schaffet und bildet und dichtet; aber alles bekam sie durch fremde Hände, und in ihr ist dieses Zusammengetragene nichts als ein großes Chaos.[333]

Während Herder in der vorab zitierten Passage jedem Sinn einen eigenen Wirkungsort zuteilt – dem »Gesicht« den Verstand, dem »Gehör« die

---

329 Zur Aufwertung des Tastsinns und der ihm entsprechenden Kunstform Plastik bei Herder, insbesondere auch im »Vierten Krit. Wäldchen«: Mülder-Bach 1998, 49-102. Die Habilitationsschrift von Ulrike Zeuch widmet sich ebenfalls dem Tastsinn bei Herder: Zeuch 2000.
330 Zur Stellung des Gehörs bei Herder: Zeuch 1996. Zeuch arbeitet Vorgeschichten der bei Herder anzutreffenden theoretischen Konstellation seit der Renaissance heraus.
331 Herder 1769, 556.
332 Ebd., 508.
333 Ebd., 501.

Empfindung, dem »Gefühl« die Einbildungskraft –, laufen nach der hier entwickelten Vorstellung alle Sinne in der Einbildungskraft zusammen. In seiner »Abhandlung über den Ursprung der Sprache« (1772) wird Herder das Zusammenfließen der Sinne noch stärker betonen.[334] Dadurch kann eine Vorstellung von Synästhesie konzipiert werden, nach der Reize, obwohl sie unterschiedliche Sinne ansprechen, analoge Empfindungen auslösen können.

Im Detail stellt Herder sich die Sinneswahrnehmung als eine mehrfache Übertragung von Schwingungen vor:

Alle Sensationen aller Sinne geschehen durch eine Wiederholung von Schlägen; des Lichts im Auge, der Geruchsausflüsse im Geruch, der Luftschwingungen im Ohre – diese Wiederholung von Schlägen aber, erklärt die je die ursprüngliche Sensation eines Sinnes?[335]

Damit bezieht sich Herder auf die schon um die Jahrhundertmitte geläufige Vibrationstheorie, wie sie in Deutschland etwa durch die Physiologen Georg Ernst Stahl und Johann Gottlob Krüger vertreten wurde.[336] Schwingungen einer Reizquelle verursachen laut dieser Theorie Schwingungen im Nervengewebe, diese wiederum lösen eine Empfindung aus. Die Proportionaliät zwischen Reiz, Nervenerregung und Empfindung wurde allerdings problematisiert. Dem Physiologen (und »Alpen«-Dichter) Albrecht von Haller gelang es, eine direkt proportionale Entsprechung zwischen Reiz, Nervenerregung und Empfindung experimentell zu dementieren.[337] Herders rhetorische Frage, ob die einfache »Wiederholung von Schlägen«[338] den gesamten Wahrnehmungs- und Empfindungsvorgang erklären könne, deutet darauf hin, daß er auf das Übertragungspro-

---

334 Herder 1772, 54-57. Diese Tendenz betonen ebenfalls: Mülder-Bach 1998, 64; Zeuch 1996, 237 f.
335 Herder 1769, 537 f.
336 Dazu auch Gessinger 1994, 122-127. Mit der animistischen Vibrationstheorie, die sich die Nerven als schwingende Saiten vorstellte, konkurrierte eine mechanistische Theorie der Reizübertragung, die den Nervenapparat als Röhrensystem, in dem die Nervensäfte zirkulieren, dachte. Zu verschiedenen physiologischen Theorien der Reizübertragung, der Empfindung und der Einbildungskraft: Dürbeck 1998, 115-156.
337 Solms 1990, 196. Zum Begriff »Reiz« bei Herder und Haller: Richter 1993/94. Richter zeigt, daß Herder Haller, obwohl er sich ausdrücklich auf ihn beruft, mißversteht und sich dagegen auf Krügers »Naturlehre« (1740-49) stützt, die Haller in wesentlichen Punkten korrigiert hatte: ebd., 90 f.
338 Herder 1769, 538.

blem aufmerksam machen will. Im »Vierten Kritischen Wäldchen« wird, wie ich meine, der Versuch unternommen, bei der Beschreibung der Verarbeitung von akustischen Sinnesreizen Physik, Physiologie und Psychologie auseinanderzuhalten.

Wie Herder moniert, klafft zwischen der Erforschung der Mathematik des Tons und den Anweisungen zur praktischen Musik eine Lücke – und gerade hier lägen die Erklärungsansätze zur Ästhetik des Tons.[339] Denn ein Ton könne als Verhältnis von Schwingungen zwar gedacht und beschrieben, nicht aber empfunden werden.[340] Die physikalische Seite der Musik nennt Herder »Schall«, erst die physiologische und psychologische »Ton«:

> Ich sage, sie [Physik und Mathematik] erklären nichts vom Tone. Denn wofür nimmt diesen die Physik? Für einen Schall aus den Schwingungen eines Körpers, den sie äußerlich, als einen körperlichen Effekt in Beziehung auf lauter Körper, [...] auf lauter physische Objekte physisch erkläret. Weiß ich dadurch etwas vom Tone des ästhetischen Gefühls selbst? Nichts. In dem Körper, der ihn erregt, in dem Medium der Luft, die ihn fortwirbelt, in dem äußerlichen Ohre, das ihn empfängt und läutert, ist er Schall, eine bewegte Luftwelle, ein Körper. Wie er nun aber das Einfache, gleichsam der hörbare Punkt wird, den ich in meinem Innern empfinde, den ich Ton nenne und vom Schalle so deutlich unterscheide, weiß ich das? und ist dieser einfache fühlbare Ton ein Gegenstand der Physik? so wenig als der mathematische Punkt. Sie kann ihn nicht untersuchen, nicht erklären, nicht nutzen: sie weiß nichts von ihm.[341]

»Ton« ist also für Herder die physiologische Umformung des physikalischen »Schalles«.[342] Bereits Moses Mendelssohn formuliert in seinen »Briefen über die Empfindungen« (1755) einen physiologischen Tonbegriff:

---

339 Ebd., 536 f. Was die Mathematik des Tons und die Akustik, also das physikalische Verhalten der Schwingungen, anbelangt, verweist Herder auf Arbeiten von Leonhard Euler, Jean le Rond d'Alembert, Denis Diderot, Marin Mersenne und Joseph Saveur.
340 Ebd., 541.
341 Ebd., 536 f.
342 Betrachtet man Herders Schriften insgesamt, wird der Begriff »Ton« in verschiedensten Kontexten und Bedeutungen verwendet; so auch Simon 1998, 215, Anm. 154. Es geht mir zunächst nur um den spezifischen Tonbegriff im »Vierten Kritischen Wäldchen«.

> Die Zergliederer des menschlichen Körpers haben dich gelehrt, daß
> die nervigten Gefäße sich in tausend labyrinthischen Gängen so zart
> durchkreuzen, daß in dem ganzen Baue alles mit einem, und eines mit
> allem verknüpft ist. Die Grade der Spannung theilen sich von Nerve
> zu Nerve harmonisch mit, und niemals geschiehet eine Veränderung
> in einem Theile, die nicht gewissermaßen einen Einfluß in das Ganze
> hat. Diese harmonische Spannung nennen die Kunstverständigen den
> Ton.[343]

Herder greift exakt diesen Tonbegriff auf, wenn er homogene bzw. inhomogene Erschütterungen der Gehör-Nerven als Ursache von »Wohl- oder Übellaut« bezeichnet.[344]

Die Abgrenzung zwischen Ton-Physiologie und Ton-Psychologie wird nicht so explizit formuliert wie diejenige zwischen der Physik des »Schalles« und ihrer Umwandlung im Nervensystem. Trotzdem wird, wie ich meine, auch diese Unterscheidung skizziert:

> Nach diesen ersten Schritten, die mancherlei Anmut in den Tönen zu
> erklären, wäre man nahe dran, um jeder Gefühlsart gleichsam ihre
> Gegend in der Seele einzumessen, wo sie in dieser oder einer andern
> Empfindung sich ausbreitet. Da ist der Weg zur Pathetik aller einfachen
> musikalischen Akzente, wie mit gewissen Tönen und mit gewissen Erregungen
> des Gehirns auch gewisse Empfindungen der Seele wiederkommen:
> wie es also gewisse Schälle für gewisse Zustände des Gemüts
> und überhaupt eine materielle Seele gebe, deren äußeres Gewebe von
> Berührungspunkten nicht ganz der Nachforschung verschwände. [...]
> Wenn die Natur keinen nähern Weg an die menschliche Seele wußte
> als durchs Ohr vermittelst der Sprache und keinen nähern Weg an die
> Leidenschaft als durchs Ohr mittelst der Schälle, der Töne, der Akzente
> – Muse der Tonkunst, welche Eingebungen sind in deiner Hand,
> um die Physiologie der menschlichen Seele zu enträtseln.[345]

Was Herder der künftigen Erforschung des Hörens als »Physiologie der menschlichen Seele« in Aussicht stellt, ist eine mechanistische Erklärung der menschlichen Seelenzustände. Mit der Physiologie der Nerven ist die Beschreibung des Hörvorgangs noch nicht erschöpft, die Erschütterungen des Nervengewebes verursachen in einem weiteren Übertragungsvorgang

---

343 Mendelssohn 1755, 64. In seiner »Bildsäule« (1784) fordert Mendelssohn ausdrücklich eine methodische Trennung des Wahrnehmungsvorganges in Physik, Physiologie und Psychologie. Dazu Gessinger 1994, 97-114.
344 Herder 1769, 547.
345 Ebd., 549 f.

»gewisse Empfindungen der Seele«. Die von Herder skizzierte »Pathetik aller einfachen musikalischen Akzente« umreißt das Arbeitsgebiet der rund hundert Jahre später entstehenden Musikpsychologie.[346] Ebenso deutlich wie von den zeitgenössischen Akustikern distanziert sich Herder von den Lehrmeistern der praktischen Musik.[347] Taub für den elementaren Vorgang der Tonempfindung würden diese lediglich Regeln für das richtige Spiel bzw. die Komposition des musikalischen Satzes aufstellen, betrieben also keine Musik-Ästhetik im eigentlichen Sinne.[348] Herders Blick auf die zeitgenössische Musik fällt insgesamt kulturpessimistisch aus: Während die Musik der Antike auf dem Einzelton[349] aufbaue, beruhe die zeitgenössische Musik auf Kombinationen von Einzeltönen, die Herder »Tonaggregate« oder »Schälle«[350] nennt. Die Entwicklung der europäischen Musik zu Mehrstimmigkeit und wohltemperierter Tonalität, die von den zeitgenössischen Musiktheoretikern einhellig positiv beurteilt wird, empfindet Herder als Desensibilisierung; die »Schallkunst« der Gegenwart sei der »Tonkunst« der »Alten« unterlegen.[351] Ebenso sei die »Tanzkunst der Alten« – Herder klassifiziert sie als »sichtbar gemachte Musik« – in der Gegenwart überkünstelt.[352]

346 Eine psychophysiologische Erklärung der Tonempfindung versuchte auch Johann Joseph Kausch in seiner »Psychologischen Abhandlung über den Einfluß der Töne und insbesondere der Musik auf die Seele« (1782). Als Grundstein der modernen Musikpsychologie gilt jedoch erst Hermann von Helmholtz' »Die Lehre von den Tonempfindungen« (1863).
347 Explizit nennt Herder die Abhandlungen von Johann Joachim Quantz (»Versuch einer Anweisung, die Flöte traversière zu spielen«, 1752), Carl Philipp Emanuel Bach (»Versuch über die wahre Art, das Klavier zu spielen«, 1762), Leopold Mozart (»Versuch einer gründlichen Violinschule«, 1756) und Johann Friedrich Agricola (»Anleitung zur Singekunst«, 1757).
348 Herder 1769, 552 f.
349 In diesem Zusammenhang sind mit »Tönen« nicht Nervenspannungs-Zustände gemeint, sondern die distinkten Tonhöhen der erklingenden Musik.
350 Herder 1769, 552. Die Begriffe »Ton« und »Schall« werden im »Vierten Kritischen Wäldchen« also einmal im Kontext der Wahrnehmung verwendet, in dem sie die Physik (»Schall«) von der Physiologie (»Ton«) abgrenzen, zum anderen, im Kontext der Musik als praktischer Kunstdisziplin, um Einzelton (»Ton«) bzw. Tonkombinationen (»Schälle«) als Ausgangspunkte des Komponierens zu unterscheiden. Ein dritter, im »Vierten Kritischen Wäldchen« nicht angesprochener Tonbegriff bezieht sich auf den sozialen Aspekt: »Ton« meint hier die gemeinschaftliche Stimmung, die während der Rezeption von Poesie entsteht. Dieser Tonbegriff spielt vor allem im Kontext des Volksliedersammelns eine entscheidende Rolle (vgl. Kapitel 2.1 dieser Arbeit).
351 Herder 1769, 552.
352 Ebd., 564 f.

Herders Umwertung der Sinneshierarchie wirkt sich auch auf die Systematisierung der Künste aus. Während Lessing im »Laokoon« nur das Verhältnis von Poesie und Malerei diskutiert hat[353], erhalten bei Herder Plastik und Musik einen gewichtigen Platz.[354] Als »Pforte« in das Gebiet der Künste bezeichnet Herder die Baukunst, die »das große, das stille, das unverworrene und ewige Anstaunen« bewirke.[355] Allerdings liefere sie nur willkürliche Linien, Flächen und Körper. Es folgen die Kunstformen zu den drei ausführlich behandelten Sinnen: Plastik, Malerei und Musik. Entsprechend den beschriebenen Wahrnehmungsarten sei die Plastik diejenige Kunst, die am unmittelbarsten wirke, in der Malerei sei dagegen das »Künstliche in den Künsten«[356] am meisten vorangeschritten. Dazwischen stünde die Musik, sie affiziere am stärksten die Empfindungen.[357] Da die Poesie keine natürlichen Zeichen verwende, unterscheide sie sich kategorial von den vorigen. Allerdings wird die Konventionalität der poetischen Zeichen im »Vierten Kritischen Wäldchen« nicht als Defizit gewertet – vielmehr wird der Poesie die Fähigkeit eingeräumt, diejenigen Empfindungen, die die drei sinnlichen Künste verschaffen, simulieren und synthetisieren zu können:

> Von allen drei Künsten borgt die Dichtkunst; nur wo sie von jeder borge? ist am schwersten zu bestimmen. [...] Poesie ist mehr als stumme Malerei und Skulptur; und noch gar etwas ganz anders als beide, sie ist Rede, sie ist Musik der Seele. Folge der Gedanken, der Bilder, der Worte, der Töne ist das Wesen ihres Ausdrucks; hierin ist sie der Musik ähnlich. Nicht bloß, daß ich in einem Wort Bild und Ton und also eine gewisse Harmonie höre, die wie ein Akkord ineinanderfällt und das Wesen der Prosodie ausmacht. In der Wortfolge selbst ver-

---

353 Richter 1999 betont allerdings zurecht, daß Lessing auch das Verhältnis von Poesie und Musik durchdenkt, insbesondere im 27. Nachlaßfragment zum »Laokoon«. Lessing geht hier von der ursprünglichen Einheit von Poesie und Gesang im griechischen Theater aus. Poesie und Musik eigneten sich deshalb besonders gut zur Vereinigung, weil sie beide aufeinander folgende hörbare Zeichen verwenden. Problematisch sei allerdings die unterschiedliche Geschwindigkeit der Zeichen: während bereits ein einzelnes Wort eine Bedeutung vermittle, würde erst eine ganze Folge von Tönen eine dem Wort adäquate Informationseinheit beinhalten: Lessing, Laokoon/Paralipomena, 651-655.
354 Eine explizite Auseinandersetzung mit dem »Laokoon« bietet das »Erste Kritische Wäldchen«.
355 Herder 1769, 598.
356 Ebd., 600.
357 Ebd., 601 f.

nehmlich folgt und würkt eine Melodie von Vorstellungen und Tönen: mit jedem Wort und Tone würkt die Energie tiefer in die Seele, und alles würkt auf das Ganze. [...] Endlich soll sie [die Poesie] lebendige Bewegungen und Empfindungen sinnlich machen, die diese toten Künste alle nur tot und die Musik allein nur dunkel ausdrückte; welch ein großes Muster wäre hier die Tanzkunst der Alten, wenn sie uns noch ein Vorbild sein könnte.[358]

Wie die Poesie »borgt«, erläutert Herder am ausführlichsten in Bezug auf die Musik. Dadurch, daß die Poesie, analog der Musik, ihre Zeichen in der Zeit anordnet, entstehe eine spezifische Energie, die den konventionellen Status der Sprachzeichen überwinde. Sowohl das einzelne Wort hat für Herder eine musikalische Dimension, als auch die »Wortfolge«[359], ein Begriff, der für Klopstocks Theorie der ästhetischen Wirkung metrischer Einheiten von zentraler Bedeutung ist. Was Plastik und Malerei betrifft, heißt es nur, die Poesie beziehe ihre »Urbegriffe« aus den »Künsten der Anschauung, der Vorstellung, der Bildung«[360]. Wenn Herder auch die synthetisierende Kraft der Poesie im Blick hat, wertet er dennoch die Musik als Orientierungsgröße in besonderer Weise auf. Dichtung sei keine – der Malerei ähnliche – statische Anordnung von Vorstellungen, sondern eine Sukzession von Eindrücken, Kunst in der Zeit.

Eben diese Argumentation begegnet in den drei kunsttheoretischen Traktaten von Daniel Webb aus den Jahren 1761, 1762 und 1769. Auch Webb hält die Sukzession der Eindrücke, den die Poesie gewährt, für so entscheidend, daß er die Poesie stärker an der Musik orientiert als an der Malerei.[361] In den »Observations on the Correspondence between Poetry and Music«, die zeitgleich mit dem »Vierten Kritischen Wäldchen« entstehen, thematisiert Webb ebenfalls die Synthese zwischen Malerei und Musik, zu der die Poesie fähig sei:

> The process in which we are engaged obliges us to traces the passions by their internal movements, or their external signs; in the first, we have the musician for our guide; in the second, the painter; and the poet in both: it is the province of music to catch the movements of passion as they spring from the soul; painting waits until they rise into action, or determine in character; but poetry, as she possesses the ad-

---

358 Ebd., 606 f.
359 Ebd.
360 Ebd., 604.
361 Zum Beispiel: Webb 1762, 88-91.

vantages of both, so she enters at will into the province of either, and her imitations embrace at once the movement and the effect.[362]

Die Tanzkunst der Antike, die Herder als nicht wiederzuerlangendes Ideal begreift, vereinige ebenfalls Musik und bildende Künste, indem sie die optischen (bzw. haptischen) Zeichen dieser in der Sukzession jener zur Darstellung bringe. Die Tanzkunst überbiete die Poesie, da sie natürliche Zeichen verwende. Die Poesie könne dagegen die unmittelbare Sinnlichkeit der anderen Künste nur simulieren. Dieser Simulations-Vorgang mache sich die akustische Dimension der Sprache zunutze. In der gesprochenen Sprache erhalte sowohl das einzelne Wort, als auch die »Wortfolge«, abgesehen von seiner bzw. ihrer konventionellen Bedeutung, »Ton« bzw. »Melodie«.[363] Deshalb kann das »Vierte Kritische Wäldchen«, trotz des nostalgischen Verweises auf die Tanzkunst der Antike, die Dichtung als »Göttliche Poesie! geistige Kunst des Schönen! Königin aller Ideen aus allen Sinnen! ein Sammelplatz aller Zaubereien aller Künste!«[364] inthronisieren. Allerdings, und diese Bestimmung ist für Herders Poetik entscheidend, entfaltet die Poesie nur als Bewegungs-Kunst ihre Wirkung. Selbst bewegt können Wörter erst bewegen:

> Das Gedicht, als ein dargestelltes vollendetes Werk, als ein gelesener oder geschriebener Kodex, ist nichts, die Reihe von Empfindungen während der Würkung ist alles: sie ist also keine Kunst, Produkte darzustellen.[365]

Aus der Mittelstellung des Gehörs zieht Herder in der »Abhandlung über den Ursprung der Sprache« (1772) noch weiterreichende Konsequenzen. Der Status der sprachlichen Zeichen wird hier ebenfalls thematisiert. Ohne Herders vieldiskutierte Schrift erneut interpretieren zu wollen, möchte ich diese beiden Aspekte kurz umreißen.[366]

---

362 Webb 1769, 38 f. Die Webbschen Traktate wurden in Deutschland umgehend rezipiert. Die »Observations« erschienen bereits 1771 in einer Übersetzung von Johann Joachim Eschenburg. Auch Sulzers Lexikon verweist auf Webb. Daß sich Herder vor oder während der Abfassung des »Vierten Wäldchen« explizit mit den beiden früheren Schriften Webbs auseinandergesetzt hätte, ist mir allerdings nicht bekannt.
363 Herder 1769, 606 f.
364 Ebd., 607.
365 Ebd., 573.
366 Eine umfassende Interpretation der Ursprungsschrift, die sowohl eine Fülle von Kontexten erschließt, als auch Herders spezifische Position gegenüber diesen Kontexten präzise herausarbeitet, bietet Gaier 1988.

Das »Gehör« ist nicht nur »der mittlere der menschlichen Sinne«[367], in seiner Wahrnehmungsweise zeigt sich, so argumentiert die Sprachursprungsschrift, die gesamte anthropologische Grunddisposition. Das Gehör vermittle zwischen den Polen der menschlichen Existenz, es sei der Situation des Menschen im Schnittpunkt der Sphäre des Verstandes (dem »Gesicht« zugeordnet) und der Sphäre der unreflektierten – tierischen – Sinnlichkeit (dem »Gefühl« zugeordnet) adäquat.[368] Die menschliche Sprache, verstanden als gesprochene und gehörte Sprache, entspreche der spezifischen Struktur der menschlichen Erkenntnis. Intellektuelle und sinnliche Erkenntnisvermögen, scharfe begriffliche Differenzierung und vorbegriffliche Ahnung seien im Sprechen beständig vermischt.

Was die Entstehung der sprachlichen Zeichen anbelangt, wendet sich Herder nun explizit gegen die Vorstellung von der Konventionalität.[369] Diese Wendung wird dadurch begünstigt, daß die Zeichenentstehung ausdrücklich im vor-schriftlichen Bereich diskutiert wird, es geht also dezidiert um die Lautzeichen der gesprochenen Sprache. Wie Herder an dem berühmt gewordenen Beispiel vom Schaf als dem »Blökenden« beschreibt,[370] versuche der Mensch zunächst, aus dem Kontinuum der ihn umgebenden Reize die akustischen herauszufiltern und die Dinge an ihnen wiederzuerkennen. Sprache entstehe in dieser Phase als Imitation der akustischen Reize in der Natur, allerdings nicht als möglichst realistische Tonbandaufnahme, sondern »innerhalb der natürlichen Tonleiter der menschlichen Stimme«[371]. In der zweiten Phase geht es darum, für diejenigen Eindrücke der Natur, die nicht akustisch sind, ebenfalls Laute zu finden. Hier käme der Sprachentstehung das Zusammenlaufen aller menschlichen Sinne im sogenannten »sensorium commune«[372] zugute. Ein optischer oder haptischer Reiz könne eine Empfindung auslösen, die mit einer durch einen akustischen Reiz ausgelösten Empfindung übereinstimmt. Oft sei gar nicht zu unterscheiden, welche Art von sinnlichem Reiz eine Empfindung ausgelöst habe:

> Bei sinnlichen Geschöpfen, die durch viele verschiedne Sinne auf einmal empfinden, ist diese Versammlung von Ideen unvermeidlich;

---

367 Herder 1772, 57.
368 Ebd., 57-61.
369 Ebd., 53 f.
370 Ebd., 44 f.
371 Ebd., 52.
372 Ebd., 54.

denn was sind alle Sinne anders als bloße Vorstellungsarten einer positiven Kraft der Seele?[373]

Dieser Vorstellung folgend müssen die sprachlichen Zeichen nicht die – akustische, optische oder haptische – Beschaffenheit eines sinnlichen Reizes nachahmen, sondern durch eine analoge Struktur die durch den Reiz ausgelöste Empfindung einholen. Die »Empfindung des Urplötzlichschnellen«[374], die das Niedergehen eines Blitzes verursache, werde auch durch die Lautfolge »Blitz« ausgelöst, obwohl das Phänomen Blitz natürlich keine akustisch nachahmbaren Reize beinhalte.[375] Den status quo der zeitgenössischen Poesie diskutiert Herder in der Sprachursprungsschrift nicht, Poesie insgesamt sieht er allerdings in unmittelbarer Affinität zur Sprachentstehung:

> Denn was war diese erste Sprache als eine Sammlung von Elementen der Poesie? Nachahmung der tönenden, handelnden, sich regenden Natur! Aus den Interjektionen aller Wesen genommen und von Interjektionen menschlicher Empfindung belebet! Die Natursprache aller Geschöpfe vom Verstande in Laute gedichtet, in Bilder von Handlung, Leidenschaft und lebender Einwürkung! [...] Was ist Poesie anders?[376]

Die imaginierte universale Natursprache habe sich allerdings in viele Sprachen, die durch Übereinkunft festgelegte Zeichen verwenden, aufgespalten. Trotzdem bewahre die Poesie, so läßt sich aus dieser Passage folgern, Reste der unmittelbaren »Nachahmung der tönenden, handelnden, sich regenden Natur«.

Herders Literaturtheorie ist, um auf den Anfang dieses Abschnitts zurückzugreifen, eher auf den Rezipienten als auf den Autor ausgerichtet. Im Vorgang der Rezeption kann der Text von einem stummen in einen tönenden verwandelt werden. Herder denkt Lesen als Re-Oralisieren.[377] Der Dichter der Gegenwart muß dagegen, wie in der dritten Sammlung der »Fragmente« (1767) seine Rolle beschrieben wird, seine »ganze lebendige Seele in tote Buchstaben hinmalen«[378]. Er könne den Medienstandard seiner Zeit nicht hinter sich lassen, sondern stoße mit jedem Buchstaben, den er hinschreibt, auf das Problem der Unsinnlichkeit der

---

373 Ebd., 55.
374 Ebd., 56 f.
375 Ebd.
376 Herder 1772, 50 f.
377 Simon 1998, 189–220.
378 Herder 1767, 403.

schriftlichen Zeichen. In diese müsse er die Sinnlichkeit der lautlichen Zeichen gleichsam hineinschmuggeln:

> Du mußt den natürlichen Ausdruck der Empfindung künstlich vorstellen, wie du einen Würfel auf der Oberfläche zeichnest; du mußt den ganzen Ton deiner Empfindung in dem Perioden, in der Lenkung und Bindung der Wörter ausdrücken: du mußt ein Gemälde hinzeichnen, daß dies selbst zur Einbildung des andern ohne deine Beihülfe spreche, sie erfülle, und durch sie sich zum Herzen grabe: du mußt Einfalt, und Reichtum, Stärke und Kolorit der Sprache in deiner Gewalt haben, um das durch sie zu bewürken, was du durch die Sprache des Tons und der Geberden erreichen willst – wie sehr klebt hier alles am Ausdrucke: nicht in einzelnen Worten, sondern in jedem Teile, im Fortgange derselben und im Ganzen.[379]

Doch solche Hinweise für den Autor bleiben metaphorisch und vage. Der folgende Abschnitt läßt eine ambitionierte autor-orientierte Poetik auf Herder antworten.

2.3.3 Klopstock: »Fastwirkliche Dinge«[380] statt willkürlicher Zeichen

Klopstock hat die »Lenkung und Bindung der Wörter«[381] minutiös zu beschreiben versucht. Wie bereits Inka Mülder-Bach in ihrer ausführlichen Abhandlung zu Klopstocks Darstellungstheorie[382] hervorhebt, bemüht sich Klopstock, im Gegensatz zum bei vielen Zeitgenossen stereotypen und wenig differenzierten Hinweis auf die Bedeutung des Versmaßes für den Ausdruck, konsequent um eine Koppelung von Metrik und Ausdruckstheorie.[383] Unter Rückgriff auf die in Kapitel 2.2.2 erarbeitete Metrik Klopstocks im engeren Sinne soll hier nun Klopstocks Ästhetik der Wortbewegung herausgearbeitet werden, und zwar in zwei Phasen seines theoretischen Werkes: zunächst in einigen kürzeren poetologischen Texten der späten 1750er Jahre, anschließend in mehreren Stellungnahmen aus den 1770er Jahren, die in der Hexameterschrift (1779) kul-

---

379 Ebd.
380 Klopstock 1779b, 166.
381 Herder 1767, 403.
382 Mülder-Bach 1998, 149-229.
383 Ebd., 172.

minieren.[384] Hier ist schließlich die Genese der Theorie vom »Mitausdruck« durch die metrischen Eigenschaften »Zeitausdruck« und »Tonverhalt« abgeschlossen. Bereits in seinem Aufsatz »Gedanken über die Natur der Poesie« (1759) verpflichtet Klopstock die Poesie auf Bewegung:

> Das Wesen der Poesie besteht darin, daß sie, durch die Hülfe der Sprache, eine gewisse Anzahl von Gegenständen, die wir kennen, oder deren Dasein wir vermuten, von einer Seite zeigt, welche die vornehmsten Kräfte unsrer Seele in einem so hohen Grade beschäftigt, daß eine auf die andre wirkt, und dadurch die ganze Seele in Bewegung setzt.[385]

Die Hauptanforderung an den Poeten besteht für Klopstock nicht im Finden oder Erfinden eines besonders geeigneten Gegenstandes, sondern in der Art und Weise, von welcher »Seite« er diesen Gegenstand »zeigt«[386]. Damit wendet sich Klopstock gegen den ästhetischen Grundsatz der Naturnachahmung.[387] Denn die Poesie soll keineswegs in der

---

384 Menninghaus hat 1989 wichtige poetologische Texte Klopstocks, darunter auch die Hexameterschrift, die bis dahin nur in Ausgaben des 19. Jahrhunderts zugänglich waren, neu ediert. In dem ausführlichen Nachwort zu dieser Edition hat er wichtige Aspekte der Klopstockschen Poetik herausgearbeitet. Auch Menninghaus sieht die Wurzeln der Poetologie Klopstocks im metrischen Detail. Wenn ich seiner Darstellung auch in einem nicht unwesentlichen Punkt widersprechen werde (s.u.), decken sich meine Ergebnisse doch teilweise mit seinen Überlegungen. Bedauerlicherweise ist Menninghaus' Edition bereits vergriffen. Die Bände der Hamburger Klopstock-Ausgabe zu den dichtungstheoretischen Schriften liegen noch nicht vor. – Vor Mülder-Bach hat sich zuletzt Axel Gellhaus eingehender zu Klopstocks Darstellungstheorie geäußert: Gellhaus 1995, 201-247. An seiner Studie, die ebenfalls zentrale Aspekte erfaßt, möchte ich grundsätzlich monieren, daß sie die minutiöse Realisierung von Klopstocks Ästhetik in der metrischen Struktur der Verse nicht thematisiert. Stattdessen wird etwas allgemein auf eine Tendenz zur Musikalisierung, die der Poetik Klopstocks eigen sei, verwiesen. Benning 1997 erschließt die rhetorische Tradition als Schlüssel zum Verständnis der Theorie der poetischen Darstellung bei Klopstock.
385 Klopstock 1759, 180.
386 Dazu auch Gellhaus 1995, 208 f.
387 Der Grundsatz der Naturnachahmung bildet zwar den Ausgangspunkt der meisten Kunsttheorien des 18. Jahrhunderts, erfährt aber die unterschiedlichsten Zusätze. Es läßt sich feststellen, daß – vereinfacht gesagt – zwei Modelle konkurrieren. Zum einen wird die Forderung erhoben, das Kunstwerk solle die Natur nachahmen, zum anderen wird dem Künstler abverlangt, er solle der Natur nachahmen. Den ersten Grundsatz, der fälschlich oft als die Nachahmungs-

Natur vorfindbare Gegenstände oder Handlungen abbilden, sondern kraft der Sprache die Gegenstände in einer besonderen Weise zeigen, die außerhalb der poetischen Sprache gar nicht existiert. Der kurz zuvor erschienene Aufsatz »Von der Sprache der Poesie« (1758) widerspricht allerdings diesem Modell von Darstellung:

> Wenn man den Gedanken hat; so wählt man das Wort, welches ihn ausdrückt. [...] Die Poesie soll überhaupt vielseitigere, schönre, und erhabnere Gedanken, als die Prosa, haben. Wenn wir sie ausdrücken wollen; so müssen wir Wörter wählen, die sie ganz ausdrücken. [...] Die Sprache hat also für den Poeten weniger Wörter [...][388]

Hier scheint eine klare Trennung zwischen *res* und *verba* vorzuliegen. Das, was gesagt werden soll, ist außer- bzw. vorsprachlich fixierbar. Der Poet soll wie ein guter Rhetorikschüler handeln und diejenigen Wörter auswählen, die dem »erhabnere[n] Gedanken« angemessen sind. Klopstock schwankt also Ende der 1750er-Jahre zwischen einer weitgehend rhetorisch ausgerichteten Poetik, die von einer *res-verba*-Trennung ausgeht, und einem Neuansatz, der die Eigendynamik der Sprache stärker betont. Selbst die Hexameterschrift wird teilweise noch an der rhetorischen Position festhalten.[389]

Klopstocks Aufsatz »Vom Range der schönen Künste und der schönen Wissenschaften« (1758) greift die zeitübliche Debatte um eine Klassifika-

---

ästhetik des 18. Jahrhunderts schlechthin bezeichnet wird, versucht Charles Batteux in »Les beaux-arts réduits à un même principe« (1746) mit großer systematischer Anstrengung hochzuhalten. Der zweite Grundsatz, der vorsieht, daß der Künstler mit natur-analoger Schöpfungskraft Werke hervorbringt, wird bereits früh von Baumgarten angedeutet, erlangt zunehmend Dominanz über den ersten Grundsatz und erfährt am Ende des Jahrhunderts in Moritz' »Von der bildenden Nachahmung des Schönen« seine entschiedenste Ausformulierung: Costazza 1999, 17-20. Mendelssohn bestimmt in seinen »Hauptgrundsätzen der schönen Künste und Wissenschaften« (1757) »die Vollkommenheit des Künstlers, die wir in ihnen [den Kunstwerken] wahrnehmen« als den entscheidenden Mehrwert gegenüber der bloßen Naturnachahmung: Mendelssohn 1757, 179. Demnach ist nicht das Abbild des einzelnen Gegenstandes der Natur Ziel der Kunst, sondern die natur-analoge Hervorbringungskraft des Künstlers. Klopstocks Wendung gegen die Nachahmungsästhetik Batteuxscher Prägung ist also Ende der 1750er-Jahre keine Neuheit. Zur Krise der Konzepte ›Nachahmung‹ und ›schöne Natur‹: Todorov 1977, 107-124.

388   Klopstock 1758a, 25.
389   Zurecht bezeichnet deshalb Hildegard Benning den Bezug der poetischen Sprache auf den Gegenstand als den »neuralgischen Punkt« in Klopstocks Poetik: Benning 1997, 14.

tion und Hierarchisierung der Kunstdisziplinen auf und führt sie in eine überraschende Aporie.[390] Zunächst wird die durch Mendelssohn bekannte Frontstellung zwischen »schönen Künsten«, die natürliche Zeichen verwenden, und »schönen Wissenschaften«, die auf willkürliche Zeichen angewiesen sind, aufgegriffen:[391] Malerei, Baukunst, Kupferstecherkunst, Musik und Bildhauerkunst auf der einen, Philosophie, Poesie, Geschichte und Beredsamkeit auf der anderen Seite.[392] Gegen die »schönen Künste« führen die »schönen Wissenschaften« ins Feld, daß die sinnliche Wahrnehmung ein zu überwindender Widerstand sei; dagegen würden sie selbst, ohne Umweg, direkt auf die Einbildungskraft wirken[393] – ein Argument, das bereits bei Breitinger begegnete. Außerdem, so fahren die »schönen Wissenschaften« fort, würden die »schönen Künste«, ausgenommen die Musik, nur isolierte Einzel-Eindrücke vermitteln.[394] Der folgende Abschnitt der Debatte behandelt die Frage nach der moralischen Nützlichkeit, hinsichtlich der sich die »schönen Wissenschaften« ebenfalls überlegen fühlen.[395] Doch schließlich unterbricht der Auftritt der Tanzkunst die sich festfahrende Diskussion: Die Versammlung wird vertagt, offensichtlich müssen die Karten neu gemischt werden.[396] Klopstock gibt keine Lösung im Wettstreit der Künste. Stattdessen stellt der Auftritt der Tanzkunst die Kategorien der vorhergehenden Diskussion in Frage.[397] Die Tanzkunst, wie Klopstock sie versteht, vereinigt die Deutlichkeit der Zeichen der bildenden Künste mit der Sukzessivität und der Fähigkeit, Zusammenhänge zu zeigen, die sowohl der Musik als auch den »schönen Wissenschaften« eigen ist. Ohne es explizit auszusprechen, führt Klopstock so eine neue Orientierungsgröße ein. Das zähe Verhandeln der moralischen Nützlichkeit wird dagegen abrupt abgebrochen.

Die Position Klopstocks steht in deutlicher Affinität zu Überlegungen Mendelssohns. In den »Hauptgrundsätzen der schönen Künste und Wis-

390 Dazu auch Menninghaus 1989, 321-324; Albert 1994/95, 88.
391 Mendelssohn 1757, 182 f. Bereits Jean-Baptiste Du Bos unterscheidet in seinen »Réflexions critiques sur la poésie et sur la peinture« (1719) die Künste hinsichtlich des Gebrauchs von »signes naturels« bzw. von »signes artificiels«: Stierle 1984, 109. Die Veränderung des Ausdrucks ›schöne Künste und Wissenschaften‹ von einem Synonymbegriff zur Bezeichnung unterschiedlicher Darstellungsformen (›Künste‹ vs. ›Wissenschaften‹) referiert Strube 1990.
392 Klopstock 1758b, 202 f.
393 Ebd., 206 f.
394 Ebd., 207.
395 Ebd., 208 f.
396 Ebd., 214 f.
397 So auch Mülder-Bach 1998, 168.

senschaften« (1757) siedelt Mendelssohn die Dichtkunst, obwohl sie willkürliche Zeichen verwende, an der Grenze zwischen »schönen Künsten« und »schönen Wissenschaften« an. Ihr Ziel sei die Lebhaftigkeit der Darstellung:

> Das Mittel eine Rede sinnlich zu machen, bestehet in der Wahl solcher Ausdrücke, die eine Menge von Merkmalen auf einmal in das Gedächtniß zurück bringen, um uns das Bezeichnete lebhafter empfinden zu lassen, als das Zeichen. Hierdurch wird unsere Erkenntniß anschauend. Die Gegenstände werden unsern Sinnen, wie unmittelbar vorgestellt, und die untern Seelenkräfte werden getäuscht, indem sie öfters der Zeichen vergessen, und der Sache selbst ansichtig zu werden glauben.[398]

Hier ist Klopstocks Konzept der »Täuschung«[399], das vorsieht, willkürliche Zeichen in quasi-natürliche zu verwandeln, bereits formuliert. In dem kurzen, zu Lebzeiten unveröffentlichten Aufsatz »Gedanken vom Ausdrucke der Leidenschaften« (1762/63) verweist Mendelssohn außerdem darauf, daß die Poesie der Geschwindigkeit der »Leidenschaft« gerecht werden müsse:

> Die Begriffe folgen in einer Leidenschaft so schnell auf einander, daß die Zeichen, durch welche sie ausgedrückt werden, öfter zu langsam sind, und die Kürze selbst, deren man sich beim Ausdrucke eines Affects befleißigt, öfter nicht zureicht, sie mit der gehörigen Geschwindigkeit zu verfolgen. Man muß also in der Folge der Begriffe, die man auszudrücken hat, diejenigen übergehen, welche der Leser oder Zuschauer selbst hinzudenken kann. [...] Hieraus lassen sich die schöne Unordnung in einer Ode, die plötzlichen Anfänge und die unvermutheten Schlußfälle erklären.[400]

Durch seine metrischen Experimente in den 1760er Jahren kommt Klopstock dazu, den Zusammenhang zwischen Metrik, Wortbewegung und Ausdruck des Verses noch intensiver zu durchdenken. 1764 entsteht die

---

398 Mendelssohn 1757, 183.
399 Klopstock 1779a, 148.
400 Mendelssohn 1762/63, 202. Vgl. hierzu auch die Poetik der »Würfe« und »Sprünge«, die Herder in den Vorreden seiner Volksliedsammlungen formuliert (s.o., Kapitel 2.1). Mendelssohn verweist ferner darauf, daß die Tanzkunst die komplementären Tugenden der Sukzessivität und der Deutlichkeit vereinige. Die Tanzkunst könne »alle Arten von Leidenschaften in der Seele sowohl, als in den sinnlichen Gliedmaßen erregen«: ebd., 205.

erste freirhythmische Ode; etwa ab diesem Zeitpunkt beginnt Klopstock mit der Erfindung neuer Strophenformen. Hans-Heinrich Hellmuth vermutet in dieser Zeit den Beginn der Genese der Theorie vom »Mitausdruck« durch »Zeitausdruck« und »Tonverhalt«, wenngleich der Terminus »Zeitausdruck« erstmals 1770, im Fragment »Vom Sylbenmaße«, nachweisbar ist, die Termini »Tonverhalt« und »Mitausdruck« sogar erst in der Hexameterschrift (1779).[401] Das Konstruieren neuer Strophenformen führt zu einer Auseinandersetzung mit kleinen und kleinsten Bewegungseinheiten des Verses – insofern halte ich es, Hellmuth folgend, für wahrscheinlich, daß Klopstock in diesen Jahren beginnt, seine Vorstellung von der Lyrik als Bewegungs-Kunst und seine im engeren Sinne metrischen Überlegungen zu verknüpfen.

Zunächst sei Klopstocks Konzeption von »Zeitausdruck« und »Tonverhalt« kurz erläutert.[402] Der Begriff »Zeitausdruck« bezieht sich auf die Prominenzbildung der Silben mittels Quantitierung, der Begriff »Tonverhalt« auf die Prominenzbildung mittels Akzentuierung. Klopstock nimmt an, daß das Deutsche von beiden Prominenzbildungstypen Gebrauch mache. 1773/74 läßt sich allerdings eine deutliche Aufwertung der Akzentuierung gegenüber der Quantitierung nachvollziehen.[403] In der Hexameterschrift spielt die Quantitierung nur noch eine untergeordnete Rolle. Auf eine Formel gebracht ist »Zeitausdruck« der Quotient aus Silbenanzahl und Zeitdauer einer metrischen Einheit, wobei eine Kürze stets als einwertig, eine Länge als zweiwertig gemessen wird. Bei dem Wortfuß »der Ausruf« (v – –) verteilen sich drei Silben auf fünf Zeiteinheiten, bei dem Wortfuß »Gesänge« (v – v) drei Silben auf vier Zeiteinheiten, der zweite Wortfuß ist also schneller als der erste.[404] Dabei spielt es keine Rolle, wie die längeren und kürzeren Silben aufeinander folgen. Diese Eigenschaft, die spezifische Anordnung akzentuierter und nicht akzentuierter Silben, thematisiert dagegen der »Tonverhalt«:

> Wenn ein Fuß mehr Längen als Kürzen hat, so ist der Zeitausdruck langsam, und wenn mehr Kürzen, schnell. Der Tonverhalt bestimmt oft die Grade des so entstandnen Langsamen oder Schnellen. Folgende Füße gleichen sich in Ansehung der Zahl ihrer Silben, und in der Zeit, die jede hat. Dennoch bekommen sie durch den Tonverhalt diese Grade:

---

401 Hellmuth 1973, 213, 223. Hellmuths Rekonstruktionsversuch der Vorstellungs- und Begriffsgenese ist bislang an Präzision nicht überboten worden.
402 Ausführlich: ebd., 222-267.
403 Ebd., 252 f.
404 Beispiele aus: Klopstock 1779a, 132.

Langsam	v – –	der Ausruf.
Langsamer	– – v	Ausrufe.
Noch langsamer	– v –	Wetterstrahl.
Schnell	v – v	Gesänge.
Schneller	– v v	Flüchtige.
Noch schneller	v v –	Die Gewalt.

Wenn die Zahl der Längen und Kürzen gleich ist: so entsteht nicht etwa, wie man glauben sollte, eine Mittelbewegung zwischen langsam und schnell, sondern die Füße werden, und zwar durch den Tonverhalt, entweder das eine oder das andere.[405]

Auch der »Tonverhalt« ist also ein Gradmesser für die Bewegung der Silben, allerdings nicht für die absolute Bewegungsdauer, sondern für die relative Bewegungsenergie. Er läßt sich jedoch nicht so klar fassen wie der »Zeitausdruck«. Wenn im zitierten Beispiel in den vierzeitigen Einheiten die beiden unbetonten Silben direkt aufeinander folgen, ergibt sich für Klopstock ein Eindruck größerer Geschwindigkeit, als wenn zwischen den unbetonten die betonte Silbe steht, in den fünfzeitigen Einheiten ergibt sich der langsamste Eindruck, wenn die unbetonte Silbe von zwei betonten gerahmt wird.

Mit der konkreten Funktionsbestimmung von »Zeitausdruck« und »Tonverhalt« hat Klopstock sich offensichtlich schwer getan. Der »Zeitausdruck« bezeichne, wie es in der Hexameterschrift heißt, »vornehmlich Sinnliches, und dann auch gewisse Beschaffenheiten der Empfindung und der Leidenschaft«[406], dagegen seien die »Gegenstände des Tonverhalts [...] gewisse Beschaffenheiten der Empfindung und der Leidenschaft, und was etwa durch ihn vom Sinnlichen kann ausgedrückt werden«[407]. Immerhin wird klar, daß durch »Zeitausdruck« und »Tonverhalt« die konventionellen sprachlichen Zeichen eine Wirkung erhalten, die sonst nur von den Künsten, die mit natürlichen Zeichen operieren, erreicht wird. Die Sprache der Poesie kann laut Klopstock durch ihr Bewegt-Sein einen direkten Zugang zu »Empfindung und Leidenschaft« einschlagen. Sie erhält dadurch eine Fähigkeit, die sonst der Musik eigen ist.

Klopstock hat sich bemüht, einen Schlüssel zu liefern, der bestimmten »Tonverhalten« bestimmte »Beschaffenheiten der Empfindung und der Leidenschaft« zuordnet. Er subsumiert eine Reihe von Wortfüßen unter

---

405 Ebd., 131 f.
406 Ebd., 126.
407 Ebd., 127.

die Affekte »Sanftes«, »Starkes«, »Muntres«, »Heftiges«, »Ernstvolles«, »Feierliches« und »Unruhiges«.[408] Doch diese Zuordnungen überzeugen nicht: Beispielsweise steht der Wortfuß »der Panzer Getön« (v – v v –) unter der Rubrik »Heftiges«, der Wortfuß »des Baches Gelispel« (v – v v – v) unter der Rubrik »Sanftes«. Dementsprechend müßte der Wortfuß »der Panzer Getöne« (v – v v – v) ebenfalls dem Affekt »Sanftes« angehören. Klopstocks Verfahren erinnert an die barocke Affektenlehre, die bestimmten melodisch-rhythmischen Figuren der Musik bestimmte Empfindungen zuordnete. Die Affektenlehre sprachlicher Bewegungsfiguren scheitert jedoch daran, daß die Semantik der Wörter den Affektrahmen, den die Bewegungsfigur vorgeben soll, ohne weiteres sprengen kann: »der Panzer Getöne« erweckt, trotz der völligen metrischen Übereinstimmung mit »des Baches Gelispel«, eine eher konträre Empfindung.[409] In einer späteren Passage der Hexameterschrift bringt Klopstock dieses Problem zur Sprache. Hier gibt er zu, daß sich der Hörer die Wortbewegung in Übereinstimmung mit der Semantik gewissermaßen zurechthört:

> Wenn der Dichter sagt:
> Aber da rollte der Donner von dunklen Gewölken herunter.
> so wird über die Schnelligkeit des Zeitausdrucks, weil sie sich zur Sache schickt, das nicht passende Sanfte des Tonverhalts nicht bemerkt. Der Fuß: v – v *da rollte* ist sanft. Der Vers wiederholt ihn noch dazu beständig; und gleichwohl überwiegt der schnelle Zeitausdruck. So viel Einfluß hat es, daß dieser dem Gegenstande angemessen ist. Sagt hingegen der Dichter:
> Da die Lüfte des Lenzes mit Blüte das Mädchen bewehten.
> so hört man nur auf das Sanfte des Tonverhalts. Die hier nicht her gehörige Eile des Zeitausdrucks geht uns nichts an.[410]

Dieses aktive In-Beziehung-Setzen von Wortbedeutung und Wortbewegung ist, wie ich meine, der entscheidende Punkt der Klopstockschen Metrik-Ästhetik. Durch die Wortbewegung können nicht etwa die willkürlichen Sprachzeichen in natürliche zurückverwandelt werden, durch die Wortbewegung entsteht nur eine scheinbare Natürlichkeit. Der berühmte, viel zitierte Passus aus der Hexameterschrift sei im Hinblick darauf hier noch einmal gegeben:

---

408 Ebd., 138 f.
409 Zur Problematik der Zuordnung von Wortfüßen und Affekten vgl. auch: Benning 1997, 115 f.
410 Klopstock 1779a, 149.

Wer auf die Eindrücke acht gegeben hat, welche Gedichte machen, der wird bemerkt haben, (nur Harthörigen oder Fühllosen ist dies unbekannt) daß die Eindrücke des Silbenmaßes stärker sind, als man vermuten sollte, daß sie sein könnten, wenn man den Ausdruck, der darin liegt, an sich selbst betrachtet. Die Ursach hiervon scheint mir folgende zu sein: Wir bekommen die Vorstellungen, welche die Worte, ihrem Sinne nach, in uns hervorbringen, nicht völlig so schnell, als die, welche durch die Worte, ihrer Bewegung nach, entstehn. Dort verwandeln wir das Zeichen erst in das Bezeichnete; hier dünkt uns die Bewegung geradezu das durch sie Ausgedrückte zu sein. Diese Täuschung muß dem Dichter eben so wichtig sein, als sie ihm vorteilhaft ist.[411]

Ein metrischer Bewegungstyp löst, wie hier beschrieben wird, »an sich selbst betrachtet« noch keine Empfindung aus, sondern erst in seiner konkreten Verbindung mit Wörtern. Ist diese Verbindung vom Dichter gut gewählt, dann »dünkt [...] die Bewegung geradezu das durch sie Ausgedrückte zu sein«. Wählt der Dichter eine schlechte Verbindung – oder schafft es der Hörer nicht, den unpassenden »Zeitausdruck« oder »Tonverhalt« auszufiltern – bleiben die sprachlichen Zeichen willkürlich. Nur die – vom Dichter konstruierte und vom Rezipienten rekonstruierte – geglückte Verbindung täuscht die Identität von Zeichen und Bezeichnetem vor. Nur in diesem Fall wirkt die Sprache direkt, ohne daß ihre Zeichen erst dekodiert werden müssen. Unter dieser Bedingung kann Sprache Empfindungen, die ein konventionelles Zeichensystem nicht einholen könnte, ausdrücken. Diesen besonderen Modus poetischen Sprechens nennt Klopstock »Mitausdruck«:

Der Dichter kann diejenigen Empfindungen, für welche die Sprache keine Worte hat, oder vielmehr nur [...] die Nebenausbildungen solcher Empfindungen, er kann sie durch die Stärke und die Stellung der völlig ausgedrückten ähnlichen, mit ausdrücken.[412]

Man könnte diese Passage als weitere Alternative zu der in Herders Oden-Fragmenten aufgebrachten Skepsis gegenüber den Ausdrucksmöglichkeiten der Sprache lesen. Die von Herder selbst – im »Vierten Kritischen Wäldchen« und in der Sprachursprungsschrift – gebotene Alternative sah anders aus: In der gesprochenen und gehörten Sprache würden sich, so Herder, die Lautzeichen ihre ursprüngliche Identität mit dem

---

411 Ebd., 148.
412 Ebd.

Bezeichneten zurückholen. Klopstock entwickelt dagegen die Vorstellung einer vorgetäuschten Identität. Im »Mitausdruck« verwischen sich Zeichen und Bezeichnetes. Denn das Zeichen ist hier kein eigentliches Zeichen mehr, sondern wirkt schon vor seiner Dekodierung als sinnlicher Reiz auf die Empfindung. Gleichzeitig ist das Bezeichnete keine Vorstellung, die außerhalb des Bezeichnungsvorgangs fixiert werden kann. Winfried Menninghaus hat diesen Vorgang der Verwischung dahingehend interpretiert, daß sich in Klopstocks Lyrik die semantische Bestimmtheit der Sprache auflöse, daß Klopstock dadurch das absolute Wortkunstwerk der Frühromantiker vorweg nehme, und daß sich deshalb die religiös-moralische Programmatik in Klopstocks Poesie verflüssige.[413] Mülder-Bach ist ihm in dieser Deutung teilweise gefolgt.[414] Der Verdienst von Menninghaus' Interpretation besteht darin, daß sie einen subversiven und sehr reizvollen Zug von Klopstocks Lyrik herausarbeitet. Allerdings muß man Menninghaus entgegenhalten, daß er mehrere Gedankengänge Klopstocks, die seine Interpretation nicht stützen, – wahrscheinlich bewußt – übergeht.[415] Die Kritik an seinem Entwurf ist nicht ausgeblieben: zurecht wurde moniert, daß Menninghaus die zum Verständnis von Klopstocks Poetik grundlegenden Kontexte der Religion und der Rhetorik unterschlägt.[416] Denn immer wieder hat Klopstock hervorgehoben, daß auf der einen Seite fixierbare Gegenstände, Gedanken und Vorstellungen stehen, auf der anderen Seite die Sprache. Zunächst sei in der Regel die semantisch richtige Wortwahl wichtig, erst dann die Wortwahl hinsichtlich der Bewegung:

> Aber der Dichter kann sich bei diesem zur Sache gehörigen metrischen Ausdrucke nicht immer genung tun. [...] Es gibt nämlich einige poetische Gedanken, für welche das Silbenmaß keinen Ausdruck hat; und dann muß er die dem Sinne nach ausdrückendsten Wörter und Wortstellungen, denen aber oft die passende Bewegung fehlt, notwendig wählen. Denn er darf das Wichtigere dem weniger Wichtigen nicht aufopfern. Doch hat dies folgende Einschränkung: Wenn ein Wort dem ausdrückendsten beinah gleichkömmt, und viel metrische

---

413 Menninghaus 1989, 308-318; Menninghaus 1994.
414 Vor allem hinsichtlich der moralischen Indifferenz: Mülder-Bach 1998, 174 f.
415 Menninghaus hat solche Passagen durchaus zur Kenntnis genommen: vgl. z.B. Menninghaus 1989, 316; die Gesamttendenz seiner Darstellung setzt die konservativen Momente der Klopstockschen Poetik sozusagen in Parenthese.
416 Ersteres bei Jacob 1997, 6 f., und Kemper 1997, 463 ff.; letzteres bei Benning 1997, 11.

Bedeutung hat; so verdient es die Wahl. Denn hier gewinnt der Dichter auf der einen Seite mehr, als er auf der andern verliert.[417]
Sowohl die auf romantische und moderne Dichtung vorausweisende Verwischung der Grenze zwischen Zeichen und Bezeichnetem als auch das Bemühen, ein traditionell-rhetorisch anmutendes Verhältnis zwischen Gegenständen und Stilmitteln der Rede festlegen zu wollen, gehören zu den – nicht widerspruchsfreien – Prämissen von Klopstocks Poetik.[418] Beständig wirft sie die Frage auf, was überhaupt der Gegenstand eines Gedichts, das zu Bezeichnende, sein soll. Dieser Frage ist Mülder-Bach nachgegangen, indem sie das Spannungsfeld der zeitgenössischen Begriffe ›Ausdruck‹, ›Vorstellung‹, ›Darstellung‹ und ›Handlung‹ eingehend untersucht hat.[419] Im Begriff der ›Darstellung‹ versucht Klopstock, die Begriffe von ›Vorstellung‹, die den bildenden Künsten adäquate Form des Zeigens, und ›Ausdruck‹, die der Musik adäquate Form des Bewegens der Leidenschaften, zusammenzubringen. Das Konzept der Darstellung sei der Poesie eigen.[420] Damit räumt Klopstock der Wortkunst die gleiche Fähigkeit ein, die auch Webb und Herder hervorgehoben hatten. ›Vorstellung‹ kann als ein Vor-die-Sinne-Stellen von äußeren Gegenständen, wie es Malerei und Plastik leisten, verstanden werden. Der ›Ausdruck‹ der Musik macht dagegen innere Empfindungen sukzessiv erfahrbar. In der Darstellung gewinnt die Vorstellung an Lebhaftigkeit, der Ausdruck an Deutlichkeit.

In einer kurzen, »Zur Poetik« überschriebenen Passage der »Gelehrtenrepublik« (1774) veranschaulicht Klopstock seinen Darstellungs-Begriff:

---

417 Klopstock 1779a, 149.
418 Ein weiterer, bei Menninghaus ebenfalls unterrepräsentierter Aspekt von Klopstocks Poetik ist ihr religiöser Anspruch. In der Ode »An Freund und Feind« (1781) bezeichnet Klopstock selbst die »Erhebung der Sprache« und die »Religion« als diejenigen Kräfte, die sein »Mal errichtet« hätten. Den poeto-theologischen Aspekt haben Joachim Jacob und Bernadette Malinowski eingehend thematisiert; beide Studien konnten zeigen, daß Klopstocks ästhetisches Konzept einer heiligen Poesie keineswegs ein rückwärtsgewandtes, antiaufklärerisches Programm ist, sondern der ambitionierte Versuch, eine dem geistigen Horizont der Gegenwart adäquate Form religiöser Offenbarung durch die Poesie zu bestimmen: Jacob 1997, 111-171; Malinowski 2002, 47-115. Hans-Georg Kempers Lyrik-Geschichte vereint religiöse und metrische Aspekte der Klopstockschen Poetik: Kemper 1997, Kap. II.6; insbesondere zu »Mitausdruck«: ebd., 457-468.
419 Mülder Bach 1998, 179-188.
420 Ebd., 182.

Wenn ein Gedicht Handlung und Leidenschaft nicht darstellt, das heißt; wenn es ihnen nicht alle die Lebendigkeit gibt, derer sie, nach ihrer verschiednen Beschaffenheit fähig sind; [...] Es ist [unter dieser negativen Voraussetzung] ein Tänzer, der geht. [...] Leblose Dinge sind nur dann der Darstellung fähig, wenn sie in Bewegung, oder als in Bewegung gezeigt werden.[421]

Wiederum figuriert die Tanzkunst als Orientierungsgröße. Sie erreiche mit natürlichen Zeichen sowohl die Deutlichkeit der bildenden Künste als auch die Sukzessivität der Musik. Die Vorstellungen erscheinen in Klopstocks poetischem Modus der Darstellung in einem neuen Licht. Die Wortbewegung verleihe ihnen eine Lebendigkeit, die sie sonst nicht aufweisen. Insofern wird die Frage, was der Gegenstand eines Gedichts sei, unwichtig; entscheidend ist nicht, was es vorstellt, sondern auf welche Weise es darstellt. Die durch die Wortbewegung lebendig gemachten Vorstellungen nennt Klopstock an anderer Stelle »fastwirkliche Dinge«[422]. Sie stehen zwischen Dingen, Vorstellungen und konventionellen sprachlichen Zeichen, da sie unwirklicher als die Dinge, lebhafter als die Vorstellungen, natürlicher als die Sprachzeichen sind.[423]

Von den metrischen Einheiten ausgehend bestimmt Klopstock die Poesie als Bewegungs-Kunst. Ich möchte betonen, daß Klopstocks Bewegungs-Vorstellung nicht an die konkrete lautliche Realisation von Sprache gebunden ist. Der phonetischen Beschaffenheit der Silben hat Klopstock wesentlich weniger Bedeutung beigemessen, als ihrer Zeitlichkeit und ihrer Bewegungsenergie.[424] Eine übermäßige Betonung lautlicher Zusammenhänge, etwa im Reim, hat er sogar entschieden abgelehnt. Deshalb macht er auch nicht die Musik, sondern die Tanzkunst zum Paradigma der Poesie.[425] Klopstocks Eislaufoden sowie seine praktische Meisterschaft im Eislauf[426] haben Menninghaus dazu veranlaßt, den Eislauf als Tanz, der ohne Musikbegleitung abläuft, zum Paradigma der

---

421 Klopstock 1774, 171.
422 Klopstock 1779b, 166.
423 Dazu Menninghaus 1994, 212: »Sie [›Darstellung‹] simuliert ein tertium: ›fastwirkliche Dinge‹, kraft deren ein genuin symbolischer Raum etabliert wird, welcher der Opposition von res und verba, ›wirklichen Dingen‹ und ›Vorstellungen‹, ebenso entgeht wie dem rationalistischen Modell einer Täuschung durch Vertauschen dieser Opposita.«
424 Klopstock 1779a, 128.
425 Gellhaus arbeitet – meines Erachtens zu unrecht – das »Paradigma der Musik« heraus: Gellhaus 1995, 204.
426 Dazu Hilliard 1989.

Metrik-Ästhetik Klopstocks zu erklären,[427] eine Idee, die umso mehr an Berechtigung gewinnt, wenn man Kevin Hilliards Deutung hinzuzieht, nach der Klopstock den nordischen Eislauf »als Kontrafaktur zum getanzten Chorgesang der Griechen konzipiert«[428]. In Klopstocks Vorstellung vom Eistanz erneuert sich, wie Hilliard zeigt, die von Herder vermißt erklärte Tanzkunst der Antike.

Viel wichtiger als die lautliche Realisation der Wortbewegung ist für Klopstock deren Geschwindigkeit. Der Vorgang der »Täuschung« vollziehe sich nur dann, wenn die Bewegung der Wörter schneller von der sinnlichen Erkenntnis aufgefaßt, als ihre Bedeutung von der intellektuellen Erkenntnis kognitiv verarbeitet werde. Die Ende des 18. Jahrhunderts sich durchsetzende Praxis des leisen, reflektierenden Lesens von Lyrik, bei dem Wort für Wort überdacht werden kann, steht quer zu der Vorstellung von der Wortbewegung, die ihren Rezipienten fortreißt, ihn in einen Geschwindigkeitsrausch versetzt.

Manche Hörer oder Leser des 18. Jahrhunderts ließen sich von Klopstocks Poesie hinreißen, andere meinten im gelehrten Staub gedrechselter Perioden zu ersticken. Der Literaturwissenschaftler von heute, der Klopstocks Oden mehrmals gründlich lesen muß, bevor er überhaupt in ihre komplizierte Syntax eindringt, konfrontiert die Texte – notgedrungen – mit einer Rezeption, die Klopstocks Poetik diametral entgegengesetzt, an der Klopstocks Schreibweise jedoch nicht ganz unschuldig ist.

2.3.4 Moritz: In sich selbst vollendete Wort-Kunst

Auch in Moritz' Schriften gibt es eine Nahtstelle zwischen dem Feinbau der Verse und der intendierten Wirkung sprachlicher Kunstwerke, die sich besonders gut nachvollziehen läßt, wenn man den »Versuch einer deutschen Prosodie« (1786) in Verbindung mit den beiden Aufsätzen »Über den Begriff des in sich selbst Vollendeten« (1785) und »Über die bildende Nachahmung des Schönen« (1788) liest. Während Herders ästhetische Überlegungen in erster Linie um den Rezeptionsvorgang kreisen, Klopstock dagegen seine Poetik auf das Verfertigen von Versen ausrichtet, geht es Moritz darum, das Kunstwerk selbst in den Mittelpunkt zu rücken, und zwar in einer Weise, die die Zeichendebatte sprengt und alle wesentlichen Merkmale der modernen Werkästhetik nennt, die sich bis zum Aufkommen der Postmoderne behaupten konnte.

---

427 Menninghaus 1989, 325; ebenso: Albert 1994/95, 87 ff.
428 Hilliard 1989, 166.

Jede Kunstlehre, die das Kunstwerk als Mittel zu einem außerhalb des Kunstwerks liegenden Zweck bestimmt, wird von Moritz entschieden zurückgewiesen:

> Bei der Betrachtung des Schönen aber wälze ich den Zweck aus mir in den Gegenstand selbst zurück: ich betrachte ihn, als etwas, nicht in mir, sondern in sich selbst Vollendetes, das also in sich ein Ganzes ausmacht, und mir um sein selbst willen Vergnügen gewährt; indem ich dem schönen Gegenstande nicht sowohl eine Beziehung auf mich, als mir vielmehr eine Beziehung auf ihn gebe.[429]

Ein Kunstwerk sei »wegen seiner eignen innern Vollkommenheit da«[430]. Deshalb absorbiere es den Betrachter, führe zu einer selbstvergessenen, die Individualität übersteigenden Betrachtung, für Moritz der »der höchste Grad des reinen und uneigennützigen Vergnügens«[431]. Da dem in sich selbst vollendeten Kunstwerk diese absorbierende Kraft beigemessen wird, gerät jede Kunstäußerung, die mit dem Geschmack der Betrachter kalkuliert, die es darauf anlegt, Gefallen zu erregen, in Mißkredit,[432] eine Kluft zwischen hoher Kunst, die ihre Maßstäbe aus sich selbst schöpft, und billiger Gebrauchskunst tut sich auf.

Während seiner Italienreise verdichtet Moritz das 1785 formulierte Programm. Nun richtet er sich explizit gegen eine ethisch fundierte Kunstlehre. Er bringt die Begriffe »nützlich«, »gut« und »schön / edel«, sowie »unnütz«, »schlecht« und »unedel« in einen »Zirkel, weil die beiden äußersten Begriffe vom Unnützen und vom Schönen sich gerade am wenigsten einander ausschließen«[433]. Moritz widerspricht der Gewißheit vieler Aufklärer, Kunst könne die moralische Einsicht des Menschen verbessern, ganz entschieden: »Eine Sache wird nämlich dadurch noch nicht schön, daß sie nicht nützlich ist, sondern dadurch, daß sie nicht nützlich zu sein braucht«.[434] Kants »Kritik der Urteilskraft« (1790) wird den hier artikulierten Gedanken von der Zweckfreiheit des Schönen systematisch untermauern.[435] Ferner formuliert Moritz in seiner in Italien entstehenden Abhandlung Bedingungen für den Zusammenhang von Werk und

---

429 Moritz 1785, 543.
430 Ebd., 544.
431 Ebd., 545.
432 Ebd., 546 f.
433 Moritz 1788, 557.
434 Ebd.
435 Zur Bezugnahme Kants auf Moritz: Szondi 1974, 97.

Wirkung. Das »Schöne« könne als »in sich selbst vollendetes Ganzes« nur dann wirken, wenn es als sinnlich erfaßbare Einheit vorliegt[436]. Dies erkläre sich

> [...] daraus, weil wir z.b. mit dem Begriff vom Staat, ob derselbe gleich ein für sich bestehendes Ganze ist, dennoch den Begriff der Schönheit nicht wohl verknüpfen können, indem derselbe in seinem ganzen Umfange, weder in unsern äußern Sinn fällt, noch von der Einbildungskraft umfaßt, sondern bloß von unserm Verstande gedacht werden kann.[437]

Auch wenn das Kunstwerk nicht auf die Welt verweist, sondern selbst Welt ist, also eine uneingeschränkte Totalität vorstellt, muß es laut Moritz der menschlichen Wahrnehmungs- und Empfindungsfähigkeit angepaßt werden:

> Denn dieser große Zusammenhang der Dinge ist doch eigentlich das einzige, wahre Ganze; jedes einzelne Ganze in ihm, ist wegen der unauflöslichen Verkettung der Dinge, nur eingebildet – aber auch selbst dies Eingebildete muß sich dennoch, als Ganzes betrachtet, jenem großen Ganzen in unsrer Vorstellung ähnlich, und nach eben den ewigen, festen Regeln bilden, nach welchen dieses sich von allen Seiten auf seinen Mittelpunkt stützt, und auf seinem eignen Dasein ruht. Jedes schöne Ganze aus der Hand des bildenden Künstlers, ist daher im Kleinen ein Abdruck des höchsten Schönen im großen Ganzen der Natur; [...] Die Realität muß unter der Hand des bildenden Künstlers zur Erscheinung werden;[438]

Die Transformation des »großen Ganzen der Natur« zum sinnlich erfaßbaren Ganzen des Kunstwerks findet für Moritz in der Struktur der Wahrnehmung seine Entsprechung. Die Wahrnehmung der äußeren Sinne sei zwar klar, aber partiell, in den nachgeordneten Instanzen der »Einbildungs-« und der »Denkkraft« würden die partiellen Wahrnehmungen synthetisiert. Erst in der dem Wahrnehmungs- und Empfindungsvorgang zugrundeliegenden »Tatkraft« sei die Wahrnehmung schließlich total, dafür allerdings undifferenziert.[439] Die Wahrnehmung

---

436 Ähnlich bereits Mendelssohn 1757, 176.
437 Moritz 1788, 558.
438 Ebd., 560.
439 Ebd., 561 f.

gehe von einer Teilempfindung aus und rekonstruiere in mehreren Schritten die zugrundeliegende Totalempfindung, die in dem sinnlich erfaßbaren Kunstwerk verborgen liege.[440] »Tatkraft« kann sich für Moritz sowohl als »Bildungs-« als auch als »Empfindungskraft« äußern.[441] Durch die »Bildungskraft« gelinge es dem Künstler, Totalität in ein sinnlich erfaßbares Kunstwerk zu bündeln; durch die »Empfindungskraft« vermöge der Rezipient, das Kunstwerk auf den Gesamtzusammenhang der Natur rückzuprojizieren. Das »Schöne« erreiche also nur seine Wirkung, weil sich Natur, Kunstwerk und Wahrnehmung strukturell entsprächen, weil Künstler und Rezipient gleichermaßen über »Tatkraft« verfügten.[442] Der um die Jahrhundertmitte noch gültige Nachahmungsbegriff, auf den der Titel der Abhandlung anspielt, wird komplett umgedeutet: Naturnachahmung bedeutet nicht, in der Natur vorfindbare Dinge zu repräsentieren, sondern, wie die Natur selbst – bzw. deren Schöpfer – Ganzheiten zu erzeugen, bzw. Kunstwerke als der Natur analoge Ganzheiten wahrzunehmen.[443] Trotz der strukturellen Entsprechung zwischen »Empfindungs-« und »Bildungskraft« wird der sekundäre »Nachgenuß« des Kunstwerks gegenüber seiner Produktion durch das schaffende »Genie« abgewertet.[444] Hieraus leitet sich die Autonomie des Künstlers ab, der, wie das Kunstwerk, »zuerst um sein selbst, und dann erst um unsertwillen da« ist.[445]

Ebenfalls 1788/89 veröffentlicht Moritz in der Monatsschrift der Akademie der Künste und mechanischen Wissenschaften zu Berlin den Auf-

---

440 Dazu auch Moritz 1791, 134: »Sie [die Seele] scheint daher gleichsam ein Spiegel zu seyn, worin das Ganze der Natur sich abbildet und siehet, welchen dasselbe aber gleichwohl aus sich geformt und in sich dargestellt hat, und zwar nicht um seine Umrisse, sondern sein Wesen selbst darin zu sehen.«
441 Moritz 1788, 568. Alessandro Costazza behauptet, daß nur das schaffende Genie über »Tatkraft« verfüge: Costazza 1999, 26. Ich kann der Moritzschen Abhandlung diese Einschränkung nicht entnehmen, meine sogar, daß Moritz' Modell nur dann funktioniert, wenn »Tatkraft« als eine der menschlichen Wahrnehmung generell zugrunde liegende Kraft gedacht wird. Erst die Differenzierung der »Tatkraft« in »Bildungs-« bzw. »Empfindungskraft« trennt den schaffenden Künstler vom Rezipienten.
442 Zum Zusammenhang von Natur, Kunstwerk und »Tatkraft« siehe auch Pfotenhauer 1991, 79 f.
443 So auch Costazza 1999, 13-23.
444 Moritz 1788, 564.
445 Ebd.

satz »In wie fern Kunstwerke beschrieben werden können?«,[446] in dem er schließlich auch den Kunstinterpreten in seine Schranken weist:[447]

> Ebenso unzweckmäßig wie es nun sein würde, die Schönheiten eines Gedichts nach der Reihe zu beschreiben, statt das Gedicht selbst vorzulesen, oder den Gang einer vortrefflichen Musik die man hören kann, mit Worten schildern zu wollen, ebenso vergeblich und zweckwidrig ist es auch, Kunstwerke, die man im Ganzen sehen kann, nach ihren einzelnen Teilen im eigentlichen Sinne zu beschreiben.[448]

Damit sind, versammelt um den zentralen Autonomiegedanken, alle wesentlichen Prämissen moderner Kunstästhetik genannt: die Vorstellung vom Kunstwerk als eigener Welt, seine Zweckfreiheit, die moralische Ungebundenheit des Kunstwerks und des Künstlers, die Hinfälligkeit der gesellschaftlichen Wertung, die Vergeblichkeit der Kunstinterpretation und das selbstlose Sich-Versenken als neue Rezeptionshaltung.

Auf den skizzierten radikalen Neuentwurf einer Werkästhetik hat die Forschung bereits mehrfach hingewiesen.[449] Kaum beachtet wurde dagegen die enge Verbindung dieses Neuentwurfs mit zentralen Gedanken aus dem »Versuch einer deutschen Prosodie«.[450] Für Moritz sind in der Sprache zwei Funktionen ineinander verwoben: sie soll sowohl Gedanken

---

446 1793 erscheint derselbe Aufsatz, unter dem veränderten Titel »Die Signatur des Schönen«, in der Sammelschrift »Die große Loge«; weitere editorische Details: Pfotenhauer 1991, 67 f.
447 Pfotenhauer argumentiert allerdings zu Recht, daß Moritz trotz seiner Fundamentalkritik an der Beschreibbarkeit von Kunstwerken neue Arten der Beschreibung – insbesondere für Werke der bildenden Kunst – erprobt. In denkbar großer Distanz zur zeitüblichen ikonographischen Bildbeschreibung versuche Moritz eine »formalistische« Analyse der inneren Bildzusammenhänge: Pfotenhauer 1991, 74 f.
448 Moritz ²1793, 588.
449 Zum Beispiel: Szondi 1974, 95-98; Pfotenhauer 1991, 67; die umfassendste Auseinandersetzung mit Moritz' Ästhetik bieten die beiden Monographien von A. Costazza: Costazza 1996; Costazza 1999.
450 Ausdrücklich hervorgehoben wird dieser Zusammenhang von Schrimpf 1964, 403-408. Die im folgenden angestellten Überlegungen decken sich z.T. mit Schrimpfs Ausführungen. Detailliert geht Schrimpf auf Zusammenhänge zwischen Moritz' Prosodie und seinem Aufsatz »Die metaphysische Schönheitslinie« (1793) ein. Dieser Bezug wird deshalb hier ausgeklammert. Auch Thomas Saine weist darauf hin, daß der »Versuch einer deutschen Prosodie« die im Aufsatz von 1785 formulierten ästhetischen Prämissen demonstriere: Saine 1973, XIIf.

bezeichnen als auch Empfindungen ausdrücken.[451] In manchen Sprachen bzw. in manchen Epochen einer Sprache dominiere die eine Funktion über die andere; die deutsche Gegenwartssprache sei beispielsweise eine auf den Verstand zentrierte Sprache,[452] ihre Struktur sei geeignet Ideen und Ordnungen von Ideen präzise wiederzugeben. In der Poesie müsse dagegen stets der Empfindungsausdruck dominieren. Moritz stellt folgende Beispielverse zur Diskussion:

> Und erleichtre meinen Gang
> Mit Gebet und mit Gesang[453]

Nach der verstandesorientierten Sprechweise ergebe sich folgende Betonung: v v – v v v – | v v – v v v –. Das Verbum und die drei Nomen, die Hauptbegriffe des Abschnitts, würden also eine Betonung erhalten, über die weniger wichtigen Wörter würde die Rede schneller hinweggehen. Mit der im »Versuch einer deutschen Prosodie« aufgestellten Liste zur Hierarchie der Wortarten[454] liefert Moritz dem Prinzip der verstandesorientierten Sprache, das es erlaubt, semantisch wesentliche von semantisch unwesentlicheren und unwesentlichen Redeteilen zu unterscheiden, eine strenge Systematik. Die empfindungsorientierte Sprechweise unterminiere dagegen die Differenzierung von »Haupt-« und »Nebenideen«:

> Die Empfindung aber wird mehr Begriffe gleich achten, sie hebt die Ideen aus ihrer Unterordnung, die der Verstand gemacht hatte, heraus, und macht sie einander gleich; und nach dieser Stimmung der Seele folgt in den beiden Versen auf eine lange immer eine kurze Silbe. Das gewaltsame Hinstreben nach der Silbe, die den Hauptgedanken in sich faßt, verwandelt sich in ein sanftes, mit sich selbst genügsames auf und nieder Wallen. Die Nebenideen, welche vorher nur Mittel waren die Hauptidee zu erwecken und hervorstechend zu machen, bekommen nun an und für sich selbst einen Werth, und werden gleichsam in sich zurückgewälzt.[455]

Das Versmaß ist nach dieser Vorstellung keine künstliche, von außen an die Sprache herangetragene Einteilung, sondern entspringt aus der »Stimmung der Seele«. Das Alternieren langer und kurzer Silben bringe das silbische Material der Sprache zur Darstellung, lasse dagegen ihre

---

451 So auch Schrimpf 1964, 398 f.
452 Moritz 1786, 10.
453 Ebd., 23.
454 S.o., Kapitel 2.2.2.1.
455 Moritz 1786, 23 f.

Bezeichnungsfunktion zurücktreten. Ein Versmaß wird von Moritz nicht als *ornatus* poetischen Sprechens verstanden, den der virtuose Dichter nach Belieben gebrauchen kann, sondern vielmehr als integraler Bestandteil der Rede der Empfindung. Als solches verhelfe es dazu, Sprache als etwas »in sich selbst Vollendetes«[456] darzustellen.[457]

Insofern sind die Zeichen der poetischen Rede keine eigentlichen Zeichen mehr. Sie haben für Moritz nicht primär die Aufgabe, auf etwas, was außerhalb der Rede liegt, zu verweisen. Moritz führt an dieser Stelle der Argumentation ebenfalls den Tanz als Paradigma ein:[458] so wie der Tanz seine Schritte nicht setze, um dadurch an ein Ziel zu gelangen, sondern sie »um ihrer selbst willen« hervorbringe,[459] setze auch die Sprache der Poesie ihre Silben:

> Die Rede wurde durch die über den Gedanken herrschende Empfindung ebenfalls in sich selbst zurückgedrängt, und jede Silbe dadurch an Werth der andern gleich, und zu einem für sich bestehenden Ganzen gemacht, […][460]

Statt wie Klopstock mit willkürlichen, aber schnell bewegten Zeichen »fastwirkliche Dinge«[461] vorzutäuschen, entbindet Moritz die Zeichen von ihrer Zeichenfunktion. So kann Sprache als eigene, von den Signifikaten abgehobene Welt erlebt werden:

> Die Silbe *ge* in *Geliebter* ist mir nun nicht mehr bloß wichtig, in so fern sie die Person, die ich anrede, als den Gegenstand meiner Liebe, bezeichnet, und also meinen Gedanken ausdrückt; sondern auch in so fern sie, als eine kurze auf eine lange Silbe folgt, mit welcher sie nun zusammengenommen einen sanften Fortschritt meiner Rede ausmacht, der dem unmittelbar darauf folgenden gleich ist, und durch welchen sich nun meine Empfindung leicht hinüber wiegt.[462]

Die ihrer Bezeichnungsfunktion enthobenen Silben formieren sich zu einem Tanz, in den sich die Empfindung einschwingt. Moritz hat allerdings nicht nur das prosodische Merkmal ›lang/kurz‹ bzw. ›betont/unbetont‹ im Blick, ihn interessieren alle akustischen Merkmale gesprochener

---

456 Moritz 1785, 543.
457 Moritz 1786, 25 f.
458 Ebd., 29 ff. Dazu auch Schrimpf 1964, 400 f.
459 Moritz 1786, 32.
460 Ebd., 32 f.
461 Klopstock 1779b, 166.
462 Moritz 1786, 44.

Sprache. Poesie, die Sprache der Empfindung, ist für ihn konkret erklingende, zu hörende Sprache. Deshalb wird, neben dem Paradigma des Tanzes, das Paradigma der Musik, welche »die eigentliche abgezogene Sprache der Empfindung« sei,[463] bedeutend. Erst die klingende Sprache kann sich von der Bezeichnungsfunktion ablösen:

> Wenn nun die Worte und Silben oder die artikulirten Laute zum Gesange werden, so dienen sie eigentlich bloß den Höhen und Tiefen, und den langsamern und schnellern Fortrückungen, wodurch sich die Empfindung ausdrückt, zur Unterlage; sie werden alsdann eigentlich nicht mehr als artikulirte Laute, sondern bloß als Höhen und Tiefen, und als langsamere oder schnellere Fortrückungen betrachtet.[464]

Allerdings fordert Moritz nicht pure Lautpoesie. Vielmehr ist für seine Poetik entscheidend, daß sich die semantische, dem Verstand zugängliche Sphäre beständig mit der akustischen, der Empfindung zugänglichen Sphäre der Sprache reibt. Im Gegensatz zu den Konzepten Herders und Klopstocks muß die lautliche Materialität der sprachlichen Zeichen nicht die Bedeutung mitausdrücken helfen, sie bildet einen in sich selbst vollendeten Zusammenhang aus, der die Bedeutung nicht unterstützt, sondern sie kontrastiert:

> Je öfter nun der Zusammenhang des Silbenmaaßes in den Zusammenhang der Bedeutung eingreift, desto verflochtner wird das verschiedne Interesse der einzelnen Silben; [...] desto merkbarer wird der unwiderstehliche Reiz des Verses; [...] Dieß doppelte sich selbst entgegenstrebende Anziehen versetzt die Seele in eine ungewohnte Thätigkeit; es läßt ihr keinen Augenblick Ruhe, und reißt uns unwiderstehlich durch den Vers mit sich fort.[465]

2.3.5 A.W. Schlegel: Silbenmaß als anthropologische Konstante

Unter den Frühromantikern hat sich A.W. Schlegel am intensivsten darum bemüht, einen systematischen Zusammenhang zwischen Metrik, Sprache und Poesie aufzuzeigen. Dabei hat er sich einerseits deutlich von Klopstocks metrischer Theorie distanziert, andererseits eng an Überlegungen von Herder und Moritz angeschlossen. Seine Ästhetik des Verses ist

---

463 Ebd., 38.
464 Ebd., 39.
465 Ebd., 44 f.

deshalb, manchmal entgegen der eigenen Rhetorik und entgegen der frühromantischen Aufbruchsstimmung, kein Neuansatz, sondern ein Weiterführen der versästhetischen Debatten des 18. Jahrhunderts.[466]

Die 1795/96 in den »Horen« erschienenen »Briefe über Poesie, Silbenmaß und Sprache« kreisen um die Frage nach der anthropologischen Fundierung der im Titel genannten Themen. Schlegels emphatisch vorgetragene Antwort lautet: In der Struktur der Sprache spiegele sich die geistig-seelisch-körperliche Grunddisposition des Menschen, Sprache sei ursprünglich eine poetische Erschließung der Welt, Silbenmaß wohne der Poesie aller Sprachen notwendig inne.

Von Herder übernimmt Schlegel das Konzept von der Sprache als Überschneidungszone sinnlicher und intellektueller Erkenntnisvermögen, äußerer Eindrücke und innerer Empfindungen. In seinen Jenaer Vorlesungen über philosophische Kunstlehre (1798/99) hat er dieses Modell noch präziser formuliert als in den »Briefen«. Auch die ursprüngliche Affinität von Sprache und Poesie wird hier hervorgehoben:

> Sie [die Sprache] ist also weder bloß passiver Ausdruck der Empfindungen (und Gedanken) und bloß passive Erscheinung der Gegenstände, noch willkürlich erfunden, sondern sie ist die bildende Darstellung von beiden, d.h. die Sprache ist in ihrem Ursprunge poetisch. [...] Poesie ist eine bildende Darstellung der innern Empfindungen und der äußern Gegenstände vermittels der Sprache.[467]

In den zu Lebzeiten unveröffentlichten, an den Bruder Friedrich gerichteten »Betrachtungen über Metrik« aus der zweiten Hälfte der 1790er-Jahre geht Schlegel noch einen Schritt weiter: Die dem Menschen eigene Vermischung von Empfindung und Verstand spiegele sich sogar – mikrokosmisch – im Lautbestand der Sprachen. Die Konsonanten stünden für

---

466 Barbara Naumann, die die Bedeutung des Musikalischen für die frühromantische Poetik herausgearbeitet hat, verweist auf A.W. Schlegel nur am Rande, vor allem um ihn von der Position seines Bruders Friedrich Schlegel, der ein eigenes Kapitel gewidmet ist, abzugrenzen: Naumann 1990, Kap. II. Claudia Beckers Habilitationsschrift, deren großes Verdienst es ist, A.W. Schlegel als eigenständigen – und keineswegs epigonalen – Kunsttheoretiker zu würdigen, behandelt Schlegels Schriften zur Metrik ebenfalls ausführlich: Becker 1998, 53-67. Was die Rückbezüge zu theoretischen Positionen des 18. Jahrhunderts, v.a. zu Moritz, betrifft, muß ich Beckers Interpretationen widersprechen.

467 Schlegel 1798-99, § 21. Ebenfalls von Herder übernimmt Schlegel die Vorstellung, daß die Sprache zunächst akustische Eindrücke nachbilde und sich – bei nichtakustischen Eindrücken – die Analogien der Sinne zunutze mache: ebd., § 27.

das »Darstellende«, die Vokale für das »Ausdrückende«[468]. Bernhardi hat diesen Gedanken in seiner »Sprachlehre« (1801-03) systematisiert.[469] Silbenmaß ist für Schlegel derjenige – ebenfalls anthropologisch fundierte – Mechanismus, der den zunächst ungehemmt dahinströmenden Empfindungsausdruck der menschlichen Seele an die Kapazität des menschlichen Körpers anpasse:

> Die Seele, von der Natur allein erzogen und keine Feßeln gewohnt, forderte Freiheit in ihrer äußern Verkündigung; der Körper bedurfte, um nicht der anhaltenden Heftigkeit derselben zu unterliegen, ein Maß, worauf seine innre Einrichtung ihn fühlbar leitete. Ein geordneter Rhythmus der Bewegungen und Töne vereinigte beides, und darin lag ursprünglich seine wohltätige Zaubermacht.[470]

Der Mensch entwickle das Bedürfnis, den spontan entstandenen Rhythmus zu reproduzieren, auch dann, wenn kein unmittelbarer Empfindungsdruck besteht. Erst so entstünden Kunstäußerungen im eigentlichen Sinn:

> Die anfangs unwillkürliche und instinktmäßige Beobachtung des Zeitmaßes in ausdrückenden Bewegungen und Tönen stellte das Gleichgewicht zwischen Seele und Körper wieder her, welches durch die Uebermacht wilder Gemüthsbewegungen und des gleich starken Triebes, sie auszulaßen, aufgehoben worden war. Hatte der Mensch diese wohlthätige Wirkung erst einmal erfahren, so kehrte er natürlicher Weise bei jedem neuen Anlaße zu dem zurück, was sie ihm verschafft hatte, und machte es sich zur Gewohnheit. Die geordnete Freiheit, die er in seinem Innern noch nicht kannte, mußte ihm doch in den äußern Verkündigungen derselben gefallen: er ahnte darin entfernt seine höhere Bestimmung.[471]

Diese Argumentation weist in zwei Richtungen: einmal zu Herders Oden-Abhandlung, die die Poesie nicht als direkten Empfindungsausdruck, sondern als »Perspektiv«[472] beschrieben hatte, zum anderen auf die frühromantische Bestimmung der Kunst als Reflexionsorgan der menschlichen Empfindung und Erkenntnis.

468 Schlegel 1795-99, 162.
469 S.o., Kapitel 2.2.2.4.
470 Schlegel 1795-96, 139.
471 Ebd., 146.
472 Herder 1764/65, 68.

Sprache, Poesie und Silbenmaß sind für Schlegel eng verbundene anthropologische Konstanten. Doch auch er sieht sich mit dem Problem der Willkürlichkeit sprachlicher Zeichen konfrontiert. Sie führe dazu, daß der Zusammenhang der drei Konstanten in der Gegenwart verdeckt sei. Deshalb habe Poesie zum Ziel, den konventionellen status quo der Sprachzeichen zu überwinden:

> [...] wir können sie [die Sprache] fast nicht anders, als wie eine Sammlung durch Uebereinkunft festgesetzter Zeichen betrachten. Indessen liegt doch jene innige, unwiderstehliche, eingeschränkte, aber selbst in ihrer Eingeschränktheit unendliche Sprache der Natur in ihnen verborgen; sie muß in ihnen liegen: nur dadurch wird eine Poesie möglich.[473]

Hierin folgt Schlegel ebenfalls Herder. Moritz' Konzept, die Zeichendebatte zu verabschieden, wird nicht aufgegriffen. Insofern ist Ursprungssehnsucht ein wichtiges Motiv der »Briefe«. Wiederholt gibt Schlegel Hinweise auf die mündliche Poesie außereuropäischer Völker, die er als Spuren einer angeblich verlorengegangenen Einheit von Sprache, Poesie und Signifikaten versteht, – die Parallele zu Herders Volksliedprojekt ist offenkundig. Bereits in den Berliner Vorlesungen über schöne Literatur und Kunst (1801/02) steht allerdings nicht mehr die zum Sprachursprung zurückverweisende Kraft der Poesie im Vordergrund, sondern ihre Fähigkeit, die menschliche Grunddisposition widerzuspiegeln. Dichten ist nach dieser Vorstellung weniger ein schöpferischer als vielmehr ein reflexiver Sprachgebrauch, der dennoch die vom Menschen wahrgenommene Innen- und Außenwelt erst »lebendig« macht:

> Die unpoetische Ansicht der Dinge ist die, welche mit den Wahrnehmungen der Sinne und den Bestimmungen des Verstandes alles an ihnen für abgethan hält; die poetische, welche sie immerfort deutet und eine figürliche Unerschöpflichkeit in ihnen sieht. [...] Dadurch wird erst alles für uns lebendig. Dichten (im weitesten Sinne für das poetische allen Künsten zum Grunde liegende genommen) ist nichts andres als ein ewiges symbolisiren: wir suchen entweder für etwas Geistiges eine äußere Hülle, oder wir beziehn ein Äußres auf ein unsichtbares Inneres.[474]

Sofern dieses »symbolisiren« Aufgabe der Poesie und im weiteren Sinne der Kunst ist, sind ihre Zeichen nicht mehr natürlich, sie fallen nicht

---

473 Schlegel 1795-96, 105.
474 Schlegel 1801-02, 249.

mehr mit den Signifikaten ineins, sondern eher metaphorisch: die Zeichen geben Deutungen der Signifikate auf anderen Reflexionsebenen. Auch hinsichtlich der Systematisierung der Künste zeigen sich bei Schlegel deutliche Rückbezüge zur Diskussion des 18. Jahrhunderts. Allerdings bricht er mit der durch Mendelssohn etablierten Grundeinteilung in schöne Künste und schöne Wissenschaften.[475] Doch zieht auch er eine Trennlinie zwischen Malerei und Musik auf der einen und Rhetorik und Poesie auf der anderen Seite. Jene hätten »Naturprodukte« als »Material«, erforderten also eine »physikalische« Theorie, diese hätten die Sprache, ein »Werk des menschlichen Geistes«, zum Ausgangspunkt und müßten deshalb in einer »philosophischen« Theorie beschrieben werden.[476] Die andere, seit dem »Laokoon« geläufige Teilungsachse, die Raum- von Zeitkünsten scheidet, wird von Schlegel beibehalten. So ergibt sich die alternative Gruppierung Musik, Poesie, Redekunst gegenüber Malerei, Plastik, Architektur.

Auch Schlegel interessiert sich für Hierarchie- bzw. Ursprungsfragen im Kunstsystem. In den »Briefen« setzt er die Einheit von Poesie, Musik und Tanz als Ausgangspunkt: Anfänglich seien »physikalische« und »philosophische«, Raum- und Zeitkünste ungeschieden. Zielpunkt der Poesie der Gegenwart bleibe diese ursprüngliche Synästhesie. Durch das Silbenmaß sei der Rückbezug nach wie vor möglich:

> Poesie entstand gemeinschaftlich mit Musik und Tanz, und das Silbenmaß war das sinnliche Band ihrer Vereinigung mit diesen verschwisterten Künsten. Auch nachdem sie von ihnen getrennt ist, muß sie immer noch Gesang und gleichsam Tanz in die Rede zu bringen suchen, wenn sie noch dem dichtenden Vermögen angehören, und nicht bloß Uebung des Verstandes sein will. Dieß hängt genau mit ihrem Bestreben zusammen, die Sprache durch eine höhere Vollendung zu ihrer ursprünglichen Kraft zurückzuführen, und Zeichen der

---

475 Ebd., 181. Bereits Karl Heinrich Heydenreichs »System der Ästhetik« (1790) verwirft die Einteilung schöne Künste versus schöne Wissenschaften: Heydenreich 1790, 215. Heydenreich führt dagegen den übergeordneten Begriff »Künste der Empfindsamkeit« (ebd., 222) ein und differenziert danach, ob die Künste Empfindungen selbst, oder Gegenstände bzw. Handlungen, die Empfindungen auslösen, darstellen. Letzteres geschehe in der Bildenden Künsten, zu denen Heydenreich auch die Gartenkunst zählt, für erstere Darstellungsform sei die Tonkunst prädestiniert. Tanzkunst, Dichtkunst und Schauspielkunst stünden zwischen den beiden Darstellungsmodi: ebd., 170 ff.
476 Schlegel 1801-02, 184.

Verabredung durch die Art des Gebrauches beinah in natürliche und an sich bedeutende umzuschaffen.[477]

Wenn Schlegel in den Berliner Vorlesungen die Tanzkunst zum Ausgangspunkt seines Kunstsystems macht, meint er die in den »Briefen« konzipierte synästhetische Urkunst. Die Verästelung der Künste wird als Subtraktionsprozeß aus der Einheit entwickelt. Zum einen spalten sich diejenigen Künste ab, denen der Parameter Raum fehlt, zum anderen die statischen Künste, ohne den Parameter Zeit. Innerhalb der so entstehenden Zweige ist die Plastik die um die Farbe reduzierte Malerei, die Poesie die um das Klangspektrum reduzierte Musik. Am weitesten entfernt von der ursprünglichen Synästhesie stehen Architektur und »prosaische Redekunst«, die Nutzanwendungen der Raum- bzw. der Zeitkunst.[478] Insofern halte ich Beckers Einschätzung, die Tanzkunst erhalte bei A.W. Schlegel einen »neuartigen Stellenwert«[479], für mißverständlich. Daß die Tanzkunst Raum- und Zeitkünste vereinige, haben schon Herder und Klopstock hervorgehoben; bei Schlegel wird lediglich die Affinität der Poesie zur synästhetischen Ursprungskunst besonders betont. Obwohl die Poesie relativ weit oben – also ursprungsfern – im Zweig der Künste ohne den Parameter Raum angesiedelt wird, räumt Schlegel ihr dennoch einen hervorragenden Stellenwert ein, da sie die Kraft hat auf die ursprüngliche Synästhesie zurückzuverweisen. In diesem Zusammenhang begegnet wiederum die bereits bei Herder anzutreffende Argumentation, die Poesie könne sowohl sukzessiv wirken als auch bildliche Vorstellungen erwecken. An Herder erinnert auch die Folgerung:

> Daher muß die Poesie nothwendig die grenzenloseste aller Künste seyn und die andern müssen sich mehr oder weniger in ihr abspiegeln. Jedoch steht sie mit einer der Form nach in einer näheren Beziehung und das ist die Musik.[480]

Die enge Beziehung zur Musik nimmt das Konzept von der Poesie als Ausdruckskunst – im Gegensatz zur Darstellung der bildenden Künste – auf. Da Schlegel in den Vokalen das Ausdrucksprinzip der Sprache grundgelegt sieht, muß der vokalische Klang der Sprache, ihre Euphonie, ins Zentrum der Poetik rücken; die Reim- und Assonanzbeziehungen zwischen den Versen eines Gedichtes werden wichtiger als das Silbenmaß des einzelnen Verses, die Eurhythmie. Die gesungene und getanzte Rede

---

477 Schlegel 1795-96, 108 f.
478 Schlegel 1801-02, 271 ff. Eine schematische Übersicht bei Becker 1998, 184.
479 Ebd., 185.
480 Ebd., 270.

Schlegels steht im Kontrast zum lautlosen Eislauf Klopstocks und knüpft an Herder und Moritz an, die die Sprache der Poesie als klingende Sprache begriffen hatten. Unter diesem Gesichtspunkt erscheint der schriftliche Sprachgebrauch der Gegenwart als Denaturierung; Schlegel hebt ausdrücklich hervor, daß die menschliche Sprache notwendigerweise eine Tonzeichen- und keine Schriftzeichensprache[481] sei.

Schlegels Kunstsystem geht also von der ursprünglichen Einheit von Poesie, Musik und Tanz aus. Die Poesie der Gegenwart beinhalte das Potential, den konventionellen Status der Sprachzeichen zu überwinden und die ursprüngliche Kunstsynästhesie einzuholen. Wenn die Poesie auch die Parameter Raum und Zeit zusammenführt, wird sie doch vornehmlich auf das Paradigma der Musik hin ausgerichtet; sie soll Klang-Kunst sein.

Während Schlegels Bezugnahmen auf Herder implizit deutlich werden, und er seine Abgrenzung zu Klopstocks Theorie explizit formuliert hat,[482] ist das Verhältnis zu Moritz' Position komplizierter, zumal hier, wie ich meine, ein Rezeptions-Mißverständnis vorliegt. Der Einschätzung Claudia Beckers, Schlegel überwinde en passant Moritz' wenig ergiebige Position,[483] möchte ich daher entschieden widersprechen.

Die »Briefe« geben einen in der Tat verwirrenden Hinweis auf den »Versuch einer deutschen Prosodie«. Moritz finde, wie es heißt,

den Ursprung des Zeitmaßes im Tanze und Gesange darin, daß den körperlichen Bewegungen, und den ausgesprochnen oder gesungnen Worten, wozu bloß Leidenschaft den Menschen drängt, ein äußrer Zweck mangelt. [...] Da beim Tanze und Gesange solch ein äußres Bedürfniß ganz wegfällt, und folglich diese Handlungen um ihrer selbst willen vorgenommen werden, etwas an sich ganz Zweckloses aber uns kein Vergnügen gewähren kann, so strebt die Seele unwillkür-

---

481 Ebd., 269: »[...] denn eben die Übertragung von allem zu Bezeichnenden in Hörbares, zeigt an, daß es durch unsern innern Sinn hindurch gegangen ist, unsre Existenz bestimmt hat.«

482 Besonders in den »Betrachtungen über Metrik«, die programmatisch fordern, jede Sprache müsse aus sich ihr metrisches System entwickeln, und Klopstocks Anleihen am Verssystem des Griechischen ablehnen, und in dem Dialog »Der Wettstreit der Sprachen« (1798), der Klopstocks »Grammatische Gespräche« parodiert.

483 Becker 1998, 86-89. Beckers Darstellung gerät vor allem deswegen verzerrend, weil sie die Moritz' Position selbst offenbar nicht gründlich rezipiert hat und unkritisch Heuslers abwertendes Urteil über Moritz übernimmt: ebd., 86 f. Heusler unreflektiert als Autorität in metrischen bzw. prosodischen Fragen heranzuziehen ist, mit Verlaub, verblüffend.

lich darnach, sich einen Grund angeben zu können, warum sie jedesmal die Bewegungen und Töne so oder so auf einander folge laße.[484] Wie zu sehen war, gewährt jedoch für Moritz gerade das Verharren im »ganz Zwecklosen« das höchste Maß an »Vergnügen«. Die Suche nach einem psychologischen oder anthropologischen Grund für das Zeitmaß beschäftigt nicht Moritz, sondern Schlegel. Während Moritz das Alternieren betonter und unbetonter Silben als Bewegung, die das phonetische Material der Sprache selbst hörbar macht, beschreibt ohne es weiter zu kommentieren, ringt Schlegel in den »Briefen« Abschnitt für Abschnitt neu um eine tiefere Motivation für das Silbenmaß. Was Schlegel im folgenden gegen Moritz' vermeintliche Zweckhaftigkeits-Forderung anführt, nähert sich der Moritzschen Position.[485] Und die bei Moritz grundlegende These, daß sich in der Sprache Verstandes- und Empfindungssphäre überschneiden, wendet Schlegel fälschlich gegen Moritz:

> Ferner begreife ich nicht, wie Moriz [sic] den Zweck der Rede darauf einschränken kann, daß man sich verständlich machen will. Soll sie nicht noch in Zeiten der Verfeinerung, sollte sie nicht um so viel mehr, je näher die Sprache ihrem Ursprunge war, Theilnahme an den Empfindungen des Redenden erregen?[486]

Genau das hatte Moritz gefordert. Schlegel, der 1795, als noch junger Mann, bereits eine Fülle theoretischer Positionen rezipiert hatte, hat Moritz' »Versuch einer deutschen Prosodie« offenbar oberflächlich gelesen und zur Gegenposition stilisiert, ohne sich bewußt zu sein, daß er Moritz eigentlich als Paten für die eigenen Anschauungen hätte anrufen können.

Die Berliner Vorlesungen nehmen dagegen positiv auf Moritz' »Über die bildende Nachahmung des Schönen« Bezug. Schlegel zitiert die Abhandlung sogar im Wortlaut, ohne dies zu kennzeichnen.[487] Insbesondere übernimmt Schlegel den Moritzschen Nachahmungsbegriff:[488]

> Das [die Prämisse der Naturnachahmung] heißt nämlich, sie [die Kunst] soll wie die Natur selbständig schaffend, organisirt und organisirend, lebendige Werke bilden, die nicht erst durch einen fremden Mechanismus, [...] sondern durch innewohnende Kraft, [...] beweglich sind, und vollendet in sich selbst zurückkehren.[489]

---

484 Schlegel 1795-96, 128 f.
485 Ebd., 130.
486 Ebd.
487 Schlegel 1801-02, 259.
488 Dazu auch Costazza 1999, 14 f.
489 Schlegel 1801-02, 258.

Das für die Frühromantiker so zentrale Konzept der Autonomie der Kunst bezieht Schlegel also, bis in die Formulierung hinein, von Moritz. Es soll hier nicht darum gehen, durch das Aufweisen vielfältiger Bezüge Schlegels Position als unoriginell zu werten. Neuheit in ästhetischen Debatten war und ist oft eher eine Frage der Rhetorik und der Einschätzung von Programmen; beschränkt man sich auf den argumentativen Kern, sind nur äußerst selten radikale Neuansätze zu verzeichnen. Wichtig festzuhalten bleibt, daß Schlegel erstens die bei Herder entworfene anthropologische Fundierung von Sprache und Poesie übernimmt und sie insbesondere für die metrische Organisation der Poesie geltend macht, und daß er zweitens den Wortklang – gegenüber der Wortbewegung – zum dominanten poetischen Prinzip erklärt.

2.3.6 Zusammenfassung und Ausblick

Am Anfang dieses Teilkapitels stand die Frage, inwiefern die metrische Organisation eines poetischen Textes bzw., in einem weiteren Horizont, seine akustische Struktur insgesamt an der Sinnkonstitution beteiligt ist. Nach Darlegung der vier Positionen läßt sich darauf antworten, daß akustischen Strukturen der Sprache im poetologischen Denken zwischen 1750 und 1800 enorme Bedeutung zuwächst. Die eventuell sich anbietende Formel, die Poetik dieser Jahrzehnte vertausche den horazischen Grundsatz *ut pictura poiesis* mit der neuen Devise *ut musica poiesis*, erweist sich allerdings als zu grob.[490]

Die im 18. Jahrhundert sich perfektionierende Technik des isolierten, stummen Lesens – auch von Lyrik – sowie die wahrnehmungstheoretische Ausrichtung der Ästhetik führen dazu, daß der Unterschied zwischen konkret aufeinanderfolgenden, klingenden Lauten und in der Druckfläche eingefrorenen, entsinnlichten Schriftzeichen eingehend reflektiert wird. Trotz aller Differenzen stimmen die vier behandelten Autoren darin überein, daß sie Lyrik als Kunst in der Zeit verstehen. Diese kann den konventionellen status quo der Zeichen überwinden. In ihrer Bewegung würden Wörter, in dieser Hinsicht akustischen Schwingungen vergleichbar, Bewegungen im Nervenapparat verursachen, die sich wiederum auf die Seele übertragen würden. Diese Schwingungs-Übertragung vollziehe

---

[490] Zum Beispiel stellen Katz/Hacohen 1988 ihre ansonsten hervorragend differenzierende Studie, die die Autonomisierung der Musik in der zweiten Hälfte des 18. Jahrhunderts – und weniger die Orientierung der Poesie an der Musik – zum Gegenstand hat, unter diese Formel. Für verfehlt halte ich es, daß Benning 1995 speziell Klopstocks Poetik mit diesem Stempel versieht.

sich schneller als die Dekodierung der Wortbedeutungen. Das Konzept der Lyrik als Bewegungs-Kunst bedeutet allerdings nicht notwendigerweise eine Musikalisierung der Poesie. Vielmehr werden Lösungen gesucht, die die spezifische akustische Struktur der Sprache und ihren Schwebezustand zwischen Laut und Bedeutung berücksichtigen. Anstatt einer umfassenden Formel können daher vielleicht vier Etikette vergeben werden, die versuchen, die Unterschiede der behandelten Positionen zu charakterisieren: Herder bestimmt die Poesie als tönende Bewegungs-Kunst, Klopstock votiert für eine Wort-Beschleunigungs-Kunst, für Moritz sind Metren und Reim dazu geeignet, eine autonome Wort-Kunst zu entwikkeln, A.W. Schlegel schließlich propagiert Lyrik als Klang-Kunst.

Das Adjektiv ›tönend‹ im Herder-Etikett soll die vielfältigen Implikationen, die der Begriff ›Ton‹ bei Herder hat, anklingen lassen und gleichzeitig darauf verweisen, daß Herder die Sprache der Poesie als gesprochene und gehörte Sprache denkt. Erst tönend leistet die Sprache Empfindungsausdruck, erst die tönenden Zeichen, die Laute, überwinden die Willkürlichkeit der Bezeichnung. Für Klopstocks metrische Theorie wird vor allem die schnelle Bewegung der Worte wichtig. Getäuscht von der Geschwindigkeit der Signifikanten hält der Rezipient diese für »fastwirkliche Dinge«. Moritz versucht nicht mehr, die akustische Struktur der Sprache in Beziehung zu ihrer Semantik zu setzen. Seiner Vorstellung nach sind Metren und Sprachklang vielmehr dazu geeignet, die Sprache nicht als Mittel zur Bedeutung, sondern als »in sich selbst vollendetes Ganzes« erlebbar zu machen. Auf A.W. Schlegel trifft noch am ehesten die *ut musica poiesis*-Formel zu, allerdings verpflichtet er die Poesie nicht auf die zeitgenössische Musik, sondern auf eine synästhetische Urkunst, die angeblich Sprache, unartikulierte Töne und Gebärden vereinigte.

Der vielleicht wichtigste Unterschied zwischen den vor-romantischen und den romantischen Positionen besteht darin, daß die Romantiker die begriffliche Unklarheit der Musik erstmals positiv bewerten.[491] Herder hatte als besondere Qualität der Poesie herausgestellt, daß sie die Unbestimmtheit des musikalischen Empfindungsausdrucks und die distanzierend-differenzierende Klarheit der bildenden Künste synthetisiere. Während der junge Schlegel diese Vorstellung noch aufgreift,[492] wird die begriffliche Unschärfe der Musik, maßgeblich bei Novalis, philosophisch überhöht: Die nicht auf eine Außenwelt verweisenden, sich selbst reflektierenden Klänge werden für Novalis zur geeigneten Metapher eines Phi-

---

491 Die Bedeutung des Musikalischen für die Poetik der Romantiker stellt Stefano 1995 in einem prägnanten Überblick heraus.
492 Schlegel 1801-02, 270.

losophierens, das keine letzten Gewißheiten mehr kennt, sondern die Erkenntnis durch ein Spiegelkabinett führt. In der Sprache der Poesie wird ein Ausweg aus der bisher üblichen, verstandesorientierten Sprache des Philosophierens gesehen. Als unbegriffliche, an der Autonomie der Musik orientierte Sprache wird sie zum idealen Organ eines Denkens, das keine Axiome mehr setzt, sondern über sich selbst nachdenkt.[493] Die Vorstellung von der Autonomie der Musik entwickelt sich ihrerseits erst am Ende des 18. Jahrhunderts. Noch Johann Jacob Engels Abhandlung »Über die musikalische Malerey« (1780) begreift die Töne der Musik als Zeichen, die, wenn sie auch unbestimmt sind, auf Außermusikalisches hinweisen.[494] Erst Christian Friedrich Michaelis' »Über den Geist der Tonkunst« (1795/1800) verhilft der musikalischen Autonomie-Ästhetik zum Durchbruch. Wichtige Referenz für Michaelis' Neuentwurf ist, worauf bereits der Untertitel hinweist, Kants »Kritik der Urteilskraft«.[495] Erstmals hat vermutlich Adam Smith, in seiner – zwischen 1751 und 1764 verfassten, jedoch erst 1795 veröffentlichten – Abhandlung »Of the nature of that imitation which takes place in what are called the imitative arts« die Vorstellung von der Autonomie der Musik formuliert.[496] Die Dichtungspraxis der Frühromantiker hat allerdings die Auflösung der Bedeutungsfunktion der Sprache zugunsten des nicht mehr bezeichnenden Tönens lange nicht so radikal vorangetrieben, wie der philosophische Entwurf es suggeriert.

Hervorgehoben werden soll schließlich noch einmal, daß die behandelten Autoren nicht nur gegen die fortschreitende Verschriftlichung polemisiert haben, sondern durch diese erst herausgefordert wurden, die nichtschriftliche Dimension der Sprache im allgemeinen und der Poesie im besonderen zu durchdenken. Langfristige Alternative zur Letternkultur konnte keine rückwärtsgewandte Re-Oralisierung sein. Stattdessen kam es darauf an, das Bewußtsein dafür zu schärfen, daß schriftliche, willkürliche Zeichen Reste von natürlichen Zeichen enthalten.

---

493 Zur Bedeutung des Musikalischen bei Novalis: Naumann 1990, Kap. III. Zur Rezeption der akustischen Schwingungslehre Ernst F.F. Chladnis durch Novalis: Menke 1999.
494 Engel 1780, 6 f.
495 Ausführlicher dazu: Seidel 1988.
496 Ebd., 68. Grundlegend zur Entwicklung der musikalischen Autonomie-Ästhetik im 18. Jahrhundert: Dahlhaus 1978; siehe auch Neubauer 1986; Lubkoll 1995, 69-83.

3 Zur Aufführung lyrischer Gedichte

3.1 Schriftliche Spuren des Gedichtvortrags

Die im vorigen Kapitel vorgenommene Darstellung einer Poetik, die der akustischen Realisation der Verssprache entscheidende Bedeutung einräumt, motiviert die Frage, wie Lyrik in der zweiten Hälfte des 18. Jahrhunderts vorgetragen wurde. Wer diese Frage stellt, muß sich mit »delivery instances«[1] von Versen auseinandersetzen, die nur über indirekte – schriftliche – Quellen zugänglich sind. Bei diesen Quellen handelt es sich einerseits um Anweisungen zum Vortrag, andererseits um Berichte über den Vortrag. Sie sind von verschiedenen Personengruppen verfaßt – von Dichtern, Sprachwissenschaftlern, Rhetoriklehrern, Predigern, Deklamatoren, Laien –, bewegen sich auf unterschiedlichen Reflexionsniveaus und gehören unterschiedlichen Textsorten, vom Erlebnisbericht in Briefform bis zur sprachphilosophischen Abhandlung, an. Allen Quellen ist jedoch gemeinsam, daß sie bereits Interpretationen des Vorgetragenen bzw. des Vorzutragenden darstellen.

Die Vorstellung, daß sich aus den vorgetragenen Texten selbst ihre adäquate Rezitation erschließen läßt, muß zurückgewiesen werden.[2] Ebenso problematisch ist es, bestimmte textinhärente Strukturen als eindeutige Hinweise darauf zu interpretieren, daß der betreffende Text einer mündlichen oder semi-oralen Rezeptionstradition angehört. Auch ein Verstext, der leicht memoriert werden kann (z.B. aufgrund von einprägsamen Wiederholungsstrukturen), der schriftsprachliche Normen verletzt und der Gesprächssituationen entwirft, kann schriftlich konzipiert und für die stille Lektüre intendiert sein. Es wird also nicht darum gehen, Verse des 18. Jahrhunderts authentisch erklingen zu lassen. Vielmehr gilt das Interesse dieses Teilkapitels Vorstellungen und Konzepten von Rezitation. Zunächst werden Vortrags-Poetologie und Vortrags-Situationen von einzelnen Texten Klopstocks und der Göttinger Haindichter thematisiert, anschließend wird die Formierung der Deklamation als Wissenschaft um 1800 skizziert.

1 Jakobson 1960, 365. Begriffserklärung s.o., Kapitel 2.2.1.
2 Diese Vorstellung bildete die Grundlage des von Eduard Sievers entwickelten Verfahrens der »Schallanalyse«: z.B. Sievers 1912, 56-77. Sievers ging so weit, seine Rekonstruktionen des Vortrags mittelhochdeutscher Gedichte als Kriterium der Bewertung von Textquellen einzusetzen: Sievers 1912, 78-111. Bernstejn 1927 forderte, in Auseinandersetzung mit dem Verfahren der »Schallanalyse«, eine methodische Trennung von phonologischen Strukturen des Textes und phonetischen Strukturen der Rezitation. Zum wissenschaftsgeschichtlichen Kontext des Ansatzes von Sievers: Rosenberg 1988.

3.1.1 Vom Aussprechen geschriebener Verse

Die in Klopstocks Hamburger Odensammlung von 1771 erstmals veröffentlichte Ode »Teone« wurde auch in den ersten Band von Friedrich Ferdinand Delbrücks Sammlung lyrischer Gedichte (1800) aufgenommen. Delbrück stellt den Oden Klopstocks eine »Abhandlung über die Grundsätze der Erklärung und des Vortrags lyrischer Gedichte« voran und versieht die einzelnen Oden mit einer Fülle von Anmerkungen zur Deklamation. Zunächst Klopstocks Text:[3]

Teone

− v v −, − v v −, v v − v
− v v −, v v − v, v v − v oder − v − v
− v − v v − v − v
− v v − v v −

I   Still auf dem Blatt ruhte das Lied, noch erschrocken
Vor dem Getös des Rhapsoden, der es herlas,
Unbekannt mit der sanftern[4] Stimme   ·
Laut, und dem volleren Ton.

II   Da, wo er schrie, lag ein Homer. Auf den Dreyfuß
Setzt ihn sein Wahn, und verbarg ihm, daß ihm stutzte,
Stand der Strom des Gesangs, des Dichters
Genius zornig entfloh.

III   Aber o lern, Sängerin selbst, von Teonens
Zaubernden[5] Kunst, wenn dem Inhalt sie wie Wachs schmilzt,
Und der Seele des Liedes gleiche
Schöne Gespielinnen wählt.

IV   Hörst du, wie sie an der Gewalt des Rhapsoden
Rächet das Lied! wie dem Ohre sie es bildet!
Sind nicht, Sängerin, dieser Töne
Wendungen auch Melodie?

---

3 Zit. nach: Delbrück 1800, 276-284.
4 Bei Delbrück »sanfteren«; da »sanfteren« allerdings nicht in das von Delbrück in Übereinstimmung mit der Hamburger Ausgabe (1771) angegebene Metrum paßt, ist anzunehmen, daß es sich um einen Druckfehler handelt. Der Text der Hamburger Ausgabe lautet »sanftern«.
5 Delbrück vermerkt auch die Variante »Zaubernder«; die beiden Formen seien »gleich sprachmäßig«: Delbrück 1800, 280.

V	Ja, Melodie innig vertraut mit des Herzens Feinstem Gefühl! nicht die Haltung wie die Flöte Tönet, oder wie deine Stimme Ueber die Flöte sich hebt.
VI	Sage, warum bebst du? was stürzt dir die Thräne Eilend herab? was besänftigt nun dein Herz dir? That's Teone nicht auch? und rührt dich Etwa der Dichter allein?
VII	Höre, für sie dichtet er! hör', auch die kleinste Kunst des Gesangs ist Teonen nicht verborgen! Folg' ihr, wie in des stolzen Rhythmus Tanz sie mit Leichtigkeit schwebt!
VIII	Pflanze für sie Blumen im Hain an dem Bache Rossa, daß ich, wenn mit Einklang sie vielleicht einst Meiner Lieder Gefühl begleitet, Kränze Teonen ihr Haar!

Delbrück macht am Seitenrand Angaben zu Tonhöhe, Lautstärke und Tempo des Vortrags; so heißt es etwa zur ersten Strophe: »Tief, leise und langesam«; neben der zweiten Strophe steht »Lauter«, neben der dritten »Leiser, höher u. langsamer«. Außerdem versieht er den Text mit insgesamt 24 Fußnoten; sie geben Anmerkungen zu einzelnen Wörtern, Erklärungen komplizierter grammatikalischer Wendungen, zum Begriff »Rhythmus« in der vorletzten Strophe einen längeren Exkurs. Dem ersten Wort des Gedichtes, »Still«, ist folgende Anmerkung beigegeben: »Der Dichter hat in Gedanken einem Rhapsoden zugehört, und stimmt diese Ode an, nachdem jener eine Zeit lang geschwiegen.«[6] Der Herausgeber stellt das Gedicht also in eine konkrete Sprechsituation.

Teone personifiziert die Deklamation. Sie wird einerseits einem Rhapsoden, andererseits einer Sängerin gegenübergestellt – und geht bekränzt als Siegerin aus dem imaginierten Wettstreit hervor. Wie Delbrücks Einleitung Aufschluß gibt, ist mit dem »Getös des Rhapsoden« ein Vortrag gemeint, der stupide das Metrum hervorkehrt. Die Sängerin dagegen folge autonomen musikalischen Gesetzmäßigkeiten. Teone jedoch »nimmt [...], wie der Rhapsode, die sorgfältigste Rücksicht auf das Metrum, doch so, daß sie dasselbe immer beherrscht, und nie von ihm beherrscht wird. Allerdings beobachtet sie, wie der Gesang, eine gewisse Melodie,

---

6 Ebd., 278.

aber eine Melodie, nach welcher die auf einander folgenden Töne in Verhältnissen stehn, die sich nur fühlen, die sich nicht in Zahlen ausdrücken lassen.«[7] Teones Vortrag folgt dem »Inhalt« des Gedichts, dem sie »wie Wachs schmilzt«[8]. Die syntaktisch-semantische Gliederung des Textes ist, so läßt sich aus dieser Formulierung ableiten, als Orientierungsgröße für die Deklamation wichtiger als die metrische Gliederung.[9]

Nicht »der Dichter allein«[10] bewegt den Hörer, sondern erst seine Dichtung in Verbindung mit »Teonens [...] Kunst«[11], die keineswegs nur als Beiwerk, das den Text gefällig inszeniert, verstanden wird. Die in zeitgenössischen Deklamationslehrbüchern entworfene Vorstellung, daß die Deklamation die Sprache eines Gedichtes versinnliche, wird hier programmatisch ausgesprochen. Teone wählt »der Seele des Liedes gleiche | Schöne Gespielinnen«[12], ihre Melodie ist »innig vertraut mit des Herzens | Feinstem Gefühl«[13]. Zur ersten Phrase der vorletzten Strophe – »Höre, für sie [Teone] dichtet er [der Dichter]!« – merkt Delbrück an:

> Daß die Dichter für das Ohr und für den mündlichen Vortrag arbeiten, und daß dem, welcher ihre Werke nur mit dem Auge liest, die feinsten Schönheiten derselben verborgen bleiben, ist eine unter uns noch zu wenig verbreitete Wahrheit.[14]

Die belebende Wirkung der Deklamation ist nicht nur inhaltliches, sondern auch strukturelles Programm des Textes. Die ersten beiden Strophen, die jeweils mit einem kompakten Aussagesatz beginnen, haben deskriptiven Charakter. Das »Lied«[15] liegt in tonloser Rohform vor, eine

---

7   Ebd., 277.
8   Strophe III,2.
9   In dieses Konzept der Deklamation paßt auch Delbrücks Interpretation der Formulierung, daß Teone »in des stolzen Rhythmus | Tanz [...] mit Leichtigkeit schwebt« (VII,3 f.); Delbrück kommentiert, daß »sie [Teone] das prosodische Verhältnis der Sylben zwar durchhören läßt, die Darstellung desselben aber dem Sinne der Worte unterordnet«: Delbrück 1800, 283. In der Anmerkung zum Wort »Rhythmus« vergleicht Delbrück die beiden Hexameter »Schrecklich erscholl der geflügelte Donnergesang in der Heerschaar« und »Da die Weste des Lenzes das Mädchen mit Blüthe bewehten«, die bis auf den ersten Versfuß komplett übereinstimmen und dennoch, durch ihre unterschiedliche Wortfußgliederung, einen anderen Höreindruck erwecken: ebd., 283 f.
10 Strophe VI,4.
11 III,1 f.
12 III,3 f.
13 V,1 f.
14 Delbrück 1800, 282.
15 I,1.

unangemessene Vortragsart, das »Getös des Rhapsoden«[16], wird erinnert. Besonders die komplexe syntaktische Wendung in Strophe II, 2 – »und verbarg ihm [dem Rhapsoden], daß ihm [einem Homer] stutzte« – ist beim spontanen Hören schwer verständlich und zeigt die Affinität dieser Strophe zu schriftlich konzipierter Sprache. Mit der dritten Strophe wird in eine kolloquiale Sprechart gewechselt. Die Anrede an die »Sängerin«[17] kann auch als Wendung zum Rezipienten verstanden werden; ab der vierten Strophe wird schließlich nur noch das Personalpronomen »du« verwendet. Die Frage in Strophe IV, 3-4 eröffnet eine Dialogsituation; die Erwiderung folgt in Strophe V, eingeleitet durch »Ja, [...]«. In der sechsten Strophe erreicht die Wirkung der Deklamation ihren Höhepunkt: inhaltlich in der physischen Erschütterung, in die sie die »Sängerin« bzw. den Rezipienten versetzt und durch die sie zu Tränen rührt, syntaktisch in fünf kurzen Fragesätzen – im Gegensatz zum deskriptiven Beginn ist das Gedicht an dieser Stelle am ehesten ein zum Sprechen konzipierter Text. Klopstocks Ode schildert nicht nur die Belebung eines schriftlichen Textes durch die Deklamation, sie inszeniert strukturell den Übergang von einem Lese- zu einem Sprechtext.[18]

Auf Strukturen des Textes, die ihn als schriftlich konzipierten ausweisen, wurde bereits verwiesen. Hierzu zählt auch die elliptische Fügung in Strophe V (»nicht die Haltung wie die Flöte [...]«), zu der Delbrück anmerken muß:

> Der Sinn der Strophe ist also: Eine geistvolle Declamation schmiegt sich an die Empfindungen noch genauer an, als die Töne der Flöte, ja als selbst der Gesang, welcher jene an geistvoller Angemessenheit des Ausdrucks übertrifft.[19]

Ein von Klopstock selbst nicht thematisierter Widerspruch besteht darin, daß die strikte Einhaltung des Metrums, die ja eigentlich den sprechnahen Duktus der Dichtung hervorkehren soll, oft zu sehr verkürzten und dadurch komplizierten grammatikalischen Fügungen zwingt, die bei einer auditiven Rezeption Schwierigkeiten bereiten. In Vernachlässigung des metrischen Schemas ließe sich obige Phrase der fünften Strophe etwa so formulieren:

16 I,2.
17 III,1.
18 Vgl. hierzu Kohl 1995. Kohl analysiert die Sprechakte in der Ode »Auf meine Freunde« und stellt fest, daß sie das Gedicht keineswegs als »natürliche Rede« ausweisen, sondern – in ihrer Konstruiertheit – vielmehr ein Spannungsverhältnis zur »natürlichen Kommunikation« aufbauen: ebd., 15.
19 Delbrück 1800, 282.

Ja, Melodie innig vertraut mit des Herzens
Feinstem Gefühl! *Tönt nicht wie die Flöte*
Tönet, auch nicht wie deine Stimme,
Die ueber die Flöte sich hebt.[20]

Diese leichter faßliche Variante wäre für Klopstock indiskutabel, die Einhaltung der metrischen Strophenform hat für ihn Priorität. Das strophisch wiederkehrende Metrum scheint nach Klopstocks Vorstellung den sinnlichen Reiz seiner Oden zu garantieren; er bedenkt nicht die schriftkulturellen Voraussetzungen der Odenmaße. Diese Maße sind aus isolierten Teilen der geläufigen antiken Odenstrophen neu kombiniert – eine Technik, die ohne Schriftlichkeit kaum denkbar ist. Die Einhaltung der elaborierten Klopstockschen Maße kann von einem Rezipienten, der die Texte nur hört, kaum überprüft werden. Vermutlich wäre ein Hörer, der das metrische Schema der Ode »Teone« niemals gesehen hat, mit der oben konstruierten – metrisch falschen – Phrase durchaus zufrieden.

Wenngleich die Ode »Teone« als poetologischer Text die Deklamation zur konstitutiven Ebene der Poesie erklärt, zeigt ihre Struktur Abhängigkeiten von Mechanismen der schriftkulturellen Dichtungstradition.

Lebendiges Sprachrohr Klopstocks in Süddeutschland war Christian Friedrich Daniel Schubart, der aus dem »Messias« laut eigener Angabe »schon in Aalen, Nördlingen, Nürnberg, Erlang[en], Eßlingen, Geißlingen, Mannheim, München, sonderlich Ludwigsburg beinah unzähligemal vorgelesen« hat.[21] Sein Publikum war bunt gemischt – »Ich habe Fürsten, Ministern, Kriegsleuten, Hofdamen, Priestern, Rechtsgelehrten, Aerzten, Virtuosen, Handwerkern, Bauern, Weibern, Mädchen an der Kunkel und am Nähpulte Ihre Messiade ganz oder stellenweise vorgelesen«[22] –, die Wirkung seiner Lesungen beachtlich:

> O das war ein festlicher Anblick, wie alles so in feierlicher Stille dasaß, wie die Empfindung auffuhr, und in Verwunderung und Thränen ausbrach. Klopstock! Klopstock! scholls von allen Lippen, wenn eine Vorlesung geendigt war.[23]

Später, während seiner Inhaftierung auf dem Hohenasperg, äußerst sich Schubart zu einer Stelle aus dem 16. Gesang des »Messias«, deren Deklamation ihm offensichtlich Probleme bereitet hat:

---

20 Die kursiv gesetzte Passage weicht von Klopstocks Text ab.
21 Schubart an Klopstock, Ulm, nach dem 22. 5. 1776. Zit. nach: Klopstock, Briefe 1776-1782, 30 f.
22 Ebd.
23 Ebd.

Das stürmende Getümmel zu Ende des 16. Gesangs bei der Höllenfahrt Christi, hab' ich aller Sorgfalt ungeachtet, nie so deklamiren können, daß es den gehofften Eindruck bei den Lesern machte. Ich bewundre die Gewissenhaftigkeit des Dichters, mit der er an der Geschichte hieng, die von der Höllenfahrt nichts sagt, als: – »er zeigte sich den Teufeln zum Schrecken.« – Aber dieß blose Zeigen, dieß Nichtsprechen, hat Leser und Hörer, soviel ich deren kenne, nie ganz befriedigt. Zudem stehen die schwarzen Farben ohne Lichtblike, so dik aufeinander, daß kein Auge dieß Chaos lange aushalten kann. Die gedrängte Sprache, die kühnen Vorstellungen, die gigantischen Bilder – Trümmer, wie im Donner niedergeworfen; machen einem die Deklamation so sauer, daß ich immer Brustschmerzen bekam, so oft ich diese Stelle deklamirte.[24]

Schubart schließt eine Anweisung zur Deklamation der Verse 577-581 aus dem 16. Gesang des »Messias« an. Er beendet seinen Exkurs mit der Bemerkung:

Gäb' es Noten für die Deklamation; so wollt ich mich noch deutlicher über dieß Thema ausdrüken. Aber es gibt leider keine, und es wäre doch möglich, sie zu finden.[25]

Hier soll der Frage nachgegangen werden, ob sich die Probleme, die Schubart bei Deklamation besagter Passage offensichtlich hatte, anhand der Textstruktur nachvollziehen lassen. Die 128 Schlußverse[26] enthalten 87 Sätze. 28-mal fallen Satzbeginn und Versbeginn bzw. Satzende und Versende zusammen, an 60 Versgrenzen kommt es zu einem Enjambement.[27] Sechs der 87 Sätze sind länger als drei Verse; in 27 Sätzen ist wörtliche Rede verwendet, wenn auch nicht durch Anführungszeichen ausgewiesen. Die durchschnittlich kurze Satzlänge und die relativ häufige wörtliche Rede kommen dem Vortrag entgegen. Fügungen wie z.B.

[...] In des kommenden Mittlers Geberde
War, in dem Antlitz des Überwinders, mit göttlicher Ruhe
Überstrahlt, (Urkräfte begannen durch sie!) war Allmacht.[28]

24 Schubart 1793, 41 f.
25 Ebd., 43.
26 Klopstock, Messias, 16. Gesang, Verse 572-699.
27 Ein Enjambement liegt, nach der von mir vorgenommenen Zählung, dann vor, wenn eine Versgrenze eine funktional zusammengehörige Phrase (z.B. Artikel plus Adjektiv plus zugehöriges Substantiv) oder Teile des Satzkerns (z.B. Subjekt und finites Verb oder transitives Verb und Objekt) trennt.
28 Klopstock, Messias, 16. Gesang, Verse 595-597.

suggerieren ein spontanes, assoziatives Sprechen. Bevor der Sprecher den Satzkern durch die Nennung des Subjektes abschließt, fallen ihm noch weitere adverbiale Ergänzungen zum Verbum »war« ein, die er dazwischenschiebt. Der Sprecher scheint die Gedanken erst während des Sprechens zu ordnen. Auch die Gestaltung der wörtlichen Reden unterstützt den Sprech-Duktus:

> Ha! was bin ich geworden? was du geworden? und dennoch
> Leb' ich! Wehe mir, lebe! Lebst du auch? Ha was säumet
> Denn sein Donner noch? Wird länger nicht säumen! nicht säumen![29]

Hier sind es die Wortwiederholungen, die Verwendung der Interjektionen »Ha« und »Wehe« und die unmittelbar aufeinanderfolgenden kurzen, z.T. elliptischen, Fragesätze, die dem Rezipienten den Eindruck vermitteln können, direkt angesprochen zu werden.

Andererseits zeigen die 128 Schlußverse deutlich Merkmale eines schriftlich konzipierten Textes, der schwierig auswendigzulernen und beim nicht-textgestützten Hören schwierig aufzunehmen ist. Denn der Textfluß ist unregelmäßig. Es finden sich keine aufeinanderfolgenden Sätze, die syntaktisch genau gleich strukturiert sind; auch die Metrik weist eine hohe Variabilität auf. Von den dreiunddreißig theoretisch möglichen Füllungen des Hexameterverses[30] werden innerhalb der 128 Verse einundzwanzig verwendet, neun dieser einundzwanzig Hexameter-Verstypen werden seltener als fünfmal verwendet, fünf Hexameter-Verstypen werden nur je einmal verwendet. Die Verwendung des gleichen Verstyps direkt hintereinander begegnet nur zehnmal.[31] Der Deklamator kann sich also als mnemotechnische Hilfe weder eine syntaktische noch eine metrische Struktur einprägen, die oft wiederholt wird. Auch die häufigen Enjambements erschweren, zumal in reimlosen Versen, das Memorieren. Ebenso fehlen dem Hörer syntaktische bzw. metrische Raster, denen er die gehörten Sätze schnell zuordnen kann. Eine genauere Betrachtung der ersten zwölf Verse verdeutlicht ein weiteres Problem für Deklamator wie Hörer:

> Jesus wandte sich, sprach: Komm Engel der Erde. Eloa
> Folgte. Schon that vor ihnen der Schöpfung Weite sich auf; laut

---

29 Ebd., Verse 613-615.
30 Die ersten fünf Hexameterfüße sind zwei- oder dreisilbig (als Spondeus bzw. als Daktylus) belegbar. Kombiniert man alle Möglichkeiten, von der rein spondeischen bis zur rein daktylischen Belegung, erhält man 33 Hexameter-Verstypen.
31 In den Versen 573 f., 579 f., 581 f., 593 f., 623 f., 629 f., 667 f., 676 f., 680 f., 691 f.

Scholl's in dem Unermeßlichen. Lichtglanz strömten die Sterne
Aus den Meeren, und von den Gebirgen. Die Pole der Himmel
Schauerten sanft. Nur leise berührete sie in dem schnellen
Gang der Allmächtige. Da den Versöhner kommen er hörte,
Sahe, da schwebt' in der Wonn' hinaus in die Öde, da eilte
Abdiel wieder zur Pforte der Hölle, ruft' es dem andern
Hüter, eröffnete wankendes Ungestüms, daß die Riegel
Klangen hinab, und die Angeln ins ewige Grab. Die Verworfnen
Sahn, wie in Flammen, den Seraph, und hörten es stets noch, als rollte,
Schmettert' ein Donnerwagen auf tausend Rädern herunter.[32]

Hier fällt der häufige Wechsel der Sprechperspektive auf. Die neun Sätze haben neun verschiedene Subjekte.[33] Das Szenario der Schöpfung am Jüngsten Tag wird nicht detailliert geschildert, sondern vielmehr schlaglichtartig beleuchtet. In der Vorstellung des Rezipienten entstehen wohl kaum klare räumliche Konturen, vielmehr sieht er sich mit dem raschen Wechsel verschiedener Sinneseindrücke konfrontiert. Schubarts Beschreibung – »Die gedrängte Sprache, die kühnen Vorstellungen, die gigantischen Bilder – Trümmer, wie im Donner niedergeworfen« – stimmt mit der aufgezeigten narrativen Struktur überein. Der häufige Perspektivenwechsel und die Fülle der Assoziationen lassen sich beim stillen langsamen Lesen möglicherweise besser verstehen als beim Hören. Manche Sätze der Schlußpassage bedürfen sogar einer mehrfachen Lektüre, um syntaktisch transparent zu werden, z.B.:

Hoch stand Satan unter den Todten, schlug, daß es furchtbar
Wiederhallt' aus den Trümmern des Throns, mit der Hand an den
    Schädel,
Rufte, der Klippe, die lang' aus den Wolken schwindelnd herüber
Hing, das Entsetzen des fliehenden Wanderers, und dem Damm gleich,
Der in dem wiedertönenden Walde den Strom noch zurückzwang,
Welche zugleich jetzt stürzen: so brach sein wüthender Schmerz aus.[34]

Zur Beschreibung der Stimme Satans werden aufwendige Metaphern gewählt: »Rufte, der Klippe [...] und dem Damm gleich, [...] welche zugleich jetzt stürzen«. Diese Konstruktion wird durch zwei Relativsätze und eine Apposition (»das Entsetzen des fliehenden Wanderers«) zusätz-

---

32 Klopstock, Messias, 16. Gesang, Verse 571-583.
33 »Jesus«, »Eloa«, »der Schöpfung Weite«, »es«, »die Sterne«, »Die Pole der Himmel«, »der Allmächtige«, »Abdiel«, »Die Verworfnen«.
34 Klopstock, Messias, 16. Gesang, Verse 649-654.

lich angereichert. Der Relativsatz zu »Damm« enthält eine weitere akustische Assoziation, den »wiedertönenden Walde«. Die gesamte Periode, von »der Klippe« bis »stürzen« fungiert, syntaktisch gesprochen, lediglich als Adverb zum Verbum »Rufte«. Derartige Sätze zeigen, daß Klopstock seine Verse schriftlich konzipiert und oftmals keinen Wert darauf gelegt hat, daß sie wie spontan gesprochen wirken.

Einerseits lassen sich die von Schubart beschriebenen Deklamationsprobleme aus der Textstruktur erklären. Andererseits können Textelemente angeführt werden, die dem Vortrag entgegenkommen. Ein weiterer Blick in zeitgenösische Rezeptions-Dokumente zeigt die Rezeption des »Messias« zwischen Mündlichkeit und Schriftlichkeit. Als positives Ergebnis seiner Lesungen hebt Schubart nämlich hervor, daß »der Messias [...] reissend aufgekauft«[35] wurde. Weiter heißt es:

Man wiederholte den abgelesenen Gesang zu Hause, fragte mich über schwere Stellen, und fühlte nicht selten die Kraft seines hohen Genius.[36]

In dem ebenfalls schon erwähnten Brief Schubarts an Klopstock ist zu lesen, daß »Hohe und Niedre, Geistliche und Weltliche, Katholische und Lutherische [...] mit Messiaden unterm Arm in die Vorlesung [kamen]«[37]. Der Text muß demnach also gar nicht auf eine spontane Hörrezeption ausgerichtet sein; denn die Lesung wird in häuslicher Stillarbeit nachbereitet und wohl auch vorbereitet, manchmal wird sogar mitgelesen. Das gemeinschaftliche Hörerlebnis ist zwar der Moment, in dem der Text seine größte Wirkung entfaltet, dennoch ist dieses Hörerlebnis schriftgestützt und schriftbegleitet. Die »Messias«-Lektüre ist keine Einmal-Lektüre, sondern eine Wiederholungs-Lektüre. Wie bei der Bibel-Lektüre des 18. Jahrhunderts kommt es nicht auf die in einem einzigen intensiven Leseakt vollzogene erschöpfende Kenntnisnahme des Textes an, sondern auf die permanent wiederholte Vergegenwärtigung der Heilsgeschichte.

Der 16. Gesang des »Messias« wurde auch in der 28. Bundesversammlung des Göttinger Hain, am 6. 3. 1773, vorgetragen. Voss schrieb darüber am folgenden Tag an seinen Freund Ernst Theodor Johann Brückner:

Fröhliche Botschaft, liebster Brückner! Ich habe den Messias gelesen. Gestern in der Bundesversammlung ward er vorgelesen. Hemmerde hat ihn auf Klopstocks Befehl uns schicken müssen, eh' er mal ganz

---

35 Schubart 1793, 40.
36 Ebd., 41 f.
37 Schubart an Klopstock: Klopstock, Briefe 1776-1782, 30.

gedruckt war. O welch' ein Mann ist Klopstock! Ein Profet, ein Engel Gottes kann nicht mehr die Seelen durchboren, als unser Klopstock! Von Erstaunen zu Erstaunen reißt der sechzehnte Gesang, und der nächste zerschmelzt in himmlisches Entzücken.[38]

Obwohl zahlreiche Briefstellen der Hainpoeten von ihren allwöchentlichen Lesesitzungen berichten, gibt es keine konkreten Deklamationsbeschreibungen. Das »Geschichte des Bundes« betitelte handschriftliche Buch, das zwischen dem 13. 9. 1772 und dem 27. 12. 1773 insgesamt 69 Sitzungen protokolliert, nennt lediglich das Datum und den Ort jeder Sitzung sowie die Titel der jeweils vorgetragenen Gedichte, deren Wortlaut in den anderen beiden Hainbüchern niedergeschrieben ist.[39] Die Zahl der vorgetragenen Gedichte schwankt stark (zwischen 0 und 25), offenbar wurde jeweils die aktuelle Wochenproduktion vorgetragen. Es gibt jedenfalls keine thematischen Gruppierungen der Gedichte innerhalb einer Sitzung. Voss beschreibt den Ablauf der Sitzungen wie folgt:

Alle Sonnabend um vier Uhr kommen wir [...] bei einem zusammen. Klopstocks Oden und Ramlers lyrische Gedichte, und ein in schwarzvergoldetes Leder gebundenes Buch mit weißem Papier in Briefformat, liegen auf dem Tisch. Sobald wir alle da sind, liest einer eine Ode aus Klopstock oder Ramler her, und man urtheilt alsdann über die Schönheiten und Wendungen derselben, und über die Declamation des Vorlesers. Dann wird Kaffe getrunken, und dabei, was man die Woche etwa gemacht, hergelesen und darüber gesprochen. Dann nimmt es einer, dem's aufgetragen wird, mit nach Hause, und schreibt eine Kritik darüber, die des anderen Sonnabends vorgelesen wird. Das obige schwarze Buch heißt das Bundesbuch, und soll eine Sammlung von den Gedichten unsers Bundes werden, die einstweilen durchgehends gebilligt sind. Noch steht nichts darin, weil die Gesänge, die jeder auf das Bündnis unter der Eiche gemacht, anfangen sollen, aber nach meinem Gefühl noch nicht eingeschrieben werden können. [...] Jetzt feilt noch ein jeder daran.[40]

Der Bericht zeigt die Gedichtproduktion des Göttinger Hain zwischen Schriftlichkeit und Mündlichkeit. Sowohl das Vorlesen und die Beurtei-

---

38 Voss an Brückner, 7. 3. 1773. Zit. nach: Voss, Briefe, I, 133-140.
39 Die Hainbücher befinden sich in der Niedersächsischen Staats- und Universitätsbibliothek Göttingen. Das »Geschichte des Bundes« betitelte Buch trägt die Signatur 8° Cod.Ms.philol. 204^k cim. Die Bücher, welche die vorgetragenen Gedichte enthalten, tragen die Signaturen 8° Cod.Ms.philol. 204^l/204^m cim.
40 Voss an Brückner, 26. 10. 1772. Zit. nach: Voss, Briefe, I, 92-112.

lung der »Declamation des Vorlesers« als auch das schriftliche Nachbereiten sind von Bedeutung. Das Bundesbuch hat geradezu Fetischcharakter. In jeder Sitzung liegt es, obwohl es noch keine Texte enthält, auf dem Tisch und harrt der Gedichte, die in es eingeschrieben werden sollen. Diese dürfen allerdings nicht aufs Geratewohl, direkt in Anschluß an den Vortrag, notiert werden, sondern müssen erst mehrere Proben durchlaufen, bis sie schriftreif sind. Die von Voss erwähnten Kritiken sind leider nicht erhalten, möglicherweise würden sie Aufschluß über deklamatorische Details geben.

Auch nach Vorstellung der Hainpoeten entfalten Gedichte im Moment ihrer gemeinschaftlichen lauten Lektüre die stärkste Wirkung.[41] Plausibel wird dies in folgender Lektüreschilderung Vossens. Während einer Landpartie, die er mit Ludwig Christoph Heinrich Hölty unternimmt, liest dieser Ewald von Kleists berühmtes Hexametergedicht »Frühling« vor:

> Wir neigten uns, und gingen in den Garten, sezten uns da in eine Laube, die aus Apfelbaum und Hollunder geflochten war, und Hölty las den Frühling vor, indeß ich in einer nachlässigen Lage eine Pfeife Toback rauchte. Rund um uns war alles Frühling. Die Nachtigall sang, die Tauben girrten, die Hühner lockten, von ferne ließ sich eine Schaar Knaben auf Weidenflöten hören, und die Apfelblüten regneten so auf uns herab, daß Hölty sie von dem Buche wegblasen mußte.[42]

Kleists »Frühling« und der reale Frühling fallen hier ineinander, das Gedicht wird durch Höltys Lektüre und durch die kongruierende Natur zum physischen Erlebnis. Der Text findet seinen Wiederhall in den die Lesenden umgebenden Naturlauten, herabfallende Apfelblüten durchkreuzen die Schrift, die nicht mehr nur still auf dem Blatt ruht, sondern hör- und riechbar geworden ist.[43] Die Eingangsverse des »Frühling« intendieren genau diejenige Harmonie zwischen Natur, Dichter und Dichtung, die sich nach Vossens Lektürebeschreibung einstellt:

> Empfangt mich heilige Schatten! [...]
> [...] Lehrt mich den Wiederhall reitzen
> Zum Ruhm der verjüngten Natur. Und ihr, ihr lachenden Wiesen!
> Ihr Labyrinthe der Bäche, bethaute Thäler voll Rosen!

---

41 Zur Bedeutung des Gemeinschaftserlebnis im Göttinger Hain im Kontext verschiedener Muster der Gruppenbildung im 18. Jahrhundert: Peter 1999, 176-180.
42 Voss an Ernestine Boie, 16.6.1773. Zit. nach: Voss, Briefe, I, 217-220.
43 Zum Lesen im Freien: Koebner 1977.

Ich will die Wollust in mich mit eurem Balsamhauch ziehen
Und wenn Aurora euch weckt mit ihren Stralen sie trinken.
Gestreckt im Schatten will ich in güldne Sayten die Freude
Die in euch wohnet besingen. Reitzt und begeistert die Sinnen
Daß meine Thöne die Gegend wie Zefirs Lispeln erfüllen
Der jetzt durchs Veilchen-Thal fleucht, und wie die rieselnden Bäche.[44]

Voss hört Hölty in entspannter Lage, möglicherweise »gestreckt im Schatten«, zu, der »Wiederhall« der Natur ist bereits »gereitzt«, die Sinne von Leser und Zuhörer sind angeregt. So ist die von Voss beschriebene Lektüre ein Idealfall von Vergegenwärtigung, von Versinnlichung eines Textes während des gemeinschaftlichen Lesens.

Zahlreich unter den Hain-Gedichten sind diejenigen, die sich die jungen Dichter gegenseitig gewidmet haben. Vorbild hierzu sind Klopstocks Widmungsoden, z.B. »An des Dichters Freunde« (1771), »An Giseke« (1751), »An Ebert« (1749).[45] Höltys in Distichen gereimte Ode »An Miller« kontrastiert die reale Nähe zwischen Sprecher (Hölty) und Angesprochenem (Miller) mit der Vorstellung der Trennung. Wie der Text auf die konkreten Vortragssituation Bezug nimmt, soll im folgenden untersucht werden.

Hölty trug die Ode während der 26. Bundesversammlung, am 20. Februar 1773, vor; Miller war anwesend.[46] Doch bereits mit den beiden Eingangsversen entfernt sich der Text von dieser Situation:

Denk' ich, Bester, des Trennungstags,
Ach, dann bricht mir das Herz,[47]

Im Gegensatz zum positiven Ist-Zustand der Gemeinschaft wird der Zustand der Trennung, ob vorübergehend oder durch Tod ist hier noch im Unklaren, imaginiert. Die Tage nach der Trennung werden in den folgenden Versen vergegenwärtigt:

---

44 Zitiert nach der Erstfassung von 1749. In: Kleist, Werke, 10, Verse 1, 9-17.
45 Alle drei Oden sind in dem von Klopstock autorisierten Hamburger Odendruck von 1771 enthalten, die Ode »An des Dichters Freunde« steht dort unter dem Titel »Wingolf«. Vermutlich war es ein Exemplar dieses Drucks, das bei jeder Bundessitzung auf dem Tisch lag und aus dem vorgelesen wurde.
46 Vgl. das Hainbuch »Geschichte des Bundes«, Eintrag zum 20. 2. 1773 (SUB Göttingen: 8° Cod.Ms.philol. 204^k cim.).
47 Zit. nach: Hölty, Sämtliche Werke, I, 125 f., hier: Vers 1 f. Michael druckt als Haupttext die handschriftliche Textfassung aus dem Hainbuch ab; im Göttinger Musenalmanach von 1775 erschien eine überarbeitete Fassung, die Michael im Kommentarband wiedergibt.

[...] Tage der Zukunft, ach,
   Einer traurigen Zukunft, nahn,
Mit umdüsterter Stirn, jeder den Wermuthkelch
   In den Händen, und dräuen mir.
Ach, sie kommen zu bald, schütten den ganzen Kelch
   Über deinen Getreuen aus,[48]

Die »Tage der Zukunft« werden der Gegenwart angenähert; durch das zweimal genannte Bild des Kelches, den sie an den Sprecher herantragen, werden sie konkretisiert. Der folgende Abschnitt ruft aus der Perspektive der zu Beginn imaginierten Zukunft die Gegenwart in Erinnerung:

Rosen schließen sich zu, nahet dein Traurer sich,
   Wo sie brannten in ihrem Thau,
Als noch Lauren der Hain kühlte, das Abendroth
   Um die Locken des Mädchens floß,
Und mein Erstlingsgesang säuselte durch die Flur.[49]

Der Sprecher versucht sich die in der Imagination aufgehobene, aber im Moment des Gedichtvortrags präsente Gemeinschaft der Freunde zu vergegenwärtigen:

Ach, die Seelen der Abende,
Die wir Brüder verkos't, werden oft vor mir stehn,
   Schön und lächelnd wie Seraphim,
Und die Seelen des Sangs, welcher dem Harfengriff
   Meiner Lieben entstürmete.[50]

Aus dem konkret hörbaren Gedichtvortrag der anwesenden Freunde wird ein erinnerter »Harfengriff«. Auch Millers reale Gegenwart, die während des Gedichtvortrags besteht, wird im Gedicht in eine vergegenwärtigte Vergangenheit umgewandelt:

Deines Herzensgesprächs, Trauter, und Freundesblicks
   Werd ich gehren, und, ach, umsonst!
Deines Minnegesangs, welcher so lieblich scholl[51]

In einer dritten Phase wird ein Geistergespräch zwischen Hölty und Miller inszeniert, nachdem im 34. Vers der Tod des Sprechers imaginiert wurde:

---

48 Ebd., Verse 2-7.
49 Ebd., Verse 12-16.
50 Ebd., Verse 17-21.
51 Ebd., Verse 22-24.

»Und die [Rasengruft] hüllet mich bald!«. Die beiden Freunde kommunizieren über den Tod hinaus:

Wo du sitzest, im Mondenglanz,
Flimmert eine Gestalt, Traurigkeit im Gesicht,
Melancholisch vor dir vorbey,
Winkt und lächelt dir zu, Bester, es ist dein Freund.
Er begegnet, der fromme Geist,
Einen Engel am Arm, sinket dein Todesloos,
Dir am Ufer der Ewigkeit,
Bleibet ewig dein Freund.[52]

Im Gegensatz zum real möglichen Dialog wird durch das Gedicht eine Kommunikation *post mortem* vergegenwärtigt. Die in der konkreten Vortragssituation mögliche direkte Kommunikation formt der Text in eine vermittelte Kommunikation um. Auch wenn Höltys Ode den Jetzt-Zustand nicht explizit nennt, spielt sie mit diesem Zustand, indem sie konträre Situationen entwirft und vergegenwärtigt. Anders als in der von Voss beschriebenen Vorlesesituation, bei der Text und Textäußeres idealiter zusammenfallen, wird in Höltys Ode »An Miller« ein Wechselspiel zwischen realer Gegenwart und imaginierten Gegenwarten erzeugt.

Höltys Ode tritt außerdem in eine intertextuelle Kommunikation mit Klopstocks Ode »An Ebert«. Zunächst fällt die formale Übereinstimmung auf, daß Klopstocks Ode ebenfalls Distichen verwendet, allerdings ein anderes Metrum.[53] Auch bei Klopstock wird, im Gegensatz zum positiven Jetzt-Zustand, die Trennung von sämtlichen Freunden vorgestellt:

Ebert, mich scheucht ein trüber Gedanke vom blinkenden Weine
    Tief in die Melancholey!
Ach vergebens redst du, vor dem gewaltiges Kelchglas,
    Heitre Gedanken mir zu!
Ich muß weggehn, und weinen! [...]
Ich muß weggehn, und weinen! Mein melancholischer [sic] Gedanke
    Bebt noch gewaltig in mir!
Ebert, wenn sie einst alle dahin sind, wenn unsere Freunde
    Alle der Erde Schooß deckt:[54]

Die Druckfassung der Ode Höltys, die 1775 im Göttinger Musenalmanach erschienen ist, nimmt, wie ich meine, noch deutlicher als die handschrift-

---

52 Ebd., Verse 35-42.
53 Bei Klopstock wechselweise Hexameter und dreihebige daktylische Verse.
54 Zitiert nach: Klopstock, Oden, I, 38-42, hier: Verse 1-5, Verse 11-14.

liche Fassung auf Klopstocks Text Bezug. Hier lauten die Eingangsverse nämlich:

> Miller, denk ich des Tags, welcher uns scheiden wird,
> Faßt der Donnergedanke mich;[55]

Hölty beginnt, anders als in der Frühfassung, mit einer Langzeile und stellt den Namen des Widmungsträgers voran. Auch das Bild vom »Donnergedanke[n]« könnte durch Klopstocks Text angeregt sein:

> So erbebt ich, als mich von allen Gedanken der bängste
> Donnernd das erstemal traf![56]

Möglicherweise hat Hölty für die Druckfassung seiner Ode die intertextuelle Beziehung zur Ode »An Ebert« stärker akzentuiert.

Sowohl die Ode »Teone«, als auch die behandelte Passage aus dem »Messias«, als auch Höltys Ode »An Miller« zeigen, daß Vers-Vortrag und schriftliche Vers-Konzeption nicht als einander ausschließende, sondern als sich ergänzende Kategorien der Poesie aufgefaßt wurden.

Ebenfalls auf Klopstocks Anregung gehen die freirhythmischen Gedichte der Hainpoeten zurück. Freirhythmische Verse werden weder durch den Reim noch durch festgelegte Hebungen bestimmt, sondern durch die graphische Anordnung der Verse als Verse. Wird ein freirhythmisches Gedicht als fortlaufender Prosatext notiert, ist seine ursprüngliche Verseinteilung nicht rekonstruierbar. Leif Ludwig Albertsen sieht deshalb in den freirhythmischen Gedichten Klopstocks eine Tendenz der modernen Lyrik, die graphische Anordnung der Wörter als eigenständige, konstitutive Werk-Ebene zu organisieren, begründet.[57] Indem er freirhythmische Oden Klopstocks, die in unterschiedlichen Fassungen vorliegen, vergleicht, stellt er fest, daß sich die Schreib- bzw. Druckfläche von einem neutralen Datenträger in einen eigenständigen Aktionsraum verwandelt. Denn bestimmte Effekte, etwa die bewußte Durchbrechung des syntaktischen Zusammenhangs durch Enjambements, fallen beim Vortrag der Oden weniger ins Ohr als bei der Lektüre ins Auge.[58] An Friedrich Leopold Stolbergs »Freiheitsgesang aus dem zwanzigsten Jahrhundert« (1775) möchte ich das besondere Spannungsverhältnis eines freirhythmischen Gedichtes zwischen hör- und sichtbaren Strukturen zeigen.

---

55 Zit. nach: Göttinger Hain, 75 ff.
56 Klopstock, Oden, I, »An Ebert«, Vers 19 f.
57 Albertsen 1971, 138-149.
58 Ebd.

Stolberg tauscht sich während der Entstehung seines »Freiheitsgesang« mehrfach mit Klopstock und Voss aus. Am 31. 1. 1775 schreibt er an Voss:

> Was Sie mir von meinen Freiheitsgesängen sagen, macht mich in der Tat stolz, seitdem sage ich sie öfter und mit mehr Selbstgefälligkeit laut her. [...] Sie haben mich fast überzeugt, daß ich zuviel mit den Wellen gespielt habe. Und gleichwohl war es diese Stelle, welche ich mir oft mit väterlicher Zärtlichkeit hersagte. Ich will Klopstock meine alten und ihre Lesarten schicken. Sie haben so angefeuert, daß ich, seit ich ihren Brief habe, fast nichts anders denke als Freiheitsgesänge. Denken Sie viel dran und raten Sie mir. Ich bin so unschlüssig. Bald will ich in Hexametern dazwischenreden und ein Präludium in Hexametern machen, bald gleich mit dem Gesang unserer freien Enkel anfangen und bis zum Ende nur sie singen lassen.[59]

Wiederum wird die erklingende Sprache für die ideale Präsentationform gehalten. Auch die Struktur des Textes scheint für den Vortrag prädestiniert. Kurze, überschaubare, oft identisch gebaute Satzperioden mit zahlreichen Laut-, Wort- und Satzteilwiederholungen kommen Sprecher wie Hörer entgegen, etwa in der von Stolberg sich selbst gern vorgelesenen Strophe, in der er »mit den Wellen gespielt« hat:

> Wir sahen dich einst,
> Rauschender Strom,
> Mitten im fliegenden Laufe gehemmt!
> Bebend und bleich,
> Wehend das Haar,
> Stürzte der Tyrannen Flucht
> Sich in deine wilden Wellen,
> In die felsenwälzende Wellen
> Stürzten sich die Freien nach;
> Sanfter wallten deine Wellen![60]

Diese Passage läßt sich wesentlich leichter memorieren als die komplizierten, unregelmäßigen Perioden in Klopstocks 16. »Messias«-Gesang. Andererseits fällt schon beim ersten Blick auf den Text seine besondere graphische Anordnung auf. Es wird mit mehreren Einrückungsgraden gearbeitet, die keinem wiederkehrenden Muster folgen. Die Eingangsstrophe ist folgendermaßen gestaltet:

---

59 Zit. nach: Göttinger Hain, 334 f. (Anmerkungsteil).
60 Ebd., 195-201, hier: vierte Strophe. Der Text erschien erstmals im Juli 1775 als Einzeldruck, »Manuskript für Freunde« überschrieben, in der Schweiz.

> Sonne, du säumst!
> Sonne, du säumst!
> Weilen dich kühlende
> Wellen des Meeres?
> Sonne, du säumst!⁶¹

Diese Anordnung gibt nicht nur eine Sprechgliederung des Textes an. Das Enjambement »kühlende | Wellen« scheint mir weniger akustisch als optisch motiviert zu sein. Denn durch die der Syntax entgegenstehende Zeilenbrechung werden die W-Anlaute von »Weilen« und »Wellen« übereinander plaziert. Die Korrespondenz dieser Laute, die beim Vortrag des Textes, unabhängig von seiner Notation, hörbar wird, wird so auch optisch unterstrichen. Die graphische Anordnung veranlaßt den Leser, einen Moment lang vom linearen Satzzusammenhang abzusehen und die Wörter »Weilen« und »Wellen«, die syntaktisch unterschiedliche Funktionen erfüllen, hinsichtlich ihrer Lautlichkeit und ihrer Graphie in eine Äquivalenzbeziehung zu setzen. Bis auf die Differenz der Buchstaben i/l ist das Schriftbild der Wörter äquivalent. Das Hervorziehen der beiden Verse verstärkt den beschriebenen Effekt. Auch die dritte Strophe zeigt eine graphisch bewußt arrangierte Anordnung der Verse:

> Siehe sie kommt!
> Siehe sie kommt!
> Sie vergüldet die Berge,
> Sie rötet den Hain,
> Und silbern rauschet der Strom in das finstere Tal!⁶²

Das Herabsteigen der Abendsonne scheint hier auf der Druckfläche abgebildet.

Obwohl der Gedicht-Vortrag des 18. Jahrhunderts nicht rekonstruiert werden kann, erweisen sich Vortragskonzepte und Vortragssituationen als aufschlußreiche Kategorien der Gedichtinterpretation. Die Ode »Teone« beschreibt programmatisch die ästhetische Qualität des Vortrags, der nicht nur als Zutat, sondern als Idealform der lyrischen Poesie verstanden wird. An der von Schubart deklamierten »Messias«-Passage konnte die Rezeption des biblischen Epos als schriftgestütztes Hörerlebnis beschrieben werden. Höltys »An Miller« entwirft ein beziehungsreiches Spiel mit der Vortragssituation. Stolbergs »Freiheitsgesang« zeigt einerseits Strukturen, die dem lauten Vortrag bzw. der Hörrezeption entgegenkommen, andererseits ein dem Blick des Lesers vorbehaltenes Vers-Arrangement.

---

61 Ebd., erste Strophe.
62 Ebd., dritte Strophe.

3.1.2 Die Wissenschaft von der Deklamation

In seiner Ausgabe der Oden Klopstocks versucht Delbrück, die adäquate Deklamation festzuhalten. Er versieht nicht nur jede einzelne Ode mit Deklamationsanweisungen, sondern stellt außerdem den Einzeltexten eine knapp 50-seitige theoretisch fundierende Einleitung, »Über die Grundsätze der Erklärung und des Vortrags lyrischer Poesien«, voran. Damit leistet er einen Beitrag zur Grundlegung der Deklamation als Wissenschaft, die um 1800 in den Anfängen begriffen war. Wenn auch der Vortrag durch die Rubrik *pronuntiatio* und *actio* der antiken Rhetorik abgedeckt wurde, ist seit den 1780er-Jahren eine verstärkte Bemühung von Gymnasiallehrern, Theologen und Sprachgelehrten um eine theoretische Fundierung der Deklamation festzustellen. Nach Renatus Gotthelf Löbels »Bemerkungen über die Deklamation«, die 1787 in den »Denkwürdigkeiten aus der philosophischen Welt« erscheinen, legt Heinrich Gottfried Bernhard Franke 1789/1794 ein zweibändiges Werk »Ueber Deklamation« vor. Eine komplette Systematisierung der rhetorischen Kategorien *pronuntiatio* und *actio* bietet Hermann Cludius' 1792 erschienener »Grundris der Körperlichen Beredsamkeit«. Löbel veröffentlicht 1793 eine ausführlich kommentierte Übersetzung von Thomas Sheridans »Lectures on the art of reading« (1744). Rund 20 Jahre später fassen Heinrich August Kerndörffers dreibändiges Deklamations-Handbuch (1813-15), Johann Carl Wötzels »Grundriß eines allgemeinen und faßlichen Lehrgebäudes oder Systems der Deklamation nach Schocher's Ideen« (1814) und Gustav Anton von Seckendorffs »Vorlesungen über Deklamation und Mimik« (1816) das Wissen um die Deklamation jeweils kompendienartig zusammen.[63]

Die meisten der genannten Abhandlungen sind praktisch motiviert: es gilt, die Deklamation, sei es auf der Bühne, auf der Kanzel, oder in Schule und Universität zu verbessern. Beruflich bedingt müssen sich die Verfasser tagtäglich mit dem gesprochenen Wort auseinandersetzen. Cludius als Pastor und ab 1787 als Superintendent in Hildesheim, Franke zunächst als Hofmeister, später ebenfalls als Pastor, Kerndörffer als Lektor für deutsche Sprache an der Universität Leipzig. Dort wirkt auch der damals weithin bekannte Deklamator Christian Gotthold Schocher, dessen Vortragsart einen starken Einfluß auf Löbels wie auch auf Kerndörffers Deklamationstheorie ausübt.[64] Schocher gehört neben Sophie Albrecht geb. Baumer, Elise Hahn, die von 1790 bis 1792 mit Bürger verheiratet

---

[63] Für eine Literaturübersicht und Einführung in das Themengebiet vgl. die Artikel »Actio« (B. Steinbrink) und »Deklamation« (J. Sandstede) in HHR.
[64] Zum Einfluß Schochers und Kerndörffers auf Heinrich v. Kleist: Kohlhäufl 1996.

war, und Henriette Hendel-Schütz zur ersten Generation professioneller Deklamatricen und Deklamatoren, die sich bewußt von Theaterschauspielern abgrenzen.[65] Auch Seckendorff unternimmt zwischen 1808 und 1811 unter dem Pseudonym Patrick Peale eine Deklamationsreise durch Deutschland, bevor er, 1814 zum Philosophie- und Ästhetikprofessor am Braunschweigischen Carolinum berufen, seine Theorien zur Deklamation und Mimik niederlegt.

Einhellig beklagen die erwähnten Autoren eine in ihren Augen sträfliche Geringschätzung des Vortrags von Seiten der Wissenschaften. Dieser Vorwurf kann heute noch und wieder an die Literaturwissenschaft gerichtet werden. Da sie sich lange Zeit nur lesend mit ihrem Gegenstand beschäftigte, verwundert es nicht, daß die Deklamation und ihre Theorie bislang vernachlässigt wurden. 1930 und 1932 erschienen kurz hintereinander die Dissertationen von Irmgard Weithase und Walter Wittsack, die beide den Versuch unternahmen, Sprechtheorie und -praxis um 1800 umfassend aufzuarbeiten.[66] Weithase widmete ihr gesamtes wissenschaftliches Lebenswerk der Deklamation. Leider wurden ihre umfangreichen Materialsammlungen und Anregungen kaum aufgegriffen.[67] Ihr Hauptwerk behandelt die Geschichte der Deklamationstheorie und -praxis in den Bereichen Kirche, Schule und Theater vom Mittelalter bis zum Beginn des 20. Jahrhunderts.[68] Obwohl in den vergangenen Jahrzehnten, unterstützt durch die institutionelle Etablierung der Fächer Rhetorik, Kommunikations- und Theaterwissenschaften, der Blick der Germanisten über das Buchstäbliche der Literatur hinaus hin auf das Körperliche geschärft wurde, sind die Ohren der meisten Forscherinnen und Forscher nach wie vor verschlossen. Für die Deklamation innerhalb der russischen Literatur hat Peter Brang wichtige Arbeiten vorgelegt.[69] Es bleibt zu hoffen, daß Karl-Heinz Götterts jüngst vorgelegte »Geschichte der Stimme«[70] aufmerksamer rezipiert wird als die Arbeiten Weithases.

---

65 Biographische Angaben bei: Weithase 1961, I, 540-547.
66 Weithase 1930; Wittsack 1932. Durch Beiträge in der 1938 gegründeten Zeitschrift »Das gesprochene Wort« hat Wittsack die von nationalsozialistischer Ideologie aufgeladene Sprachpflege unterstützt; dazu Göttert 1998, 397 f.
67 Neben den bereits genannten Arbeiten siehe auch: Weithase 1940; Weithase 1980.
68 Weithase 1961.
69 Zuletzt: Brang 1988.
70 Göttert 1998.

3.1.2.1 Wider den stummen Buchstaben

Ob die Deklamation überhaupt theoretisch erfaßbar sei, wird allerdings schon um 1800 bezweifelt. Denn trotz des Bemühens um Verwissenschaftlichung räumen die Autoren ihren Untersuchungen fast stereotyp eine Grenze ein. Sie sind sich darin einig, daß Deklamation eigentlich nicht aus Büchern gelehrt werden könne, sondern sich nur durch die »viva vox praeceptoris« vermitteln lasse.[71] So fallen sie ihrem eigenen wissenschaftlichen Bemühen in den Rücken. Noch 1813 schreibt Kerndörffer in der Einleitung zu seinem Handbuch:

> Gleichwohl fühlt es der Verfasser sehr lebhaft, daß nur ein kleiner Theil der Kunst gelehrt werden kann, was vornämlich von einer Kunst gilt, welche sich auf das Gefühl und auf die Anwendung der Redetöne auf vorliegende Empfindungen bezieht, wobei die Natur selbst einen entschiedenen Antheil geltend macht, so daß auch der gegenwärtige Leitfaden für den richtigen declamatorischen Vortrag sich mehr nur auf blos andeutende Anleitungen im engern Sinne des Worts beschränken mußte; denn das Wesentlichere der Sache muß von jedem selbst aufgefaßt, aus sich selbst entfaltet und nach jenen Anleitungen angewandt werden.[72]

Den Standpunkt, den Klopstocks Ode »Teone« poetisch ausdrückt, machen sich auch die Deklamationstheorien und -lehrbücher zu eigen: Das Erklingen der Sprache müsse als konstitutive Ebene der Rede und des poetischen Textes aufgefaßt werden. Hand in Hand damit geht eine Polemik gegen die Überhandnahme der Verschriftlichung. Bereits am Anfang seiner »Bemerkungen über die Declamation« stellt Löbel klar:

> Die bloße Sprache, der bloße Gedanke, ohne belebende Declamation, ist in der That nichts als ein Gedanke, dem in der Wirklichkeit nichts entspricht. Ist es wohl psychologisch möglich, daß ein Mensch spreche, ohne durch ein Interesse seines Kopfes oder seines Herzens dazu bestimmt zu werden, daß er bloß spreche, um zu sprechen? Dieses besondere Interesse, welches jeden Gedanken begleitet [...] ist der Stoff der Declamation;[73]

Es ist Löbel »unmöglich [...], Gedanke und Ausdruck von einander zu trennen«[74]. Folglich beschreibt die Deklamation nicht eine potentielle,

71 Rambach 1800, 53.
72 Kerndörffer 1813-15, I, V.
73 Löbel 1787, 47 f.
74 Löbel 1787, 48.

sondern eine essentielle Ebene der sprachlichen Mitteilung. Auch für Franke, den Verfasser der ersten deutschsprachigen Monographie über die Deklamation, hat der Sprach-Ton zentrale Bedeutung:

> So wichtig wie die Töne bey der bloßen Hervorbringung der Buchstaben sind: so wichtig macht sie die Eigenschaft, daß sie zugleich das innere Gefühl enthalten. In ihnen liegt alle Schönheit, alle individualisierende Verständlichkeit und aller Eindruck. Sie verhauchen sich zum Theil in Buchstaben und geben jedem Worte den Einklang mit der Herzensstimme des Redenden; aber sie schweben auch noch nachtönend und allausgebreitet über die ganze Rede, und übergießen ihr die Weihe von Herz und Seele. [...] Bloße Worte thun also nichts weiter, als daß sie die Ideen bezeichnen, welche der Seele vorschweben; aber der Ton, mit dem wir sie mittheilen, läßt die heitere oder trübe Witterung der Seele fühlen, [...][75]

Hier ist, wie schon bei Löbel, die Unterscheidung von substantiellem Inhalt und akzidentiellem Ausdruck einer sprachlichen Äußerung nicht haltbar. Das nicht-gesprochene Wort habe die ursprüngliche Ganzheit jeder sprachlichen Äußerung eingebüßt, es sei unvollständig. Besonders Friedrich Rambach, Professor für Altertumskunde in Berlin, kritisiert aus dieser Perspektive die negativen Folgen der »Buchdruckerkunst«, deren rasante Ausbreitung die Literatur verstummen und die Kultur des gesprochenen Wortes verkommen lasse.[76] Interessant ist, daß Rambach, im Gegensatz zum semioralen Literaturbetrieb, der noch die Rezeption von Klopstocks »Messias« in Süddeutschland bestimmte, bereits von einer kompletten Verschriftlichung ausgeht.[77] Noch schärfer als bei Rambach fällt die Schriftkritik in Adam Müllers »Zwölf Reden über die Beredsamkeit« (1812) aus.[78]

3.1.2.2 Systematisierungsversuche

Zur Systematisierung des neuen Wissenschaftsgebietes gibt es verschiedene Ansätze, die sich allerdings in wesentlichen Punkten berühren. Franke gliedert sein zweibändiges Werk in »Allgemeine Deklamation« und »An-

---

75 Franke 1789-94, I, 119 ff.
76 Rambach 1800, 5 und 17 f.
77 Vgl. ebd., 16: »Auch die gemeinsten Leute unter uns können lesen, es nicht können ist ein Document der tiefsten Unkultur.«
78 Dazu auch Göttert 1998, 387.

gewandte Deklamation«. Der erste Teil thematisiert die Frage, wie sich durch den lauten Vortrag Gedanken darstellen lassen, und behandelt den »Accent«[79], die »Töne«[80] und die »Pausen«[81] als Grundelemente der Deklamation. Der zweite Teil differenziert »Ideen-«, »Empfindungs-« und »Phantasiendeclamation«: erstere sei der stimmliche Ausdruck »im Zustande des Denkens«[82], die zweite der »Ausdruck im Zustande der Gemüthsbewegungen und Leidenschaften«[83], die dritte der »Ausdruck im Zustande des Vorstellens«[84]. Löbel hatte 1787 lediglich »Ideen-« und »Empfindungsdeclamation« unterschieden und gleichzeitig darauf hingewiesen, daß diese Einteilung nur ein Modell sei, da Gedanken und Empfindungen stets vermischt vorlägen.[85] Löbels Zweiteilung wird von den meisten der nachfolgenden Theoretiker und Lehrbuchautoren übernommen.[86] Allerdings steht, im inneren Widerspruch zu dieser Zweiteilung, die Deklamation in allen Abhandlungen mehr auf der Seite der Empfindung. Ideen bzw. Gedanken seien bereits mit den schriftlichen Worten gegeben, die Deklamation sei für den Bereich jenseits der Schrift maßgeblich: für den Bereich der Empfindungen und Leidenschaften, durch den die schriftlich fixierbaren Gedanken in jedem Sprechakt individuell gestaltet werden.[87]

Im Gegensatz zu der im 18. Jahrhundert bereits fortgeschrittenen Trennung der Bereiche *pronuntiatio* und *actio* legt Cludius Wert darauf, die Deklamation als Teil der »körperlichen Beredsamkeit« zu begreifen. Erst aus der Vereinigung von »Tonsprache« bzw. »Deklamatorik« und »Geberdensprache« bzw. »Mimik« resultiere das angemessene »Halten einer Rede«[88]. In seinem »Abriß der Vortragskunst« (1810) erweitert er seine Betrachtung überdies auf die Schauspiel- und die Tanzkunst. All diese Disziplinen faßt er unter dem Begriff der »äusseren Bildung« zusammen; diese, die in der Erziehung oft vernachlässigt werde, müsse sich

---

79 Franke 1789-94, I, 84-107.
80 Ebd., 108-157.
81 Ebd., 158-181.
82 Ebd., II, 22.
83 Ebd., 107.
84 Ebd., 261.
85 Löbel 1787, 51 f.
86 Wötzel 1814 unterscheidet, wie Franke, »Ideen-«, »Empfindungs-« und »Phantasie-Deklamation«.
87 Löbel 1793, II, 124-130 und 143.
88 Cludius 1792, XLII-XLIV.

mit der »inneren Bildung« vereinigen.[89] Ein derart umfassender Ansatz wurde bereits von Engel in seinen »Ideen zu einer Mimik« (1785-86) vertreten. Engel schränkt den Begriff »Musik« nicht auf akustische Phänomene ein, sondern faßt, in Anlehnung an den antiken Musiké-Begriff, darunter alle Künste, die sich in der Zeit realisieren, nämlich Mimik, Tanz, Deklamation, Gesang und Instrumentalmusik:

> Ich nehme hier, wie Sie sehen, das Wort Musik, so wie es die ältern Griechen nahmen: in dem weitern allgemeinern Sinne, wo es mehrere ursprünglich verbundene Kräfte begriff, die erst späterhin getrennt wurden [...] Diese Künste waren: für das Auge, die Kunst der Bewegungen und Gebehrden, mit ihrem lyrischen Theile, dem Tanz; für das Ohr, die Kunst der Declamation, ebenfalls mit ihrem lyrischen Theile, dem Gesange und der begleitenden Musik der Instrumente. Die Dichtkunst gehörte dazu nur in Hinsicht auf ihren mechanischen Theil, auf die dem Ohre gefallende Kunst des Versbaues, des Rhythmus. [...] Wenn Sie die obenangegebenen schönen Künste vergleichen; so erkennen sie sogleich, daß in dem alten Begriffe der Musik die zwey wesentlichen Merkmale verbunden waren: das Energische oder in der Zeit wirkende und das Sinnliche. Durch jenes wurden alle bildenden, alle im Raum wirkenden, Künste ausgeschlossen; durch dieses die Dichtkunst, in so fern sie sich nicht an die Sinne, sondern an die Phantasie und die übrigen innern Kräfte der Seele wendet.[90]

Im zweiten Teil der »Ideen zu einer Mimik« skizziert Engel die an die Mimik im engeren Sinne angrenzenden Kunstformen, speziell im 33. und 34. Brief die Deklamation. Er differenziert drei Arten der Deklamation: die »lyrische«, welche »ganz bestimmt im Tact und im einzelnen Laut, der hier Ton wird,« sei, die »des leidenschaftlichen Redners« und die »gewöhnliche Sprechart«[91]. Diese drei Grade, so schließt der 34. Brief den Kreis, könnten auch in der Mimik beobachtet werden.[92] Seckendorff und Wötzel begreifen, eine Generation später, Deklamation und Mimik ebenfalls als Einheit. Seckendorffs zweibändiges Werk endet bezeichnen-

---

89 Cludius 1810, 3 ff. Cludius' Werk steht im Kontext des Schulunterrichts: ebd., III ff. Der Gedanke der Vereinigung von »innerer« (geistiger) und »äusserer« (körperlicher) Bildung folgt dem Bildungsziel *mens sana in corpore sano* des antiken Gymnasiums.
90 Engel 1785-86, II, 71 ff.
91 Ebd., 97.
92 Ebd., 103-111.

derweise mit dem Kapitel »Vereinigung der Deklamation und Mimik«[93]. Ob es sich bei der Deklamation um die Wiedergabe einer schriftlichen Vorlage handelt oder nicht, wird in den Theorien und Lehrbüchern nicht generell unterschieden, obgleich manche, etwa Kerndörffers Handbuch, mehr auf den Vortrag literarischer Texte, andere, insbesondere Veröffentlichungen zur Rhetorik auf der Kanzel, mehr auf die freie Rede abzielen.[94] Üblich ist dagegen die Abgrenzung zwischen dem Vortrag des Schauspielers und dem Vortrag des Redners; letzterer gilt als Deklamation im engeren Sinn. Delbrück unterscheidet zwischen dem »theatralischen Vortrage eines Rhapsoden« und dem »Vortrage eines Vorlesers«:

> Jener bedient sich, außer der Stimme, auch der Geberden; dieser soll sich nur der Stimme bedienen: jener will den Eindruck der Poesie dadurch verstärken, daß er das Auge in das Interesse zieht, für welches der Dichter nicht arbeitet; dieser soll sich nur an das Gehör wenden, und keine andere Wirkung beabsichtigen, als welche die Poesie allein, ohne Beyhülfe einer andern Kunst, hervorzubringen vermag: [...] Der Rhapsode ist ein Gespiele des Dichters; der Vorleser soll nur sein Organ seyn. Eingedenk dieser seiner, gewiß nicht unedeln, Bestimmung, muß er sich bey seinem Vortrage jeder Art von Minen- und Geberdenspiel gänzlich enthalten.[95]

Delbrück hält also, anders als Cludius, *pronuntiatio* und *actio* streng auseinander. Der Vorleser dürfe sich, so Delbrück weiter, nicht zu einem affektierten Vortrag hinreißen lassen. Denn dieser fordere unweigerlich entsprechende Gebärden, was zur Folge habe, daß sich das Vorlesen in schlechte Schauspielerei verwandele.[96] Rambach unterscheidet die Deklamation als »Darstellung des Effekts, welchen das ganze auf das Gemüth des Lesers machen soll«, von der Deklamation als »Darstellung der

---

93 Seckendorff 1816, II, 357-381. – Ausdrücklich nicht in künstlerischer Hinsicht wird die Deklamation von Georg Friedrich Ballhorn behandelt: Ballhorn 1802. Ballhorn geht es um den Nutzen der Deklamation, nicht »für Andere«, sondern »für uns selbst«: ebd., 16. Die Deklamation wirke sich auf das körperliche Wohlbefinden »1) durch allgemeine Erschütterung 2) durch örtliche Wirkung auf Brust und Sprachorgane 3) durch Reizung des Gehörs« aus: ebd., 47. Ballhorn listet diejenigen Krankheiten auf, die mittels der Deklamation therapiert werden könnten: ebd., 47-60; ferner erörtert er die gesundheitlichen Vorteile des Lautlesens: ebd., 61-81.
94 Zum Beispiel Schmiedtgen 1794.
95 Delbrück 1800, 226 f.
96 Ebd., 227 ff.

Einzelheiten und Eigenthümlichkeiten eines unter Bestimmungen gegebenen Individuums«; dies sei Aufgabe des »Akteurs«, jenes Aufgabe des »Declamators«.[97] Die Verwendung der Begriffe ›Vorleser‹, ›Deklamator‹, ›Rezitator‹, ›Rhapsode‹ und ›Akteur‹ ist in den hier behandelten Quellen uneinheitlich. Eine logische Anordnung, die allerdings von den Autoren nicht streng durchgehalten wird, ergibt sich, wenn man die Begriffe zwischen dem Vortragsstil, der nur die *pronuntiatio*, und dem Vortragsstil, der *pronuntiatio* und *actio* gleichermaßen berücksichtigt, anordnet:

pronuntiatio als alleinige Gestaltungsebene	Vorleser
	Deklamator
	Rhapsode/Rezitator
pronuntiatio und *actio* als gleichwertige Gestaltungsebenen	Akteur[98]

3.1.2.3 Redetöne

Eine weitere geläufige Unterscheidung, die in verschiedenen Terminologien und Binnensystematisierungen begegnet, ist die zwischen klanglichen und rhythmischen Elementen des Vortrags. Die klanglichen werden meistens als ›Töne‹ bezeichnet und in Abhängigkeit von den Vokalen definiert, die rhythmischen unter dem Oberbegriff ›Accent‹ zusammengefaßt; bei ihren Beschreibungen knüpfen die Deklamationstheoretiker an die zeitgenössischen Verslehren an. Die grundsätzliche Unterscheidung ist bereits in Löbels »Bemerkungen über die Deklamation« angelegt:

> Der declamatorische Ausdruck der Empfindung geschieht 1) durch den Ton, 2) durch den Rhythmus. Obwohl diese zwey Ausdrücke der menschlichen Empfindungen verknüpft erscheinen, so müssen sie doch besonders betrachtet werden. Der jeder Empfindung eigene Ton ist, so zu reden, die Empfindung selbst, und der Rhythmus der Grad

---

97 Rambach 1800, 45 ff.
98 Da die vorliegende Arbeit auf akustische Strukturen lyrischer Gedichte abzielt, wird nicht auf die zahlreichen zeitgenössischen Anweisungen zur Aufführung von Dramen eingegangen. Dieses umfangreiche Thema erfordert eigene Untersuchungen, die nicht nur die akustische, sondern auch alle anderen, durch die Schrift nur rudimentär festgehaltenen Ebenen von Dramen einbeziehen müssen. Zur Dramenvorlesekunst (im Gegensatz zur szenischen Aufführung) Ludwig Tiecks und Karl von Holteis: Weithase 1961, 547-552. Zum Einstieg in den Themenkomplex insgesamt: Fischer-Lichte/Schönert 1999.

ihrer Wirkung in Rücksicht auf Langsamkeit und Schnelligkeit. Der Ton gleicht dem Feuer, und der Rhythmus dem Grad der Geschwindigkeit, mit der es um sich greifft, und die es umgebende Materie an sich reißt.[99]

Nachdem das Metrik-Kapitel dieser Arbeit Konzepte des Versrhythmus bereits ausführlich erörtert hat, soll an dieser Stelle die Bestimmung der Redetöne in den betreffenden Abhandlungen skizziert werden. Schocher hat 1791, gekränkt von einer zeitgenössischen Kritik an seiner Deklamation, einen kurzen Aufsatz mit dem vollmundigen Titel »Soll die Rede auf immer ein dunkler Gesang bleiben, und können ihre Arten, Gänge und Beugungen nicht anschaulich gemacht, und nach Art der Tonkunst gezeichnet werden?« vorgelegt.[100] Schocher möchte die Regeln für die Deklamation auf die Grammatik gründen und trifft folgende Festlegung:

Also; die Grammatik macht uns mit den Vocalen a, e, i, o, u, fünf verschiedene Töne bekannt: folglich schon zwey mehr, als wir gewöhnlich bey unsern öffentlichen Vorträgen haben. Diesen fünf Tönen setzt sie noch die Zwischentöne: ä, ö, ü, imgleichen das offene e, (z.B. in sehen) hinzu; mithin bekommen wir noch andre vier Töne, und also zusammen neun Töne, die, wenn sie der Verstand nach ihrer wesentlichen Verschiedenheit ordnen wollte, die vortrefflichste Tonleiter herstellen würden.[101]

Welche drei Töne »wir gewöhnlich bey unsern öffentlichen Vorträgen haben«, erklärt Schocher nicht, außerdem bleibt unklar, ob die angegebenen Vokalbuchstaben tatsächlich die in der Sprache vorhandenen vokalischen Phoneme wiedergeben. Und auch darüber, wie und warum sich diese neun Vokale zu einer »Tonleiter« ordnen, schweigt sich Schocher aus. Immerhin wird erkennbar, daß er der Deklamation eine Skala von Tönen, die durch die Vokale gebildet wird, unterlegt. Rambach erstellt, unter Berufung auf Schocher, eine Skala von fünf »Kehlpunkten«[102]. Da seiner Meinung nach das System der Deklamation nicht auf bloßen Tönen, sondern auf der »Natur der Empfindungen und Psychologie«[103] aufbaue, charakterisiert er die fünf Grundvokale wie folgt:

---

99 Löbel 1787, 57.
100 Schochers Aufsatz ist R.G. Löbel »am Tage seiner öffentlichen Promotion zu Leipzig« zugeeignet.
101 Schocher 1791, 8.
102 Rambach 1800, 29.
103 Ebd., 27.

i	überlaut	Götterton
a	laut	Conversationston
e	sinkend	Monologton
o	gesunken	Gebetton
u	urtief	Geisterton[104]

Anschließend fügt er, übereinstimmend mit Schocher, die »Zwischentöne« ü, ö, e[105] und ä ein. Unabhängig von den konkreten Vokalen, die ein Text enthält, muß man sich die hier angegebenen Töne wohl als Stimmregister vorstellen. Die Skalenanordnung richtet sich nicht nach der wahrnehmbaren Tonhöhe oder Klangfarbe der Vokale, sondern, der Ausdruck »Kehlpunkt« zeigt dies an, nach dem angenommenen Artikulationsort. Ein Gedicht, dem der »Götterton« angemessen ist, wird, so verstehe ich Rambachs Systematik, durchschnittlich sehr weit oben bzw. vorne im Mund- und Rachenraum, nämlich am »Kehlpunkt« von i, artikuliert. Auch Detlef Friedrich Bielfeld verwendet die bei Rambach gegebene Tonskala. Ihm kommt es ebenfalls, so schon der Titel seiner 1801 erschienenen Abhandlung, auf die »psichologische Entwickelung der Laute und Töne« an.[106] Bielfeld stellt sich, insofern kann sein Ansatz »psychologisch« genannt werden, die Laute als »Versinnlichung der Seele« vor:

> Sie [die Seele] sucht also, so wahr sie sich ihrer deutlich bewußt werden will, und sich selbst begreifen soll, das, was in ihr vorgeht, auf die Aussenwelt zu übertragen; die Erscheinungen ihres innern Sinnes durch den äußern Sinn sich zu verständigen und darzustellen; sie will in der Aussenwelt, wie in ihrem Bilde sich selbst sehen, und sich selbst hören, und grade auf diesem Trieb, sich hörbar zu versinlichen, gründet sich die Sprache. [...] Ein Laut ist also, die in einem gewissen Kehlpunkte hörbar versinlichte Stimme.[107]

Bielfeld ordnet den fünf Haupttönen unterschiedliche Bewußtseinsgrade zu: er nennt »i« den »Ton der höchsten Leidenschaft«, »a« den »Ton der Einbildungskraft«, »e« den »Ton des Verstandes«, »o« den »Ton der Urteilskraft«, »u« schließlich den »Ton der Vernunft«.[108] Innerhalb des Vortrags sollten nun, in Übereinstimmung mit dem Sinn der Rede, die fünf

---

104 Ebd., 30.
105 Hierfür gibt Rambach die Beispiele »Heer« und »leer«; er meint also offenbar einen anderen Laut als Schochers »offenes e (z.B. in sehen)«.
106 Bielfeld 1801 [Titel].
107 Ebd., 10 f.
108 Ebd., 21 f.

Haupttöne abwechseln. Für Bielfeld steht dabei außer Frage, wann welches Sprechregister zu wählen ist:

Ich wähle also nicht diesen oder jenen Ton, weil ich so und so höre, sondern weil der Sinn der Rede mich dazu zwingt.[109]

›Ton‹ meint im skizzierten Kontext weniger eine akustische Kategorie, als vielmehr einen Grad von Körperspannung, den der Redner während des Vortrags einnehmen soll.[110]

Was die rhythmischen Elemente des Vortrags anbelangt, beginnen die Deklamationslehrbücher in der Regel bei der Erklärung der Akzentuierung einzelner Silben und gehen von dort schrittweise zur Wort-, Satz-, Phrasen- und Rede-Akzentuierung über. Die Versmaße, die neben der Akzentuierung eine zweite Ebene der rhythmischen Organisation gestalten, werden von fast allen Autoren in die Überlegungen mit einbezogen; oft ist der Vortrag von Verstexten ohnehin der Zielpunkt der Darstellung, etwa bei Delbrück, Kerndörffer und Seckendorff, der Deklamation explizit als »Vortrag des Verses«[111] definiert.

Ebenfalls durchgängig begegnet der Gedanke, daß die klanglichen und rhythmischen Elemente der Rede unmittelbarer die bezeichneten Gegenstände und Vorstellungen ausdrücken als die willkürlichen, im Laufe der Sprachgeschichte vereinbarten Wortzeichen. Die Schallform der Sprache halte demnach eine untergründige Verbindung zum Sprachursprungszustand aufrecht. Franke zufolge »kann [die Deklamation] mit einem geschickten Organ noch eine Aehnlichkeit schaffen, wo sie aus den Buchstaben eines Wortes von selbst nicht hervorgehet«[112]. Als »Mittel [...], mit denen der Ton fähig ist sich den darzustellenden Gegenständen ähnlich zu machen«, nennt Franke Bewegung, Höhe bzw. Tiefe, Stärke bzw. Schwäche, Lautstärke, weite, grobe, feine, enge Töne sowie Wohl- bzw. Übelklang.[113] Grundproblem dieser impliziten Nachahmungstheorie ist, daß die meisten der zu bezeichnenden Gegenstände und Vorstellungen nicht-klanglicher Natur sind. Hier muß, wie schon Herder in seiner Sprachursprungsschrift[114] beschrieben hatte, eine analogische Nachahmung erfolgen. Löbel drückt dies folgendermaßen aus:

---

109 Ebd., 27.
110 Zur Bedeutung der Redetöne speziell in Kerndörffers Theorie: Kohlhäufl 1996, 151-156.
111 Seckendorff 1816, I, 13.
112 Franke 1789-94, I, 52.
113 Ebd., 56 ff.
114 Herder 1772, 53-57.

Die Deklamation malt durch folgende Mittel:
a) Sinnliche, hörbare Gegenstände durch ihre Töne.
b) Nichttönende Gegenstände durch die Angabe anderer auszeichnender Verhältnisse, welche das Ohr mit dem Gesicht und Gefühl gemein hat, z.b. Höhe und Tiefe, Langsamkeit und Schnelligkeit, Stärke und Schwäche, Sanftheit und Rauhigkeit.
c) Empfindungen durch ihre Töne.[115]

Bereits die Formulierung, daß die Deklamation »malt«, führt in ein Geflecht der Synästhesien. Meines Erachtens kommt es Löbel, wie auch Herder, nicht darauf an, daß der Sprachklang die wahrnehmbaren Reizmuster der »Gegenstände« nachahmt, sondern, daß er die durch die Reizmuster ausgelösten Erregungen dem Hörer vermittelt, indem er bei diesem die gleichen Erregungen – nicht die gleichen Reizmuster – auslöst.[116] Und im Rückgriff auf die Ausführungen zum Begriff ›Ton‹ verstehe ich unter den »Tönen«, die Löbel in Punkt c) anspricht, nicht akustische Größen, sondern Spannungszustände des Artikulationsapparates bzw. des Körpers – ›Ton‹ also im Sinne von ›(Muskel-)Tonus‹. Das »Malen« der Deklamation erschöpft sich nicht in der Konstruktion von schwer nachvollziehbaren Onomatopoesien, es bezeichnet vielmehr das Konzept, die Erregungszustände des Sprechers, ausgelöst durch welche Reize auch immer, mithilfe der artikulatorischen und akustischen Parameter des Sprechens dem Hörer zu vermitteln.

3.1.2.4 Deklamation als Artikulations- und Interpretationskunst

Die bisher dargestellten Aspekte der Deklamationstheorien geben einem Vortragenden, der sich auf die Deklamation eines Gedichtes oder einer

---

115 Löbel 1793, II, 228 f.
116 Vgl. Herder 1772, 54: »Wie hat der Mensch, seinen Kräften überlassen, sich auch II. eine Sprache, wo ihm kein Ton vortönte, erfinden können? Wie hängt Gesicht und Gehör, Farbe und Wort, Duft und Ton zusammen? Nicht unter sich in den Gegenständen; aber was sind denn diese Eigenschaften in den Gegenständen? Sie sind bloß sinnliche Empfindungen in uns, und als solche fließen sie nicht alle in eins? Wir sind ein denkendes sensorium commune, nur von verschiednen Seiten berührt – da liegt die Erklärung.« Zum skizzierten Wahrnehmungsmodell vgl. auch: Zeuch 1996; Simon 1998, 169 ff., 203. Die Hedersche Differenzierung wird von Engel als Unterscheidung zwischen »malender« und »ausdrückender« Darstellung aufgegriffen; Engel 1785-86, I, 79: »Malerey ist mir auch hier wieder jede sinnliche Darstellung der Sache selbst, welche die Seele denkt; Ausdruk jede sinnliche Darstellung der Fassung, der Gesinnung, womit

Rede vorbereiten will, kaum eine konkrete Hilfe an die Hand. Das Artikulieren einzelner Sätze bzw. Verse ist derjenige Punkt, an dem die meisten Abhandlungen stehen bleiben und auf den *face-to-face*-Unterricht verweisen müssen. Auch wenn Kerndörffer im zweiten und dritten Teil seines Handbuchs in eine Fülle von Gedichten Phrasierungsbögen einträgt, auch wenn Seckendorff Prosa- und Verszeilen mit Melodieverläufen versieht und für verschiedene Textgattungen Silbenzahlen pro Minute als Sprechtempo-Richtlinien angibt, wird dadurch nur ein sehr weiter Rahmen für die intendierte Schallform abgesteckt.

Allerdings lassen sich in allen Abhandlungen zwei Grundstrategien für die Erlernung und Ausbildung eines guten Vortrags erkennen. Die eine Strategie geht vom einzelnen Laut aus und versteht Deklamation als Artikulationskunst: Wer die einzelnen Buchstaben korrekt artikuliere, könne stufenweise aufsteigend die richtige Silben-, Wort-, Satz- und schließlich Rede-Artikulation erlernen. Die andere Strategie geht vom Text bzw. vom Redeinhalt aus und versteht Deklamation als Interpretationskunst: Wer sich so gründlich in einen Text eingearbeitet habe, daß er dessen Gedanken- bzw. Empfindungsordnung vollständig erfaßt, könne ihn adäquat deklamieren. Nebeneinander sind also eine physiologische und eine semantische Argumentationsperspektive festzustellen. In Löbels kommentierter Sheridan-Übesetzung sind beide Perspektiven ausgeführt. Streng systematisch erläutert der erste Teil die artikulatorischen Grundlagen des Sprechens, ausgehend von den einzelnen Lauten bis zur Wortbildung. Die Ebenen dieser Analyse des Sprechens sind analogisch verbunden:

> So wie ein Buchstabe ein einfacher Laut ist, welcher nicht in andre einfache Laute getheilt werden kann, so ist eine Sylbe ein articulirter Laut, welcher keine Theilung in andre articulirte Laute zulässt, [...][117]

Vom Laut bis zur vollendeten Rede entstehen so Schritt für Schritt neue Ganzheiten. In der Lautanalyse folgt Löbel strikt der 1791 erschienenen Abhandlung vom »Mechanismus der menschlichen Sprache nebst Beschreibung einer sprechenden Maschine« Wolfgang von Kempelens.[118]

---

sie denkt; des ganzen Zustandes, worinn sie durch ihr Denken versezt wird.« Auch die Deklamation könne »ausdrückend« oder »malend« sein: ebd., II, 93.
117 Löbel 1793, I, 68.
118 Kempelen 1791, 178-368. Nach Kempelen ist die Lautbildung von fünf Artikulationsstellen abhängig: 1. Stimmritze (tönt oder schweigt), 2. Nase (offen oder geschlossen), 3. Verhalten der Zunge, 4. Verhalten der Zähne, 5. Verhalten der Lippen.

Damit geht Löbel deutlich über Sheridan hinaus und verbindet die Deklamation mit der naturwissenschaftlichen Spracherforschung seiner Zeit. Kempelens Werk diskutiert zunächst Sprachursprungsfragen, dann widmet es sich nacheinander dem Stimmapparat, der Lauterzeugung und schließlich dem Bau der »sprechenden Maschine«. Kempelen demonstrierte diese Sprechmaschine, eine durch einen Spieler zu bedienende Konstruktion aus Blasebälgen, Rohren und Mundstücken, 1784 in Leipzig – ein anonymer Berichterstatter äußerte sich in Wielands »Teutschem Merkur« tief beeindruckt.[119] Durch die Anknüpfung an die aktuelle naturwissenschaftliche Diskussion unternimmt Löbel den Versuch, der Deklamation, die sich mit dem Vorwurf, sie entziehe sich der theoretischen Fundierung, auseinandersetzen muß, eine wissenschaftliche Grundlage zu schaffen.

Im Anhang zur Sheridan-Übersetzung begegnet allerdings auch die entgegengesetzte Argumentationsperspektive:

> Dieser [der Verstand] ist es, welcher dem mündlichen Darsteller jedesmal das wahre Verhältnis zwischen den darzustellenden Gedanken und den Mitteln der Darstellung zeigt, und ihn vor Täuschungen der Phantasie bewahrt. [...] Diesen Bemerkungen zufolge, ist es eine unumstössliche Regel, dass man nie etwas declamiere, bis man es ganz durchdacht, und sich eigen gemacht hat. [...] dieses Nachdenken über die Natur und die Beschaffenheit der vorliegenden Gedanken ist es, in welchem der grösste und wichtigste Theil des Studiums in der Declamation besteht.[120]

Hier argumentiert Löbel geisteswissenschaftlich: Grundlage der Deklamation sei das Durchdringen der semantischen Strukturen des Textes. Daß die beiden Argumentationsperspektiven nicht zu verknüpfen sind, da es einmal um das artikulatorisch richtige Sprechen und seine anato-

---

[119] Gessinger 1994, 620 f. Gessinger behandelt ausführlich sowohl Kempelens Maschine als auch seine Schrift: ebd., 583-631. Er setzt sie in Beziehung zu den Sprechautomaten Abbe' Micals und Christian Gottlieb Kratzensteins sowie zur physiologischen und artikulatorischen Phonetik des 18. Jahrhunderts. In einer originellen Lesart stellt Gessinger Kempelens Traktat vom Kopf auf die Füße. Entgegen der Kapitelreihenfolge hält er Kempelens Maschinenbau für die Grundlage der Ausführungen zur Lautartikulation und Stimmphysiologie. Der einleitende Abschnitt über Sprachursprungsfragen sei, so Gessinger, lediglich ein Zugeständnis an den sprachphilosophischen *common sense* der Zeit, also eigentlich nicht Ausgangspunkt der Abhandlung, sondern eher ein Exkurs.

[120] Löbel 1793, II, 278 f.

misch-physiologischen Voraussetzungen, zum andern um das sinngemäß richtige Sprechen und seine ästhetischen Grundlagen geht, wird von Löbel, wie auch von den anderen Autoren, nicht problematisiert.

Das Verständnis von Deklamation als Interpretationskunst ist mit einem weiterem Problem konfrontiert, das von den Autoren ebenfalls nicht reflektiert wird. Denn einerseits soll die Deklamation, wie zu sehen war, eine alternative Ebene des poetischen Textes bzw. der Rede aufzeigen. Sie soll dessen bzw. deren Körperlichkeit, die in der Schrift nicht zum Ausdruck kommt, betonen und – im Gegensatz zu den schriftvermittelten Inhalten und Gedanken – Töne, Affekte und Leidenschaften hervorkehren. Doch andererseits unterwirft die von Löbel angegebene Methode, »dass man nie etwas declamiere, bis man es ganz durchdacht«[121], die Deklamation der Autorität des geschriebenen Textes. Dieser enthält, unabhängig von seiner Artikulation, eine verbindliche Sinnstruktur, die der aufmerksame Leser ermitteln kann, und an der er seine Deklamation auszurichten hat.

In Delbrücks Abhandlung zur Deklamation ist eine implizite Kritik an der von Löbel favorisierten Methode erkennbar. Unter Berufung auf Kants »Kritik der Urteilskraft« (1790) wendet sich Delbrück gegen diejenige Ästhetik, nach der dem Kunstwerk eine eindeutige Gedanken- und Empfindungsordnung innewohne. Er betont dagegen die Mehr- und Vieldeutigkeit des Kunstwerks:

> Das Schöne besteht, der Definition in vorstehender Abhandlung zufolge, in einer zweckmäßig zusammenstimmenden Mannigfaltigkeit von Ideen, welche die Phantasie in sich hervorruft, um zu einem gegebenen Begriffe viel Unnennbares hinzuzudenken, mehr als auf der einen Seite darin angeschaut, und auf der anderen Seite darin deutlich gedacht werden kann.[122]

Dieser Ansatz entzieht, wird er konsequent weitergedacht, der semantischen Argumentationsperspektive den Boden. Denn das Begriff für Begriff folgerichtig zusammenfügende Denken schafft gerade nicht den Sprung zu jenem »Unnennbaren«, in welchem sich das »Schöne« ausdrücke. Doch auch Delbrück bemüht sich um gründliche Auslegung;[123] durch seine Einführungstexte und Anmerkungen zu Klopstocks Oden

---

121 Ebd.
122 Delbrück 1800, 194.
123 Ebd., 194: »Eine Poesie auslegen, und erklären, heißt, den Eindruck, welchen sie hervorbringt, in seine Theile zerlegen und jeden einzelnen derselben klar machen.«

möchte er ein umfassendes Verständnis der zum Teil komplexen Texte vermitteln, das die Voraussetzung ihrer adäquaten Deklamation bildet. Der Hinweis auf die ungelösten Widersprüche innerhalb des Systems der Deklamation soll keineswegs aus heutiger Perspektive die Ansätze Löbels und anderer diskreditieren. Vielmehr kann er zeigen, daß in dem um 1800 jungen Wissenschaftsgebiet heterogene Interessen zusammenkommen. Einerseits will man mit der Deklamation ein Refugium der Mündlichkeit vor einer immer dominanter werdenden Letternkultur schaffen. So erklärt sich der Topos, die Deklamation könne aus Büchern niemals vollständig gelehrt werden. Andererseits will man die Deklamation an den anspruchsvollen wissenschaftlichen Diskurs der Zeit anschließen und nimmt deshalb auf Stimmphysiologie und artikulatorische Phonetik Bezug.

3.1.2.5 Deklamation und Gesang

Um die intendierte Vortragsart eines Textes zu vermitteln, wäre es naheliegend, sie möglichst exakt zu notieren. Einige Deklamationstheoretiker und -lehrer haben sich bei der Suche nach einem Notationssystem an der Musik orientiert, andere haben in dieser Orientierung die Gefahr einer mißverständlichen Pseudo-Übereinstimmung von Musik und Sprache gesehen.

Schochers kurzer Aufsatz über die Deklamation zielt bereits in der Titelformulierung auf ein Analogieverhältnis zwischen Rede und Musik ab. Nach Schocher soll die Deklamation kein »dunkler Gesang« bleiben, er will sie durch ein exaktes Notationssystem darstellen. Doch seine eigenen Ausführungen bleiben vage. Er ordnet zwar den Satzzeichen Vortragszäsuren zu,[124] seine Notation einer Periode aus vier Sätzen[125] bleibt (mir) jedoch unverständlich. Löbel äußert sich nicht dezidiert zum Verhältnis von Rede und Musik; er verweist lediglich darauf, daß »die menschliche Sprache [...] ihre eigne Tonleiter und ihren eignen Gang [hat], wodurch sie jede Empfindung zu wecken vermag«[126]. Deshalb sei der gesungene Vortrag auch nur für manche Gedichte die ideale Präsentationsform.

---

124 Schocher 1791, 14. Das Komma stehe für eine Pause von einer »Tonlänge«, die Zeichen [;], [:], [?], [!] für eine Pause von zwei »Tonlängen« und für ein gleichzeitiges Senken der Stimme um eine Sekunde, das Zeichen [.] für eine Pause von drei »Tonlängen« und für ein gleichzeitiges Senken der Stimme um eine Terz.
125 Ebd., 15 f.
126 Löbel 1787, 65 f.

Cludius versucht dagegen eine exakte musikalische Notation von Redephrasen. Hierfür gibt er folgende Grundregeln an:

1) man fängt, deutlicher oder undeutlicher in der Quarte unter dem Haupttone, worin man spricht, an, und endigt auch darin.
2) Die ruhige Bewegung ist im Haupttone.
3) die Accente liegen alle darüber, die einfachsten in der Tertie, die lebhaftern in der Quarte und Quinte, die affektvollen in der Sexte und Septime, so wie der Affekt steigt!
4) Traurigkeit und Klage spricht in moll und geht durch die Semitone.
5) die Frage verhallet in der Quinte; die affekt- oder verwunderungsvolle Frage in der Sexte.
6) Ausrufe erheben sich zur Sexte, und die affektvollsten zur Septime.[127]

Die von Cludius notierten Redephrasen unterscheiden sich allerdings von geläufigen musikalischen Phrasen. Cludius verwendet keine gängigen Takt-Schemata, etwa ³/₄- oder ⁴/₄-Takte; chromatisch geführte Halbtonschritte erschweren oft eine klare tonale Orientierung[128]. Die Deklamation läßt sich nach Cludius' Vorstellung zwar mit den gleichen Zeichen ausdrücken, mit denen musikalische Verläufe festgehalten werden, dennoch folgt sie offenbar rhythmischen und melodischen Eigengesetzlichkeiten. Die von Cludius gegebenen Beispiele wollen nicht die Übereinstimmung von Deklamation und Gesang bestätigen. Cludius schränkt deshalb ein:

> Man stosse sich nicht daran, dass der Ausdruck in Noten sehr unvollkommen ist. Dies kommt daher, dass der Ton in der Aussprache nicht rein fest und haltend genug ist, theils so über- und unterschwebend über oder unter einer musikalischen Note, theils so übergehend, verschmelzend, verhallend, dass die genaue Angabe wenigstens einem, der kein grosser Tonkünstler ist, unmöglich fällt, besonders da die Stimme, die bei jedem Menschen mit verschiedener Wirkung angiebt, denselben Noten eine andere Kraft ertheilt.[129]

Die musikalische Notation der Deklamation wird als Annäherung verstanden, als Hilfsmittel. Besonders Rambach kritisiert ein Überstrapazieren der Analogie von Gesang und Deklamation bzw. ein gesangsartiges Deklamieren:

---

127 Cludius 1792, 133 f.
128 Vgl. z.B. ebd., 126.
129 Ebd., 127 f.

Wenn bei den Alten die eine singende Nazion waren, die Deklamation eine Art Gesang war, so muß sie dagegen bei uns die wir das singende im Gespräch und der Rede hassen, überhaupt nicht so leicht zum Gesang gestimmt sind, nichts so sehr vermeiden als das Gesangartige. Was hilft es nun, wenn man vom Fortschreiten in halben und ganzen Tönen, wenn man von Cadenzen aus der Prime in die Terze Quinte u. dgl. spricht, wenn man sagt[,] man muß bei einem Comma eine Tonlänge, bei einem Colon Semicolon 2, beim Punkt 3 pausieren. – Wie lang ist denn so eine Tonlänge? – – All dergleichen bringt zu viel Musik in die Deklamation, und grade diese wollen wir hinweg haben, wir wollen Rede.[130]

Rambach teilt damit den Standpunkt, der, poetisch ausgedrückt, in Klopstocks Ode »Teone« vertreten wird. Delbrück, der die Ode »Teone« eventuell auch aus programmatischen Erwägungen in seine Sammlung einrückt, verwendet eine Notation, die sich nicht an die Musik anlehnt. Abgesehen von wenigen, aus den metrischen Abhandlungen der Zeit geläufigen Akzentzeichen beschreibt er die deklamatorische Gestaltung verbal: durch Randglossen mit relativen Angaben zu Lautstärke, Tonhöhe und Tempo, Fußnoten und einen jeder Ode vorangestellten Einführungstext. Ähnlich verfährt Kerndörffer in seinem Handbuch. Auch er versieht jedes Gedicht mit einer Einführung, die zum richtigen Textverständnis hinleiten soll, und erläuternden Fußnoten. Hier zeigt sich wiederum die semantische Argumentationsperspektive. Der adäquaten Deklamation müsse ein geistiges Durchdringen des Textes bzw. die richtige Interpretation der Autorintention vorausgehen. Einzigartig für Kerndörffers Notierungsweise sind Phrasierungsbögen, die er über den Verszeilen einträgt. Sie gliedern, über die Ebene der Satzzeichen hinausgehend, den Text in syntaktisch zusammenhängende Wortgruppen.

Für Seckendorff hingegen ist die Analogie von Musik und Deklamation die Argumentationsbasis seiner »Vorlesungen«. Ziel seiner Untersuchung sei die Aufdeckung der »höhern musikalischen Gesetze« in der Sprache.[131] Sowohl musikalische Töne als auch Sprachtöne führt er auf das Prinzip der »Bewegung« zurück.[132] »Bewegung« könne optisch oder akustisch wahrgenommen werden. Grundform der akustisch wahrnehmbaren Bewegung sei der »Schall«[133]. Ein Schall werde dann als »musikalisch« be-

---

130 Rambach 1800, 13 f.
131 Seckendorff 1816, I, 16.
132 Ebd., 17 ff.
133 Ebd.

zeichnet, wenn er »schön« sei, wobei »Schönheit [...] die Uebereinstimmung absoluter und relatifer Beziehungen der Theile unter sich und zum Ganzen«[134] sei. Die Sprache zerfalle in »musikalische« Anteile, die Vokale, und »nicht- musikalische« Anteile, die Konsonanten. In Seckendorffs schematischer Übersicht der Ausdifferenzierung der Grundform »Schall« fallen der Vokalton der Sprache und der Gesangston zusammen:[135]

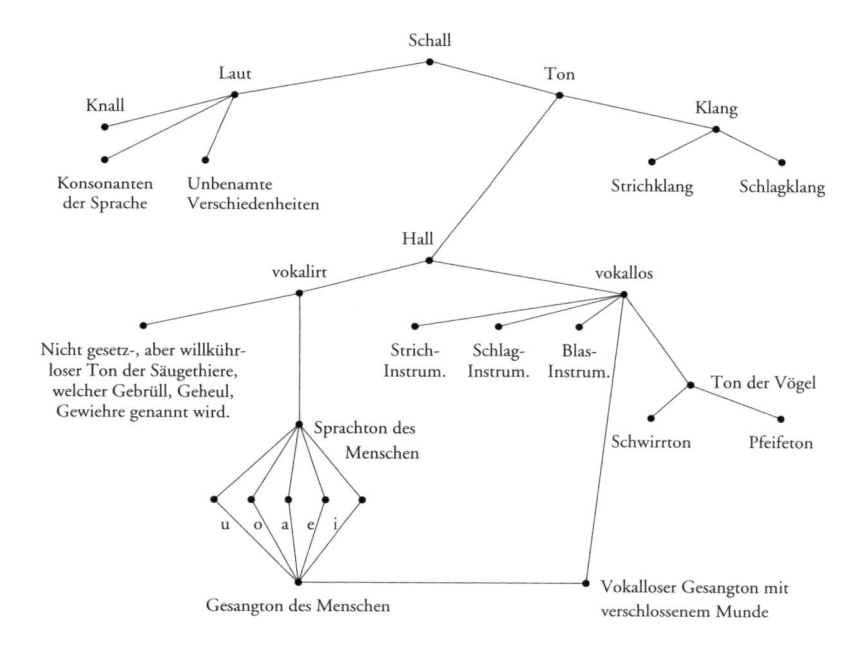

```
                          Schall
              Laut                   Ton
    Knall                                      Klang

Konsonanten   Unbenamte                   Strichklang   Schlagklang
der Sprache   Verschiedenheiten
                              Hall
                      vokalirt        vokallos

Nicht gesetz-, aber willkühr-   Strich-   Schlag-   Blas-
loser Ton der Säugethiere,     Instrum.  Instrum.  Instrum.      Ton der Vögel
welcher Gebrüll, Geheul,
Gewiehre genannt wird.
                        Sprachton des
                          Menschen              Schwirrton   Pfeifeton

                    u   o   a   e   i
                                              Vokalloser Gesangton mit
              Gesangton des Menschen          verschlossenem Munde
```

Die erste Aufteilung des »Tons«, also der musikalischen Form des »Schalls«, richtet sich danach, ob, so beim »Hall«, die »innere« oder, wie beim »Klang«, die »äußere« Bewegung »vorwaltend« sei.[136] Ich möchte hier nicht die offensichtlichen Unstimmigkeiten des Schemas diskutieren,[137] sondern lediglich darauf hinweisen, daß Seckendorff, noch vor allen Fragen

134 Ebd., 28.
135 Die nachfolgende Graphik nach ebd., 33.
136 Ebd., 31.
137 So müßte zum Beispiel gefragt werden, warum »Strichklang« und »Schlagklang« unter der Rubrik »Klang« stehen, »Strich-« und »Blasinstrumente« dagegen unter der Rubrik »Hall«? Ein Erklärungsansatz, der allerdings bei Seckendorff nicht angelegt ist, könnte dahin gehen, daß sich »Hall« auf die Tonerzeugung, »Klang« dagegen auf die Tonwahrnehmung bezieht.

nach der Notierbarkeit von Deklamation, von einer weitgehenden Kongruenz zwischen Rede und Gesang ausgeht. Damit steht er dem Ansatz von Steele nahe. In Unkenntnis der physikalischen Schwingungslehre Ernst Florens Friedrich Chladnis[138] bestimmt nach Seckendorffs Vorstellung die bei einer Bewegung entstehende Schwingungsanzahl pro Zeitintervall die Lautstärke des akustischen Ereignisses, die Schwingungsamplitude dagegen die Tonhöhe.[139] Dementsprechend folgt er:

> Sprech- und Gesangton unterscheiden sich nur durch die mehrere Stärke, durch die grössere Geschwindigkeit der Bewegung. [...] Sind Sprache und Gesang nur durch die mehrere Stärke des Gesangstons und der hieraus folgenden, weitschrittigern Tonleiter des Gesanges verschieden, so müssen sie auch gleichen musikalischen Gesetzen unterworfen sein.[140]

Aus der Annahme, daß Gesang und Rede »gleichen musikalischen Gesetzen«[141] unterworfen sind, folgert Seckendorff, daß sich die Rede nach dem System der ihm bekannten Musik messen lasse. Und obwohl er nirgends in seinen »Vorlesungen« eine Redepassage vollständig musikalisch ausnotiert, prägt diese Folgerung alle seine Ausführungen. So trägt er zwischen die einzelnen Wörter eines Textes deklamatorische Pausenzeichen ein, die er in Übereinstimmung mit musikalischen Notendauernwerten bezeichnet:

> Das $^{1/32}$ Glück $^{1/8}$ zu $^{1/16}$ suchen $^{1/8}$ war $^{1/4}$
> der $^{1/32}$ weise $^{1/16}$ Sadi $^{1/8}$ fünfzig $^{1/16}$ Jahr $^{1/8}$
> gewandert, $^{1/4}$ in $^{1/16}$ dem $^{1/32}$ Glanz $^{1/8}$ der $^{1/32}$ Thronen $^{1/8}$
> wie $^{1/8}$ in $^{1/16}$ der $^{1/32}$ armen $^{1/16}$ Hütten $^{1/8}$ Dunst.$^{1/4}$ [142]

Weiter setzt Seckendorff das Versmaß mit dem musikalischen Takt gleich,[143] gibt, ähnlich musikalischen Metronomangaben, Silbenzahlen pro Minute als Grundsprechtempi für verschiedene Gedichtgattungen an,[144]

---

138 Chladni 1787; Chladni 1802.
139 Seckendorff 1816, I, 37. Wie Chladni belegt, verhält es sich genau umgekehrt. Bereits Joseph Saveur hatte um 1700 die absolute Tonhöhe in Abhängigkeit von der Schwingungszahl pro Zeit bestimmt; zu Saveur: Gessinger 1994, 527-537.
140 Ebd., 56 und 58.
141 Gesetzmäßigkeiten der Schallerzeugung und -verbreitung können nur akustisch sein, das Adjektiv »musikalisch« beinhaltet bereits einen interpretierenden Zugriff.
142 Ebd., 113.
143 Ebd., 119.
144 Ebd., 254 ff.

spricht von »Dur-« und »Moll-Strophen«[145] und trägt, im System der fünf Notenlinien, Tonhöhenverläufe in Verse ein. Der Tonschritt von unten nach oben bezeichne die gedankliche Entwicklung von der »Vielheit« in die »Einheit«, der Tonschritt von oben nach unten den umgekehrten Gedankengang.[146] Anhand dieser Festlegung könne die »Melodie des Gedankens« bestimmt und deklamatorisch umgesetzt werden:

> Das Hauptwort nun jedes Satzes [Seckendorff meint den semantisch zentralen Begriff] ist die Einheit in demselben, daher bekommt es den höchsten Ton. Steht das Hauptwort am Anfang des Satzes, so ist die Denkform analytisch [von der »Einheit« zur »Vielheit«] und die Melodie herabfallend, steht es am Ende des Satzes, so ist die Denkform synthetisch und die Melodie aufsteigend.[147]

Hier zeigt sich, neben einer von Musikanalogien geleiteten, wiederum die semantische Argumentationsperspektive. Andererseits lehrt auch Sekkendorff stufenweise die richtige Buchstaben-, Silben-, Wort- und Satzartikulation, verfährt also stimmphysiologisch.[148]

Eine zeitgenössische Kritik an Seckendorffs Vortragsstil belegt, daß er die Kongruenz von Gesang und Deklamation nicht nur theoretisch forderte, sondern auch praktizierte. August Klingemann verspottet Seckendorff im dritten Band seiner zwischen 1829 und 1831 ebenfalls in Braunschweig erschienenen Schrift »Natur und Kunst«:

> So war es dagegen umso gefährlicher, sie (Schüler) seinem Unterricht in der Deklamation zu überlassen, weil gerade er der eifrigste Herold jener formellen Schönrednerei war, welche als leerer Klingklang überall auf den deutschen Bühnen wieder zu tönen anfing. Schon in den Prinzipien irrend, wie es seine Vorlesungen über Deklamation beweisen, und die ganz verschiedenen Werkstätten nicht berücksichtigend, in denen der Gesang und die Rede sich bilden, wollte er die letztere im tragischen und lyrischen Vortrage durchaus auf die Prinzipien des ersteren zurückführen, und ließ seine Schüler deshalb zur Begleitung des Fortepiano rezitieren, um die Worte auf Noten gesetzt gesangmäßig den Tönen der Musik anzuschmiegen.[149]

---

145 Ebd., 237 f.; Goethes »Trost in Thränen« wechsle alternierend zwischen »Dur-« und »Moll-Strophen«.
146 Ebd., 164.
147 Ebd., 173. Beispiele für die Notation von Tonhöhenverläufen: ebd., 176.
148 Ebd., 93-131.
149 Zit. nach: Weithase 1930, 114 f.

Die Frage nach der Kompatibilität von Musik und Sprache zieht sich quer durch die zeitgenössischen Metrik- und Deklamationstheorien. Auch die Lyrik-Vertonung läßt, wie das folgende Teilkapitel zeigen wird, unterschiedliche Vorstellungen von Kongruenz bzw. Differenz der Systeme erkennen.

Die Wissenschaft von der Deklamation befand sich, so kann an dieser Stelle resümiert werden, zwischen den Stühlen anderer, bereits theoretisch fundierter Kunst- bzw. Wissenschaftsgebiete. Wer sie als letzten Bereich der Literatur, in dem die Schriftlichkeit noch nicht die Mündlichkeit verdrängt hatte, pflegen wollte, mußte auf ihrer Nicht-Systematisierbarkeit beharren. Wer sie an den natur- oder kunstwissenschaftlichen Diskurs der Zeit anknüpfen wollte, geriet schnell in das Fahrwasser etablierter Disziplinen. Daran sollte sich auch im Verlauf des 19. Jahrhunderts wenig ändern. Abhandlungen zur Deklamation entstanden zumeist aus praktischen Erwägungen, als Lehrbücher für Schauspieler, Prediger oder Gymnasiasten. Der physiologische Aspekt erfuhr allerdings durch die Arbeiten von Ernst von Brücke und Alexander Bell um die Jahrhundertmitte[150] sowie durch die neuen technischen Möglichkeiten zur Aufzeichnung und damit auch zur experimentellen Analyse akustischer Ereignisse[151] eine entscheidende Neufundierung. Obwohl diese Entwicklungen die um 1800 angestrebte Interdisziplinarität der Deklamation endgültig überforderten, waren Linguisten um 1900 noch durchaus daran interessiert, die naturwissenschaftliche Erforschung des Sprechens unmittelbar pädagogisch zu verwerten. Wilhelm Vietor nannte seine ab 1887 in Marburg erscheinende Zeitschrift programmatisch »Zeitschrift für wissenschaftliche und praktische Phonetik mit besonderer Rücksicht auf den Unterricht in der Aussprache«. Der Phonographenfabrikant Ernst von Suhrkamp veröffentlichte 1913 ein sprechpädagogisches Werk, das die physiologische Lehrmethode der Deklamation perfektionierte. Denn die *viva vox prae-*

---

150 Brücke 1856, Bell 1863.
151 1861 erfand E.L. Scott den sogenannten Phonautographen, der es ermöglichte die durch Luftdruck ausgelösten Schwingungen einer Membran aufzuzeichnen. Er gilt als wichtige Vorstufe für T. Edisons Grammophon (1877). Ende des 19. Jahrhunderts arbeiteten P. Grützner, N.W. Kingsley und R. Lenz mit der Methode der Palatographie, die es durch Einfärbungen erlaubte, Artikulationsstellen im Mund- und Rachenraum sichtbar zu machen. J.P. Rousselot, E.A. Meyer, E.W. Scripture und G. Panconcelli-Calzia benutzten zu Beginn des 20. Jahrhunderts bereits den Kymographen, der Schwingungen bis zu einem Bereich von ca. 500 Hz aufzeichnen konnte. Siehe hierzu: Tillmann 1994.

ceptoris wurde von Suhrkamp durch einen Laute artikulierenden Apparat ersetzt.[152]

Irmgard Weithases Schüler Wilhelm Ludwig Höffe bemühte sich noch nach 1950 darum, natur- und geisteswissenschaftliche Erforschung der Deklamation zusammenzuhalten. In seiner Habilitationsschrift unternahm er den Versuch, exakt meßbare akustische Strukturen mit empirisch angegebenen Ausdrucksgehalten zu korrelieren.[153] Seine späteren Arbeiten bewegten sich in dem weiten Feld zwischen experimenteller Phonetik, Geschichte der Deklamation, Sprecherziehung und Sprechästhetik.[154] Auch bei Höffe begegnet erneut diejenige Argumentationsperspektive, die das von Viel- und Mehrdeutigkeiten nicht angefochtene Verstehen des Textes zur Grundlage der adäquaten Deklamation macht:

> Und darum geht es: den Wesenskern der Vorlage zu erfassen und ihn auszudrücken. [...] Wir alle sind mit ähnlichen Grundanlagen ausgestattet, die es uns ermöglichen, die Mehrzahl fremder Erlebnisse in ihrem Kern nachzufühlen und damit zu verstehen.[155]

Solche Sätze lesen sich wie eine Reminiszenz an die Deklamationstheorie um 1800. Doch die hier vertretene Einfühlungsästhetik, die es vermag, zum »Wesenskern« eines Kunstwerkes vorzudringen, ist mittlerweile obsolet. Auch wenn wir eine Schallplatte fänden, auf der Klopstock seine Oden deklamiert, wären wir dadurch nicht verpflichtet, die dokumentierte Deklamationsart für die ästhetisch gelungenste zu halten – schließlich führen wir auch Wagners Opern nicht einfach mit Wagners sehr gut dokumentierten Bühnenanweisungen auf.

So sind die Fragen, wann der Vortrag eines Textes mit der Autorintention zu kongruieren scheint bzw. unter welchen Bedingungen uns eine Deklamation besonders nahegeht, noch immer offen. Der von Thomas von Fragstein und Hans Martin Ritter zum 90. Geburtstag von Walter Wittsack herausgegebene Sammelband »Sprechen als Kunst« bezeugt die bis heute andauernde theoretische und methodische Unsicherheit der mit der gesprochenen Sprache befaßten Geisteswissenschaften.[156]

---

152 Suhrkamp 1913. Dazu Kittler 1985, 239 f.
153 Höffe 1954.
154 Vgl. den Sammelband Höffe 1965.
155 Ebd., 69.
156 Fragstein/Ritter 1990.

3.2 Lyrik als gesungene Lyrik

> Deine Kompositionen fühle ich sogleich mit meinen Liedern identisch, die Musik nimmt nur, wie einströmendes Gas, den Luftballon mit in die Höhe.[157]

Goethes hier formulierte Metapher vom Gasluftballon bringt einen ästhetischen Leitgedanken vieler Zeitgenossen, Dichter wie Komponisten, auf den Punkt: Der gesungene Vortrag von Lyrik ist nicht nur eine denkbare Präsentationsform unter anderen, sondern die ideale schlechthin. Unter ›lyrischen Gedichten‹ werden im 18. Jahrhundert, zur Abgrenzung von epischen, dramatischen, epigrammatischen und didaktischen Gedichten, Vers-Texte verstanden, die zum Singen bestimmt sind. So heißt es in Schubarts »Vorlesungen über die schöne Wissenschaften für Unstudierte« (1777) lapidar:

> Man kann die lyrische Dichtkunst als eine Poesie beschreiben, welche in einem zum Singen schicklichen Sylbenmaas Empfindungen ausdrückt.[158]

Obwohl Worte und Musik meist in Arbeitsteilung entstehen, werden sie doch im Moment des Erklingens als unteilbare, immer schon dagewesene Einheit betrachtet. Der Metapher Goethes läßt sich aus Komponistenperspektive diejenige von Johann Abraham Peter Schulz zur Seite stellen, der im Vorbericht seiner »Lieder im Volkston« (1782) von der Liedmelodie forderte, daß sie »wie ein Kleid dem Körper, sich der Declamation und dem Metro der Worte anschmiegt«[159]. Vom Beginn der Ersten Berliner Liederschule bis in die Zeit der Zusammenarbeit zwischen Goethe und Zelter zieht sich die programmatische Forderung der Einheit von Wort und Weise lyrischer Gedichte als Topos durch literar- und musikästhetische Abhandlungen sowie durch die Briefwechsel zwischen Wort- und Tonkünstlern.[160]

Im Gegensatz zu den oftmals vagen Angaben zur Deklamation von Versen bieten Vertonungen eine exakt ausnotierte »delivery instance«. Allerdings ist der Notentext seinerseits ein unterschiedlich interpretier- und realisierbarer Text, er bildet die Grundlage für verschiedene Aufführun-

---

157 Goethe an Zelter, 11. 5. 1820. Zit. nach: Goethe/Zelter, Briefwechsel, I, 601.
158 Schubart 1777, 54.
159 Schulz, Lieder im Volkston, I, Vorbericht.
160 Belege bei Schwab 1965, 20–50.

gen (»delivery instances« zweiten Grades). Gerade in der zweiten Hälfte des 18. Jahrhunderts entwickelt sich ein neues Bewußtsein für die besondere künstlerische Leistung des Musikinterpreten, der nicht mehr mechanisch den Notentext vollstrecken, sondern mittels seiner Einfühlung dem musikalischen Werk individuellen Ausdruck verleihen soll. Nur eine persönliche Interpretation ist nach dieser Auffassung ästhetisch wertvoll.[161]

Im Gegensatz zu den Stimmen, die die organische Einheit von Wort und Ton proklamieren, stehen andere, die die Kompatibilität von Verssprache und Musik kritisch hinterfragen. Bereits 1759 merkt Lessing im 51. Literatur-Brief an, daß ein Komponist nicht-versifizierte Textvorlagen verwenden solle, da es bei der Vertonung metrisch gebundener Texte unvermeidlich zu Reibungen komme.[162] Während Goethe und Zelter unbeirrt an ihrer Lied-Ästhetik festhalten, schlagen bereits um 1800 romantische Liedvertonung und romantische Lyrik getrennte Wege ein, Text und Musik werden jetzt nicht mehr zur Deckung gebracht, sondern treten in ein metaphorisches Verhältnis.

Es wäre also naiv, Vertonungen Zelters, Schulzens oder Glucks als direkte akustische Realisationen der zugrundeliegenden Gedichte zu lesen. Trotzdem muß das ästhetische Programm von der Wort-Ton-Einheit ernstgenommen werden; es wurde nicht nur emphatisch vorgetragen, sondern hat auch strukturellen Niederschlag in zahlreichen Vertonungen, speziell aus dem letzten Drittel des 18. Jahrhunderts, gefunden.

Das vorliegende Teilkapitel gliedert sich in zwei Abschnitte. Zunächst werden verschiedene Vertonungen Klopstockscher Oden untersucht. Hier wird im Detail deutlich, wie Komponisten, die unter der Prämisse arbeiteten, Klopstocks Silbenmaße exakt wiederzugeben, mit der Nicht-Kompatibilität der Systeme Musik und Verssprache umgegangen sind. Der zweite Abschnitt behandelt die ästhetischen Programme in den Briefwechseln zwischen Voss und Schulz sowie zwischen Goethe und Zelter.

---

161 Hierzu Scherer 1988. Die Herausbildung der neuen Kategorie Vortrag in der Musiktheorie des 18. Jahrhunderts erörtert Brenning 1998.
162 Lessing: Werke V, 181 f. Im zweiten Teil seiner musikästhetischen Schrift »Über den Geist der Tonkunst« (1800) knüpft Christian Friedrich Michaelis an Lessings Standpunkt an und bestreitet das unproblematische Gelingen der Vereinigung von Lyrik und Musik.

3.2.1 »Von jeder Note Rechenschaft«? Vertonungen Klopstockscher Oden[163]

Spöttisch beschreibt Joseph Martin Kraus 1778 einen Automatismus, nach dem Gedichte fast zwangsläufig in Musik gesetzt werden:

> Nun können wir mit Gewißheit sagen, daß kein Dichter auf unserm Boden gelebt, den nicht ein Komponist wenigstens einmal in die Tatzen bekommen hat, und nicht einmal die Odendichter waren frei davon.[164]

Der Ode wird hier hinsichtlich ihrer Vertonbarkeit eine besondere Empfindlichkeit eingeräumt, die sie allerdings nicht vor dem ständigen Vertont-Werden bewahren konnte. Was Klopstocks Oden betrifft, scheint sich diese Empfindlichkeit in besonderem Maße zuzuspitzen. Ein kurzer Überblick der Entwicklung der – sowohl musikalischen als auch literarischen – Gattung Ode in der zweiten Hälfte des 18. Jahrhunderts soll zunächst die Position der Oden Klopstocks und ihrer Vertonungen profilieren.[165]

Um 1750 sind die musikalischen Gattungsbezeichnungen ›Ode‹ und ›Lied‹ nicht scharf abgegrenzt. Sie bezeichnen die Vertonung eines weltlichen oder geistlichen Gedichtes für eine Singstimme und Klavierbegleitung.[166] In den nachfolgenden Jahrzehnten findet eine Differenzierung der Gattung statt, die durch die Pole ›Volkslied‹ und ›Kunstlied‹ beschrieben werden kann. Schulz' »Lieder im Volkston, bey dem Klavier zu singen« (1782-90) richten sich an Laien, zwar nicht an die Leute auf der Straße, sondern an die klavierspielenden Bürger/innen in den guten Stuben. Die Singstimme ist bei diesen Liedern in den Klaviersatz integriert, meist wirkt sie auch ohne diesen schlüssig, so daß die Verbreitung der Lieder außerhalb von Bürgerhäusern immerhin denkbar ist. Die Entwicklung hin zum Kunstlied trennt immer deutlicher zwischen Pianist/in und Sänger/in. Ab den 1770er-Jahren begegnet die Notation des Klavierliedes auf drei Notensystemen; oft werden die Oberstimme des Klavierparts und die Singstimme mit unterschiedlicher Schlüsselung (c-Schlüssel im Klavierpart, G-Schlüssel für die Singstimme) versehen. Die Klavierbegleitung erschöpft sich jetzt nicht mehr in einer Baßlinie und parallelen Stimm-

---

163 Das Zitat entstammt einem Brief von Matts an Klopstock vom 3. 12. 1768: Klopstock, Briefe 1767-1772, 104.
164 Kraus 1778, 99.
165 Ausführlicher hierzu: Lütteken 1998, 313-330.
166 Ebd., 315.

führungen zur Melodie, sondern entwickelt autonome Begleitfiguren. Vertonungen dieser Art richten sich an professionelle Interpreten. Doch auch in denjenigen Formen, die zum Kunstlied, wie es sich nach 1800 etabliert, hin tendieren, bleibt die Einfachheit der Stimmführung und des Satzes zunächst eine wichtige ästhetische Prämisse.[167]

Im literarischen Gattungssystem findet eine vergleichbare Ausdifferenzierung statt. Friedrich Josef Wilhelm Schröder verwendet in seiner Schrift »Lyrische, Elegische und Epische Poesien« (1759) die Begriffe ›Ode‹ und ›lyrische Poesie‹ synonym.[168] Eine 1763 anonym veröffentlichte und viel zitierte Abhandlung »Von der Ode« bezeichnet sie als Sprechart des Empfindungsausdrucks und der Affekt-Ordnung,[169] auch Herders Fragment gebliebene Abhandlung über die Ode (1764/65) bestimmt sie als Grundform poetischen Sprechens schlechthin.[170] Durch die – maßgeblich von Klopstock forcierte – Anknüpfung an antike Vorbilder, vor allem von Pindar und Horaz, entwickelt sich die Ode jedoch zu einer anspruchsvollen, formal artifiziellen und inhaltlich gewichtigen Gattung, während der Begriff ›Lied‹ als ein Sammelbecken für formal einfachere und inhaltlich leichtere Gedichte verwendet wird. In Johann Joachim Eschenburgs »Entwurf einer Theorie und Literatur der schönen Wissenschaften« (1783) bezeichnet ›Ode‹ nur noch eine Teilmenge lyrischer Gedichte.[171] Engel teilt in seinen im gleichen Jahr erschienenen »Anfangsgründen einer Theorie der Dichtungsarten« das lyrische Gedicht in die Subgattungen Ode, Elegie und Lied ein.[172] Hinsichtlich des ästhetischen Anspruchs steht am Ende des 18. Jahrhunderts die literarische Ode dem musikalischen Kunstlied, das literarische Lied dagegen dem musikalischen Volkslied nahe.

Besonders Christoph Willibald Gluck, von dem in Klopstocks Freundeskreis gesagt wurde, er könne »von jeder Note Rechenschaft geben«[173],

---

167 Ausführlich wird die Differenzierung von Volkslied und Kunstlied bei Schwab 1965 thematisiert.
168 Scherpe 1968, 106.
169 Ebd., 107.
170 Zu Herders Oden-Abhandlung: s.o., Kapitel 2.3.2.
171 Scherpe 1968, 110.
172 Engel 1783, 309-313.
173 Vgl. von Matt an Klopstock (3. 12. 1768): »Ich wiederhole Ihnen hier die Worte des Sonnenfels. er sagt mir, ich solle Ihnen nur schreiben, daß Gluck nach den Regeln des Horaz seine Musick setze, und daß er, so zu sagen, von jeder Note Rechenschaft geben könne.« (Klopstock, Briefe 1767-1772, 104). Zur Zusammenarbeit zwischen Gluck und Klopstock sowie zu weiteren Äußerungen über Gluck in Klopstocks Freundeskreis: Lütteken 1998, 350-358.

verbindet in seinen Vertonungen höchsten Kunstanspruch[174] mit programmatischer Einfachheit. Von einer artifiziellen, technisch anspruchsvollen Stimmführung, wie sie durch die Tradition der barocken Solo-Arie Mitte des Jahrhunderts präsent ist[175], distanziert sich Gluck. Ihm ist zunächst an einer exakten formalen Umsetzung der komplexen Klopstockschen Strophenformen gelegen. Die metrische Struktur der Vorlage solle in der Vertonung transparent bleiben und nicht durch eigenmächtige Melodiestrukturen verdeckt werden. So komponiert Gluck keinerlei Melismen – d.h. jede Textsilbe erhält eine Note –, auch Wort- oder Verswiederholungen verwendet er nur äußerst selten. Auch wenn die programmatische Einfachheit der Gluckschen Vertonungen Klopstocks Position nahekommt, kann Klopstocks eigene Vorstellung von der musikalischen Umsetzung seiner Oden dem kompositorischen Ansatz Glucks entgegengehalten werden.

In einem Brief an Gerstenberg hat Klopstock zu einigen Versen rhythmische Notationen vorgenommen.[176] Zur ersten Strophe der Ode »Schlachtgesang« notiert Klopstock zwei Versionen, eine im ¾-Takt (siehe Notenbeispiel S. 203), die andere im ⁴/₄-Takt. Obwohl Klopstock Taktstriche verwendet, scheint ihn der musikalische Taktbegriff seiner Zeit nicht zu beeinflussen. Denn das metrische Merkmal Länge wird von Klopstock nicht durch die Taktstellung realisiert, sondern durch die rein quantitative Längung der betreffenden Silben. Metrisch lange bzw. betonte Silben erhalten lange Notenwerte, die auf jedem Teil des Taktes

---

174 Vgl. das bei Schwab 1965, 71 f. abgedruckte Zitat aus Cramers »Magazin der Musik« (1783), das Glucks strenge Ansicht über den angemessenen Vortrag seiner Odenvertonungen wiedergibt.
175 Vgl. z.B. die 1758 von Carl Philipp Emanuel Bach vertonten »Geistlichen Oden und Lieder« von Christian Fürchtegott Gellert: Bach/Gellert 1758.
176 Der Brief findet sich zitiert bei Muncker 1880, 218 f. Wie mir Klaus Hurlebusch von der Hamburger Klopstock-Ausgabe mitteilte, ist das Original des Briefes nicht mehr vorhanden. Deshalb kann nicht ermittelt werden, ob Muncker bei der Wiedergabe der Rhythmisierung Klopstocks bereits eine Interpretation vorgenommen hat. Originale rhythmische Notationen zu Versen aus dem 20. Gesang des Messias enthält ein undatierter, bisher nicht veröffentlichter Brief Klopstocks an Just Friedrich Wilhelm Zachariä (laut Hurlebusch »um 1768/1769«), dessen Handschrift sich in der Universitätsbibliothek Tartu befindet. Diese Notationen entsprechen allerdings eher der konventionell taktierenden Rhythmik, die sich um 1750 entwickelt hat: Albertsen 1971, 119 f. Den Brief an Gerstenberg datiert Hurlebusch »zwischen Ende März 1764 und Anfang Dezember 1769« (Brief Hurlebuschs an den Verf., 29. 7. 1999).

beginnen können, auch auf dem völlig unbetonten vierten Sechzehntel des ersten Schlages, etwa bei der Silbe »(Ge)birg«.[177] Wohl kein ausgebildeter Musiker unter Klopstocks Zeitgenossen hätte diese Rhythmisierung akzeptiert. Vor dem Hintergrund des musikalischen Taktbegriffs erscheinen folgende Korrekturen naheliegend: Zunächst sollten in der ersten Zeile alle Taktstriche um ein Viertel nach rechts verschoben werden, um die betonten Silben »(er)scholl«, »Gang«, »lau(ten)«, und »Heers« je auf die Zählzeit 1 eines ¾-Taktes zu plazieren. Auch die dem Takt zuwiderlaufenden Betonungen auf »(Ge)birg«, »An(griff)«, »Kriegs(lied)«, »(ver)til(genden)« und »(Be)fehl« müßten verändert werden. Der ¾-Takt, den Klopstock angibt, ist nur auf dem Papier existent, er stellt sich nicht als wahrnehmbarer rhythmischer Impuls ein. Eigentlich könnte Klopstocks Notation auf die Taktstriche ganz verzichten. Klopstock hatte, so suggerieren zumindest diese Notationen, eine genaue Vorstellung von der zeitlichen Realisierung seiner Odenmaße. Diese rekurrierte allerdings nicht auf die aus der zeitgenössischen Musik bekannten taktierenden Rhythmen.

Albertsen, der die Notationen im Brief an Gerstenberg ebenfalls untersucht hat,[178] ist der Meinung, »daß [...] Klopstocks akustische Vorstellungen weder auf einer besonderen Vortragserfahrung aufbauen noch

---

177 Hier und im folgenden Beispiele aus der ¾-Takt-Fassung. Gemeint ist jeweils die nicht eingeklammerte Silbe.
178 Albertsen 1971, 115-121.

eine musikalische Bildung bezeugen.«[179] Für die freien Rhythmen, denen Albertsens Hauptinteresse gilt, folgert er daraus, »daß Klopstock, als er sie schuf, noch über kein ausgebildetes musikalisches Bewußtsein verfügte.«[180] Ich halte es dagegen für sehr unwahrscheinlich, daß ein Dichter, der von seinen Texten eine nur vage akustisch-rhythmische Vorstellung hat, derart exakte Notierungen vornimmt. Plausibler scheint mir, daß Klopstock bewußt einen Gegenakzent zur gängigen Praxis der Lyrikvertonung setzen wollte; immerhin schickte er seine Notationen als Kompositionsvorlage an Gerstenberg.[181]

Glucks Rhythmisierungen unterscheiden sich, obwohl ihm an einer exakten Umsetzung der Odenmaße gelegen war, erheblich von Klopstocks Vorschlägen. In seiner Vertonung des »Schlachtgesang« (Notenbeispiel S. 205) fallen alle metrisch langen bzw. betonten Silben auf die Zählzeiten 1 oder 2 eines $^2/_2$-Taktes. Die Wörter »Angriff« und »Waldstrom«, die nach Klopstocks metrischem Schema zwei Längen erhalten, setzt Gluck so, daß jeweils die Hauptbetonung auf die Zählzeit 1, die Nebenbetonung auf die Zählzeit 2 des Taktes fällt. Die akzentuierten Silben des Textes folgen also in regelmäßigen Abständen aufeinander. Alle unakzentuierten Silben gibt Gluck durch Achtelnoten auf den unbetonten Taktteilen wieder.[182] Je nachdem, ob zwischen zwei akzentuierten Silben eine oder zwei unakzentuierte Silben stehen, werden die Notenwertfolgen ›betonte punktierte Viertel- plus unbetonte Achtelnote‹[183] bzw. ›betonte Viertel- plus zwei unbetonte Achtelnoten‹[184] gesetzt. Eine Folge von drei unakzentuierten Silben wird durch drei unbetonte nachschlagende Achtel wiedergegeben.[185]

Die rhythmischen Impulse ›punktierte Viertel- plus Achtelnote‹ und ›Viertel- plus zwei nachschlagende repetierende Achtelnoten‹ haben Marschgestus. Der zweite Impuls wird nach seinem ersten Auftreten in

179 Ebd., 120.
180 Ebd., 121.
181 Vgl. Klopstock an Gerstenberg: »Liebster Gerstenberg, Sie müssen mir notwendig den Gefallen thun, u. folgende Zeilen, so wie ich sie gezeichnet habe, componiren.« (Zit. nach: Muncker 1880, 218).
182 Lediglich die nach Klopstocks metrischem Schema kurze Silbe »(Kriegs)lied« realisiert Gluck, wohl in Anlehnung an die Rhythmisierung der Komposita »Angriff« und »Waldstrom«, durch eine Achtelnote auf der betonten dritten Zählzeit.
183 Zum Beispiel Takt 1.
184 Z.B. Takt 3, erste Hälfte.
185 Takte 4, 7, 9. Geringfügig abweichend hiervon Takt 2, zweite Hälfte: Die metrische Folge – v v v wird durch die Notenwertfolge ›betonte punktierte Achtel- plus unbetonte Sechzehntel- plus zwei unbetonte Achtelnoten‹ wiedergegeben.

der Singstimme[186] in der Begleitung verselbständigt[187]. So wird der Sprachrhythmus einem musikalischen Marschrhythmus angepaßt, der auch ganz unabhängig von dem Text der Ode denkbar ist. Glucks Rhythmisierung verleitet zum Mitklopfen bzw. zum militärischen Mitmarschieren. Sie schafft somit ein physisches Pendant zur Semantik des Textes. Auf Klopstocks Rhythmus könnte hingegen kein Heer in den Krieg ziehen.

Wie er - scholl der Gang des lau-ten Heers von dem Ge - birg' in das Thal her -

ab da zu dem An - griff bei dem Wald-strom das Kriegs-lied zu der ver -

til - gen-den Schlacht und dem Sie - - ge den Be - fehl rief!

Bei der Vertonung der Ode »Die Sommernacht« (Notenbeispiel S. 207)[188] versucht Gluck einerseits, dem metrischen Schema aufs genaueste zu entsprechen, andererseits komponiert er auch hier in einem konventionellen 4/4-Takt, der auch als solcher hörbar wird. Alle metrisch betonten Silben fallen auf die Zählzeit 1 des Taktes. Doch Gluck verwendet nicht nur das Kriterium der Taktstellung, er ordnet den metrisch betonten Silben darüberhinaus lange Notenwerte[189] zu. Alle metrisch unbetonten Silben werden durch Achtel auf unbetonten Taktteilen realisiert. Stellt man sich die Gesangsstimme ohne Begleitung vor, mag das Verhältnis zwischen den Kürzen und den vier-, fünf- und sechsmal so langen Längen, das Klopstocks Längen-Kürzenverteilung überdeutlich abbildet, unausgewogen erscheinen. Doch die Baßlinie antizipiert jeweils in der ersten Takt-

186 Takt 3.
187 Takte 4-7, 10.
188 Zur »Sommernacht« liegen zwei Vertonungen Glucks vor. Die erste entstand vermutlich 1772/73 und erschien gedruckt erstmals im Hamburger Musenalmanach für das Jahr 1785 (1784). Die zweite entstand ca. 1783 und erschien in Glucks Klopstock-Oden-Druck (Wien, 1785). Hier wird nur die spätere Vertonung thematisiert. Zur Chronologie der Vertonungen: Lütteken 1998, 370 f.
189 ›Punktierte Halbe‹ bzw. ›Halbe plus angebundene Achtel‹ bzw. ›Halbe‹ bzw. ›Viertel mit Fermate‹.

hälfte die Achtelbewegung der Singstimme. Der Hörer nimmt also einen durchgehenden Achtelfluß wahr, der durch das Wechseln der Harmoniestufen nach Takten gegliedert wird. Obwohl die Begleitung denkbar einfach ist – die rechte Hand des Klavierparts verdoppelt die Singstimme und fügt harmonisch ergänzende Töne zu, die linke Hand schlägt pro Takt einen Akkord an, allerdings in der beschriebenen Achtelbrechung –, ist sie keinesfalls entbehrlich; ihre genaue Ausformulierung ist wesentlicher Bestandteil der Vertonung.

Ich halte die Einfachheit der Gluckschen Odenvertonungen für eine bewußt komponierte bzw. stilisierte Einfachheit, die sich signifikant von der im Kontext der Volkslieder geforderten Einfachheit unterscheidet. Gluck reduziert programmatisch die kompositorischen Mittel, um die Metrik der Textvorlage transparent zu machen. Die wenigen musikalischen Elemente werden planvoll angeordnet; Gluck will keineswegs eingängige Melodien zu Klopstocks Gedichten schreiben, die sich von Mund zu Mund verbreiten und Varianten ausbilden.

1776 hat Chrsitian Gottlob Neefe ebenfalls »Die Sommernacht« vertont (Notenbeispiel S. 208 f.).[190] Neefe verwendet, anders als Gluck, drei Notensysteme, die rechte Hand des Klavierparts verdoppelt nicht die Singstimme, Gesang und Begleitung sind erkennbar auseinandergetreten. Außerdem komponiert Neefe den Text in der Form A-B-A-Coda durch. Die metrisch betonten Silben markiert Neefe lediglich durch die Taktstellung, sie fallen durchweg auf die erste und dritte Zählzeit des $^4/_4$-Taktes. Die absolute Notendauer spielt dagegen keine Rolle, planmäßig fallen auf metrisch unbetonte Silben längere Notenwerte als auf metrisch betonte.[191] Der synkopische Rhythmus der Singstimme, der diese Zuordnung von Silben und Tondauern verursacht, durchzieht die Singstimme wie ein rhythmisches Leitmotiv.

---

190 Im Vorbericht seiner Klopstock-Vertonungen schreibt Neefe zwar, daß er sich nicht mit den »großen Männern« C.P.E. Bach und Gluck messen wolle, hebt aber dennoch die Texttreue und Einfühlungskunst seiner Vertonungen hervor (Neefe, Oden von Klopstock, Vorbericht). Zu Neefes Klopstock-Vertonungen allgemein: Stoljar 1985, 84-107.

191 Z.B.: »(Schi)mmer«, »(Mon)de« (Takt 1 f.).

Gluck, Die Sommernacht

208 ZUR AUFFÜHRUNG LYRISCHER GEDICHTE

Neefe, Die Sommernacht

Die Klopstocksche Versfußeinteilung wird in Neefes Rhythmisierung allerdings deutlicher ausgedrückt als bei Gluck. Denn durch die unbetonte lange Note auf »(Schi)mmer«, »(Mon)de« etc., werden die nachfolgenden Silben, wiedergegeben durch die Notenwerte ›punktierte Achtel plus Sechzehntel‹, als rhythmischer Neuansatz gehört; dies entspricht der Zäsur zwischen den beiden Päonen in Klopstocks metrischem Schema: v v – v, v v – v. In Glucks Version hört man die letzte Kürze des ersten Päon eher als Auftakt zur Länge des zweiten Päon, also: v v –, v v v –.[192] Doch abge-

---

[192] Lütteken behauptet, daß Glucks Rhythmisierung »eine genaue Trennung zwischen fallender Schlußsilbe eines Versfußes und steigendem doppelten Auftakt des nächsten [erlaubt]«; er nennt sie deshalb »idealtypisch«: Lütteken 1998, 367. Ich kann diese »Trennung« nicht nachvollziehen, sondern verstehe alle drei Achtelnoten als auftaktig. Die in Klopstocks Schema angegebenen Versfuß-Zäsuren, denen innerhalb des Textes durch Wortgrenzen entsprochen wird, sind in Glucks Satz meines Erachtens nicht vertont.

LYRIK ALS GESUNGENE LYRIK 209

sehen von diesem Detail geht Neefe freier mit der Textvorlage um. Statt »Wälder« schreibt er »Thäler«, außerdem wiederholt er Teile des Textes, besonders im B- und im Coda-Teil. Diese Wiederholungen sind meines Erachtens dadurch motiviert, daß Neefe Taktgruppensymmetrien herstellen möchte. So besteht die zweite Strophe[193] aus 16 Takten die sich in vier Viertaktgruppen gliedern. Neefe benötigt also statt der zehn metrischen Akzente, die Klopstocks Schema vorgibt, 16 Akzente; deshalb läßt er singen: »so umschatten mich Gedanken an das Grab der Geliebten,«[194] – »und ich seh in dem Walde, in dem Walde nur es dämmern,« – »und es weht mir von der Blüthe, von der Blüthe nicht her,« – »und es weht mir von der Blüthe, von der Blüthe nicht her.« Ähnlich werden die beiden ersten Verse der dritten Strophe und die beiden Schlußverse behandelt. Insgesamt stellt sich die Taktgliederung folgendermaßenn dar:

193 Takte 13-28.
194 Die Silben, die jeweils auf die erste Zählzeit eines Taktes fallen, sind unterstrichen.

Formteil	A	B	A	Coda
Taktanzahl	12	20	12	12
1. Teilung	5 + 7	16 + 4*	5 + 7	8 + 4*
2. Teilung	4+1*|5+2*	8+8 | –	4+1*| 5+2*	4+4 | –
3. Teilung		4+4 | 4+4 |		2+2 | 2+2 |

* = rein instrumentale Takte

Neefe erfüllt mit seiner Taktgruppengliederung die z.B. von Riepel geforderten Proportionen.[195] Er entwickelt die Form seiner Komposition nicht aus dem Text, sondern paßt diesen in eine eigenständige musikalische Form ein.[196]

Der Gesangspart ist bei Neefe deutlich virtuoser gestaltet als bei Gluck: Der Umfang der Melodie erstreckt sich über eine Oktave und eine kleine Sexte[197]; die großen Intervallsprünge und die Vorschlagsverzierungen erfordern eine geschulte Stimme.[198] Außerdem ist die Melodieführung an einigen Stellen textausdeutend: Die erste absteigende Phrase bildet das Herabsinken des Mondlichts musikalisch ab; die Begleitung verlängert diese Abwärtsbewegung. Das Ansteigen auf die Quinte der Grundtonart As-Dur auf dem Wort »wehn«[199], verbunden mit den hohen Legato-Achtel-Begleitfiguren der rechten Hand in den Takten 6-10, könnte als musikalische Ausdeutung des Wehens aufgefaßt werden. Auch wenn die Begleitung pianistisch nicht anspruchsvoll ist, werden doch für A-Teile und B-Teil charakteristische Begleitfiguren verwendet. Einmal die schon erwähnten Legato-Achtel, im B-Teil dagegen, in deutlich tieferer Lage, nachschlagende repetierende Portato-Achtel. Auch diese Begleitfiguren

195 Riepel 1752, 23.
196 Voss kritisiert, speziell im Hinblick auf Neefes Vertonung von »Selmas Morgenlied in der Laube« (Text von Voss), das Anpassen des Textes an eine musikalische Form; vgl. dazu Voss an Schulz – Schulz/Voss, Briefwechsel, 16: »Die Wiederholung des lezten Verses jeder Strofe, wodurch Neefe seine Melodie gerundet hat, scheint mir bei diesem Stücke nicht Natur, sondern Komponistenbequemlichkeit.«
197 $c' - as''$.
198 Neefes Klopstock-Oden sind der Sängerin Margret von Alvensleben gewidmet. In der Dedikation weist der Verfasser ausdrücklich darauf hin, daß die vorliegenden Vertonungen nur von einer »vollkommen Sängerinn« vorgetragen werden dürften. Frau von Alvensleben wird von Neefe allerdings nicht primär wegen ihrer technischen Fähigkeiten gerühmt, sondern wegen ihrer Einfühlungsgabe: »Es war etwas Edleres, Größeres, das mich hinriß. Der warme, volle, lebendige Ausdruck, welchen kein Studium und keine Kunst giebt; der sichtbare Erguß einer tiefempfindenden Seele darinnen;« (Neefe, Oden von Klopstock, Widmung).

sind keineswegs aus dem Text entwickelt, vielmehr handelt es sich um geläufige Begleitstimmen-Figuren.

Ohne den harmonischen Verlauf der beiden Vertonungen näher analysieren zu wollen, sei darauf hingewiesen, daß sie sich schon durch die Wahl der Haupttonart – As-Dur bei Neefe, c-moll bei Gluck – voneinander unterscheiden. Innerhalb des tonalen Rahmens bewegen sich beide in einfachen Stufenbeziehungen. Bei Gluck fällt besonders der Trugschluß nach As-Dur[200], der das sonst gleichmäßige Pendeln zwischen Tonika und Dominante unterbricht, als markant auf. Neefe arbeitet mit den üblichen Tonika-Subdominant-Dominant-Beziehungen. Beschreibt man die Tonartenwahl in Zusammenhang mit der Intervallbewegung der Gesangsstimme, könnte man Glucks Satz als verhalten-fließend, Neefes Satz als bewegt-raumgreifend charakterisieren. Eventuell ist der Charakter von Neefes Vertonung durch die Semantik der beiden Schlußverse – »Wie verschönt warst von dem Monde, | Du o schöne Natur!« – angeregt; diese Verse erhalten einen eigenen Formteil (Coda), die Komposition scheint auf sie zuzulaufen.

Moritz hat in seinem »Versuch einer deutschen Prosodie« die Sommernacht ausgiebig behandelt, vor allem in metrischer Hinsicht. »Sie neigt sich«, so Moritz, »[...] schon von selbst zur Melodie, oder zum Gesange, wenn man beim Lesen die Stimme nur ein wenig mehr, wie gewöhnlich, steigen und fallen läßt.«[201] Diese Annahme, der sicherlich viele Zeitgenossen zugestimmt hätten, wird durch die beiden analysierten Vertonungen nicht bestätigt. Weder bei Gluck noch bei Neefe ergeben sich wie von selbst aus dem Text Rhythmus, Melodie und musikalische Form. Beide konfrontieren den Text, auch wenn sie seiner Machart musikalisch zu entsprechen versuchen, mit autonomen, sehr verschiedenen musikalischen Strukturen. Laurenz Lütteken, der die Textnähe der Gluckschen Version zurecht beachtlich findet, spricht von einem »Prozeß äußerster Konzentration«, in dem »die Musik zum substantiellen Bestandteil der Ode geworden – so wie diese ohne die Vertonung nicht mehr denkbar war«[202]. Allein schon Neefes Vertonung, die eine ganz andere Atmosphäre schafft, widerspricht dieser Folgerung – und es wären noch weitere Vertonungen denkbar. Das Ineinanderfallen von Text und Musik, das Lütteken konstatiert, ist weniger aus der musikalischen Struktur abgeleitet, sondern eher aus den programmatischen Forderungen der Zeitgenossen

---

199 Takt 10.
200 Takt 5.
201 Moritz 1786, 92.
202 Lütteken 1998, 369.

bzw. aus den wohlwollenden Äußerungen des Klopstock-Kreises gegenüber Gluck. Daß die Musik, um noch einmal auf Goethes Metapher anzuspielen, einfach in den Text einströmt, mag als zugespitzte Formulierung einer ästhetischen Zielvorstellung überzeugen – in der kompositorischen Praxis steht der Gasballon allerdings unter erheblicher Spannung.

Indem Neefe den Odentext durchkomponiert, stellt er einer weitere ästhetische Prämisse in Frage, die durch die Erste Berliner Liederschule um die Jahrhundertmitte bestimmt worden war und noch nach 1800 von Liedkomponisten wie etwa Zelter verfochten wurde: an der Prämisse der streng strophischen Vertonung eines Gedichtes.[203] Bereits um 1760 wurde in Zweifel gezogen, ob, speziell für Oden, in denen die Stimmung von Strophe zu Strophe wechselt, eine Melodie gefunden werden könne, die zu allen Strophen passend sei.[204] Zunächst behalf man sich mit Doppelvertonungen oder mit dem Vorschlag, nur die erste Strophe zu komponieren,[205] auch geringfügige Variationen in der Begleitung, z.B. im Bereich der Dynamik, wurden zugelassen.

Bissig wendet sich Joseph Martin Kraus in seiner Schrift »Etwas von und über Musik fürs Jahr 1777« (1778), die einen in der Musikästhetik bis dahin unbekannten Tonfall und Witz anschlägt, gegen strophische Vertonungen. Er hält die Ausdrucksvielfalt der zeitgenössischen Lyrik für nicht mit der Strophenform kompatibel:

> Unmöglich ist's, nicht nur schwer – unmöglich ist's, wenn es ein Werk eines Dichters war, drauf eine auf mehrere Strophen passende Melodie zu machen. Kurz – ist ein Gedicht so wenig mannichfaltig, daß es nur *eine* Melodie durch und durch verträgt, und diese Melodie wirklich durch und durch ausdrückt, so ist es kein Gedicht, sondern ein Gewäsch.[206]

Konsequente Durchkompositionen Klopstockscher Oden finden sich erstmals bei Neefe (1776). Der erste Jahrgang von Johann Friedrich Reichardts »Musikalischem Kunstmagazin« (1782-91) enthält strophische neben durchkomponierten Klopstock-Vertonungen. Reichardt hat die Grundsätze, die ihn bei der Vertonung geleitet haben, ebenfalls in seiner Zeitschrift veröffentlicht.[207] Bereits 1774 hatte er sich in seinem »Freund-

---

203 Zu Übergangsformen zwischen Strophenlied und durchkomponiertem Lied bzw. zur neuen Form des durchkomponierten Liedes: Smeed 1987, 88-97. Zur Diskussion Strophenlied oder durchkomponiertes Lied: Schwab 1965, 51-66.
204 Lütteken 1998, 317.
205 Ebd.
206 Kraus 1778, 103. Zur Konzeption der Schrift: Lütteken 1998, 487-492.
207 Reichardt 1782-91, I, 22 f. und 62 f.

schaftlichen Brief über die musikalische Poesie« kritisch zum strophischen Vertonungsprinzip geäußert.[208] Die genaue Berücksichtigung des Silbenmaßes hatte er hier begrüßt, allerdings mit folgender Einschränkung:

> Freylich kann der Dichter nicht verlangen, daß seine malerischen Sylbenmaaße, die bey ihm das einzige Mittel zum musikalischen Ausdrucke sind; daß diese der Componist zu seinem Hauptaugenmerke mache: denn dieser hat Mittel in Händen, weit höhere Grade des Ausdrucks zu erreichen, die er deshalb vernachläßigen müßte; so wie der Maler Kühnheit und Stärke seinem Pinsel rauben würde, wenn er jederzeit die Linien des Zeichenmeisters ängstlich vor Augen hätte.[209]

Für die Melodiegebung, speziell zu Klopstocks Oden, fordert Reichardt im »Musikalischen Kunstmagazin« eine Orientierung am Choralgesang, der allerdings an die harmonischen Verhältnisse der zeitgenössischen Musik angepaßt werden soll.[210] Als »das Wichtigste, wodurch das Kunstwerk erst zu Musik wird«, bezeichnet Reichardt den »faßliche[n] bedeutende[n] Gesang«[211]. Damit meint er nicht die Vortragsart, sondern bereits die komponierte Struktur der Melodiestimme.

Eine Analyse der Reichardtschen Vertonung der Ode »An Cidli« (Abbildung S. 214-218) kann den Problemhorizont, der sich in den Debatten um die Form des Liedes und um die Texttreue abzeichnet, entfalten.

Reichardt hat den Text »des Aenderns und Anwachsens der Empfindung wegen«[212] durchkomponiert. So gliedert sich die Komposition, entsprechend den sechs Odenstrophen, in sechs aneinandergereihte Formteile, von denen keiner die Wiederholung oder Variation eines anderen ist. Die folgende Übersicht zeigt Proportionen, Grundtonart und Taktart der Formteile:

Formteil	Taktanzahl	Grundtonart	Taktart
I: T. 1-12	12	B	3/4
II: T. 13-23	11	B	3/4
III: T. 24-36	13	Es	3/4
IV: T. 37-43	7	Es	3/4
V: T. 44-60	17	As[213]	2/4
VI: T. 61-84	24	As	2/4

208 Reichardt 1774, 117.
209 Ebd., 124.
210 Reichardt 1782-91, I, 22 f.
211 Ebd., 62.
212 Ebd., 63.
213 Am Ende Kadenz nach Es-Dur.

Reichardt, An Cidli

LYRIK ALS GESUNGENE LYRIK 215

19
Lebhafter.
wa - ren die Sai-ten Kla-ge zu sin - gen ver - stummt! denn ach, ich
poc. f
sah dich, trank die Ver - ges - sen-heit der süs - sen Täu -
schung mit feu - ri-gem Dur - ste! Eid - li, ich sa - he dich,
p
cresc.
dich, du Ge - lieb - te, dich, dich selbst!
poc. f
dimin.
p
cresc.
E 2

20
dich, dich selbst! Wie standst du vor mir,
poc. f
cresc.
Cid - li, wie hieng - mein Herz an dei - nem Her - zen
dimin.
p
rf.
p
rinf.
Ge - lieb - te - re als die Lie - ben - den lie - ben! O die ich
cresc.
poc. f
p
cresc.
su - chet', su - chet' und fand! o die ich su-
poc. f
cresc.
f
f

Der Liebe Schmerzen, nicht der erwartenden
Noch ungeliebten, die Schmerzen nicht,
Denn ich liebe, so liebte
Keiner! so werd ich geliebt!

Die sanfteren Schmerzen, welche zum Wiedersehn
Hinblicken, welche zum Wiedersehn
Tief aufathmen, doch lispelt
Stammelnde Freude mit auf!

Die Schmerzen wollt ich singen. Ich hörte schon
Des Abschieds Thränen am Rosenbusch
Weinen! weinen der Thränen
Stimme die Saiten herab!

Doch schnell verbot ich meinem zu leisem Ohr
Zurück zu horchen! die Thräne schwieg,
Und schon waren die Saiten
Klage zu singen verstummt!

Denn ach, ich sah dich! trank die Vergessenheit
Der süssen Täuschung mit feurigem
Durste! Cidli, ich sahe
Dich, du Geliebte! dich Selbst!

Wie standst du vor mir, Cidli, wie hing mein Herz
An deinem Herzen, Geliebtere,
Als die Liebenden lieben!
O die ich suchet', und fand!

Klopstock.

Anders als in Neefes »Sommernacht«-Vertonung wird hier auf eine symmetrische Taktgruppen-Anordnung verzichtet. Lediglich der Schlußvers der sechsten Strophe wird als doppelter Viertakter vertont.[214] Aufgrund der Ungleichheit der Teile und ihrer Symmetrielosigkeit ist die strophische Gliederung des Textes nicht mehr erkennbar. Auch was die Umsetzung des Silbenmaßes anbelangt, sind die sechs Strophen verschieden vertont. Reichardt realisiert nicht alle metrischen Längen durch betonte Taktteile; dadurch erhält jede Strophe eine individuelle rhythmische Gestaltung, die nur partiell mit dem metrischen Schema übereinstimmt. Man vergleiche etwa die Umsetzung der Strophen I und IV:[215]

```
v  -  v     - v   -    v v  - v  v
Der Liebe Schmerzen, nicht der erwartenden
 v   - v - v    v    - v    -
Noch ungeliebten, die Schmerzen nicht,
 -  v  -  v v - v
Denn ich liebe, so liebte
-  v  v -  v   v -
Keiner! So werd ich geliebt!

v     - v  - v    - v   v - v  v
Doch schnell verbot ich meinem zu leisen Ohr
v -  v   -   v    - v   -
Zurück zu horchen! die Thräne schwieg,
-    v   - v  v  - v
Und schon waren die Saiten
- v v -  v   v  -
Klage zu singen verstummt
```

Nach Klopstocks Schema werden pro Strophe 14 von 34 Silben betont, Reichardts Rhythmisierung betont maximal 13 Silben pro Strophe[216], in Strophe IV sogar nur sieben Silben. Sein durchschnittliches Deklamationstempo ist also schneller als das von Klopstocks Schema intendierte. Im dritten Vers der ersten Strophe unterschlägt Reichardt z.B. die letzte Betonung, um dadurch die erste Betonung des Folgeverses hervorzuheben: »so liebte | Keiner«; im vierten Vers betont er das Adverb anstelle des

---

214 Takte 71-78.
215 Diejenigen metrisch langen Silben, die Reichardt durch betonte Taktteile realisiert, sind einfach unterstrichen; metrisch kurze Silben, die er durch betonte Taktteile realisiert, sind doppelt unterstrichen.
216 Vgl. die Strophen II, V, VI.

Hilfsverbs: »<u>So</u> werd ich ge<u>liebt</u>!« (– v v v –) anstatt »So <u>werd</u> ich ge<u>liebt</u>!« (v – v v –). Auch wenn das metrische Schema in der Vertonung nicht bewahrt wird, hat sich Reichardt offenbar Gedanken über eine sinngemäß richtige Deklamation der Ode gemacht.

Die starken Schwankungen im Grundtempo des Vortrags sind bereits ein Indiz dafür, daß die Melodieführung mit dem Vorbild des Choralgesang nichts mehr zu tun hat. Selbst innerhalb einzelner Strophen verhalten sich die Phrasen des Gesangsparts nicht symmetrisch, sondern lassen auf engem Raum unterschiedliche Bewegungsmuster abwechseln. Während die ersten beiden Verse der ersten Strophe innerhalb von acht Takten vorgetragen werden[217], werden die Verse 3 und 4 auf vier Takte zusammengestaucht[218]. Aufgrund der zahlreichen Intervallsprünge und der raschen Auf- und Abwärtsbewegungen verlangt der Gesangspart eine geschulte Stimme[219] mit einem beträchtlichen Ambitus[220]. Die im »Kunstmagazin« vorgetragene Forderung, der Gesang müsse »faßlich bedeutend«[221] sein, wird ebenfalls nicht erfüllt. Die Melodie zur fünften Strophe[222] wird erst durch die Begleitung faßlich; ließe man diese weg, würden dem Gesang harmonische und rhythmische Bezugspunkte fehlen, die virtuosen Stimmbewegungen in hoher Lage würden in der Luft hängen. Der insgesamt sehr bewegte Stimmpart findet im eher statischen Klaviersatz, der sich auf ausgehaltene bzw. repetierend nachschlagende Akkorde beschränkt, ein notwendiges Gegengewicht. Wiederum kann der Klaviersatz als bewußt einfach komponiert bezeichnet werden.

Reichardts vorrangiges Ziel bestand offensichtlich darin, die starken Affektwechsel, die er in Klopstocks Text empfunden hat, zu vertonen. Das lyrische Ich der Ode ist zwischen »Schmerzen«[223] und »stammelnde[r] Freude«[224], die ihm die Liebe zu Cidli verschafft, hin- und hergerissen. Auch innerhalb einzelner Strophen scheinen sich diese konträren Affektlagen zu durchkreuzen. In Strophe III wird der Tiefpunkt des Schmerz-Affektes erreicht, das lyrische Ich wendet sich ganz zum Klagegesang. Reichardt komponiert hier eine Wendung nach as-moll[225]. Die beiden

---

217 Takte 1-8.
218 Takte 9-12.
219 Vgl. z.B. Takte 13-19.
220 $es' - b''$.
221 Reichardt 1782-91, I, 62.
222 Takte 44-60.
223 Strophe II.
224 Strophe III.
225 Takte 27-32.

Schlußstrophen lassen dagegen den Freude-Affekt aufleben, im Text allerdings als »süsse[n] Täuschung«[226]. Reichardts Vertonung entscheidet sich für einen Durchbruch der freudvollen Gefühle, das zweimal gesetzte »O die ich suchet und fand«[227] wirkt wie ein *happy end*. Zwischen der vierten und der fünften Strophe komponiert Reichardt einen Wechsel der Gesangsart; er merkt dazu an:

> Hier hab' ich nun anzumerken: daß man, der Komposizion gleich, im Vortrage die ersten vier Strophen auch mehr deklamieren als singen möge, und den ganzen vollen Gesang nur da erst, bey der fünften Strophe anbringe, wo Zeitmaaß und Ton und lyrische Ausbildung den stärksten Ausdruck giebt.[228]

Aus rezitativ-ähnlicher Deklamation soll, wenn sich der Freude-Affekt durchsetzt, »ganze[r] volle[r] Gesang« werden.

Reichardt versucht eine Interpretation der Affektlage des Textes, die Umsetzung der formalen Struktur wird dagegen zurückgestellt. Die Affektdarstellung geschieht durch genuin musikalische Mittel, die außerhalb der Möglichkeiten des Textes liegen: der Wechsel von rezitativischem zu ariosem Satz am Übergang zur fünften Strophe, die Moll-Färbung in Strophe III. Reichardt hat mit seiner Cidli-Vertonung ein durchkomponiertes Kunstlied geschaffen, das die Eigenständigkeit der musikalischen Mittel gegenüber dem Text behauptet und den Text nicht formal umsetzt, sondern seine Stimmung ausdeutet. Damit weist er auf die romantische Liedvertonung voraus. Mit Klopstocks Theorie vom Mitausdruck, die einen engen Zusammenhang zwischen metrischer Struktur und affektivem Gehalt der Dichtung postuliert, ist diese Art der Vertonung nicht vereinbar. Klopstock hat deshalb Glucks metrisch exaktere Vertonungen am meisten geschätzt.

Entgegen der programmatischen Leitvorstellung, daß Poesie und Gesang in inniger und natürlicher Verbindung stehen, zeigt die Vertonungspraxis Klopstockscher Oden deutliche Widerstände zwischen den Systemen Dichtung und Musik. Glucks kompositorisch reduktiver Umgang mit dem Text hat zwar einige höchst subtile Odenvertonungen hervorgebracht, fand jedoch keine Nachahmung. Emanzipierungsversuche der musikalischen Mittel, wie sie von Neefe und Reichardt erprobt wurden, setzten sich um 1800 durch, die Forderung nach einer formal exakten Umsetzung der Textvorlagen wurde dagegen zurückgestellt.

---

226 Strophe V.
227 Strophe VI.
228 Reichardt 1782-91, 63.

Ein weiteres Lösungsangebot stammt von Johann Rudolf Zumsteeg, der 1777, als gerade 18-jähriger Carls-Schüler, ein Melodram zu Klopstocks »Frühlingsfeier« komponierte. Häufige Aufführungen dieses Werkes machten Zumsteeg rasch bekannt. Die handschriftliche Partitur ging allerdings verloren. 1804, zwei Jahre nach Zumsteegs Tod, erschien bei Breitkopf und Härtel in Leipzig eine Druckfassung. Ein Sammeldruck aus dem Jahr 1784, mit dem Titel »Zweite Sammlung neuer Klavierstükke mit Gesang für das deutsche Frauenzimmer«, veröffentlichte das Melodram als Klavierauszug.[229] Zumsteeg hatte die neue Gattung des Melodram, die erstmals gesprochenen Text und Instrumentalmusik nebeneinanderstellte, durch die Melodramen »Ariadne auf Naxos« und »Medea« Georg Anton Bendas (beide 1775), die die Gattung sowohl initiierten als auch kanonisierten, kennengelernt. Während Benda allerdings Prosatexte verwendete, die, vergleichbar mit Opernlibretti, bereits im Hinblick auf die Musik-Aufführung geschrieben wurden,[230] griff Zumsteeg als erster Melodram-Komponist auf einen eigenständigen lyrischen Text zurück.[231]

In Zumsteegs melodramatischer Klavierfassung der »Frühlingsfeier«[232] stehen Text und Musik ohne direkte Verbindung nebeneinander. Entweder steht der Text zwischen dem Abbruch eines Notensystems und vor Beginn eines neuen, oder der Text ist in das Notensystem eingetragen, allerdings ohne rhythmische Orientierung. Nicht immer erscheinen die Strophen des Textes en bloc, stattdessen stehen Textteile und kurze musikalische Phrasen, gelegentlich nur einzelne Akkorde, in raschem Wechsel. Obwohl es sich um einen Klavierauszug handelt, ist der musikalische Satz als detailliert ausformulierter Klavierpart zu charakterisieren; immerhin erschien er in einer Sammlung von Klavierstücken, richtete sich also an Pianisten/innen. Eine Aufführung als klavierbegleitete Deklamation ist durchaus denkbar, auch Schubart soll die »Frühlingsfeier« so vorgetragen haben.[233] Die Fassung von 1784 muß also nicht als bloße Schwundstufe einer Orchesterversion betrachtet werden.

Die musikalische Form ähnelt einer freien Fantasie. Einzelne Formteile werden mehrfach wiederholt, trotzdem besteht die Gesamtanlage aus

---

229 Zur Entstehungsgeschichte: Landshoff 1902, 34 f.
230 Den Text zur »Ariadne« schrieb J.C. Brandes, den zur »Medea« F.W. Gotter.
231 Auch Reichardt und Neefe betätigten sich als Melodram-Komponisten, doch auch sie verwendeten Prosa-Vorlagen: Neefe in seiner »Sophonisbe« (1776) einen Text A.G. Meißners, Reichardt in »Cephalus und Prokris« (1777) einen Text K.W. Ramlers sowie in seiner »Ino« (1779) einen Text J.C. Brandes'.
232 Klavierstücke 1784, 25 ff.
233 Vgl. Städlins Nekrolog auf Schubart in der Deutschen Chronik 82 (14.10. 1791).

einer losen Reihung der Satzteile und ist keinem stringenten Formprinzip unterworfen. Die häufigen Tonartwechsel korrespondieren möglicherweise mit den Affektwechseln in der »Frühlingsfeier«. Zumsteeg distanziert sich vom Versuch einer direkten Vertonung des Textes. Das Prinzip des Strophenliedes würde die »Frühlingsfeier«, als Ode in freien Rhythmen, ohnehin sprengen. Zumsteeg versucht nicht, Musik und Dichtung zur Deckung zu bringen, sondern setzt sie in ein neues, sich gegenseitig erhellendes Verhältnis. Musik und Text durchkreuzen sich bereits im Druckbild, sie können wechselseitig als Kommentar bzw. als Metapher gelesen werden. Zumsteeg benutzt den Text nicht als strukturelle, sondern als affektive Vorlage. In seinen frühen Liedvertonungen zeigt sich Zumsteeg deutlich von der in der »Frühlingsfeier« erprobten melodramatischen Setzweise beeinflußt. So enthält seine Vertonung von Schillers »Die Entzückung. An Laura« (1782) lange eigenständige Instrumentalpassagen. Das Gedicht wird vornehmlich rezitativisch vorgetragen, gegen Ende notiert Zumsteeg den Text ohne Tonhöhen und ohne Rhythmisierung zwischen die Systeme des Klavierparts.[234]

Die Trennung der strukturellen Systeme von Text und Musik weist auf die romantische Lyrikvertonung voraus. In Franz Schuberts und Robert Schumanns Liedern wachsen Zwischen-, Vor- und Nachspiele zu selbständigen Teilen der Komposition aus. Diese Entwicklung erreicht ihren Höhepunkt im sogenannten ›Lied ohne Worte‹, das sich als reines Instrumentalstück nicht mehr auf ein konkretes Gedicht bezieht, aber dennoch einen – unausgesprochenen – semantischen Gehalt zum Programm hat. So suggerieren etwa die Titel einiger Stücke aus Schumanns »Kinderszenen« op. 15 (1838) sprachliche Mitteilungen: »Von fremden Ländern und Menschen«, »Kuriose Geschichte«, »Wichtige Begebenheit«, »Der Dichter spricht«. Doch statt des Dichters sprechen nur Töne.

Auch von Seiten der Dichter wird die Trennung der Systeme vorangetrieben. Für A.W. Schlegel und Tieck ist die Vertonung eines Gedichtes, die immer nur von außen an den Text herantreten kann, weniger wichtig als die radikale Musikalisierung der Sprache selbst, die das Gedicht von innen heraus zum Klingen bringt. Dem Lied ohne Worte korrespondiert aus der Perspektive der Dichter ein Text ohne Semantik bzw. ein Lied nur aus Wörtern.[235] Folglich assoziieren viele Gedicht-Titel Musikalisches: »Schalmeyenklang«, »Posthornsschall«, »Waldhornsmelodie«,

---

234 Notenbeispiele bei Landshoff 1902, 128-133. Vgl. auch Maier 1971, 92.
235 Zum Auseinanderklaffen von musikalischer Gattung und literarischer Ästhetik: Motte-Haber 1979.

»Die Töne« oder schlicht »Musik«.[236] Joseph von Eichendorff und Heinrich Heine bringen bereits kaum mehr Interesse für zeitgenössische Vertonungen ihrer Gedichte auf, die sie dennoch als ›Lieder‹ bezeichnen.[237]

3.2.2 »Durch die höchste Sympathie der Freundschaft ganz in dein Feuer gesetzt«: Die Briefwechsel zwischen Voss und Schulz sowie zwischen Goethe und Zelter[238]

Die vorgenommenen Analysen haben strukturelle Asymmetrien zwischen Verssprache und Musik hervortreten lassen. Ungeachtet dieser Asymmetrien haben sowohl Voss und Schulz als auch Goethe und Zelter in ihren Briefwechseln ein ästhetisches Programm und ein Idealbild künstlerischer Zusammenarbeit entworfen, das auf der Einheit der beiden Künste gründet. Anstatt über den Versbau und über musikalische Strukturen zu diskutieren, haben sich die Briefpartner ihrer Einfühlung in die Kunst des anderen versichert. Dadurch haben sie ihre Freundschaft und vermeintliche Seelenverwandtschaft zur Grundlage des Gelingens ihrer Ko-Produktionen gemacht.

Beide Briefwechsel erstrecken sich über Jahrzehnte. Voss und Schulz korrespondieren von 1780 bis in Schulzens Todesjahr 1800, Goethe und Zelter von 1799 bis in beider Todesjahr 1832. In beiden Briefwechseln entwickelt sich aus einer anfangs rein fachlichen Korrespondenz eine intensive Freundschaft, beide Briefwechsel gebrauchen nach einer gewissen Zeit die Anredeform ›Du‹, die um 1800 nur vertrautesten Freunden vorbehalten war. Am Briefwechsel zwischen Voss und Schulz ist auch Ernestine Voss maßgeblich beteiligt, im zweiten Jahrzehnt greift sie öfter zur Feder als ihr Mann.[239] Obwohl die Distanzen zwischen den Aufenthaltsorten der Briefpartner – Eutin/Rheinsberg, später Eutin/Kopenhagen im Falle von Voss und Schulz, Weimar/Berlin im Falle von Goethe und Zelter – auch um 1800 einigermaßen rasch zu bewältigen waren, finden nur

---

236 Vgl. Tieck, Gedichte.
237 Motte-Haber 1979, 73.
238 Das titelgebende Zitat ist Reichardts »Freundschaftlichem Brief über die musikalische Poesie« (1774) entnommen«. Reichardt richtete den Brief an den Dichter Johann Georg Bock in Marienwerder. Im Kontext des Zitates schreibt Reichardt, daß die Angemessenheit der Vertonung aus der Einfühlung in die Empfindung des Freundes resultiere. Diese gemeinschaftliche Empfindung bildet auch Grundlage der künstlerischen Zusammenarbeit von Voss und Schulz bzw. von Goethe und Zelter.
239 Ernestine Voss äußert sich allerdings nicht zu Fragen der Lyrikvertonung.

äußerst selten Besuche statt. Hingegen nimmt das Ausmalen, Planen und Nachbereiten der wenigen Treffen in den Briefen breiten Raum ein. Die Freundschaften entwickeln sich also aus der Ferne und sind eng an das Medium Schrift gebunden. Gegen diese real existierende Distanz scheinen beide Briefwechsel anzuschreiben, in oftmals kunstvoller Rhetorik suggerieren sich die Briefpartner gegenseitig das Gefühl von Nähe und Gemeinschaft.

Schon im ersten Brief an den noch »unbekannte[n] Freund« intendiert Voss mehr als eine rein geschäftliche Beziehung:

> Mein verehrtester unbekannter Freund,
> Ich bin Ihnen doppelten Dank schuldig, für das Geschenk Ihrer Liedermelodien, als einen Beweis Ihrer Gewogenheit, und für die vielen angenehmen Stunden, die Sie mir unter diesem trüben Himmel am Klaviere gemacht haben. Sie wissen das Herz in jeder Laune zu befriedigen, und solche Gesellschaft ist mir hier vorzüglich schäzbar. Ich mache keine Ansprüche auf Kennerschaft, und mein bloß natürliches Gefühl kan ich Ihnen, denke ich, ohne Schein der Schmeichelei, entdecken. Denn ich selbst ziehe oft bei meinen Versen die Urtheile derer zu Rathe, die nichts von den Regeln verstehn. [...]
> aber Sie sollen mir auch die kleine Eitelkeit verzeihn, daß ich Ihnen grade ein Lied von mir selbst schicke. Es ist aus einer Idille, die ich mit Lust gemacht habe; und ich glaube, daß Sie den Ton, womit es gesungen werden muß, am beßten treffen werden.[240]

Bei den hier erwähnten »Liedermelodien« handelt es sich um Schulzens »Gesänge am Clavier« (1779), die Voss von Matthias Claudius erhalten hat.[241] Er liest sie nicht nur mit den Augen eines Almanachherausgebers, der einen Mitarbeiter für Musikbeilagen sucht, sondern bezieht sie direkt auf sich, verbringt mit ihnen Stunde um Stunde am Klavier. In späteren Jahren wird der Briefwechsel immer wieder von der Hausmusik der Familie Voss berichten, bei der das Singen und Spielen der Lieder von Schulz hervorragenden Stellenwert genießt. Auch die Betonung der Nicht-Kennerschaft wird sich leitmotivisch durch den Briefwechsel ziehen. Obwohl Voss nicht Note für Note des musikalischen Satzes auf ihre Richtigkeit überprüfen kann, und obwohl Schulz kein professionelles Urteil über die literarische Qualität der Gedichte, die Voss ihm zuschickt, abgeben kann,

---

240 Voss an Schulz, 10. 4. 1780. Zit. nach: Briefwechsel Schulz/Voss, Brief (1). Im folgenden werden lediglich die Briefnummern (in Runden Klammern) zitiert.
241 Vgl. Briefwechsel Schulz/Voss, 201 (Anmerkungsteil).

trauen sich beide subjektive gefühlsmäßige Urteilskraft zu und verlangen sie ausdrücklich vom anderen. Somit gibt der Briefwechsel Zeugnis von einer Ende des 18. Jahrhunderts sich abzeichnenden Umorientierung der Bewertungskategorien für Kunstwerke. Neben der nur dem Kenner möglichen Beurteilung der richtigen Machart wird zusehends ein Geschmacksurteil ästhetisch relevant, das nicht objektiviert werden, sondern sogar auf seiner Subjektivität beharren muß. Nur vor dem Hintergrund dieses Paradigmenwechsels ist zu verstehen, daß Voss intuitiv spürt, Schulz träfe den besten Ton für seine Gedichte. Ebenso scheut sich Voss nicht, andere Komponisten, etwa C.P.E. Bach, Neefe, Reichardt und Johann Nikolaus Forkel, zu kritisieren.[242]

Bei der beruflich verbindenden Arbeit am Hamburger Musenalmanach geht in der Regel der Gedicht-Text den Vertonungen voraus. Voss schickt Schulz Gedichte, die dieser in Musik setzt und zurückschickt. Manchmal gibt auch eine bereits bestehende Melodie Anlaß zu neuen Textstrophen oder ganzen Gedichten.[243] Obwohl also eine strikte Arbeitsteilung besteht, versucht Voss, Text- und Melodie-Entstehung idealiter zusammenzudenken. So schreibt er, seine Lieder seien »im Vorgefühl einer Schulzischen Melodie gedichtet«[244]. Das Dichten selbst wird als musikanaloge Tätigkeit beschrieben:

> Eben hat mir der Genius noch einen Gesang beschert, dessen Töne mir noch wild in der Seele summen. Hefte sie aufs Papier, alter Gesangkompan, und sende sie mir, sobald du kannst.[245]

Entgegen der räumlichen Distanz der Briefpartner sowie entgegen der fortgeschrittenen Verschriftlichung – Voss und Schulz korrespondieren schriftlich über ein schriftliches Produkt (den Musenalmanach) – und Arbeitsteilung bei der Liedproduktion entwirft der Briefwechsel die Fiktion von Nähe und elementarer Durchdringung der Künste. Die Lieder von Schulz erklingen in der Hausmusik der Vossens, bereits das Dichten wird als ein Phantasieren in Tönen gedacht. Voss und Schulz sehen sich nicht als literarische bzw. musikalische Facharbeiter, sondern als »Gesangkompanen«.

Voraussetzung für das Glücken dieser fingierten Nähe ist nicht die strukturelle Ähnlichkeit von Dichtung und Musik, sondern die intensive Freundschaft, die sich zwischen den Briefpartnern entwickelt. Im zwei-

---

242 Vgl. die Briefe (5) und (9).
243 Vgl. z.B. Br (24).
244 Br (14).
245 Br (78).

ten Jahrzehnt ist kaum mehr von Detailfragen der Vertonbarkeit und anderen literar- oder musikästhetischen Themen die Rede, vielmehr geht es um Privates. Ohne daß sich Voss und Schulz noch eingehend darüber austauschen, scheint Voss zu wissen oder zu spüren, daß Schulz stets den richtigen Ton trifft, scheint Schulz zu wissen, daß die Gedichte, die Voss ihm schickt, sich besonders zur Vertonung eignen.

Die Beteuerung der gegenseitigen Freundschaft und Einfühlungsgabe ist im Briefwechsel zwischen Goethe und Zelter noch wesentlich deutlicher ausgeprägt. Der starke rhetorische Zug dieser Korrespondenz – vor allem von Seiten Goethes – wird durch den Plan einer Veröffentlichung Mitte der 1820er Jahre verstärkt. Zusehends ergeht sich von da an der Dialog in Reflexionen des zurückliegenden Dialogs. Goethe und Zelter schreiben nicht nur füreinander, sondern auch für ein literarisch bzw. biographisch interessiertes Publikum. Nur ein Jahr nach Goethes und Zelters Tod bringt Friedrich Wilhelm Riemer den kompletten Briefwechsel auf den Markt; ab diesem Zeitpunkt werden die rund 900 Briefe, die zwischen Berlin und Weimar kursierten, bereits zitiert, kommentiert und interpretiert. Sie sind ein kulturgeschichtliches Denkmal geworden.[246]

Auch Zelter qualifiziert sich nicht in erster Linie durch die strukturellen Eigenschaften seiner Vertonungen zu dem von Goethe meist geschätzten Komponisten, sondern durch seine Einfühlungsgabe in Goethes Werk und Persönlichkeit. So werden im Hause Zelter sämtliche Goethe-Ausgaben schnell zerlesen,[247] Zelter läßt keine Goethe-Aufführung am Berliner Schauspiel aus, bei der ersten Berliner Faust-Inszenierung (1819) dirigiert er die von Fürst Anton Heinrich Radziwill komponierten Musikeinlagen.[248] Je mehr Zeitgenossen und Freunde Goethe im Laufe der Jahre verliert, desto mehr wird ihm der trotz vieler Schicksalsschläge ungebrochene und hochaktive Zelter zur moralischen Stütze.[249]

---

246 Die 1998 zum Abschluß gekommene Ausgabe des Briefwechsels im Rahmen der Münchner Goethe-Ausgabe versammelt wichtige Rezensionen zwischen 1833 und 1841: Goethe/Zelter, Briefwechsel, II, 1682-1715. Die jüngste umfassende Interpretation liest den Briefwechsel als Dokument einer Freundschaft im Kontext der um 1800 sich neu konstituierenden Wissenschaft vom Menschen: Hey'l 1996. Siehe auch die ausführliche Einführung von N. Miller im dritten Band der Münchner Ausgabe: Goethe/Zelter, Briefwechsel, III, 7-93.
247 Vgl. z.B. Br (77). Hier und im folgenden werden (in runden Klammern) die Briefnummern nach Zählung der Münchner Ausgabe zitiert.
248 Mahl 1999, 11.
249 Als sich 1812 Zelters Stiefsohn umbringt, lobt Goethe ausdrücklich Zelters Talent, mit dem Tod umzugehen. Hiervon wird er in den Folgejahren des öfteren profitieren. Vgl. Br (187). Siehe auch Hey'l 1996, 45-62.

Die Nähe und Unmittelbarkeit der künstlerischen Zusammenarbeit wird, entgegen der schriftlichen Vermittlung über die räumliche Distanz, kunstvoll fingiert. Besonders die folgende Briefstelle Zelters zeigt, wie ein schriftlicher Gedicht-Text in ein körperliches Musikerlebnis umgewandelt wird:

> Schon seit manchen Wochen ist mir nicht, wie mir sollte. Mag es die saugende Märzluft oder sonst äußeres Einwirken sein, was mich, wohl nicht krank doch wehe und unlustig machte. Das Essen ist ohne Genuß und das Leben worauf ich sonst halte, wird mir fast sauer.
> So hatte ich gestern Mittag keinen Wein getrunken, weil ich keinen Reiz darzu spürte und war nach dem Essen auf dem Sofa eingeschlafen. Unterdessen hatte mein verständiger Briefträger Ihr blaues Couvert auf meine Brust gelegt, welches ich wie mir die Augen aufgingen freudig erkannte. Ehe ichs erbrach ließ ich Wein geben, um mich völlig zu ermuntern. Unterdessen meine Tochter einschenkte erbrach ich das Siegel und rief mit lauter Stimme: ergo bibamus! Das Kind ließ vor Schreck die Flasche fallen die ich auffing, da ward ich wieder lustig und mutig, wozu der Wein, wahrscheinlich aus Dankbarkeit für seine Rettung, das Seinige tat.
> Ich ließ mir die Feder bringen, um sogleich das Gedicht in Mus. zu setzen und den ersten Eindruck nicht verrinnen zu lassen. Als ich auf die Uhr sahe war es Zeit in die Singakademie zu gehen, nach deren Endigung die Liedertafel heute beisammen war. Es waren 40 Männer an der Tafel. Ich las das Gedicht vor. Am Ende jeder Strophe riefen alle in unisono, gleichsam im Doppelchore von selber: bibamus! Sie syllabierten den langen Vokal so fürchterlich daß die Dielen erklangen und die Decke des langen Saales sich zu heben schien. Da war die Melodie wieder da und Sie erhalten es hier wie es sich von selber komponiert hat. Wenn es so recht ist habe ich keinen Anteil daran, es gehört alles Ihnen allein.[250]

Goethes Gedicht ist mehr als ein Text, es wird Zelter zum Lebenselexier. Gedichtproduktion, Zelters erste Lektüre zuhause und die gemeinsame Rezeption und gleichzeitig Erstaufführung an der Liedertafel stehen in Einklang, so daß Zelter seine musikalische Bearbeitung ganz zurücknehmen kann: »es [hat] sich von selber komponiert«. Goethe seinerseits beschreibt die besondere Qualität der Vertonungen Zelters folgendermaßen:

---

250 Br (147).

Die reinste und höchste Malerei in der Musik ist die welche Du auch ausübst, es kommt darauf an den Hörer in die Stimmung zu versetzen welche das Gedicht angibt, in der Einbildungskraft bilden sich alsdann die Gestalten nach Anlaß des Textes, sie weiß nicht wie sie darzu kommt. Muster davon hast Du gegeben in der ›Johanna Sebus‹, ›Mitternacht‹, ›Über allen Gipfeln ist Ruh‹ und wo nicht überall. Deute mir an wer außer Dir dergleichen geleistet hat. Töne durch Töne zu malen: zu donnern, zu schmettern, zu plätschern und zu patschen, ist detestabel. Das Minimum davon wird als Tüpfchen aufs i in obigen Fällen weislich benutzt, wie Du auch tust.[251]

Mit den »Töne[n]« des Gedichts, zu denen Zelter passende musikalische Töne findet, sind nicht akustische Eigenschaften der Verse gemeint, sondern die zum Ausdruck gebrachte »Stimmung«. Mit platter Nachahmung hat Zelters Vertonung nichts zu tun, sein Ausdruck der lyrischen Gesamtstimmung unterscheidet sich vom Wiedergeben der Semantik einzelner Wörter. Ob der Komponist die Stimmung getroffen hat, läßt sich nicht mehr an musikimmanenten Eigenschaften festmachen: Goethe verweist auf die »Einbildungskraft« des Rezipienten – »sie weiß nicht wie sie darzu kommt« –, die zwischen Gedicht und Musik vermittelt. An anderer Stelle spricht Zelter von der »Totalempfindung«[252], die sich einstellen muß, damit zu einem Gedicht die adäquate Musik gefunden werden kann. Zelter überlegt also nicht, wie er Hebungen und Senkungen richtig auf Takte verteilen kann; er wartet, welche Musik der Text, nicht als Struktur, sondern als Stimmung, auslöst.

Während der Briefwechsel zwischen Goethe und Zelter bereits mit Beginn seines Erscheinens intensiv rezipiert wurde, gerieten die Vertonungen Zelters, abgesehen von einigen weitverbreiteten Männerchören, darunter auch »Ergo bibamus«, schnell in Vergessenheit. Die meisten Gedichte Goethes fanden als Lesetexte Eingang in Schulunterricht und Bildungskanon. Im Konzertbetrieb des 19. und 20. Jahrhunderts avancierten Schuberts Lieder, allen voran der »Erlkönig«, zu den meist geschätzten Goethe-Vertonungen. Deshalb soll am Ende dieses Teilkapitels eine Vertonung Zelters ausgiebiger betrachtet werden, die auch an einigen Stellen des Briefwechsels zur Sprache kommt. Goethe schreibt am 4.9.1831:

Sechs Tage, und zwar die heitersten des ganzen Sommers, war ich von Weimar abwesend und hatte meinen Weg nach Ilmenau genommen,

---

251 Br (340).
252 Br (348).

wo ich in frühern Jahren viel gewirkt und eine lange Pause des Wiedersehens gemacht hatte. Auf einem einsamen Bretterhäuschen, des höchsten Gipfels der Tannenwälder, rekognoszierte ich die Inschrift vom 7. Septbr. 1783. des Liedes das Du auf den Fittichen der Musik so lieblich beruhigend in alle Welt getragen hast: ›Über allen Gipfeln ist Ruh pp.‹[253]

Goethe intendiert die Rezeption seines Gedichtes in Zelters musikalischer Fassung. Zelters Komposition scheint Goethes Stimmung zu entsprechen, obwohl Zelter den Text erst rund 30 Jahre nach Goethes Ritzung vertonte (1814). Dementsprechend geschmeichelt antwortet er auf Goethes nostalgische Erinnerung:

> Dein Brief ist mir ein blühender Garten den ich seit gestern so oft durchwandle und kein Ende sehe. Da ich Euer Bretterhäuschen auf der Höhe von Ilmenau niemals gesehn habe; so muß ich mich wohl freuen so sicher in Deinen einsamen Zustand eingegangen zu sein und die leisen Worte einer letzten Ruhe aus den dortigen Klüften wie ein geborner Bergmann zu Tage gebracht zu sehn. Deine Anerkennung gibt den wenigen Tönen einen Wert den ihnen keine Zeit wieder nehmen kann, [...] Soll ich mich nicht gelobt fühlen wenn Du mich lobst, weil ich aus meinem antipolarischen Zustande über Euer Gebirg hinweg wie ein Grubenlichtlein einen Blick in Deine Tiefen zu tun fähig bin?[254]

Zelter deutet die ungesehenen Täler unterhalb des »Bretterhäuschens« als die Tiefen der Goetheschen Psyche: beides hat er, so bescheinigt dieser ihm, musikalisch einzufangen vermocht. Über erhebliche zeitliche und räumliche Distanzen hinweg wird auch hier eine Harmonie zwischen Gedicht und Vertonung, zwischen Dichter und Komponist konstruiert.

Bereits 1814 hatte Zelter hochgestimmt auf die Zusendung des Textes geantwortet:

> Was für herrliche Sachen[255] hast Du Lieber mir da gesandt? Schon Zehnmal habe ich sie mit den Augen verschlungen, dann behalte ich eins vor mir und kaue daran und schmecke und denke: Wie Er doch deine Gedanken und Töne weiß! Wie sein Gras grün, seine Luft warm und sein Licht klar ist, wie man eben lebt und leibt und liebt und

---

253 Br (827).
254 Br (829).
255 Neben »Über allen Gipfeln ...« hatte Goethe noch einige andere Gedichte geschickt. Vgl. Briefwechsel Goethe/Zelter, III, 319 f. (Kommentar).

Zelter, Ruhe

dann wird nach Notenpapier gegriffen da keins ist und gesucht wo keins liegt, man ist verdrießlich über die Feder, man zerrt sich und aus dem besten was werden sollte wird kaum leidliches. Und doch liebt man sich wieder, denn wie Du edler Stahl aus dem rohen Stein den Funken ziehst so haben die balsamischen Worte mein starres Herz mit Ruhe und Frieden erfüllt.[256]

256 Br (202).

Zelter verleibt sich die Goetheschen Gedichte ein und erkennt sie als die eigenen »Gedanken und Töne«. Entgegen dieser Körperlichkeit erscheint das schriftliche Festhalten der Empfindung als mühsamer, unnatürlicher, eben sekundärer Akt.

Obwohl Zelter bezweifelt hat, daß ihm »leidliches« geglückt sei, lohnt sich ein Blick darauf, welche musikalische Struktur er für die metrische Struktur der Textvorlage gefunden hat.

»Wandrers Nachtlied«[257] ist einstrophig, die Verse weisen unterschiedliche Hebungsanzahl auf. Das metrische Schema muß, da es sich nicht um eine metrisch geläufige Strophenform handelt, aus der Wortbetonung erschlossen werden. Die Prominenzgrade der Silben können folgendermaßen differenziert werden:[258]

Wanderers Nachtlied	Klassifizierung der Betonungen
Über allen Gipfeln	Xo Xo Xo
Ist Ruh,	x X
In allen Wipfeln	x Xo Xo
Spürest du	Xo x
Kaum einen Hauch;	x Xo X
Die Vögelein schweigen im Walde,	x Xoo Xo x Xo
Warte nur, balde	Xo x Xo
Ruhest du auch.[259]	Xo x x

Zelters Vertonung (siehe Notenbeispiel S. 231) gliedert das Gedicht in zwei Teile. Der erste umfaßt die Verse 1-5, der zweite die Verse 6-8. Mit Vor- und Nachspiel ergibt sich folgende Taktproportion: 4 (Vorspiel) + 5 (1. Teil) + 4 (2. Teil) + 1 (Nachspiel). Zelter komponiert einen $^{12}/_8$-Takt, der sich durch die harmonische Bewegung in 4 x 3 Achtel gruppiert. Mei-

---

257 Der Titel »Wandrers Nachtlied« war zunächst dem Gedicht »Der du von dem Himmel bist ...« (Goethe, Werke, II/1, 13) vorbehalten. 1815 erschien »Über allen Gipfeln ...« in einem Druck unmittelbar nach »Der du von dem Himmel bist ...«, unter der Überschrift »Ein Gleiches« (bezogen auf das vorhergehende Gedicht). Seit diesem Druck wird »Über allen Gipfeln ...« sowohl unter dem Titel »Wandrers Nachtlied« als auch unter dem Titel »Ein Gleiches« zitiert (vgl. Goethe, Werke, II/1, 578).
258 X = betonte Silbe, x = betonbare Silbe, o = unbetonte Silbe. Alle mehrsilbigen Wörter weisen eine Hauptbetonung (X) auf. Als betont (X) werden auch die einsilbigen Substantive klassifiziert. Alle anderen Monosyllabica können, müssen aber nicht betont werden.
259 Goethe, Werke, II/1, 53.

stens setzt Zelter betonte, gelegentlich auch prosodisch betonbare, Silben auf das erste und siebte Achtel eines $^{12}/_8$-Taktes – das entspricht der ersten und dritten Zählzeit im $^4/_4$-Schlag –, manchmal allerdings auch auf das vierte bzw. zehnte Achtel – zweite und vierte Zählzeit im $^4/_4$-Schlag. Prosodisch unbetonte Silben fallen in der Regel auf unbetonte Taktteile. Folglich wird die metrische Struktur des Textes bei Zelter folgendermaßen interpretiert:[260]

U̲eber | a̲llen G̲ipfeln
Ist | R̲uh,
In a̲llen | W̲ipfeln
Sp̲ürest | du̲
Kau̲m ei̲nen | Hau̲ch.
Die | V̲öglein[261] schweigen im W̲alde |
W̲a̲rte nur ba̲lde, [ba̲lde, | ba̲lde][262]
R̲uhst[263] du | au̲ch.

Die unterschiedliche Setzung der metrisch äquivalenten Wörter »Gipfeln« und »Wipfeln« sowie die je andere Setzung des Wortes »balde« zeigt, daß Zelter bei der Zuordnung von metrischer Struktur und Taktstellung kein statisches Schema befolgt.

Charakteristisch für die Melodieführung ist die generelle Abwärtsbewegung der Phrasen, der die generelle Aufwärtsbewegung der gebrochenen Akkorde in der rechten Hand des Klavierparts entgegengesetzt ist. Höhepunkt der Zelterschen Vertonung ist der achte Takt, der den Vers »Kaum einen Hauch« musikalisch ausdeutet. Anstatt daß die musikalische Phrase, wie zu erwarten, auf der ersten Zählzeit von Takt 8 ihren Abschluß findet, komponiert Zelter einen Trugschluß nach gis-moll und hängt einen fünften Takt an. Dieser bremst auf der dritten und vierten Zählzeit, durch die Fermaten in Melodiestimme und Begleitung, die bis dahin regelmäßig laufende Achtelmotorik aus. Auf der vierten Zählzeit bleibt lediglich die Verzierung der Singstimme übrig: kaum mehr Musik für »Kaum einen Hauch«. Takt 9 reicht die erwartete Tonika H-Dur nach, die durch Takt 10 wiederum als Dominante der Grundtonart E-Dur

---

260 Doppelt unterstrichen = Silbe auf betonter Taktzeit; einfach unterstrichen = Silbe auf nebenbetonter Taktzeit, d.h. auf dem vierten bzw. zehnten Achtel des $^{12}/_8$-Takt; unmarkiert = Silbe auf unbetonter Taktzeit; | = Taktgrenze. Die Textfassung folgt der Ausgabe Zelter 1821.
261 Statt: »Vögelein«.
262 Textwiederholungen bei Zelter.
263 Statt: »Ruhest«.

gedeutet wird. Es folgt eine regelmäßige Viertakt-Gruppe. Zelters Vertonung ist auf den achten Takt bzw. den fünften Vers des Textes ausgerichtet; sie will den kaum spürbaren »Hauch«, der durch die Reimkopplung – »ruhst du auch« – auf den Tod verweist, musikalisch erlebbar machen. Der Klaviersatz ist ganz bewußt einfach gehalten. Es werden lediglich Akkorde angeschlagen, die in der rechten Hand in eine Dreiachtel-Bewegung gebrochen sind. Das Vorspiel antizipiert zunächst wörtlich diejenige Begleitung, die zur ersten Phrase der Singstimme erklingen wird. Danach[264] springt es in den vorletzten Takt des Stückes und antizipiert den Schluß. Einerseits stellen die vier Eingangstakte lapidar das harmonische Inventar der Komposition vor[265], andererseits bereiten sie den zentralen musikalischen Gestus, das Anhalten der Musik, wie es in Takt 8 auskomponiert ist, vor. Denn zwischen jeder der vier Akkordgruppen setzt die Achtelbewegung kurz aus. Tritt die Singstimme hinzu, wird dieses Aussetzen zunächst überspielt bzw. übersungen; die Generalpause in Takt 6 sowie das Stehenbleiben der Musik in Takt 8 stellen es umso deutlicher in den Vordergrund. Während die Begleitung ab Takt 10 zunächst ohne Unterbrechung vorangeht, setzt sie in Takt 12 noch einmal ganz aus, bezeichnenderweise auf dem Wort »ruhst« der Singstimme. Melodie und Begleitung stehen in einem sensiblen, genau austarierten Verhältnis. Die Begleitung setzt nicht nur harmonisch stützende Akkorde zur Singstimme, sondern wirkt mit dieser an der subtilen Textausdeutung mit. Die vier einleitenden Takte sind keineswegs nur harmonisches Einstimmen, sie geben bereits eine Zusammenfassung der Komposition.

Zelters Vertonung steht, wie auch die anderen in diesem Teilkapitel diskutierten, im Spannungsfeld einer ganz auf den Text ausgerichteten und einer musikalisch emanzipierten Vertonung. Da »Wanderers Nachtlied« kein strophisches Gedicht ist, konnte Zelter den Text durchkomponieren, konnte die Musik auf jeden einzelnen Vers abstimmen, ohne in Konflikt mit – semantisch oder syntaktisch ganz anderen – Folgestrophen zu kommen.[266] Einerseits entspricht die Vertonung dem Einfachheitsideal der Berliner Liederschule, andererseits deutet sie den Text aus und steht somit strukturell der romantischen Liedvertonung näher, als Zelter und Goethe, hätten sie sich darüber äußern müssen, zugestanden hätten.[267]

---

264 Takt 3.
265 Tonika – Ausweichung zur Dominante – Ausweichung zur Subdominante – Tonika.
266 Strophische Gedichte Goethes hat Zelter m.W. ausnahmslos strophisch vertont.
267 Die Polemik des Briefwechsels gegen Romantik und Romantiker richtet sich nicht dezidiert gegen die Struktur von Kunstwerken, sondern ganz allgemein

Ob Zelter die von Goethe intendierte Stimmung getroffen hat, kann analytisch nicht ermittelt werden. Das Empfinden, Nicht- oder Anders-Empfinden einer Stimmung wird von individuellen Rezipienten entschieden und steht allenfalls in loser Verbindung mit der Struktur der rezipierten Kunstwerke. Im Falle des Briefwechsels zwischen Goethe und Zelter läßt sich eine Rezeption rekonstruieren, die vollkommene Harmonie zwischen Text und Musik konstatiert. Der heutige Hörer wird hingegen den eigenen Ohren trauen.

gegen den Zeitgeist, mit dem Zelter und Goethe, als Vertreter einer älteren Generation, nichts anzufangen wußten. Daß Zelter – auf Vermittlung Goethes – Fanny und Felix Mendelssohn nachhaltig gefördert hat, zeigt, daß er an der jungen Komponistengeneration seiner Zeit durchaus interessiert war.

4 Textinhärente akustische Strukturen: Zwei exemplarische Analysen

4.1 Grundsätzliche Bemerkungen zu Problemen der Gedichtinterpretation

Anstatt am Modell einer verborgenen, zu entdeckenden Natürlichkeit willkürlicher Zeichen festzuhalten, hat Klopstock das Modell der »Täuschung« vorgeschlagen: Unter der besonderen Bedingung der schnellen Bewegung der Signifikanten, die nur in der Poesie gewährleistet sei, projiziere der Rezipient die willkürlichen Zeichen auf das Bezeichnete und konstruiere dadurch eine Bedeutung per se nicht-bedeutungstragender Komponenten der Sprache bzw. der Rede. Auf diese Weise »dünkt [...] die Bewegung [der Signifikanten] geradezu das durch sie Ausgedrückte zu sein«[1].

Die von Klopstock beschriebene Projektion gehört zum festen Inventar literaturwissenschaftlicher Gedichtinterpretation. Interpreten, die besonders innige und vielfältige Verbindungen zwischen formalen Eigenschaften eines Gedichtes und seinem Inhalt aufweisen können, werden als Interpretationskünstler geschätzt. Die von Klopstock gestellte Bedingung der schnellen Wortbewegung wird allerdings bei derart kunstvollen Interpretationen ausgebremst. Rhythmische Mimesis des Sinns und lautsymbolische Strukturen kann offenbar nur derjenige ermitteln, der langsam und vor allem mehrfach liest, der die Silben zählt, anstatt sie vorbeirauschen zu lassen.

Jede Gedichtinterpretation, die nicht-bedeutungstragenden Komponenten des Textes Bedeutung(en) zuschreibt, stellt eine Projektion im Klopstockschen Sinne dar. Allerdings erfolgen Zuschreibungen von Sinn auf unterschiedlichsten Niveaus: Während manche Interpreten einzelne metrische oder lautliche Merkmale eines Gedichtes eklektizistisch semantisieren, versuchen andere, formale Strukturen flächendeckend zu beschreiben und sie anschließend als bedeutungserzeugendes System zu lesen.[2] Bereits Saussure unterscheidet die Arbitrarität, d.h. die Nicht-Motiviertheit, des einzelnen sprachlichen Zeichens von der relativen Motiviertheit der Zeichen innerhalb des Sprachsystems.[3] Überträgt man

---

1 Klopstock 1779a, 148.
2 Eine in dieser Hinsicht beispielhafte Analyse haben Jakobson und Lübbe-Grothues mit ihrer Betrachtung von Hölderlins letztem Gedicht, »Die Aussicht«, vorgelegt. In: Jakobson 1976, 27-96.
3 Saussure, Grundfragen, II, Kap. 6, §3.

diese relative Motiviertheit vom Sprachsystem auf das System des einzelnen Textes, können dessen formale Strukturen in ihrer Gesamtheit als motiviertes Zeichen verstanden werden. Die russischen Formalisten haben erstmals den Versuch unternommen, die Poetizität eines Textes systematisch als Resultat seiner formalen Verfahren zu beschreiben.[4] Auf diesen Ansatz aufbauend hat der Prager Strukturalismus das Konzept entwickelt, die Interpretation literarischer Texte auf eine sprachwissenschaftliche Grundlage zu stellen. In Auseinandersetzung mit den Arbeiten der russischen Formalisten und mit der strukturalistischen Poetik – insbesondere Jurij Lotmans – hat Wolf Schmid die bedeutungserzeugende Funktion formaler Komponenten poetischer Texte als deren »ästhetischen Inhalt« beschrieben.[5] Schmids Darstellung bezieht sich insbesondere auf das Phänomen der »Klangwiederholung«, so Schmids Terminus für phonetische Äquivalenz. Entgegen der fortschreitenden Auseinanderentwicklung von Linguistik und Literaturwissenschaft haben Roland Posner und Christoph Küper jeweils Forschungsbeiträge versammelt, die die relative Motiviertheit sprachlicher Zeichen aus der Perspektive beider Disziplinen diskutieren.[6]

Auch Hans Lösener verfolgt in seiner Dissertation einen sprach- und literaturwissenschaftlichen Ansatz. Lösener kritisiert mehrere Interpretationen des »Erlkönig« hinsichtlich der vorschnellen Projektion formaler Texteigenschaften auf die Semantik, in Löseners Begrifflichkeit »mimetische Projektionen«,[7] und setzt diesen Interpretationen eine eigene »Rhythmus«-Analyse entgegen.[8] Da Lösener seinen Interpretationsansatz in drei umfangreichen Theorie-Kapiteln vorab reflektiert, soll er hier diskutiert werden.

Lösener übernimmt das Rhythmus-Konzept von Henri Meschonnic, nach dem sich Rhythmus nicht nur auf zeitliche Merkmale der Verssprache erstreckt, sondern sämtliche nicht-bedeutungstragende Komponenten eines Textes bzw. einer Rede meint:

> Je définis le rythme dans le langage comme l'organisation des marques par lesquelles les signifiants, linguistiques et extralinguistiques (dans le cas de la communication orale surtout) produisent une sémantique spécifique, distincte du sens lexical, et que j'appelle la signifiance:

---

4 Sklovskij 1916; Zirmunskij 1921; Ejchenbaum 1925. Diller 1982 referiert die Konzepte der russischen Formalisten zur Beschreibung der Verssprache.
5 Schmid 1977.
6 Posner 1980; Küper 1993.
7 Lösener 1999, 119-122.
8 Ebd., 136-153.

c'est-à-dire les valeurs, propres à un discours et à un seul. Ces marques peuvent se situer à tous les »niveaux« du langage: accentuelles, prosodiques, lexicales, syntaxiques.[9]

Dieser Rhythmusbegriff spricht der von Klopstock beschriebenen und von vielen Interpreten unreflektiert vollzogenen Projektion systematischen Wert zu: primär nicht-bedeutungstragende Komponenten des Textes erzeugen dennoch eine »spezifische Sematik«, die Meschonnic »signifiance« nennt. Hervorgehoben werden muß, daß sich Meschonnics »spezifische Semantik« der Signifikanten von der »lexikalischen Bedeutung« abhebt. An diesem Unterschied macht Lösener seine Kritik an bestehenden »Erlkönig«-Interpretationen fest.

Lösener kritisiert, wie ich meine völlig zurecht, diejenigen Interpreten, die die zweisilbigen Senkungsfüllungen der Balladen-Verse mal als Ausdruck des Pferdegalopps (»Wer reitet so spät durch Nacht und Wind«), mal als Ausdruck von Aggressivität (»Und bist du nicht willig, so brauch ich Gewalt«), mal als Ausdruck tanzender Bewegung (»Und wiegen und tanzen und singen dich ein«) deuten.[10] Bei dieser Form der »mimetischen Projektion« handelt es sich schlicht um eine »Verdopplung des Signifikats«;[11] nicht-bedeutungstragende Komponenten des Textes werden ad hoc, wie es gerade paßt, auf die Semantik projiziert. Besonders die Interpretation von Rupert Hirschenauer (1968) unterzieht Lösener eingehend der Kritik[12] und konstatiert, daß dort »der Rhythmus der Ballade hinter dem Rhythmus der Deutung [verschwindet]«[13].

Anstatt der kritisierten Projektionen versucht Lösener, mehrere nicht-bedeutungstragende Komponenten des Textes, nämlich die Zäsuren der Verse, die Silbenanzahl der Verse, das Verhältnis von Metrum und Wortakzenten, sowie die Lautlichkeit flächendeckend zu analysieren, um deren

---

9   Meschonnic 1982, 216. Übersetzung, nach Lösener 1999, 29: »Ich definiere den Rhythmus in der Sprache als die Gestaltung von Merkmalen, durch die die Signifikanten, seien diese sprachlich oder (vor allem bei mündlicher Kommunikation) außersprachlich, eine spezifische Semantik hervorbringen, welche sich von der lexikalischen Bedeutung unterscheidet, und die ich die Bedeutungsweise nenne; damit sind diejenigen Werte gemeint, die einer und nur dieser einen Rede angehören. Diese Merkmale sind auf allen »Ebenen« der Sprache zu finden: auf der akzentischen, der prosodischen, der lexikalischen, der syntaktischen.« Zu den Implikationen von Meschonnics Rhythmus-Konzept siehe auch: Zollna 1994, 33-36.
10 Lösener 1999, 119 ff.
11 Ebd., 121.
12 Ebd., 114-118.
13 Ebd., 118.

»Bedeutungsweise« zu erhellen. Allerdings kommt auch seine Interpretation nicht ohne eine Projektionsfläche aus. Anstelle des »Vater-Sohn-Dualismus«, den er als »Deutungsstereotype« bezeichnet,[14] setzt Lösener die Ambivalenz von kontrollierenden und unheimlichen Kräften, die nicht stereotyp an Vater, Sohn oder Erlkönig gebunden seien, sondern changieren würden. Die Strukturen der Signifikanten werden nun im Hinblick auf diese Ambivalenz gelesen. So identifiziert Lösener Verse mit syntaktischer Mittelzäsur[15] als Ausdruck einer »vorhersagbare[n] Ordnung der Rede, die zugleich eine Ordnung der Welt suggeriert«[16]. Dagegen sei im Vers II,2[17] »die ternäre Versaufteilung [...] mit der Angst verknüpft«[18]. Auch bei dieser Verknüpfung handelt es sich um ein Konstrukt des Interpreten. Im nächsten Schritt werden die Silbenanzahlen der Verse der semantischen Super-Struktur zugeordnet. Verse mit neun und weniger Silben werden mit dem »kontrollierten Sprechen« verbunden, Verse mit zehn und mehr Silben mit den »Angst-Fragen des Kindes«[19], und somit mit der Sphäre des »Unheimlichen«[20]. Auch hier findet eine Projektion der nicht-bedeutungstragenden Komponente Silbenanzahl auf eine vorab gefaßte Deutung statt.

Lösener begnügt sich, im Unterschied zu den kritisierten Interpreten, nicht damit, die analysierten Parameter ad hoc auf die Semantik einzelner Verse zu beziehen, vielmehr versucht er ihre dramaturgische Anordnung im gesamten Textverlauf nachzuzeichnen. Anstatt einzelne Zeichen spontan zu motivieren, soll die Motiviertheit der Zeichen im System des Textes herausgearbeitet werden. Trotzdem legt auch Lösener eine Semantik zugrunde, als deren Akteure er die Signifikanten liest. Daß Lösener ebenfalls formale Strukturen auf Bedeutungen projiziert, verwundert nicht, es liegt vielmehr ganz in der Konsequenz von Meschonnics Rhythmus-Konzept – eine »Bedeutungsweise« der Signifikanten kann nur entstehen, wenn ein Leser, Hörer oder Interpret Bedeutung(en) unterstellt.

14 Ebd., 122.
15 Zum Beispiel I,2: »Es ist der Vater | mit seinem Kind«; oder I,3: »Er hat den Knaben | wohl in dem Arm«.
16 Lösener 1999, 140.
17 »Siehst, | Vater, | du den Erlkönig nicht?«
18 Lösener 1999, 140. Die Dreiteilung läßt sich nur auf Ebene der Interpunktion rechtfertigen. Syntaktisch würde ich die Zweiteilung [Prädikat + Subjekt] + [Objekt + adverbiale Ergänzung zum Prädikat] vorschlagen, also: »Siehst, Vater, du | den Erlkönig nicht?«.
19 Ebd., 142.
20 Vgl. die Überschrift von Löseners Analyse: »Der Rhythmus des Unheimlichen im ›Erlkönig‹« (ebd., 113).

Mit diesem grundsätzlichen Unterstellen von Bedeutung hat sich neben anderen Hans Ulrich Gumbrecht kritisch auseinandergesetzt. Er diagnostiziert eine in den Geisteswissenschaften der westlichen Kultur dominante Ausrichtung auf die »Dimension der ›Repräsentation‹ (des ›Sinns‹, der ›Semantik‹)«[21]. In der Unterwerfung sämtlicher kultureller Phänomene unter eine Sinnzuschreibung sieht er eine Grundstrategie der (hermeneutisch ausgerichteten) Geisteswissenschaften:

> Deshalb vollzieht sich – etwas pauschal formuliert – die Integration von Phänomenen ohne primäre Repräsentations-Dimension (wie jenen des Rhythmus) in die kulturelle Selbstreferenz über den Versuch, ihnen eine Repräsentations-Funktion zuzuschreiben.[22]

So erkläre sich der »Anspruch der Poetologie und der Literaturwissenschaft, daß sie ›Rhythmus‹ und ›Sinn‹ konzeptuell harmonisieren könne«[23]. Sowohl Klopstocks »Täuschungs«- als auch Meschonnics Rhythmus-Konzept stellen, so läßt sich Gumbrechts Position veranschaulichen, solche Harmonisierungs-Versuche dar. Um der einseitigen Festlegung auf die »Dimension der ›Repräsentation‹« zu entgehen, plädiert Gumbrecht für eine »Erweiterung des Repertoires unserer wissenschaftlichen Beschreibungsdiskurse«[24] und führt Paul Zumthors Erkundungen der Kultur der Stimme als Beispiel an.[25] Gerade jedoch der Ansatz von Zumthor bietet, wie ich meine, keine wirkliche Alternative. Wenn Zumthor die Stimme aufwertet, steht er damit in Tradition der in dieser Arbeit vorgestellten Konzepte von Herder, Klopstock, Moritz und A.W. Schlegel, die auf der sinnlichen Präsenz der Poesie als Gegenpol zu ihrem Schriftsinn bestehen. Wie die Theoretiker des 18. Jahrhunderts ist auch Zumthor von der starken Wirkung der Zeitlichkeit und Klanglichkeit der Poesie überzeugt. Ihm geht es nicht darum, die Dimension der Bedeutung komplett zu verwerfen, sondern darum, sie auf einer anderen Ebene der Poesie – als der schriftlichen – aufzufinden. »Der ›Sinn‹« sei in Traditionen mündlicher Dichtung »mehr Richtung und Vektor als Endergebnis.«[26]

---

21   Gumbrecht 1988, 715.
22   Ebd.
23   Ebd., 716. Vgl. auch 726 ff.
24   Ebd., 715.
25   Zumthor hat seine umfangreichen Erfahrungen mit zeitgenössischer Dichtung in semi-oralen Traditionen, vor allem in Afrika, sowie seine Kenntnisse mittelalterlicher volkssprachlicher Lyrik in einer Typologie »mündlicher Dichtung« zusammenzustellen versucht: Zumthor 1983.
26   Ebd., 115.

Die Dimension der Stimme in der Poesie erschöpfe sich nicht in ihrer Zuordnung zu den Signifikaten; ihre Wirkungsweise, wie Zumthor sie beschreibt, ähnelt Meschonnics Konzept der »signifiance«.

Ich halte Gumbrechts Einwand und die von ihm vorgeschlagene Suche nach Alternativen für eine wichtige Anregung, sehe aber dennoch in der Projektion von Bedeutung auf »Phänomene[n] ohne primäre Repräsentations-Dimension«[27] ein produktives literaturwissenschaftliches Verfahren. Gumbrechts Kritik verhilft meines Erachtens eher dazu, dieses Verfahren zu reflektieren als es zu demontieren.

In diesem Kapitel werden zwei Gedichte hinsichtlich ihrer akustischen Strukturen analysiert und interpretiert. Das Wort ›interpretieren‹ besagt bereits, daß den akustischen Strukturen, die, als Teilmenge der nicht-bedeutungstragenden Komponenten, keine primäre Repräsentations-Funktion aufweisen, Bedeutung zugeschrieben werden soll. Aus den vorab angestellten Überlegungen ergeben sich für das Analyse- und Interpretationsverfahren zwei Prämissen.

Es wird, so die erste Prämisse, zugestanden, daß es sich bei der Interpretation nicht-bedeutungstragender Komponenten um Projektionen handelt. Akzeptiert man, daß Analyse und Interpretation eine Konstruktion des Interpreten unter bestimmten Voraussetzungen darstellen, kann man zwei Einwände, die häufig gegen gründliche Strukturanalysen ins Feld geführt werden, zunächst ausklammern. Es sind dies die Fragen, ob einerseits die vom Interpreten herausgestellten Strukturen dem Autor überhaupt bewußt waren, und ob andererseits die vom Interpreten herausgestellten Strukturen überhaupt ins Bewußtsein anderer Rezipienten dringen. Vereinfacht gesagt wird gegen gründliche Strukturanalysen oft der Vorwurf erhoben, die ermittelten Strukturen seien ästhetisch irrelevant. Was jedoch an einem Text ästhetisch relevant ist, wird weder vom Text selbst noch vom Autor bestimmt. Vielmehr kann jeder Rezipient neu Entscheidungen über Relevanz oder Nicht-Relevanz bestimmter Komponenten treffen. Von diesen Entscheidungen hängt wesentlich seine Konstruktion der Textbedeutung ab. Wer einem anderen Interpreten Irrelevanz der Kategorien vorwirft, kann diesen Vorwurf nicht objektiv begründen, sondern lediglich seine eigenen Relevanz-Entscheidungen dagegensetzen. Die Relevanz von nicht-bedeutungstragenden Textstrukturen für die Text(be)deutung läßt sich nicht veri- oder falsifizieren, sondern nur plausibilisieren.

---

27 Gumbrecht 1988, 715.

Es wird deshalb, so die zweite Prämisse, Wert darauf gelegt, Möglichkeiten und Grenzen des Analyseverfahrens aufzuzeigen, die Ebenen der Analyse transparent zu machen und die Plausibilität der Interpretation zur Diskussion zu stellen. Um diese Forderungen erfüllen zu können, orientiere ich die Analyse an folgenden sechs Grundsätzen:

Erstens: Da es sich um eine Analyse schriftlicher Texte handelt, können nur phonologische, keine konkret sprachakustischen Strukturen ermittelt werden.

Bereits im 18. Jahrhundert unterscheidet Moritz akustische Strukturen, die vom Sprachsystem abhängen, von akustischen Strukturen, die vom einzelnen Sprechakt abhängen. Abgesehen von der Beschränkung auf phonologische Merkmale stellt sich, da zwei Gedichte aus dem 18. Jahrhundert analysiert werden, das zusätzliche Problem der sprachhistorischen Distanz. Denn inwieweit die durch das Sprachsystem festgelegte Wortbetonung und Lautlichkeit des 18. Jahrhunderts mit der heutigen übereinstimmt, kann nicht exakt ermittelt werden. Wenn man sich in dieser Frage an der Metrik orientiert, gerät man leicht in eine zirkuläre Argumentation, da ja die metrischen Einheiten die sprachlichen bearbeiten und deshalb keine Aussagen über die versunabhängige phonologische Struktur der sprachlichen Einheiten zulassen. Bei der Durchsicht der Abhandlungen zur Metrik und Prosodie aus dem 18. Jahrhundert habe ich zwar keine eklatanten Widersprüche zwischen den Betonungsregeln im damaligen und im heutigen Sprachsystem feststellen können; diese Beobachtung hat allerdings keine Beweiskraft. Gleiches gilt für die durch das Sprachsystem festgelegte Lautlichkeit.

Zweitens: Es wird zugestanden, daß die akustischen Strukturen eines Textes nur selektiv analysiert werden können.

Obwohl akustische Strukturen nur eine Teilmenge der nicht-bedeutungstragenden Komponenten eines Textes darstellen, läßt sich nicht einmal diese Teilmenge vollständig auswerten.

Ein einfaches Beispiel mag dies verdeutlichen. Will man Aussagen über die Lautlichkeit eines Textes treffen, könnte man zunächst den Ansatz verfolgen, jedes Phonem des Textes mit jedem anderen zu vergleichen und Äquivalenz- bzw. Differenzbeziehungen zwischen den verglichenen Phonemen zu ermitteln. Führt man dieses Verfahren an einem Text durch, der aus sieben Phonemen besteht – etwa an dem Wort ›foːneːmən‹ –, hat man bereits 21 Äquivalenz-/Differenzbeziehungen auszuwerten. Dieser Ansatz unterschlägt allerdings, daß es sich bei Phonemen nicht um geschlossene Ganzheiten handelt, sondern um Bündel von artikulatorischen Merkmalen. Deshalb ist z.B. das Phonem ›m‹ dem

Phonem ›n‹ ähnlicher als dem Phonem ›oː‹.[28] Strenggenommen wäre es also sinnvoller, nicht die Phoneme, sondern die artikulatorischen Merkmale der Phoneme zu vergleichen. Die meisten Strukturanalysen poetischer Texte vergleichen jedoch – aus Gründen der Ökonomie – nicht einmal Phoneme, sondern bereits Phonembündel, nämlich Silben, bzw. ausgewählte Merkmale von Silben, etwa ihren Vokal oder ihren Anlaut.

Ein weiteres Problem besteht in der bislang ungelösten Frage, wie sich Äquivalenz- bzw. Differenzbeziehungen innerhalb eines Textes hierarchisieren lassen. Hierfür gibt es allenfalls Faustregeln. So leuchtet zwar ein, daß ein lautliches Äquivalenzpaar, das die Enden direkt aufeinanderfolgender Verse besetzt, also ein Paarreim, eine stärkere Äquivalenzbeziehung bildet als ein lautliches Äquivalenzpaar, das sich auf den Anfang des ersten und die Mitte des vierten Verses einer Gedichtstrophe verteilt. Aber sehr oft wird man feststellen, daß – abgesehen von den Reimen – ähnlich starke Äquivalenzbeziehungen innerhalb eines Textes um die Aufmerksamkeit konkurrieren. Hier schließt sich eine ganze Liste ungeklärter Fragen an. Etwa: Sind lautliche Äquivalenzen auf betonten Textsilben strukturell markanter als solche auf unbetonten Textsilben? Sind lautliche Äquivalenzen am Anfang und Ende von Versen strukturell markanter als solche in der Mitte von Versen? Sind vokalische Äquivalenzen dominant gegenüber konsonantischen?

Rainer Schneewolf ist solchen Fragen in einer originellen und gleichzeitig bemerkenswert gründlichen Studie nachgegangen.[29] Er konstatiert, daß die strukturalistische Literaturwissenschaft Lauttexturen keineswegs objektiv bestimmt, sondern konstruiert.[30] Als Alternativen erwägt er zum einen rezeptionspsychologische Experimente, zum anderen das Verfahren quantitativer Textstatistik.[31] Er entscheidet sich für letzteres Verfahren und ermittelt die »statistische Überzufälligkeit« von Lautanordnungen in Alexandrinergedichten Rimbauds.[32] Doch auch hier stellt sich – der Verfasser selbst – die Frage, »welche Einheiten (oder Elemente) und welche Anordnungen (oder Markierungen) dieser Einheiten [...] auf ihre Über-

---

28 Die Phoneme ›n‹ und ›m‹ haben mehr artikulatorische Merkmale gemeinsam als ›n‹ und ›oː‹ bzw. als ›m‹ und ›oː‹. Ausführlich zu den artikulatorischen Merkmalen: Jakobson/Waugh 1979, 122-176.
29 Schneewolf 1987. Zum Aufriß der Problematik: 1.1-1.11; 4.1-4.7; 5.1-5.11; dort auch ein umfangreicher Katalog ungeklärter Fragen betreffend Lauttexturen (Schneewolf nummeriert die Seiten seiner Arbeit nicht fortlaufend, sondern kapitelweise).
30 Ebd., 1.1-1.5.
31 Ebd., 5.5.
32 Ebd., Kap. 5. Zum Begriff »statistische Überzufälligkeit«: ebd., 5.7.

zufälligkeit hin untersucht werden [sollen]«[33]. So muß der Textstatistiker ebenfalls Selektionen vornehmen und vorab entscheiden, welche Einheiten er als relevant erachtet, welche anderen er dagegen vernachlässigt. Und auch die Überzufälligkeit von Lautanordnungen ist, wie Schneewolf anmerkt, kein objektiver Befund, sondern hängt davon ab, »welches Corpus oder welche Norm [...] die Erwartungswerte [liefert]«[34]. Ebensowenig wie der Projektion kann der Interpret der Selektivität seiner Analyse entkommen.

Drittens: Um die Transparenz des Analyseverfahrens zu gewährleisten, werden die analysierten Parameter komplett und sukzessive behandelt.

Da die Selektivität der Analyse akustischer Strukturen nicht vermieden werden kann, ist es meines Erachtens erstrebenswert, die ausgewählten Parameter durch den ganzen Text zu verfolgen.

Außerdem sollten die Ebenen der Analyse strikt eingehalten werden. Dies wird von den meisten Interpreten nicht berücksichtigt, vielmehr ist häufig ein beständiges Springen zwischen den Analyse- und Argumentationsebenen zu beobachten. Dieses Springen führt zu dem unbefriedigenden Eindruck, daß nicht-bedeutungstragende Komponenten eklektizistisch auf einen Deutungsansatz bezogen werden, ohne daß die spezifischen Systeme, die sie innerhalb des Textes ausbilden, zur Kenntnis genommen werden.[35]

Wenn auch Analyse und Deutung in der Interpretationspraxis nicht streng zu trennen sind, da die Analyse erst Strukturen sichtbar macht, die gedeutet werden wollen, bzw. eine – vorab gefaßte – Deutung suggerieren kann, welche Strukturen analysiert werden sollen, ist es meiner Meinung nach um so mehr erforderlich, sprachlich genau klarzumachen, wann es um das Registrieren von formalen Strukturen des Textes und wann es um deren Semantisierung geht. So banal diese Forderung klingt, so selten wird sie dennoch berücksichtigt.

Viertens: Für die Analyse der sogenannten ›Rhythmik‹ des Textes ist die Konfrontation von metrischen und sprachlichen Einheiten konstitutiv.

Schon seit langem wird in der Verswissenschaft die Vagheit des Begriffes ›Rhythmus‹ beklagt.[36] So einig sich Gedichtinterpreten darin sind, daß

---

33 Ebd., 5.8.
34 Ebd.
35 In dieser Hinsicht hebt sich Löseners »Erlkönig«-Analyse positiv von den kritisierten ab.
36 Zollna 1994, 12-15. Zurecht weist Zollna darauf hin, daß die Weite des Rhythmus-Begriffs seinen besonderen Reiz ausmacht. Deshalb haben verschiedene geistes-

die zeitliche Ausdehnung von Versen ein im hohen Maße relevantes Merkmal ist, umso mehr verwundert es, daß vergleichsweise wenige Interpreten die Kategorien und Terminologien, mit denen sie diese zeitliche Ausdehnung beschreiben, einer eingehenden Reflexion unterziehen.[37] Die im Metrikkapitel dieser Arbeit angestellten theoretischen Überlegungen sowie die Rekonstruktion der Metrik-Diskussion im 18. Jahrhundert lassen es sinnvoll erscheinen, die Konfrontation von metrischen und sprachlichen Einheiten zum Ausgangspunkt der Beschreibung zu machen. Dadurch kann der schwammige und vielfach belastete Begriff ›Rhythmus‹ ganz ausgespart werden. Außerdem macht die Gegenüberstellung von metrischen und sprachlichen Einheiten deutlich, daß der schriftliche Gedichttext keine konkrete zeitliche Ausdehnung aufweist, sondern lediglich ein metrisches und sprachliches Potential, das in verschiedenen Rezitationen unterschiedlich realisiert werden kann. Die Gegenüberstellung schützt ferner davor, daß der Interpret eine spezielle Realisierung des vorhandenen Potentials – meist seine eigene, intuitive Rezitationsweise – absolut setzt und als *den* Rhythmus des Textes identifiziert.

Die sprachlichen Einheiten werden nach folgenden prosodischen Regeln bestimmt:
– Es werden lediglich Wortbetonungen ermittelt. Die Phrasenbetonungen spielen zwar eine wichtige Rolle für die akustische Struktur, sie können jedoch von Rezitation zu Rezitation sehr unterschiedlich aus-

---

wissenschaftliche Disziplinen in unterschiedlichen Kontexten versucht, den Begriff für sich zu verwenden. Meschonnics Rhythmus-Konzept, das sämtliche nicht primär inhaltlichen Merkmale der Sprache zusammenfaßt, kann als Folge der ausufernden und vergeblichen Bestimmungsversuche interpretiert werden: es ist ebenso allumfassend wie unprägnant.

37 Ein eklatantes Beispiel hierfür bietet Gerhard Kurz in seiner Studie »Macharten« (1993), die durchaus den Anspruch erhebt Grundlegendes zu leisten. In dichter Folge und ohne auf die unterschiedlichen Konzeptionen hinzuweisen spricht Kurz vom Rhythmus als Körperrhythmus im menschlichen Leben: Kurz 1999, 9; vom Rhythmus als Grundlage der Memorierbarkeit von Informationen (ebd.), vom Rhythmus als Rhythmik der Alltagssprache (ebd.), vom Rhythmus aus Sicht der experimentellen Phonetik (ebd., 16), vom Rhythmus als Organisation des Gedichtvortrags (ebd., 17 f.). Zum Verständnis der »Macharten« von Gedichten trägt dieser Verweis auf einen universalen Rhythmusbegriff wenig bei. Die terminologische Unschärfe zieht methodische Unklarheiten nach sich – z.B. ebd., 20: hier wird die Rhythmik eines Textes mit der Rhythmik seines Vortrags, den Kurz ad hoc bestimmt, gleichgesetzt. Aufgrund der mangelnden theoretischen Fundierung sind viele von Kurz' Hypothesen nur schwer nachvollziehbar, etwa: »Der Weg vom simplen ›aber, aber!‹ oder ›Adrian, das Wasser kocht!‹ bis zu virtuosen Versrhythmen ist nicht weit.« (ebd., 12).

fallen; der schriftliche Text gibt keine eindeutigen Hinweise auf die Phrasenintonation.
- Mehrsilbige Wörter haben grundsätzlich eine Hauptbetonung.
- Komposita haben eine Haupt- und eine Nebenbetonung.
- Silben in mehrsilbigen Wörtern, die weder die Haupt- noch eine Nebenbetonung tragen, sind unbetont.
- Die Betonung einsilbiger Wörter ist variabel. Häufig entscheidet die Stellung einsilbiger Wörter zwischen – durch mehrsilbige Wörter – festgelegten Betonungen über ihre Betonung.
- Tendenziell sind einsilbige Wörter mit außertextlicher Referenz betont gegenüber einsilbigen Wörtern ohne außertextliche Referenz.

Die Betonungsverhältnisse werden mit folgenden Zeichen notiert: X = Hauptbetonung in mehrsilbigen Wörtern; x = hinsichtlich der Betonung variable Silbe bzw. Nebenbetonung in mehrsilbigen Wörtern; o = unbetonte Silbe.

Fünftens: Die Lautlichkeit des Textes darf nicht mit seiner Graphie verwechselt werden.

Obwohl Lautstrukturen einen wichtigen Aspekt vieler Gedichtinterpretationen darstellen, machen sich die allerwenigsten Interpreten die Mühe, die analysierten Texte in Lautschrift zu übertragen. Dies führt zu dem banalen Fehler, daß Grapheme mit Lauten verwechselt werden. Natürlich kann für einen Dichter, der im Kontext einer Schriftkultur arbeitet, auch die Anordnung von Graphemen von Bedeutung sein; gerade deswegen müssen sich jedoch die Interpreten bewußt sein, wann sie Laute, wann dagegen Schriftzeichen meinen. Da Verwechslungen leicht passieren, halte ich es für angemessen, sich bei der Analyse von Lautstrukturen auf eine lautliche Umschrift der entsprechenden Passagen zu stützen. Bei der Darstellung der lautlichen Phänomene einer Sprache durch ein phonetisches Alphabet handelt es sich allerdings um eine schriftkulturelle Interpretation gesprochener Sprache. Die Zeichen eines phonetischen Alphabets entsprechen nicht akustischen Fakten, sondern stellen eine Abstraktion von Lautlichkeit dar. Trotzdem befindet man sich mit dem phonetischen Zeicheninventar etwas näher an der Lautlichkeit des Textes als mit dem Schreib-Alphabet. Ich lege das in der »Einführung in die deutsche Sprachwissenschaft« (1991) von Bergmann, Pauly und Schlaefer angegebene phonetische Alphabet zugrunde.[38]

---

38 Bergmann/Pauly/Schlaefer 1991, 32. Eine jüngere Einführung in die Phonologie des Deutschen bietet ein phonetisches Alphabet mit deutlich differenzierterem Zeicheninventar: Maas 1999, 63 f.

Sechstens: Ein vorschnelles und suggestives Identifizieren akustischer Strukturen mit musikalischen Strukturen ist zu vermeiden.

Besonders Kapitel 3.2 dieser Arbeit hat gezeigt, daß die Affinität zwischen den Künsten Lyrik und Musik zwar immer wieder zum ästhetischen Ideal erklärt wurde, daß jedoch grundsätzliche Unterschiede zwischen Sprache und Musik eine bruchlose Kongruenz verhindern. Wenn auch viele Dichter ihre Lyrik als (Wort-)Musik bezeichnet haben, sollten Lyrik-Interpreten die Metaphorik solcher Aussagen nicht dadurch fortschreiben, daß sie ihrerseits Gedichte als Musik interpretieren.

Suggestive Musik-Analogien gehören zum festen Inventar der Gedichtinterpretation. Sie entstehen vor allem dadurch, daß musikalische Termini unreflektiert an Gedichte herangetragen werden. Lösener hat dies an Hirschauers »Erlkönig«-Analyse besispielhaft gezeigt.[39] Um derartige Suggestionen zu vermeiden, spreche ich weder von den Tönen, noch den Rhythmen, noch der Musikalität eines Gedichtes, sondern von akustischen Strukturen, die sich als Lautstrukturen und als Spannungsverhältnis zwischen sprachlichen und metrischen Einheiten beschreiben lassen.

Analysiert werden im Folgenden Klopstocks Ode »Siona« (1764) sowie Arnims »Nähe des Frühlings« (1802). Die beiden Texte stehen an den zeitlichen Eckpunkten der erschlossenen poetologischen Diskussion. Klopstock hat eine sehr konkrete, am lyrischen Produktionsprozess orientierte Vers-Bewegungslehre entworfen und damit dem Interpreten seiner Oden eine Fülle zu diskutierender Kriterien an die Hand gegeben. Arnims frühes Gedicht läßt sich auf die poetologischen Konzeptionen von Bernhardi und A.W. Schlegel beziehen, die dem Sprachklang höchste ästhetische Valenz einräumen. Beide Gedichte sprechen auf der Ebene der Signifikate Bewegungen bzw. Klänge an. Klopstocks Ode thematisiert den Tanz bzw. das Lied Sionas, bei Arnim wird der Frühling als leierspielender »Himmels Sohn« apostrophiert. Insofern legen beide Texte die Frage nahe, ob Bewegung und Klang bereits auf der Ebene der Signifikanten erzeugt werden. Schließlich liegen beide Texte in mehr als nur einer Fassung vor. Ein Konsultieren der Varianten erlaubt eventuell einen Einblick in kleinste Einheiten der poetischen Machart.

---

[39] Lösener 1999, 117 f.

4.2 Tanz der Signifikanten: Klopstocks Ode »Siona«

Die Ode »Siona« entstand 1764[40] und erschien zuerst im März 1771 in dem von Klopstock nicht autorisierten Privatdruck »Klopstocks Oden und Elegien« in Darmstadt.[41] Im Oktober des selben Jahres brachte der Hamburger Verleger Johann Joachim Christoph Bode den ersten von Klopstock autorisierten Odendruck, der ebenfalls die »Siona« enthält, heraus. Auf Abweichungen zwischen der Darmstädter und der Hamburger Fassung wird an gegebener Stelle Bezug genommen. Die Hamburger Fassung lautet folgendermaßen:

Siona.

　　− v v − v v − v −,
　　v − v v − v v − v −,
　　v v −, − v v −, − v −,
　　v v −, − v v −, − v v −.

I　Töne mir, Harfe des Palmenhains,
　　Der Lieder Gespielin, die David sang!
　　　Es erhebt steigender sich Sions Lied,
　　　　Wie des Quells, welcher des Hufs Stampfen entscholl.

II　Höher in Wolken, o Palmenhain,
　　Erblickst du das Thal, wie der Lorbeerwald!
　　　Und entsenkst Schatten, herab auf den Wald,
　　　　Dem Gewölk, welches dich deckt, Palme, mit Glanz.

III　Tanze, Siona, Triumph einher!
　　Am Silbergelispel Phiala trit
　　　Sie hervor! schwebet in Tanz! fühlts, wie du
　　　　Sie erhebst, Religion dessen, der ist!

40　Das Manuskript »Lyrische Sylbenmaasse« (1764) verzeichnet auf Seite 4 als Nr. 6 das metrische Schema zu »Siona« sowie die erste Strophe: vgl. HKA, Addenda: III/1, 65.

41　Klopstock, Oden und Elegien, 158 f. Vermutlich diente eine handschriftliche Vorlage Heinrich Christian Boies als Druckvorlage der Ode »Siona«. Der Privatdruck wurde durch Andreas Peter Hesse, Minister und Geheimer Rat am Darmstädter Hof, veranlaßt und erschien in einer Auflage von 34 Stück, vermutlich zum 50. Geburtstag der Landgräfin Caroline von Hessen (9. 3. 1771). Sowohl Caroline Flachsland, eine Schwägerin Hesses, als auch Herder erhielten ein Exemplar des Druckes. Zur Entstehungsgeschichte des Privatdrucks siehe auch das Nachwort zur Faksimileausgabe 1974 von Jörg-Ulrich Fechner.

IV Seyn wird! und war! Der Erhabnen weht
    Sanft Rauschen vom Wipfel der Palme nach.
       An dem Fall, welchen du tönst, reiner Quell
       Des Krystals, rufen ihr nach Berge Triumph!

V   Feuriger blickt sie! Ihr Haupt umkränzt
    Die Rose Sarona, des Blumenthals.
       Ihr Gewand fließt, wie Gewölk, sanft um sie,
       Wie des Tags Frühe gefärbt, Purpur und Gold.

VI Liebevoll schauet, o Sulamith
    Siona, mein Blik dir, und freudig nach!
       Es erfüllt Wehmuth und Ruh, Wonn' erfüllt
       Mir das Herz, wenn du dein Lied, Himmlische, singst.

VII Hört ihr? Siona begint! schon rauscht
    Der heilige Hain von dem Harfenlaut!
       Des Krystalls Quelle vernimmts, horcht, und steht;
       Denn es wehn Lispel im Hain rings um sie her.

VIII Aber itzt stürzt sie die Well' herab
     Mit freudiger Eil! Denn Siona nimmt
        Die Posaun', hält sie empor, läßt sie laut
        Im Gebirg' hallen! und ruft Donner ins Thal![42]

Analyse und Interpretation gliedere ich nach den folgenden Schritten:
(1) Akustische Strukturen
   (1.1) Metrische und sprachliche Einheiten
      (1.1.1) Metrische Einheiten
      (1.1.2) Verhältnis der sprachlichen zu den metrischen Einheiten
   (1.2) Lautstrukturen
      (1.2.1) Vokale
      (1.2.2) Anlaute
      (1.2.3) Ganze Silben
(2) Syntaktische Strukturen
   (2.1) Verhältnis der Satzgrenzen zur Vers- und Strophengliederung
   (2.2) Syntaktische Konstruktionen
(3) Wortrepetitionen
(4) Entwicklung des Erzählzusammenhangs

---

42 Klopstock, Oden 1771, 188-190.

(5) Klang- und Bewegungsassoziationen
(6) Die analysierten Strukturen als motiviertes Zeichensystem

(1)   Akustische Strukturen
(1.1) Metrische und sprachliche Einheiten
(1.1.1) Metrische Einheiten

Klopstock hat der Ode, wie allen Oden im Hamburger Druck, eines seiner berühmten Strich-Haken-Schemata vorangestellt. Das »Siona«-Schema gehört zu den im Jahr 1764 entwickelten 30 neuen Strophenformen, den »Lyrischen Sylbenmaassen«.[43] Wie die meisten Schemata hat Klopstock auch das zu »Siona« nur wenige Male verwendet, nach der »Siona« nur noch in den Oden »Stintenburg« (1767) und »Die deutsche Sprache« (1783).

Strukturell fallen weitgehende Übereinstimmungen zwischen den Versen 1 und 2 sowie zwischen den Versen 3 und 4 auf. Das Schema sieht für die Verse 1 und 2 je vier prominente Silben vor, zwischen denen eine oder zwei nicht-prominente Silben stehen, für die Verse 3 und 4 je fünf prominente Silben, von denen die erste und zweite sowie die dritte und vierte direkt aufeinandertreffen. Die Verse 3 und 4 weisen Zäsuren auf, die die aufeinandertreffenden prominenten Silben trennen, die Verse 1 und 2 zeigen keine internen Zäsuren. Vers 2 ist der um eine nicht-prominente Vorschlagsilbe erweiterte Vers 1, Vers 4 entsteht strukturell aus Vers 3, indem im letzten Fuß eine weitere nicht-prominente Silbe eingefügt wird. Wendet man Klopstocks Kategorie des »Zeitausdrucks« auf das metrische Schema an, kann man Vers 2 als den schnellsten Vers des Schemas bezeichnen (vier Längen gegen sechs Kürzen), Vers 3 als den langsamsten (fünf Längen gegen fünf Kürzen). Die strukturelle Differenz zwischen den Versen 1 und 2 einerseits und den Versen 3 und 4 andererseits wird also auch durch den Übergang vom schnellsten zum langsamsten Vers des Schemas markiert.

Die deutliche Kontrastierung der beiden Versgruppen verleiht dem Schema Prägnanz. Ohne daß es noch mit sprachlichen Einheiten gefüllt ist, weist es bereits eine charakteristische Gestalt auf. Metrische Schemata, die sich aus der additiven Reihung gleicher oder ähnlicher Versfüße herleiten, oder solche, denen ein Taktmodell zugrundeliegt, erweisen sich aufgrund der höheren Redundanz ihrer metrischen Einheiten als weniger charakteristisch. Die Prägnanz wird nicht zuletzt dadurch erzielt, daß

---

43 Dazu ausführlich: Hellmuth 1973, 84 ff.

Klopstock das metrische Schema seiner Ode explizit voranstellt. Konventionelle Versfuß-Schemata und auch Takt-Schemata sind niemals ausdrücklich vermerkt; Klopstock dagegen führt sein metrisches Schema als eigenständige Ebene der Komposition auf.

(1.1.2) Verhältnis der sprachlichen zu den metrischen Einheiten

Im Gegensatz zu den meisten seiner Zeitgenossen hat Klopstock das Spannungsverhältnis zwischen metrischen und sprachlichen Einheiten nicht als konstitutives Merkmal der Verssprache begriffen. Er hat stattdessen gefordert, daß jedes Gedicht seine individuellen metrischen Einheiten ausgestalten müsse, die idealiter vollkommen mit seinen sprachlichen Einheiten kongruieren würden.

Um zu ermitteln, inwiefern die von Klopstock geforderte Kongruenz in der Ode »Siona« realisiert ist, werden zunächst die – nach Sulzers Terminologie – »grammatischen Akzente« des Textes erfaßt, also die Akzente in mehrsilbigen Wörtern, die nicht variabel sind[44] (siehe Anhang, Tabelle 1). Alle Hauptbetonungen der mehrsilbigen Wörter (X-Silben in Tabelle 1) fallen mit prominenten Silbenpositionen des metrischen Schemas zusammen, alle unbetonten Silben der mehrsilbigen Wörter (o-Silben in Tabelle 1) fallen mit nicht-prominenten Silbenpositionen des metrischen Schemas zusammen. Einen Sonderstatus beanspruchen die Nebenbetonungen der mehrsilbigen Wörter (x-Silben in Tabelle 1). Einmal, bei dem Wort »Liebevoll«[45], trifft die Nebenbetonung auf eine metrisch nicht-prominente Silbenposition, achtmal trifft die Nebenbetonung auf eine metrisch prominente Silbenposition: »Palmenhains«[46], »Palmenhain«[47], »Lorbeerwald«[48], »Silbergelispel«[49], »Religion«[50], »Blu-

---

44 Sulzer 1773-74, I, 16.
45 VI,1.
46 I,1.
47 II,1.
48 II,2.
49 III,2.
50 III,4. Für das Wort »Religion« gibt es zwei hinsichtlich der Silbenzahl differierende Aussprachen: eine viersilbige, bei der die erste Silbe eine Nebenbetonung erhält (xooX), und eine dreisilbige, bei der die dritte und vierte Silbe zu einer Silbe zusammengezogen werden (›rɛ-lɪg-joːn‹), und die ersten beiden Silben als unbetont aufgefaßt werden (ooX). Klopstocks metrisches Schema legt die viersilbige Aussprache nahe. In vielen anderen zeitgenössischen Versen ist die dreisilbige Aussprache wahrscheinlicher, z.B. in der Gretchenfrage, die als fünffüßiger Jambus artikuliert wird: »Nun sag, wie hast du's mit der Religion?« (Faust I, Marthens Garten).

menthals«[51], »Sulamith«[52], »Harfenlaut«[53]. Es kann festgehalten werden, daß die Betonung der mehrsilbigen Wörter nicht mit der Prominenz-Zuweisung durch das metrische Schema kollidiert.

Einsilbige Wörter sind, wie Moritz in seinem »Versuch einer deutschen Prosodie« auseinandergesetzt hat, in Abhängigkeit ihres Kontextes betont oder unbetont. Moritz hat versucht, die Betonungsverhältnisse zwischen mehreren einsilbigen Wörtern in einer Wortartenrangliste festzulegen. Auf den oberen Plätzen rangieren Wörter mit semantischer Referenz (Substantive, Adjektive, Verben), auf den unteren solche, die nur grammatisch referentiell sind (Pronomen, Präpositionen, Artikel).[54] In einer zweiten Übersicht werden nun die Wortarten der Monosyllabica berücksichtigt. Zunächst werden Substantive, Verben und Artikel kenntlich gemacht (siehe Anhang, Tabelle 2). Es läßt sich folgende Regelhaftigkeit feststellen: alle einsilbigen Substantive und Verben fallen auf metrisch prominente Silbenpositionen, alle einsilbigen Artikel fallen auf metrisch nicht-prominente Silbenpositionen. Geht man, wie Moritz, davon aus, daß einsilbige Substantive und Verben in der Regel eine Betonung erhalten, einsilbige Artikel dagegen meist unbetont realisiert werden, kann wiederum eine Kongruenz zwischen Klopstocks metrischem Schema und der unabhängig von der Versifizierung anzunehmenden Wortbetonung festgestellt werden. Die noch nicht klassifizierten Monosyllabica verhalten sich im Hinblick auf das metrische Schema folgendermaßen: Die Präposition »nach« als Bestandteil eines Verbums fällt immer auf eine metrisch prominente Silbenposition,[55] ebenso die beiden adverbial gebrauchten Adjektive »sanft«[56] und »laut«[57]. Auf metrisch promi-

---

51 V,2.
52 VI,1. Fremdsprachige Namen sind, was die Betonung (und auch die lautliche Realisierung) anbelangt, variabel, häufig existieren synchron Varianten. Ich setze für »Sulamith« die Hauptbetonung auf der dritten Silbe an und klassifiziere die erste Silbe als Nebenbetonung (xoX), denkbar wäre allerdings auch Xox bzw. ooX. Auch die Betonung der anderen Eigennamen der Ode muß zur Diskussion gestellt werden: »Siona« (oXo), »Sion« (Xo), »Phiala« (oXo), »Sarona« (oXo). Die von mir angesetzten Betonungen sind durch Klopstocks metrisches Schema suggeriert.
53 VII,2.
54 Vgl. Kap. 2.2.2.1.
55 IV,1/2: »weht ... nach«; IV,4: »rufen ... nach«; VI,1/2: »schauet ... nach«.
56 V,3.
57 VIII,3. Das attributiv gebrauchte Adjektiv »sanft« (IV,2) fällt dagegen auf eine metrisch nicht-prominente Silbenposition.

nente Silbenpositionen fallen ferner die Pronomen »sich«[58] »du«[59], »sie«[60], die Präposition »auf«[61], die Konjunktion »wenn«[62], sowie die Wörter »rings« und »her« der adverbialen Fügung »(wehn) ... rings um sie her«[63]. Alle verbleibenden Monosyllabica fallen auf metrisch nicht-prominente Silbenpositionen. Die Wortarten Präposition, Pronomen und Konjunktion werden also fakultativ metrisch prominenten oder metrisch nicht-prominenten Silbenpositionen zugeordnet.[64]

Insgesamt zeigt sich, daß keine expliziten Reibungen zwischen der Worbetonung und den Prominenz-Zuweisungen des metrischen Schemas vorhanden sind. Sucht man nach Textstellen, die eine Betonung entgegen Klopstocks Schema nahelegen, wird man kaum fündig. Es lassen sich allenfalls Alternativen – und keine offensichtlichen Widersprüche – zwischen dem metrischen Schema und seiner sprachlichen Realisierung anführen, z.B.: VIII,1: »Aber itzt stürzt sie die Well' herab« versus »Aber itzt stürzt sie die Well' herab«; II,3: »Und entsenkst Schatten, herab auf den Wald« versus »Und entsenkst Schatten, herab auf den Wald«; VI,4: »Mir das Herz, wenn du dein Lied, Himmlische, singst« versus »Mir das Herz, wenn du dein Lied, Himmlische, singst«. Klopstock hat sich offensichtlich darum bemüht, seine Kongruenz-Forderung einzuhalten.

Die Darmstädter Fassung, die das metrische Schema Klopstocks nicht anführt,[65] stimmt an vier Stellen nicht mit dem Schema überein. V,4 lautet dort: »Wie des Tages Frühe gefärbt, Purpur und Gold.«[66] Der Vers enthält eine Silbe zuviel: v v – [v], – v v –, – v v –. VII,3 ignoriert eine Zäsur des metrischen Schemas: Das Kompositum »Krystallquelle«[67] setzt sich über die vorgeschriebene Wortgrenze hinweg.[68] Auch VIII,1 zählt eine Silbe zu viel: »Aber izt stürzt sie in die Well' herab«[69] (– v v – v[v]v – v –). VIII,3 hat am Ende ein überzähliges Wort: »Die Posaun, hält sie empor, läßt sie

58 I,3.
59 III,3.
60 V,3.
61 II,3.
62 VI,4.
63 VII,4.
64 Vgl. z.B. die Konjunktionen »wenn« (VI,4) versus »denn« (VII,4), die Präpositionen »auf« (II,3) versus »mit« (II,4), die Personalpronomen »sie« (V,1: Nominativ) versus »sie« (V,3: Akkusativ).
65 Alle Oden des Darmstädter Druckes verzichten auf die vorangestellten Schemata.
66 Klopstock, Oden und Elegien, 158 f.
67 Statt »Krystals Quelle« in der Hamburger Fassung.
68 Klopstock, Oden und Elegien, 159: »Die Krystallquelle vernimmts, horcht und steht;«.
69 Ebd.

laut Donner«[70]. Diese Abweichungen zeigen, daß die Darmstädter Fassung offensichtlich ohne genaue Kenntnis von Klopstocks metrischem Schema niedergeschrieben wurde, bzw. daß die strikte Einhaltung des Schemas nicht als ästhetisch relevant galt.

Es schließt sich die Frage an, ob Klopstock, um die sprachlichen Einheiten mit den metrischen in Einklang zu bringen, Veränderungen an den sprachlichen Einheiten, d.h. Elisionen und Diäresen[71] vorgenommen hat. Es können elf Elisionen und zwei Diäresen gezählt werden.[72] Zu überlegen ist ferner, ob die Elisionen und Diäresen zu unkonventionellen Wortformen führen und die Ode dadurch als sprachliches Kunstprodukt kennzeichnen. Die Elisionen »fühlts«, »vernimmts«, »wehn« und »ins« sind äußerst konventionell, die elidierten Formen sind wohl häufiger als die nicht-elidierten Formen.[73] Auch die elidierten Substantive sind keine auffälligen Signale für unkonventionellen Sprachgebrauch, allerdings sind Formen wie »Ruh«, »Wonn« und »Eil«, die in der Prosa selten begegnen, eine Art Markenzeichen für Gedichte. Ähnliches gilt für die beiden Diäresen »schwebet« und »schauet«. Die zweisilbige Realisierung der dritten Person Indikativ Präsens begegnet z.B. in zahlreichen Kirchenliedern.

Klopstock nimmt Elisionen und Diäresen bewußt vor, um seine metrischen Einheiten einhalten zu können;[74] allerdings verursacht diese Bearbeitung der sprachlichen Einheiten keine auffallend unkonventionellen Wortformen. In den letzten sechs Versen der Ode häufen sich die Elisionen, auf diese Verse entfallen sieben von elf Elisionen.

Daß Klopstocks metrische Theorie nicht von einem Spannungsverhältnis zwischen sprachlichen und metrischen Einheiten ausgeht, äußert sich auch in der Einführung der variablen Einheit ›Wortfuß‹, die Klopstock gegenüber der statischen Einheit ›Versfuß‹ profiliert. Unter einem

---

70 Ebd.
71 ›Elision‹ meint hier das Streichen eines unbetonten ›e‹, das zur Tilgung einer Silbe führt, ›Diärese‹ meint das Einfügen einer metrisch geforderten Silbe.
72 Elisionen: III,3 (»fühlts«), IV,1 (»Erhabnen«), VI,3 (»Ruh, Wonn«), VII,3 (»vernimmts«), VII,4 (»wehn«), VIII,1 (»Well«), VIII,2 (»Eil«), VIII,3 (»Posaun«), VIII,4 (»Gebirg«, »ins«); Diäresen: III,2 (»schwebet«), VI,1 (»schauet«).
73 Auch hier muß ich vom heutigen Sprachgebrauch ausgehen, was natürlich nicht unproblematisch ist. Der Sprachgebrauch des 18. Jahrhunderts kann nicht ermittelt werden. Denn auch nicht-literarische Texte dieser Zeit sind eben Texte, d.h. schriftliche Bearbeitungen von Sprache.
74 Das zeigt z.B. anschaulich VI,3; zur Realisierung der aufeinanderprallenden dritten und vierten Hebung wird zweifach elidiert: » ... Ruh, Wonn' erfüllt«. »Wonn' erfüllt« ist die einzige Elision des Textes, die die antike Elisionsregel erfüllt, nach der ein Vokal am Wortende entfällt, wenn das folgende Wort mit Vokal beginnt.

Wortfuß versteht Klopstock eine Folge von Wörtern, die als ein Bewegungsimpuls wahrgenommen wird. Die Einteilung eines Verses in Wortfüße erfolgt nach grammatikalischen und semantischen Kriterien, die Klopstock allerdings nicht exakt benannt hat. Das metrische Schema der Ode »Siona« gibt für die ersten beiden Verse keine Binnengliederungen an, für die Verse 3 und 4 die bereits beschriebenen Zäsuren. Es ist deshalb zu erwarten, daß die Wortfüße der acht Strophen in den ersten beiden Versen die metrischen Einheiten variabel untergliedern, daß sie sich in den Versen 3 und 4 jeweils den Binnenzäsuren anpassen. Da eine exakte Festlegung der Wortfüße nicht möglich ist, stehen für etliche Verse alternative Einteilungen zur Diskussion; es folgt ein Vorschlag zur Wortfuß-Gliederung:[75]

I,1:	– v v | – v v – v – bzw. – v v – v | v – v –
II,1:	– v v – v | v – v –
III,1:	– v v – v | v – v –
IV,1:	– v v – | v v – v – bzw. – v v – | v v – v | – [v – v]
V,1:	– v v – v | v – v –
VI,1:	– v v – v | v – v –
VII,1:	– v | v – v v – | v – [v – v v –]
VIII,1:	– v v – v | v – v –
I,2:	v – v v – v | v – v –
II,2:	v – v v – | v v – v –
III,2:	v – v v – v | v – v | – [v v –] bzw. v – v v – v v – v | – [v v –]
IV,2:	[–] v – v | v – v v – v –
V,2:	v – v v – v | v – v –
VI,2:	[v – v –] v – v | v – v | v – v –
VII,2:	[v –] v – v v – | v v – v –
VIII,2:	v – v v – | v v – v –
I,3:	v v – | – v v – | – v – bzw. v v – – v v | – – v –
II,3:	v v – | – v v – | – v – bzw. v v – – v | v – – v –
III,3:	[–] v v – | – v v – | – v –
IV,3:	v v – | – v v – | – v –
V,3:	v v – – | v v – | – v –
VI,3:	v v – | – v v – | – v –
VII,3:	v v – – v | v – | – v –
VIII,3:	v v – | – v v – | – v –

75 Senkrechte Striche markieren die angesetzten Wortfußgrenzen; erstreckt sich ein Wortfuß über die Versenden, werden die zugehörigen metrischen Einheiten des vorhergehenden bzw. des folgenden Verses in eckigen Klammern notiert.

I,4:   v v – | – v v – – v | v –
II,4:   v v – | – v v – | – v v – bzw. v v – | – v v – – v | v –
III,4:   [v –] v v – | – v v – | – v v –
IV,4:   [– v –] v v – | – v v – | – v v – bzw. [– v –] v v – | – v v – – v | v –
V,4:   v v – – v | v – | – v v –
VI,4:   [v –] v v – | – v v – | – v v –
VII,4:   v v – | – v v – | – v v – bzw. v v – – v | v – | – v v –
VIII,4: v v – – v | v – | – v v –

In fünf von acht Strophen[76] liegt in Vers 1 folgende Wortfuß-Gliederung vor: – v v – v | v – v –. Explizit anders gliedern die Verse 1 der Strophen IV und VII. Für I,1 gibt es die Alternative »Töne mir, | Harfe des Palmenhains,« (versus »Töne mir, Harfe | des Palmenhains,«). Für die Gliederung der zweiten Verse gibt es zwei konkurrierende Modelle. In den Strophen I, III[77] und V gliedert der zweite Vers v – v v – v | v – v –, in den Strophen II, VII und VIII dagegen v – v v – | v v – v –. Die beiden Gliederungen differieren um die Aufteilung einer Silbe. Im ersten Modell endet der erste Wortfuß unbetont, der zweite beginnt mit einer Vorschlagsilbe, im zweiten schließt der erste Wortfuß betont, der zweite beginnt mit zwei Vorschlagsilben. Die Verse IV,2 und VI,2 folgen keinem der beiden Modelle.

Das metrische Schema gibt für die Verse 3 und 4 konstante Zäsuren vor. Alle diese Zäsuren werden in den acht Strophen eingehalten, d.h. jedesmal wird die Zäsur durch eine Wortgrenze realisiert. Weiter ist zu fragen, ob die Zäsuren nicht nur durch Wort-, sondern auch durch Wortfuß-Grenzen, d.h. syntaktische bzw. grammatikalische Einschnitte, realisiert werden. In fünf Versen fallen die Zäsuren des metrischen Schemas explizit nicht mit Wortfuß-Grenzen zusammen. V,3 gliedert »Ihr Gewand fließt, | wie Gewölk, | sanft um sie«. VII,3 gliedert »Des Krystalls Quelle | vernimmts, | horcht, und steht«; das Genitivattribut »Krystalls« und das zugehörige Substantiv »Quelle« sollten nicht durch eine Wortfuß-Grenze getrennt werden.[78] Gleiches gilt für Vers I,4: »Wie des Quells, | welcher des Hufs Stampfen | entscholl«. Auch in Vers V,4 überlappt eine Genitivkonstruktion die Zäsur: »Wie des Tags Frühe gefärbt, | Purpur und

---

76 Strophen II, III, V, VI, VIII.
77 In III,2 wäre es allerdings grammatikalisch am sinnvollsten »Am Silbergelispel Phiala« zu einem Wortfuß zusammenzufassen. Dieser Wortfuß wäre jedoch relativ lang. Klopstock gibt in seinen Schriften zur Metrik meines Wissens nirgends einen Wortfuß an, der aus neun Silben besteht. Der anschließende Wortfuß würde sich in den Folgevers ausdehnen (»trit | Sie hervor«).
78 Denkbar wäre auch: »Des Krystalls Quelle vernimmts, | horcht, und steht«.

Gold« bzw. »Wie des Tags Frühe | gefärbt, | Purpur und Gold«. In VIII,4 verlangt die Parataxen-Grenze, nach »hallen« eine Wortfuß-Grenze zu setzen: »Im Gebirg' hallen! | und ruft | Donner ins Thal!«. Zu diskutieren wären ferner die von den Zäsuren des metrischen Schemas abweichenden Wortfuß-Einteilungen für die Verse I,3, II,3, II,4, IV,4 und VII,4. In diesen Fällen läßt sich jedoch auch die durch die Zäsuren des Schemas vorgegebene Gliederung rechtfertigen, die Abweichungen sind also nicht explizit.

Für die acht dritten und acht vierten Verse läßt sich resümieren: In fünf von 16 Versen weicht die Wortfuß-Gliederung explizit von den metrischen Zäsuren ab, in fünf von 16 Versen weicht die Wortfuß-Gliederung möglicherweise von den metrischen Zäsuren ab, in sechs von 16 Versen stimmt die Wortfuß-Gliederung mit den metrischen Zäsuren überein.

Auch für die Verse 1 und 2 ließen sich, entgegen Klopstocks Schema, konstante Zäsuren angeben. In allen acht ersten Versen besteht zwischen fünfter und sechster Silbe des Verses eine Wortgrenze, in allen acht zweiten Versen zwischen sechster und siebter Silbe. In sieben dieser insgesamt 16 Verse stimmen die genannten Zäsurstellen explizit nicht mit den Wortfuß-Grenzen überein.[79] Dieses Analyseergebnis zeigt, wie ich meine, eine bewußte Bearbeitung der sprachlichen durch die metrischen Einheiten. Denn Klopstock hätte auch in den Versen 1 und 2 seines metrischen Schemas die Zäsuren zwischen fünfter und sechster bzw. zwischen sechster und siebter Silbe eintragen, bzw. in den Versen 3 und 4 auf das Eintragen von Zäsuren verzichten können. Daß er dies nicht getan hat, zeigt, daß in den Versen 3 und 4 die Gliederung v v – | – v v – | – v(v) –, die ja immerhin in fünf Strophen explizit nicht vorliegt, profiliert werden soll. Trotz des Verstoßes gegen grammatikalische Kriterien wird durch Klopstocks Zäsuren z.B. für I,4 folgende Einteilung suggeriert: »Wie des Quells, | welcher des Hufs | Stampfen entscholl.« Solche Einflußnahmen der metrischen auf die sprachlichen Einheiten sind, sobald einem Gedicht ein Spannungsverhältnis metrischer und sprachlicher Einheiten zugrundegelegt wird, der Normalfall. In der Ode »Siona« sind Einflußnahmen der metrischen auf die sprachlichen Einheiten der Ausnahmenfall, da in der Regel kein Spannungsverhältnis besteht.

Klopstock leistet – abgesehen von den beschriebenen Ausnahmefällen – seiner metrischen Theorie Folge: die metrischen Einheiten kongruieren mit den sprachlichen.

---

79 Verse II,2, III,2, IV,1, IV,2, VII,1, VII,2, VIII,2

(1.2) Lautstrukturen

Wie in allen seinen Oden verwendet Klopstock auch in der »Siona« keine Endreime. Damit verzichtet er bewußt auf die wohl markanteste – da streng regelmäßige – Lautstruktur, derer sich die Gattung Lyrik bedient. Zur Ermittlung anderer Lautstrukturen beschränke ich mich auf die lautliche Realisierung der metrisch prominenten Silben, die sich, wie zu sehen war, weitgehend mit den sprachlich prominenten Silben decken. Untersucht werden zunächst die Vokale und die Anlaute der metrisch prominenten Silben. Ich gehe, ohne dies rezeptionspsychologisch zu belegen, davon aus, daß erstens die lautliche Realisierung der metrisch prominenten Silben bewußter wahrgenommen wird als die lautliche Realisierung metrisch nicht-prominenter Silben, und daß zweitens die Vokale und Anlaute der metrisch prominenten Silben bewußter wahrgenommen werden als die Auslaute und als die zwischen Anlaut und Vokal bzw. zwischen Vokal und Auslaut liegenden konsonantischen Phoneme.

(1.2.1) Vokale (siehe Anhang, Tabelle 3)

Von 19 vokalischen Phonemen des Deutschen[80] treten 17 auf metrisch prominenten Silben des Textes auf.[81] Häufig sind die Phoneme a[82], a:[83], ɛ[84], ɪ[85] und o:[86] vertreten.[87]

Es ist zu fragen, ob sich, trotz der Reimlosigkeit, manche Vokale derart wiederholen, daß sie auffällige Strukturen ausbilden. Mit dem Problembewußtsein, daß sich Auffälligkeit nicht objektiv definieren läßt, setze ich die folgenden alternativen Minimalbedingungen für auffällige Strukturen: Eine Vokalstruktur wird dann als ›auffällig‹ bezeichnet, wenn erstens zwei direkt aufeinanderfolgende metrisch prominente Silben den gleichen Vokal aufweisen, oder wenn zweitens zwei metrisch prominente

---

80 Die Zahl von 19 vokalischen Phonemen ergibt sich aus dem Lautschrift-Alphabet bei Bergmann/Pauly/Schlaefer 1991, 32, das ich der Analyse zugrundegelegt habe.
81 Nur die Phoneme ɛ: und ə sind nicht vertreten; ə kommt ohnehin nur in nicht-prominenten Silben vor.
82 22-mal.
83 12-mal.
84 18-mal.
85 18-mal.
86 10-mal.
87 Die anderen Vorkommenshäufigkeiten betragen: e: (neunmal), i: (achtmal), ɔ (sechsmal), u: (siebenmal), ʊ (dreimal), aɪ (neunmal), aʊ (achtmal), ɔY (dreimal), œ (dreimal), ø: (dreimal), Y (dreimal), y: (zweimal).

Silben innerhalb eines Verses den gleichen Vokal aufweisen, oder wenn drittens drei metrisch prominente Silben in drei aufeinanderfolgenden Versen innerhalb einer Strophe den gleichen Vokal aufweisen. Unter diesen Bedingungen ergeben sich die folgenden auffälligen Vokalstrukturen:

Strophe I: a-Struktur (V1 / P2, P3; V2 / P4; V4 / P4)[88] ; i:-Struktur (V2 / P1, P2; V3 / P4, P5); ε-Struktur (V4 / P1, P2).
Strophe II: a-Struktur (V1 / P3; V2 / P4; V3 / P2, P3, P5; V4 / P4, P5); ε-Struktur (V3 / P1; V4 / P2, P3).
Strophe II / Strophe III: a-Struktur (Strophe II / V4 / P5; Strophe III / V1 / P1).
Strophe III: ɪ-Struktur (V2 / P1, P2, P4; V4 / P5); ε-Struktur (V4 / P2, P4).
Strophe IV: a:-Struktur (V1 / P2, P3; V2 / P4; V4 / P3); a-Struktur (V2 / P3; V3 / P1; V4 / P1); ε-Struktur (V3 / P2, P5; V4 / P4).
Strophe V: a-Struktur (V3 / P1, P4); o:-Struktur (V2 / P1, P2); i:-Struktur (V3 / P2, P5).
Strophe VI: i:-Struktur (V1 / P1, P4[89] ; V4 / P3); ɪ-Struktur (V2 / P2; V4 / P4, P5); Y-Struktur (V3 / P1, P5); ε-Struktur (V4 / P1, P2).
Strophe VII: ɪ-Struktur (V1 / P3; V3 / P3; V4 / P2, P4); aɪ-Struktur (V2 / P1, P2; V4 / P3); e:-Struktur (V3 / P5; V4 / P1, P5).
Strophe VIII: aʊ-Struktur (V3 / P1, P5); ε-Struktur (V1 / P3; V3 / P2, P4).

Diese Übersicht ließe sich erheblich differenzieren. So könnte versucht werden, die bezeichneten Strukturen zu hierarchisieren, außerdem könnten Strukturgruppen gebildet werden – z.B. eine Gruppe aus a-, a:-, aɪ- und aʊ-Strukturen, oder eine Gruppe aus i-, i:- und Y-Strukturen. Um zu klären, ob bestimmte Strukturen statistisch überzufällig vorkommen, müßte ein Vergleichskorpus, das über Vokalwiederholungen in nichtpoetischen Texten Aufschluß gibt, herangezogen werden.

Ohne diese Differenzierungen weiter zu verfolgen,[90] möchte ich an dieser Stelle resümieren. In allen Strophen sind mindestens zwei auffällige Vokalstrukturen vorhanden. Strophe VI weist mit vier auffälligen Struk-

---

88 Lies: Innerhalb der ersten Strophe bildet der Vokal ›a‹ eine auffällige Struktur. In Klammern ist das Auftreten des Vokals in Strophe I verzeichnet: in Vers 1 der Strophe steht ›a‹ auf der zweiten und dritten metrisch prominenten Silbe (P2, P3), in Vers 2 auf der vierten metrisch prominenten Silbe, usw. Bereits der erste Vers der Strophe erfüllt die erste Minimalbedingung für eine auffällige Struktur.
89 Gilt nur dann, wenn das ›i‹ in »Sulamith« als langer Vokal realisiert wird.
90 Zur Problematik der Analyse von Lauttexturen verweise ich auf Schneewolf 1987.

turen die dichteste Lauttextur auf. Es sind folgende Strukturhäufigkeiten zu verzeichnen: ɛ-Struktur (sechsmal), a-Struktur (fünfmal), ɪ- und i:-Struktur (je dreimal), a:-, aɪ-, aʊ-, e:-, o:, Y-Struktur (je einmal). Gruppiert man diese Strukturen, könnte man insgesamt von einem Pendeln zwischen a-/a:-Strukturen (insgeamt fünf) und ɪ/i:-Strukturen (insgesamt sechs) sprechen. Im artikulatorischen Zwischenbereich liegen die aɪ-, ɛ- und e:-Strukturen (insgesamt acht), an den artikulatorischen Rändern liegen die Strukturen der Vokale aʊ, o: und Y (insgesamt drei). Da dieVokale o: und aʊ insgesamt nur zwei auffällige Strukturen ausbilden, die Vokale ʊ und u: keine auffällige Struktur, kann insgesamt eine Bevorzugung heller Vokalstrukturen konstatiert werden. In Strophe VI, in der keine a-/a:-Strukturen vorhanden sind, dagegen die vier Strukturen der Vokale ɪ, i:, Y und ɛ, scheint diese helle Vokalfärbung forciert zu sein. Allerdings werden in Strophe VI die Strukturen der hellen Vokale von einzelnen dunklen Vokalen unterbrochen.[91]

(1.2.2) Anlaute (siehe Anhang, Tabelle 4)

Bei der Betrachtung der Anlaute der metrisch prominenten Silben wird nicht unterschieden, ob es sich um Silben- und gleichzeitig um Wort- oder nur um Silbenanlaute handelt. Ebenfalls wird nicht differenziert, ob der Anlaut mit dem Silbenkopf identisch ist, oder nur Teil des Silbenkopfes ist, oder mit dem Silbenkern identisch ist.[92]

Wiederum werden nach den oben genannten Kriterien auffällige Strukturen ermittelt:

Strophe I: h-Struktur (V1 / P2, P4; V3 / P1; V4 / P3); ʃ-Struktur (V2 / P2; V3 / P2; V4 / P4, P5); z-Struktur (V2 / P4; V3 / P4).
Strophe II: v-Struktur (V1 / P2; V2 / P4; V3 / P5; V4 / P1, P2); h-Struktur (V1 / P1, P4).
Strophe III: t-Struktur (V1 / P1; V2 / P4; V3 / P3).
Strophe IV: v-Struktur (V1 / P2, P4; V2 / P2; V3 / P2); r-Struktur (V2 / P1; V3 / P4; V4 / P2).

---

91 Von aʊ (V1 / P2), u: (V3 / P3), o: (V2 / P1) und ɔ (V3 / P4).
92 Die Phonologie spricht von ›Silbenkern‹ (auch ›Nukleus‹), ›Silbenkopf‹ und ›Silbenkoda‹. ›Silbenkern‹ bezeichnet den vokalischen Teil der Silbe, ›Silbenkopf‹ den konsonantischen Anteil vor dem Kern, ›Silbenkoda‹ den konsonantischen Anteil nach dem Kern. Silbenkern und Silbenkoda werden oft auch als ›Silbenreim‹ zusammengefaßt. Jede Silbe besteht mindestens aus einem Silbenkern. Zur phonologischen Beschreibung der Silbe: Pompino-Marschall 1995, 227-233; Wiesemann 1997, 56-60; Maas 1999, 121-138.

Strophe V: f-Struktur (V1 / P1; V3 / P2; V4 / P2, P3); r-Struktur (V2 / P1, P2); v-Struktur (V3 / P1, P3).
Strophe VI: f-Struktur (V2 / P3; V3 / P1, P5); v-Struktur (V3 / P2, P4; V4 / P2); h-Struktur (V4 / P1, P4).
Strophe VII: h-Struktur (V1 / P1; V2 / P1, P2, P3; V3 / P4; V4 / P3, P5).
Strophe VIII: l-Struktur (V3 / P4, P5).

Unter den so bezeichneten auffälligen Strukturen sind die Strukturen der anlautenden Phoneme h und v bzw. f besonders markant. In Strophe I tritt h, neben ʃ, am häufigsten auf (viermal), besonders in Strophe VII dominiert h (siebenmal)[93]; v tritt in den Strophen II (fünfmal) und IV (viermal) am häufigsten auf, in Strophe VI treten f und v am häufigsten auf (je dreimal), in Strophe V tritt f am häufigsten auf (viermal).

(1.2.3) Ganze Silben

Verglichen mit reimenden Silben bilden Silben, die nur in ihrem Vokal oder in ihrem Anlaut übereinstimmen, relativ unauffällige Strukturen aus. Es wird deshalb überlegt, welche Silben in noch mehr Phonemen als nur in ihrem Vokal oder nur in ihrem Anlaut übereinstimmen. Hierbei werden insbesondere drei Ähnlichkeitsbeziehungen betrachtet: erstens Übereinstimmungen in Silbenkopf und Silbenkern, zweitens Übereinstimmungen im Silbenreim, drittens Silbenwiederholungen. Als Einheiten der zu untersuchenden Ähnlichkeitsbeziehungen werden die Strophen angesetzt.

Strophe I: V2 / P1 und V3 / P5 bilden eine unreine Silbenwiederholung (»li:d« und »li:t«), da in V3 / P5 der Auslaut verhärtet wird.[94] Außerdem besteht eine weitgehende Übereinstimmung zwischen V4 / P1 und V4 / P2 (»kvɛls« und »vɛl«), obwohl keines der drei Übereinstimmungskriterien exakt erfüllt ist.
Strophe II: Silbenwiederholungen bilden V1 / P3 und V4 / P4 (»pal«) sowie V2 / P4 und V3 / P5 (»valt«). Diese vier Silben stimmen darüberhinaus alle in ihrem Kern und im Anfang ihrer Koda überein (»al«). Die beiden Silben »valt« stimmen außerdem im Silbenkopf und im Anfang ihrer Koda mit den Silben »vɔl« (V1 / P2), »vœlk« (V4 / P1) und »vɛl« (V4 / P2) überein.

93 Zusätzlich bildet h in den Strophen II und VI auffällige Strukturen.
94 In V2 / P1 ist zu diskutieren, ob der Auslaut nicht eher als Anlaut der folgenden Silbe bezeichnet werden müßte (»li:d-ǝr« anstatt »li:-dǝr«).

TANZ DER SIGNIFIKANTEN: KLOPSTOCKS ODE »SIONA« 263

Strophe III: V1 / P1 und V3 / P3 bilden eine Silbenwiederholung (»tants«).⁹⁵
Strophe IV: Übereinstimmende Silbenreime weisen V2 / P3 (»pal«) und V3 / P1 (»fal«) auf; V4 / P1 (»(s)tals«) schließt sich diesem Paar an. In Teilen des Anlauts sowie im Silbenreim stimmen V3 / P2 (»vɛl«) und V3 / P5 (»kvɛl«) überein.
Strophe V: V2 / P1 und V2 / P2 stimmen in Silbenkopf und Silbenkern überein (»roː(z)« und »roː(n)«).
Strophe VI: Eine Silbenwiederholung bilden V3 / P1 und V3 / P5 (»fYlt«); V1 / P1 und V4 / P3 stimmen in Silbenkopf und Silbenkern überein (»liːb« und »liːt«). Aufgrund sich überschneidender partieller Übereinstimmungen in Kopf und Koda bilden darüberhinaus die Silben V3 / P2 (»veː«), V3 / P4 (»vɔn«) und V4 / P2 (»vɛn«) eine auffällige Beziehung.
Strophe VII: V2 / P2 und V4 / P3 bilden eine Silbenwiederholung (»haɪn«), der sich die Silbe V2 / P1 (»haɪ«) anschließt. Auffällig erscheint mir außerdem die partielle Übereinstimmung in Silbenkern und Teilen der Koda bei »gɪnt« (V1 / P3), »nɪmts« (V3 / P3) und »rɪŋs« (V4 / P4).
Strophe VIII: Hier liegt keine Übereinstimmung nach den genannten Kriterien vor.

In sieben von acht Strophen gibt es mindestens eine Ähnlichkeitsbeziehung zwischen metrisch prominenten Silben nach den genannten Kriterien. Meistens sind nicht mehr als zwei Silben an einer Ähnlichkeitsbeziehung beteiligt.⁹⁶ Drei Ähnlichkeitsbeziehungen treten in direkt aufeinanderfolgenden metrisch prominenten Silben auf;⁹⁷ eine Ähnlichkeitsbeziehung tritt an aufeinanderfolgenden Versendpositionen auf.⁹⁸ Insgesamt bleibt festzuhalten, daß, wie zu erwarten, die metrischen Strukturen der Ode »Siona« weitaus elaborierter erscheinen als ihre Lautstrukturen.

---

95 Allerdings lautet die Silbe V1 / P1 unter dem Gesichtspunkt der Artikulation eher nur »tan« (artikulatorisch »tan-tsə« vs. morphologisch »tants-ə«).
96 Ausnahmen in den Strophen II (zweimal »pal« und zweimal »valt«), IV (»pal«, »fal«, »(s)tals«) und VII (zweimal »haɪn« und »haɪ(l)«).
97 Strophe I, V4, P1 und P2: »Quells, welcher«; Strophe V, V2, P1 und P2: »Rose Sarona«; Strophe VII, V2, P1 und P2: »heilige Hain«.
98 Strophe II, V2, P4 und V3, P5: »Lorbeerwald« | »Wald«.

(2) Syntaktische Strukturen:
(2.1) Verhältnis der Satzgrenzen zur Vers- und Strophengliederung

Auf die acht Strophen verteilen sich 19 Sätze.[99] Es fällt auf, daß das relativ häufig verwendete Ausrufezeichen[100] nicht als Satztrennungszeichen fungiert, sondern eher den emphatischen Sprechduktus andeuten soll.[101] Die Strophen I und VI umfassen je zwei Sätze, die sich symmetrisch über die vier Verse verteilen (Verse 1-2: erster Satz; Verse 3-4: zweiter Satz). Auch Strophe II ähnelt dieser Gliederung, hier fällt das Ende des zweiten Verses mit einer Parataxengrenze[102] zusammen. In der dritten Strophe wird die bis dahin symmetrische Gliederung durchbrochen. Die erste Satzgrenze liegt am Ende von III,1, der folgende Satz paßt sich weder den Vers- noch den Strophengrenzen an. Er untergliedert parataktisch im Inneren von III,3,[103] überlappt die Grenze zwischen dritter und vierter Strophe und endet in IV,1. Die vierte Strophe wiederholt mit den Satzgrenzen nach den Versen 2 und 4 die anfängliche Gliederung. Auch die fünfte Strophe folgt, abgesehen von dem kurzen einleitenden Satz »Feuriger blickt sie!«, dem symmetrischen Teilungsschema. Die beiden Schlußstrophen durchbrechen wiederum das Schema. Die siebte Strophe umfaßt insgesamt fünf Sätze, deutlich mehr als alle anderen Strophen. Im Inneren von VII,1 liegen zwei Satzgrenzen, die Enden der Verse VII,2-4 fallen jeweils mit einer Satzgrenze zusammen, VII,3 enthält zwei Parataxengrenzen. Auch Strophe VIII gliedert nicht symmetrisch, sondern weist eine Satzgrenze im Inneren des zweiten Verses auf. Die ersten beiden Parataxengrenzen des letzten Satzes fallen mit den metrischen Binnenzäsuren von VII,3 zusammen, die dritte Parataxengrenze folgt nicht den Binnenzäsuren.

Es bleibt festzuhalten, daß es in den Strophen III, VII und VIII zu deutlichen Abweichungen von der syntaktischen Gliederung in zwei plus zwei Verse kommt. Während sich die Akzentstrukturen der Wörter weitgehend exakt den metrischen Einheiten anpassen, kontrastieren größere sprachlichen Einheiten, d.h. die Satz- und Teilsatzgrenzen, zum Teil

---

99 Der vierzehnte Satz (Strophe VII,1: »Siona beginnt!«) könnte auch als Akkusativobjekt des vorhergehenden Satzes interpretiert werden: »Hört ihr, [daß/wie] Siona beginnt.« Der neunzehnte Satz (Strophe VIII,2-4: »Denn Siona nimmt ...«) könnte auch als abhängiger Kausalsatz des vorhergehenden Satzes bezeichnet werden.
100 Insgesamt 16-mal.
101 Vor allem im fünften Satz (III,2 – IV,1).
102 Ein parataktischer Teilsatz liegt dann vor, wenn bei gleichem Subjekt ein neues finites Verb auftritt.
103 Die Parataxengrenzen stimmen mit den Zäsuren des metrischen Schemas überein.

deutlich mit den entsprechenden metrischen Einheiten, d.h. mit den Vers- und Strophengrenzen.

(2.2) Syntaktische Konstruktionen

Betrachtet man die Konstruktionsarten der 19 Sätze, fällt auf, daß viele Konstruktionen komplex sind, und daß sich aufeinanderfolgende Sätze in ihrer Konstruktionsart nicht gleichen. Dies sei anhand der ersten drei Sätze erläutert. Im ersten Satz handelt es sich um eine Imperativkonstruktion. Das Subjekt »Harfe des Palmenhains« wird durch eine aufwendige Apposition (I,2) erweitert. Dadurch kommt es zu einer mehrfachen Abhängigkeit von Attributen. »Harfe« erhält zunächst das Genitivattribut »des Palmenhains«. In der Apposition wird die »Harfe« als »Der Lieder Gespielin« bezeichnet; die »Lieder« wiederum werden durch den attributiven Relativsatz als Lieder Davids kenntlich gemacht. Metrisch korrekt könnte der zweite Vers auch lauten: »Gespielin der Lieder, die David sang«. Doch die zu »Harfe des Palmenhains« parallele Konstruktion ›Subjekt plus Genitivattribut‹ wird vermieden, stattdessen wird die chiastische gewählt. So bezieht sich der Relativsatz nicht auf das direkt vorhergehende Nomen (»Gespielin«), sondern auf das vor-vorhergehende (»Lieder«), was zu einer weiteren Steigerung der Komplexität führt. Der zweite Satz entfaltet eine verkürzte Komparativkonstruktion. Leichter faßlich wäre die Satzform »Sions Lied erhebt sich steigender wie des Quells Lied«, die jedoch metrisch nicht paßt. Das Subjekt (»Lied«) wird nicht ein zweites Mal genannt, »Quells« erhält einen attributiven Relativsatz. Auch semantisch ist diese Komparativkonstruktion nicht leicht zu verstehen. Mit welchem Lied bzw. Geräusch wird »Sions Lied« verglichen? In dieser Frage gibt die Darmstädter Fassung der Ode Aufschluß. Dort lautet der entsprechende Vers: »Wie des Quells, welcher am Huf Pegasus floß«[104]. Es geht offenbar darum, das alttestamentarische Motiv vom Lied Sions, das sich »erhebt«, gegen Pegasus, das himmelstürmende Pferd der antik-griechischen Mythologie, ein Symbol der poetischen Inspiration,[105] aufzuwerten. Der folgende Satz bestätigt diese Lesart: Der alttestamentarische »Palmenhain« wird über den antiken »Lorbeerwald« gestellt.[106] Allerdings ist die Komparativkonstruktion des dritten Satzes

---

104 Klopstock, Oden und Elegien, 158.
105 Vgl. z.B. Voss' Epigramm »Devise an einen Poeten«: »Dir wünsch ich Wein und Mädchenkuß, | Und deinem Klepper Pegasus | Die Krippe stets voll Futter! | [...]« (Voss, Ausgewählte Werke, 101).
106 So interpretiert auch Langen 1952/53, 89.

syntaktisch noch weitaus schwieriger zu fassen: In die Komparativkonstruktion wird der Hauptsatz, beginnend mit einer Apposition zum Subjekt »du«, eingeschoben. Die Zugehörigkeit der Phrase »wie der Lorbeerwald« zum Komparativ wird dadurch unklar. Diese Irritation zeigt sich in der Darmstädter Fassung, welche lautet: »Höher in Wolken, o Palmenhain, | Erblikst du das Thal, wie de<u>n</u> Lorbeerwald,«[107]. Hier oszilliert »Lorbeerwald« grammatikalisch zwischen dem Komparativ und dem Akkusativobjekt zum Verbum. Entschiede man sich für die Lesart »Erblikst du das Thal [so]wie de<u>n</u> Lorbeerwald,«, wäre »Höher in Wolken« nicht mehr der Beginn einer Komparativkonstruktion, sondern eine Ortsangabe ohne Vergleichsobjekt.

Auch der zweite Teil des dritten Satzes enthält syntaktische Irritationen. Dies liegt an der unkonventionellen Verbform »ent-senken«. Die Vorsilbe »ent-« verweist üblicherweise auf einen Vorgang der Trennung – z.B. »ent-haupten«, »ent-kommen«; für das transitive Verbum »senken« wäre jedoch die Form »ver-senken« geläufiger. Mit der Vorsilbe »ent-« wird in der Regel nur die intransitive Form »entsinken« – im Sinne von »ent-gleiten« – gebildet. Während »ver-senken« lediglich ein Akkusativobjekt nach sich ziehen könnte, »ent-sinken« dagegen nur ein Dativobjekt, wird das Verbum »entsenken« von Klopstock mit zwei grammatikalischen Objekten konstruiert: »entsenkst Schatten [Akkusativobjekt], herab auf den Wald [Ergänzung zum Verb: Richtungsangabe], Dem Gewölk [Dativobjekt]«. Semantisch ergibt sich folgender Zusammenhang: Der »Palmenhain« wirft von einer räumlich hohen Position aus einerseits »Schatten« auf den »Lorbeerwald«, zum anderen entgleitet er den Wolken, die ihn selbst bedecken. Es bereitet Schwierigkeiten, hierbei eine klare räumliche Anordnung zu assoziieren. Auch die grammatikalische Zuordnung der Ergänzung »mit Glanz« am Ende von II,4 läßt sich nicht eindeutig bestimmen: daß der »Palmenhain« seinen »Schatten« »mit Glanz« »entsenkt«, ist schwer vorstellbar, schwieriger noch, daß das »Gewölk« den »Palmenhain« »mit Glanz« »(be)deckt«. Am einleuchtendsten erscheint die Lesart, nach der der »Palmenhain« »dem Gewölk« »mit Glanz« entsinkt, daß er also aus der Wolkendecke auftaucht und dadurch seinen »Glanz« verbreitet.

Da bei der Analyse der ersten drei Sätze die Konstruktionsform der Apposition aufgefallen ist, wird deren Vorkommen auch in den restlichen Strophen untersucht.

---

107 Klopstock, Oden und Elegien, 158. Allerdings könnte es sich auch schlicht um einen Druckfehler handeln.

In den ersten sechs Strophen sind acht Appositionen anzutreffen (I,1-2; II,1-2; II,4; III,3-IV,1; IV,3-4; V,3-4; VI,1-2; VI,4). Fünf dieser Appositionen sind relativ konventionell, sie bestehen aus einem Nomen bzw. einer Nominalphrase, die ein Personalpronomen näher bestimmt (II,1-2; II,4; IV,3-4; VI,1-2; VI,4). Drei der Appositionen sind syntaktisch aufwendiger. Der bereits erwähnte zweite Vers der ersten Strophe führt ein doppeltes Attribut zum Subjekt »Harfe des Palmenhains« an. Im Übergang von der dritten zur vierten Strophe erhält das Subjekt des abhängigen Satzes »wie du | Sie erhebst«[108] die in ein Nomen und drei davon abhängige parallele Relativsätze unterteilte Apposition »Religion dessen, der ist! | Seyn wird! und war!«. Die semantische Information, die hier in der Apposition gegeben wird, ist keineswegs beiläufig oder nur attributiv, sondern für das Verständnis des Textes von zentraler Bedeutung. Die Religion Jahwes, des ominpräsenten Gottes, ist es, die Siona erhebt. Ein syntaktisch weit untergeordnetes Satzglied – Relativsatz innerhalb einer Apposition, innerhalb eines abhängigen Satzes – enthält einen programmatischen Kern des Textes.

Die dritte aufwendige Apposition (V,3-4) bezieht sich auf das Subjekt des zehnten Satzes, »Gewand«. Innerhalb der Apposition liegt eine Verschachtelung vor. Die Nominalphrase »Purpur und Gold« bildet eine weitere Ergänzung zum attributiven Partizip »gefärbt«. Das »Gewand« ist »gefärbt« »Wie des Tags Frühe«, nämlich wie »Purpur und Gold« bzw. purpurn und golden. Die beiden »wie«-Phrasen des Satzes sind somit nicht parallel konstruiert. Die erste, »wie Gewölk«, bezieht sich auf das Verbum des Hauptsatzes, die zweite, »wie des Tags Frühe«, bezieht sich auf das attributive Partizip »gefärbt«.

Schließlich soll überprüft werden, wie die Anfänge der acht Strophen syntaktisch markiert sind. Strophe IV beginnt innerhalb eines Relativsatzes, der Teil einer Apposition ist, alle anderen Strophen setzen nach einer Hauptsatzgrenze ein. Die Strophen I und III beginnen mit imperativischen Verbformen, die zudem in ihrem Anlaut übereinstimmen (»Töne«/»Tanze«). Die Strophen II und V beginnen mit Komparativformen (»Höher«/»Feuriger«), die zweite Komparativform wird allerdings grammatikalisch nicht weitergeführt. Strophe VI beginnt mit dem Adverb »Liebevoll«, am Beginn von Strophe VII steht der kürzeste Satz des Textes, der zweisilbige Fragesatz »Hört ihr?«. Die achte Strophe beginnt mit der Konjunktion

---

108 III,3-4. Dieser Nebensatz fungiert als Objekt zum Verbum »fühlts«.

»Aber«. Syntaktisch parallel beginnen also die Strophen I und III, sowie die Strophen II und V. Lautlich ergeben sich folgende Bezüge:

I tø:nə
II hø:ər
III tantsə
VII hø:rt

Resümiert man die syntaktischen Strukturen des Textes, sind zwei Merkmale hervorzuheben: Erstens stimmen die syntaktischen Zäsuren nicht durchgehend mit Vers- und Strophengrenzen überein. Deshalb wird es einem Rezipienten, der die Ode nur hört, schwer fallen, die Strophengliederung zu erkennen. Dies liegt natürlich nicht nur an den unregelmäßigen syntaktischen Zäsuren, sondern maßgeblich auch daran, daß die Verse nicht reimen und keinem geläufigen metrischen Schema folgen. Zweitens ist die syntaktische Konstruktion vieler Sätze komplex. Einem nur hörenden Rezipienten wird es nicht gelingen, alle Phrasen hinsichtlich ihrer grammatikalischen Funktion eindeutig zu bestimmen. Selbst ein Leser muß gründlich – und mehr als einmal – lesen, um die Syntax zu durchschauen. Die Komplexität der Syntax erschwert ein rasches Auffassen der Semantik.

Klopstock hat der Wortstellung entscheidende Bedeutung beigemessen. In seinem Aufsatz »Von der Wortfolge« (1779) begründet er, daß der Dichter von der Prosa-Wortstellung abweichen müsse. Ziel der veränderten Wortstellung sei, dem Hörer eine spezifische »Ordnung« der »Vorstellungen« zu vermitteln, die nicht der gewöhnlichen, sondern einer gesteigerten Wahrnehmung und Empfindung entspringe.[109] Bereits 1758 fordert Klopstock »eine notwendige Veränderung der eingeführten Wortfügung«[110] nach folgendem Kriterium:

> Die Regel der zu verändernden Wortfügung ist die: Wir müssen die Gegenstände, die in einer Vorstellung am meisten rühren, zuerst zeigen.[111]

Eine »gute Stellung« verhelfe, wie es im Aufsatz von 1779 heißt, dazu, daß der Hörer den »Gedanken« nicht nur »deutlicher«, sondern auch »schneller« denkt.[112]

Es fällt nicht leicht, diese poetologische Selbstaussage mit den analysierten syntaktischen Strukturen zur Deckung zu bringen. Die unkon-

---

109 Klopstock 1779c, 174 f.
110 Klopstock 1758a, 28.
111 Ebd.
112 Klopstock 1779c, 174.

ventionelle Wortstellung scheint vielmehr an einigen Stellen ein schnelles Verständnis zu verhindern. Statt »deutliche« Vorstellungen vermittelt zu bekommen muß man sich oft mit mehrdeutigen Assoziationen begnügen. Allerdings läßt sich, in Übereinstimmung mit Klopstocks Forderungen, nachvollziehen, daß die unkonventionelle Wortstellung eine Intensitätssteigerung hervorrufen soll. Der dritte Satz etwa beginnt nicht mit dem syntaktischen Kern (»Erblickst du das Thal«), sondern mit der adverbialen Bestimmung »Höher in Wolken«. Die grammatikalisch durchsichtige Anordnung der Komparativkonstruktion »Höher in Wolken wie der Lorbeerwald« scheint unwichtig zu sein, vielmehr kommt es darauf an, die räumliche Vorstellung »Höher in Wolken« an den Satzbeginn zu stellen. Auch der Beginn von Strophe V setzt eine Komparativform, die grammatikalisch unausgeführt bleibt, als Intensitätssignal: »Feuriger blickt sie!«

(3) Wortrepetitionen

Wortwiederholungen sind für mehrere strukturelle Ebenen des Textes relevant. Sie wirken an lautlichen, syntaktischen und semantischen Äquivalenzbeziehungen mit. Einerseits ergeben sich Wortwiederholungen zwangsläufig aus der Struktur sprachlicher Äußerungen. Das Wiederholen von Wörtern, die keine außersprachliche Referenz aufweisen, z.B. von Artikeln, Präpositionen und Pronomen, unterläuft dem Sprecher bzw. dem Schreiber in aller Regel, ohne daß er darüber reflektiert. Solange ein Text oder eine sprachliche Äußerung bei einem Thema verweilen, ist auch die Wiederholung von Wörtern mit außersprachlicher Referenz, z.B. von Substantiven, Verben, Adjektiven, nicht als Merkmal einer besonders kunstvollen Schreib- oder Sprechweise zu bewerten. Andererseits kann das Wiederholen von Wörtern formal bewußt eingesetzt werden und dadurch rhetorischen Signalcharakter erhalten. In vielen Fällen wird nicht zweifelsfrei zu entscheiden sein, ob eine Wortwiederholung bewußt gesetzt oder sprachstrukturell bedingt ist.[113]

Die Tabellen 5a-g geben über die Wortwiederholungen des Textes Auskunft (siehe Anhang). Es werden sowohl exakte Wortwiederholungen, als auch Wortwiederholungen mit morphologischen, grammatischen

---

[113] Langen 1952/53, 94 f., thematisiert die Wortwiederholungen der Ode »Siona«, macht sich allerdings über den Zusammenhang von Wortrepetition und Sprachstruktur keine Gedanken, sondern bezeichnet das Textstrukturmerkmal Wortwiederholung generell als »rhythmisch-musikalisch bedingtes, sehr charakteristisches Stilmittel Klopstocks«.

und lexikalischen Variationen angeführt. Außerdem wird der Abstand zwischen den wiederholten Wörtern angegeben. Die Übersicht ist nach Wortarten gegliedert.

Der Text besteht, inklusive Titel, aus 216 Wörtern. 82 Wörter, also gut ein Drittel der Wörter, treten nur ein einziges Mal auf. 134 Wörter partizipieren an Wortwiederholungen. Unter 5g sind diejenigen wiederholten Wörter angeführt, die keine außersprachlichen Referenzen aufweisen. 67 der wiederholten Wörter fallen unter diese Rubrik, es ist zu vermuten, daß ihre Wiederholungen nicht kompositorisch geplant sind.[114] Bei den unter 5a-f verzeichneten Wörtern (ebenfalls 67 Wörter) ist zu überlegen, ob ihre Wiederholungen als rhetorische Signale zu werten sind. Hierfür können folgende Kriterien geltend gemacht werden: Erstens: eine häufige Wiederholung ist signifikanter als eine einmalige. Zweitens: eine Wiederholung mit geringem Abstand, d.h. innerhalb weniger Verse, ist signifikanter als eine Wiederholung mit großem Abstand. Drittens: eine Wiederholung an einander entsprechenden Positionen zweier Verse ist signifikanter als eine Wiederholung an einander nicht-entsprechenden Verspositionen.[115] Viertens: eine Wiederholung eines seltenen Wortes ist signifikanter als eine Wiederholung eines geläufigen Wortes.[116]

Ohne alle Wörter der Tabellen 5a-f durchzugehen, möchte ich auf die nach den genannten Kriterien auffälligen Wiederholungen verweisen. Das titelgebende Wort »Siona« ist innerhalb der Listen 5a-f mit sechs Nennungen das am häufigsten wiederholte Wort.[117] Zwei der fünf Wiederholungsabstände sind relativ gering. Die Nennungen in den Versen III,1 und VII,1 stimmen in ihrer Versposition überein. Obwohl einerseits

---

114 Unter 5e und 5f sind ebenfalls Wörter ohne außersprachliche Referenzen angeführt. Da diese jedoch den Rededuktus des Textes charakterisieren, habe ich ihre Wiederholungen aufgelistet. Unter 5e sind die Personalpronomen der ersten und zweiten Person verzeichnet, die auf den Sprecher und die Angesprochene (Siona) verweisen. Unter 5f ist die emphatische Interjektion »o« angeführt.

115 Da keiner der vier Verse des »Siona«-Schemas einem anderen gleicht, können exakte Positions-Entsprechungen nur zwischen allen ersten, zweiten, dritten bzw. vierten Versen auftreten.

116 Die Seltenheit bzw. Geläufigkeit eines Wortes läßt sich allerdings nur mit großem Aufwand exakt nachweisen – hierzu müßten umfangreiche Textkorpora ausgewertet werden.

117 Es ist zu überlegen, ob es sich bei der Nennung »Sions« (I,3) nur um eine morphologische Variation handelt, oder ob mit »Sion« und »Siona« Verschiedenes gemeint ist – »Sion« als Name für das auserwählte Jerusalem (ursprünglich meint »Sion« lediglich den Tempelberg in Jerusalem), »Siona« als Allegorie des Gottesvolkes. In VI,1-2 begegnet die erweiterte Namensform »Sulamith Siona«; »Sulamith« ist die Brautfigur des Hohen Liedes.

eine nach den genannten Kriterien auffällige Wiederholungsstruktur vorliegt, überrascht es nicht, daß eine Ode, die sich laut Titel an die Person »Siona« richtet, den Namen »Siona« relativ häufig nennt.[118] Auffällig ist weiter die Wiederholung des Wortes »Palmenhain«, das einmal nur im Kasus modifiziert und je zweimal in seinen Kompositionsbestandteilen »Palme« und »Hain« wiederholt wird.[119] Die Wiederholungspaare »Palmenhains«/»Palmenhain«[120], »Palmenhain«/»Palme«[121] und »Hain«/»Hain«[122] stehen in relativ geringem Abstand. Das Paar »Palmenhains«/»Palmenhain« ist darüberhinaus hinsichtlich der Versposition äquivalent. In der Wiederholung der Nominalphrase »Quell des Krystalls«/»Des Krystalls Quelle«[123] verschränken sich die Wiederholungen der Wörter »Quell(e)« und »Krystall«. Das Wiederholungspaar »Silbergelispel«/»Lispel«[124] erfüllt sowohl das Kriterium der Seltenheit als auch das Kriterium der äquivalenten Versposition,[125] das Wiederholungspaar »Lorbeerwald«/»Wald«[126] sowohl das Kriterium des geringen Versabstands wie auch das Kriterium der äquivalenten Versposition. Wiederholungen in geringem Abstand zeigen »Lieder«/»Lied«[127] sowie »Tanze«/»Tanz«[128]; die Wiederholungsstruktur mit geringstem Abstand bildet das Wort »erfüllt«[129]. Wiederholungen an äquivalenten Verspositionen liegen außerdem bei den Paaren »Blumenthals«/»Thal«[130], »blickt«/»Blik«[131], »sang«/»singst«[132], »er-

118 Innerhalb des CD-Rom-Textkorpus »Deutsche Literatur von Lessing bis Kafka« (²1998) kommt das Wort »Siona« lediglich zweimal vor, beide Male in Texten Klopstocks (die Ode »Siona« ist in dem Textkorpus nicht enthalten). Das Wort »Sion« erscheint in dem Korpus viermal. Vermutlich handelt es sich bei »Siona« um eine (von »Sion« abgeleitete) Namensschöpfung Klopstocks.
119 Während das Korpus »Deutsche Literatur von Lessing bis Kafka« 258 Nennungen von »Hain« und 66 Nennungen von »Palme« zählt, erscheint das Kompositum »Palmenhain« dort nur einmal, in Jean Pauls »Flegeljahren«.
120 I,1 und II,1.
121 II,1 und II,4.
122 VII,2 und VII,4.
123 IV,3 und VII,3.
124 III,2 und VII,4.
125 Das Korpus »Deutsche Literatur von Lessing bis Kafka« zählt vier Nennungen des Wortes »Lispel« und keine Nennung des Wortes »Silbergelispel«.
126 II,2 und II,3.
127 I,2 und I,3.
128 III,1 und III,3.
129 Zwei Nennungen innerhalb von VI,3.
130 V,2 und VIII,4.
131 V,1 und VI,2.
132 I,2 und VI,4.

hebt«/»erhebst«[133] und »o«/»o«[134] vor. Keine der acht Strophen zeichnet sich durch eine besondere Häufung von wiederholten Wörtern auf, es entsteht also keine Strophe kompositorisch dadurch, daß bereits vorhandenes Wortmaterial lediglich neu kombiniert wird.

Wenn auch einige auffällige Wortwiederholungen aufgezeigt werden konnten, fungiert Wortrepetition nicht als tragendes Kompositionsprinzip des Textes. Deshalb teile ich nicht die Deutung August Langens, der die Wortwiederholungen in der Ode »Siona« als »musikalische Leitmotive« bezeichnet.[135] Auffällig erscheint mir dagegen, daß Klopstock ein exklusives Vokabular benutzt.[136] Dieses Vokabular wird möglicherweise durch bewußte Wiederholungen hervorgehoben.[137]

(4) Entwicklung des Erzählzusammenhangs

Während die Wortrepetitionen durch ihre Relevanz für die Textebenen der Lautlichkeit, der Syntax und der Lexik nicht-bedeutungstragende mit bedeutungstragenden Komponenten verbinden, verlässt man mit der Beschreibung des Erzählzusammenhangs die Analyse der nicht-bedeutungstragenden Komponenten.

In mehreren Phasen wird das Lied bzw. der Tanz Sionas erzählt. Gegliedert werden die Phasen durch drei Anrufungen[138]. Die erste läßt sich als Musenanruf verstehen: ein Sprecher fordert die »Harfe des Palmenhains« auf, für ihn zu erklingen. Der Text erklärt nicht explizit, ob dieser Anruf erhört wir. Stattdessen ist ab I,3 von »Sions Lied«, das sich verbreitet, die Rede. Implizit läßt sich daraus schließen, daß der Musenanruf Erfolg hatte, und »Sions Lied« durch den Erzähler als Sprachrohr ertönt. Die zweite Anrufung richtet sich an Siona und fordert sie auf zu tanzen; die Folgeverse sprechen explizit von Sionas Tanz. Die dritte Anrufung spricht mit einer rhetorischen Frage eine nicht näher charakterisierte Personengruppe an, die im weiteren Verlauf des Textes keine Funktion hat. Diese wird auf Sionas Tanz hingewiesen. Vor dem Hintergrund einer konkreten Vortragssituation des Textes läßt sich die dritte Anrufung als Publikumsanrede verstehen. Von Sionas Tanz bzw. Lied wird einerseits in auktorialer Erzählperspektive gesprochen, andererseits zeigt sich der Er-

---

133 I,3 und III,4.
134 II,1 und VI,1.
135 Langen 1952/53, 95.
136 Vgl. »Siona«, »Palmenhain«, »Krystalls Quelle«, »Silbergelispel«.
137 Es würde sich lohnen, diese Beobachtung an mehreren Oden Klopstocks zu überprüfen.
138 In den Versen I,1-2, III,1 und VII,1.

zähler durch die mehrfachen Du-Anreden in das Erzählte involviert[139]. In Strophe VI kulminiert die in den Du-Anreden angelegte Verwicklung des Sprechers in das Erzählte. Der Sprecher setzt sich in direkte Beziehung zu »Siona«, die er »liebevoll« betrachtet, und deren Lied heilsame Wirkung auf ihn ausstrahlt. Diese Beziehung macht ihn zum berufenen Vermittler von Sionas Tanz an sein Publikum.

Die drei Phasen des Liedes bzw. Tanzes lassen sich folgendermaßen charakterisieren: Zunächst[140] wird von »Sions Lied« gesprochen. Es wird nicht akustisch spezifiziert, sondern – durch die beiden Komparativkonstruktionen »steigender [...] wie« und »Höher [...] wie« als erhaben gekennzeichnet. Es handelt sich nicht um einen weltlichen Gesang, sondern um ein himmlisches Lied, das sogar die antik-griechischen Symbole der dichterischen Inspiration – das Pferd Pegasus und den »Lorbeerwald« – übertrifft. Die zweite Phase[141] vermittelt Sionas Tanz. Zunächst wird die Inspirationsquelle für diesen Tanz, die begeisternde »Religion«, genannt,[142] anschließend wird ein akustisches Naturszenario entworfen[143]: die »Wipfel der Palme«, der »Quell | Des Krystals« und die »Berge« scheinen den Tanz zu begleiten. Schließlich wird die Gestalt Sionas beschrieben.[144] Die dritte Phase[145] thematisiert die akustische Dimension des Tanzes bzw. Liedes. Der »Harfenlaut«[146] stellt einen Bezug zum Musenanruf des Beginns her. In der Schlußstrophe kommt durch die »Posaun'«, die Siona ertönen läßt, eine neue akustische Facette hinzu. Siona wird jetzt nicht nur als Tanzende, sondern auch als Musizierende charakterisiert. Wiederum begleitet eine Naturszene den Tanz. Im letzten Vers des Textes wendet sich Siona mit dem Posaunenton »ins Thal«. Dieses Motiv könnte als Hinwendung des himmlischen Liedes zu den Menschen gedeutet werden. Natürlich verweist die Posaune auch auf das Jüngste Gericht.

(5) Klang- und Bewegungsassoziationen

Da die Ode einen Tanz thematisiert, liegt es nahe, seine Klang- und seine Bewegungsassoziationen systematisch zu betrachten.

139 Vgl. II,2, II,4, III,3, IV,3.
140 I,3 – II,4.
141 III,2 – V,4.
142 III,3 – IV,1.
143 IV,1-4.
144 V,1-4.
145 VII,1 – VIII,4.
146 VII,2.

Der Text verweist auf musikalische Klänge und Naturgeräusche. Durch die Nennung der »Harfe« und der »Lieder« Davids werden in den ersten beiden Versen instrumentale und vokale Musik angesprochen. Dem sich erhebenden Lied, das durch die Eingangsverse als Psalmlied charakterisiert ist, wird ein grobes Naturgeräusch, »des Hufs Stampfen« entgegengesetzt. In Strophe IV ist erneut von Naturgeräuschen die Rede, die jetzt allerdings auf Sionas Tanz bezogen sind und deshalb als angenehm beschrieben werden.[147] Wind- und Wassergeräusche begleiten die Tanzende, die »Berge«[148] tönen – entgegen der Aktiv-Konstruktion »rufen ihr nach« – nicht selbst, sondern lassen wohl eher die Musik des Tanzes wiederhallen. Die Wiederholung des Wortes »Triumph« in IV,4 kann als Wiederhall von »Triumph« in III,1 aufgefaßt werden. In Strophe VI ist ausdrücklich von Vokalmusik die Rede: Siona singt ihr »Lied«. In Strophe VII werden musikalische Klänge und Naturgeräusche synthetisiert: Nicht nur der »Harfenlaut« begleitet den Tanz, sondern auch die »Lispel im Hain«. Die Wassergeräusche, die in Strophe IV selbst tönten, scheinen nun innezuhalten, um auf den »Harfenlaut« zu lauschen. In der letzten Strophe greift Siona zur Posaune, die der Harfe in ihrer Klangfarbencharakteristik entgegengesetzt ist. Für den Posaunenton wird die Metapher »Donner«, wiederum ein Naturlaut, angeführt. Gleichzeitig verweist »Donner« im Kontext der Apokalypse, der durch die Posaune evoziert wird, auf die Stimme Gottes. So entwirft der Text keinen differenzierten akustischen Eindruck, sondern führt verschiedene akustische Assoziationen zusammen.

Sionas Tanz wird durch aufwärts- und abwärtsgerichtete sowie durch fließende Bewegungen charakterisiert. Auffällig ist, daß der Bewegungsaspekt vieler Verben durch das Hinzusetzen einer adverbialen bzw. präpositionalen Bestimmung verstärkt wird: »entsenkst [...] herab«[149], »Tanze [...] einher«[150], »weht [...] nach«[151], »rufen ihr nach«[152], »fließt

---

147 Die akustische Assoziation des Wortes »Silbergelispel« (III,2) läßt sich schwer charakterisieren, da es sich offenbar um eine Wortschöpfung Klopstocks handelt. Doch auch hier würde ich bereits ein angenehmes Naturgeräusch, das auf Sionas Tanz bezogen ist, vermuten. Die Darmstädter Fassung ersetzt das Wort »Phiala« durch »Siloa«, den Namen eines Teiches, an dem nach dem Bericht des Johannesevangeliums ein Blinder geheilt wird (vgl. Johannes 9,7). Demnach könnte »Silbergelispel Siloa« auf das Plätschern eines Teiches hindeuten.
148 IV,4.
149 II,2.
150 III,1.
151 IV,1-2.
152 IV,4.

[...] um sie«¹⁵³, »schauet [...] nach«¹⁵⁴, »wehn [...] rings um sie her«¹⁵⁵, »stürzt [...] herab«¹⁵⁶, »hält sie empor«¹⁵⁷. Mit I,3 beginnt eine Aufwärtsbewegung¹⁵⁸, die durch die Komparativkonstruktion in der zweiten Strophe fortgeführt wird. Von der so erreichten hohen Position aus erfolgt in II,3 eine Abwärtsbewegung¹⁵⁹. Die in Strophe III beginnende Tanzbewegung, die man sich zunächst nicht als aufwärts- oder abwärtsgerichtet vorstellen wird – »schwebet in Tanz« –, wird von der Religion beflügelt und dadurch als – im übertragenen Sinne – erhebend charakterisiert. Die Naturgeräusche der Strophen IV – VII erscheinen entweder als Abwärtsbewegungen¹⁶⁰ oder als fließende Bewegungen¹⁶¹. Auch Sionas »Gewand« wird als in Bewegung gezeigt¹⁶²; der »Blik« des Sprechers ist nicht statisch auf Siona gerichtet, sondern »schauet [...] [ihr] nach.« Die Schlußstrophe läßt, unterbrochen durch das Emporhalten der Posaune, eine abrupte Abwärtsbewegung assoziieren. Die »Quelle«, die vorher still zu stehen schien¹⁶³, »stürzt [...] herab«, der Posaunenton donnert talwärts. Faßt man die Bewegungsabläufe zusammen, lassen sich eine deutliche Aufwärtsbewegung zu Beginn, die »Sions Lied« in den Himmel erhebt, eher fließende Bewegungen, die den Tanz charakterisieren, in den mittleren Strophen sowie eine abrupte Abwärtsbewegung am Ende, die »Sions Lied« auf die Erde bringt, konstatieren.

(6) Die analysierten Strukturen als motiviertes Zeichensystem

Es stellt sich nun die Frage, inwiefern die in den Analyseschritten (1) und (2) herausgearbeiteten nicht-bedeutungstragenden Strukturen der Ode »Siona« auf die Semantik projiziert werden können.

Das spontane Verstehen des Textes fällt nicht leicht, insbesondere nach einer Hör-Rezeption wird man nicht in der Lage sein, seinen Inhalt präzise zu benennen. Mehrere Eigenschaften der Ode verhindern ein schnelles und vor allem ein eindeutiges Verständnis. Auf Ebene der Syn-

---

153 V,3.
154 VI,1-2.
155 VII,4.
156 VIII,1.
157 VIII,3.
158 »Es erhebt steigender sich«.
159 »Und entsenkst [...] herab auf den Wald,«.
160 Z.B. »An dem Fall, welchen du tönst, reiner Quell | des Krystals«.
161 Z.B. »Denn es wehn Lispel im Hain rings um sie her«.
162 V,3.
163 VII,3.

tax konnten das Auseinanderziehen von zusammengehörigen Satzteilen, Mehrdeutigkeiten und umfangreiche Appositionen als Merkmale von Komplexität aufgezeigt werden. Die Bedeutung der Phrase »steigender [...] wie des Quells, welcher des Hufs Stampfen entscholl«[164] konnte nur unter Heranziehung der semantisch deutlicheren Variante in der Darmstädter Fassung geklärt werden. Auch die unkonventionelle Lexik steht einem raschen Textverständnis entgegen. Trotz der inhaltlichen Unbestimmtheit wird dem Rezipienten schnell bewußt, daß von einem Lied bzw. einem Tanz Sionas die Rede ist – allein die markanten Imperative »Töne«[165] und »Tanze«[166] legen dies nahe.

Die oben analysierten Strukturen des Textes tragen, wie ich meine, dazu bei, daß Sionas Tanz auf der Ebene der nicht-bedeutungstragenden Komponenten, nach Klopstocks Terminologie in der »Wortbewegung«[167], erlebt wird, lange bevor seine inhaltlichen Details aufgefaßt werden können.

Bereits die individuelle Gestalt des metrischen Schemas, das nicht auf einen bekannten Verstyp rekurriert, könnte als Hinweis auf einen erhabenen Tanz verstanden werden, der sich nicht mit herkömmlichen Tanzschritten messen läßt. Einem Leser der Ode wird, noch bevor er die ersten Wörter des Textes liest, das metrische Schema präsentiert. Die Bewegung der Silben wird so explizit der Bedeutung der Wörter vorangestellt. In den verschiedenen Strophen wird das metrische Schema zwar nicht kontrastiert, da eine weitgehende Kongruenz zwischen metrischen und sprachlichen Einheiten vorliegt, aber doch individuell profiliert. Sowohl die Wortfüße als auch die syntaktischen Zäsuren schaffen von Strophe zu Strophe neue Gliederungen der metrischen Einheiten. Die vorgegebene Schrittfolge des Tanzes (Ebene der metrischen Einheiten) wird von den konkreten Bewegungen der Tänzerin Siona ausgeführt (Ebene der sprachlichen Einheiten). Besonders signifikant scheint mir zu sein, daß in dem Moment, in dem von der Religion Jahwes als beflügelnder Kraft für Sionas Tanz gesprochen wird, das Strophenschema erstmals von der syntaktischen Gliederung durchbrochen wird. Der primär nicht-bedeutungstragende Befund des Übersteigens der Strophengliederung kann hier auf die Semantik der erhebenden Religion, die den Tanz exaltieren läßt, projiziert werden. Die zweite eklatante Abweichung der Syntax von der Gliederung in zwei plus zwei Verse ist in den Strophen VII und VIII zu verzeichnen. Auch hier wird die Semantik durch nicht-bedeutungs-

---

164 I,3-4.
165 I,1.
166 III,1.
167 Klopstock 1779a, 148.

tragende Strukturen ausgedrückt. Die Häufung der Satzgrenzen sowie die Häufung der Elisionen können als Stimulanzen von »freudiger Eil'«, mit der Siona in der dritten Phase des Tanzes ihr Lied erklingen läßt, aufgefaßt werden. Auf der Ebene der Signifikanten wird in den beiden abschließenden Strophen eine Beschleunigung des Tanzes erzeugt.

Verfolgt man den Interpretationsansatz weiter, der in der Wortbewegung der Ode »Siona« eine den Signifikaten vorausgehende Inszenierung des Tanzes vermutet, erhalten auch die komplexen syntaktischen Fügungen eine neue Bedeutung. Anstatt in den schwer faßlichen Konstruktionen ein Hemmnis des Verstehens zu sehen, könnte ein Hervorkehren der Wortbewegung gegenüber der Wortbedeutung als kompositorische Grundtendenz des Textes erkannt werden. Die Signifikanten selbst werden in einen Tanz versetzt, bei dem die durchscheinenden Signifikate gar nicht mehr exakt dekodiert werden sollen. Das Auseinanderziehen der Komparativkonstruktion »Höher in Wolken [...] wie der Lorbeerwald« sowie die Doppelkonstruktion zum Verbum »entsenken« setzen die Signifikanten teilweise frei, verunklaren den eindeutigen Verweis auf ein Signifikat. Auch die Wortrepetition von »Palmenhain« zeigt, wie die Beziehung zwischen Signifikant und Signifikat bewußt offengehalten wird. In I,1 ist »Palmenhain« Attribut zu »Harfe« und somit ein Element der Szene, die das angekündigte Lied umgibt. In II,1 dagegen fungiert »Palmenhain« als Subjekt der Handlung und entspricht damit eher dem Signifikat von »Sions Lied« in Strophe I. Auch »Palme« in II,4 meint dieses Handlungssubjekt und nicht etwa einen einzelnen Palmenbaum eines »Palmenhains«. Das Wort »Palmenhain« kann also nicht eindeutig einem klar umrissenen Signifikat zugeordnet werden.

Abgesehen von der Thematik des Tanzes kann man die Ode »Siona« auch als poetologischen Text lesen, der eine Antwort auf die Frage nach den Inspirationsquellen des Dichters gibt. Der Musenanruf, der in den beiden Eingangsversen ausgesprochen wird, ist insofern erfolgreich, als es dem Dichter gelingt, Sionas Tanz in seiner Sprache zu realisieren. Diese Sprache steht nicht außerhalb des Tanzes und verweist mit konventionellen Zeichen auf ihn, sondern täuscht vor, bereits selbst Tanz zu sein. Schon das metrische Schema der Ode »Siona« hebt sich von bekannten Verstypen ab, und auch ihre Lexik, Syntax und Grammatik distanzieren sich radikal von der vertrauten Sprachverwendung. Die poetische Inspiration wird nicht nur benannt, sondern in der Sprache der Ode bereits vollzogen. Als Inspirationsquelle wird explizit die christlich-jüdische Religion genannt, die sich spielend über die Inspirationssymbole der antiken Dichtung erhebt. Ganz entgegen der generellen Deutungsperspektive von Menninghaus, in der »Wortbewegung« der Klopstockschen Oden löse sich eine verbindliche religiöse Programmatik auf,[168] kann hier gezeigt werden, daß gerade die »Wortbewegung« den religiösen Impetus einzulösen sucht. Erst in der inspirierten, selbst tanzenden Sprache wird Sionas Tanz erlebbar. Die Begeisterung und Erhabenheit dieses Tanzes, die in konventioneller Sprache nicht ausgedrückt werden könnten, werden durch Strukturen nicht-bedeutungstragender Komponenten, durch die »Wortbewegung«, vermittelt.

Ob der Hörer oder Leser allerdings sich dem Tanz der Signifikanten hingibt und so versucht, den religiösen Rausch Sionas und den Sprachrausch des Dichters mitzuerleben, oder ob er sich in der mühsamen Entzifferung der komplexen Fügungen verstrickt, ist eine Frage, die jenseits der vorgenommenen Analyse liegt.

4.3 Reim- und Frühlingsblüten: Arnims »Nähe des Frühlings«

Arnims Gedicht »Nähe des Frühlings« liegt in zwei erheblich divergierenden handschriftlichen Fassungen vor, die beide zu Lebzeiten nicht gedruckt wurden. Die eine Fassung (im folgenden Hs. A) befindet sich ohne weitere Zusätze auf einem losen Blatt, das kein Wasserzeichen aufweist und deshalb nicht datiert werden kann.[169] Nach Auskunft von Renate Moering läßt der Schriftduktus auf einen Text des jungen Arnim schließen.[170] Die andere Fassung (Hs. B) steht innerhalb eines Briefes von Arnim an Clemens Brentano vom 12. 2. 1802.[171] Man kann annehmen, daß auch Hs. A im Frühjahr 1802 entstanden ist. Allerdings gibt es keine sicheren Indizien dafür, Hs. A als »frühere Fassung« zu bezeichnen.[172] Es folgt eine diplomatische Umschrift von Hs. A:[173]

---

168 Menninghaus 1989, 308-318.
169 Es befindet sich im Arnim-Handschriftenbestand des Freien Deutschen Hochstift: FDH G 371.
170 An dieser Stelle möchte ich Frau Moering, die die Abteilung »Gedichte« innerhalb der im Entstehen begriffenen historisch-kritischen Werkausgabe betreut, herzlich danken. Sie hat mich nicht nur freundlich am Freien Deutschen Hochstift empfangen, sondern sich auch mit mir zwei Stunden lang über die – für mich stellenweise schwer leserliche – Hs. A gebeugt.
171 FDH II-7343. Ediert in: Arnim/Brentano, Freundschaftsbriefe, I, 12.
172 Dies tut Ulfert Ricklefs, der beide Fassungen ediert hat – vgl. Arnim, Gedichte, 11 f.; Stellenkommentar ebd., 1048.
173 Zeichenerklärung: ??? = unleserliches Wort; { } = Textverlust durch Abriß; ___ = Grenze zwischen Vorder- und Rückseite; liegt eine Überschreibung vor, wird der frühere Wortlaut in einer Fußnote, nach einer eckigen Klammer (]), angegeben.

Nähe des Frühlings

Noch einmal willst Du mich mit Deinen
          Strahlen grüßen
die Leyer rauscht   deiner   Himels
~~Du weckst~~   zur Feyer ~~jede Leyer~~ goldner Sohn
Mein Haar wallt hin in deinem weichen Winde und
         meiner Stimme erster Ton
                   Grüns, enteist
Die Erde öffnet sich zur Neugeburt des[174] ~~Saaten~~   die
                klingend
          Bäche ~~wieder~~ fließen.

   xxx

Durch[175] euch ko sprosst alles, blaue Frühlingslüfte
Unfühlbar süße Wesen, wie der Geister Weben
          schwellend
Giesst ihr der Kräfte Regen in jedes Leben
Es springen[176] auf die Knospen[177] des Gesangs, der
         Blumen neue Düfte.

   xxx

Wie weit ~~???~~ und ach wie eng ist diese
         Sternenbühne
Froh glänzet noch   erglänzet ~~fröhlich~~
Das Haupt ~~des Lebens stehet noch~~ in Himmelsklarheit
Da ängstet[178] sich des Berges Fuß schon in der
   frischen des Baums und Nächte Wahrheit
Der Blätterkranz[179] am Morgen erst entsprossen bestraft
         Morgen
Den frischen Blätterkranz ~~des Baums~~
   verwelkt
   bestraft der Nächte Frost, daß er zu grünen sich erkühne

   xxx

174] der.
175] Von.
176] springet.
177] Knospe.
178] ängsten.
179] Die Blätter.

{ }¹⁸⁰ ist das Leben wie des Lichtes Wechseln, wie grünes
                                 zerstört
Frühlingslaub

                            goldne
Es rauschet fort im Winde wie der Blüten
    wird   Staub
Es¹⁸¹ findet selten nur der Liebe süßen Kelch
ach es¹⁸² wird früher schon der Erde Raub.
entrißen und wird der Erde früher Raub

Arnim hat das ganze Blatt ausgenutzt und stets bis zum äußersten rechten Rand geschrieben. Die Zeilenwechsel resultieren aus den Begrenzungen der Schreibfläche. Die längeren Zeilen biegen am Ende in einem Bogen nach rechts unten ab. Die Umschrift zeigt, daß sich der Text in einem Arbeitsprozeß befindet. Es erscheint mir deshalb problematisch, eine Textentwicklung von Vorstufen bzw. früheren Stufen hin zu einer Endfassung zu konstruieren. Denn eine Streichung dokumentiert nicht notwendig das endgültige Verwerfen des gestrichenen Wortlauts. Für die Analyse und Interpretation lege ich folgenden Wortlaut zugrunde, den ich jedoch nicht als Endfassung verstehe:

Nähe des Frühlings

I   Noch einmal willst Du mich mit Deinen Strahlen grüßen
     Die Leyer rauscht zu deiner Feyer Himels Sohn
     Mein Haar wallt hin in deinem weichen Winde und meiner
                                          Stimme erster Ton
     Die Erde öffnet sich zur Neugeburt des Grüns, enteist die Bäche
                                                klingend fließen.

II Durch euch sprosst alles, blaue Frühlingslüfte
     Unfühlbar süße Wesen, wie der Geister Weben
     Giesst ihr der Kräfte schwellend Regen in jedes Leben
     Es springen auf die Knospen des Gesangs, der Blumen neue Düfte.

III Wie weit und ach wie eng ist diese Sternenbühne
     Froh glänzet noch das Haupt in Himmelsklarheit
     Da ängstet sich des Berges Fuß schon in der Nächte Wahrheit
     Den frischen Morgenkranz verwelkt der Nächte Frost, daß er zu
                                               grünen sich erkühne

180 Oberhalb des Abriß ist der Ansatz eines S zu erkennen.
181 Bzw. »Er« [?].
182 Bzw. »er« [?].

IV [So][183] ist das Leben wie des Lichtes Wechseln, zerstört wie grünes
  Frühlingslaub
Es rauschet fort im Winde wie der goldne Blüten Staub
Es wird der Liebe süße[m] Kelch entrißen und wird der Erde
  früher Raub.

Insbesondere der hier gegebene Wortlaut der Verse 12 und 15 ist nur durch eine Interpretation der handschriftlichen Vorlage zu erzielen. Die Edition von Ulfert Ricklefs habe ich bewußt nicht als Textgrundlage verwendet, weil sie zwei Lesefehler enthält.[184]

Analyse und Interpretation beziehen sich in erster Linie auf die Fassung der Hs. A, auf Hs. B gehe ich an entsprechender Stelle ein.[185] Ich verfahre nach den schon bei Klopstocks »Siona« erprobten Schritten.

(1) Akustische Strukturen: (1.1.1) Metrische Einheiten

Dem Gedicht sind – wie den meisten Gedichten – keine metrischen Einheiten explizit beigegeben. Die graphische Anordnung läßt lediglich vier Strophen erkennen,[186] die ersten drei zu je vier Versen, die vierte zu drei Versen. Es ist zu überlegen, welche metrischen Einheiten dem Text unterlegt werden können. Um 1800 standen verschiedene Versmodelle zur Verfügung, nämlich der syllabotonisch alternierende, der auf antike Schemata zurückgreifende, der taktierende und der freirhythmische Verstyp. Eine genauere Auswertung der sprachlichen Einheiten wird Indizien dafür liefern, welches dieser vier Modelle am ehesten als metrische Grundlage anzusetzen ist.

(1.1.2) Sprachliche Einheiten

Tabelle 6 (siehe Anhang) zeigt die Betonungsverhältnisse der sprachlichen Einheiten. Es werden die hauptbetonten Silben in mehrsilbigen Wörtern (X), also die sogenannten »grammatischen Akzente«, die nebenbetonten (x) und die unbetonten (o) Silben in mehrsilbigen Wörtern verzeichnet. Bei den Monosyllabica werden Substantive (S), Verben (V) und Artikel (A) differenziert. Monosyllabica, die keiner dieser Klassen angehören, werden wie Nebenbetonungen (x) bezeichnet.

---

183 Aus dem erkennbaren S-Bogen ergänzt.
184 Vers 7: »Regen« – Ricklefs liest »Segen«; Vers 15: »Raub« – Ricklefs liest »Staub«.
185 Hierbei greife ich auf die Edition Arnim/Brentano, Freundschaftsbriefe zurück.
186 Vgl. die Strophen-Trennungszeichen in Hs. A.

Die Silbenzahl der Verse schwankt erheblich, nämlich von 11[187] bis 21[188]. In den ersten drei Strophen nimmt die Silbenanzahl in den Versen 3 und 4 jeweils zu,[189] in der vierten Strophe zählen die Verse 1 und 3 je 19, der mittlere Vers 14 Silben. Bereits diese Feststellung macht sowohl den taktierenden Verstyp als auch ein antikes Versschema unwahrscheinlich. Der taktierende Typ läßt zwar Variationen der Silbenzahl zu, bildet jedoch in der Regel Verspaare gleicher Taktzahl. Insbesondere die Verse 1 und 4 der Strophen I-III, die aufgrund des Reimes Taktpaare bilden müßten, weichen in ihrer Silbenzahl so stark voneinander ab, daß sie sich nicht mit übereinstimmender Taktzahl messen lassen. Die antiken metrischen Schemata sind in ihrer Silbenzahl exakt festgelegt. Da in den Strophen des vorliegenden Gedichtes die Silbenzahlen der je ersten, zweiten, dritten und vierten Verse differieren, kann auch kein antikes Schema zugrundeliegen.

Über weite Strecken des Textes legen die sprachlichen Einheiten ein Alternieren von betonten und unbetonten Silben fest.[190] Das Vorherrschen von alternierenden sprachlichen Einheiten legt den Versuch nahe, alternierende prominente und nicht-prominente Silbenpositionen dem Text als metrische Einheiten zu unterlegen.[191] Es stellt sich dann die Frage, wie sich die hinsichtlich der Alternation neutralen Textpassagen zu dem unterstellten metrischen Schema verhalten. Die folgende Graphik stellt die sprachlichen Einheiten am Beginn der Verse I,1, I,3, III,1 und IV,2 alternierenden metrischen Einheiten gegenüber.

187 II,1 und III,2.
188 I,4 und III,4.
189 Strophe I: 13 / 12 / 19 / 21 Silben; Strophe II: 11 / 13 / 14 / 17 Silben; Strophe III: 13 / 11 / 15 / 21 Silben.
190 Die Festlegung der alternierenden Betonung ergibt sich unter folgenden Bedingungen: Erstens: X-Silben gelten als prominent, o-Silben als nicht-prominent. Zweitens: Nebenbetonte Silben mehrsilbiger Wörter gelten als prominent. Drittens: S-Silben (d.h. einsilbige Substantive) gelten gegenüber x-, A- und o-Silben als prominent. Viertens: x-Silben gelten gegenüber X- und S-Silben als nicht-prominent, gegenüber A- und o-Silben als prominent.
191 In I,3 trennt die mit x bezeichnete zwölfte Silbe (»und«) zwei Folgen von alternierenden Silben. Sie ist nach links, also gegenüber der unbetonten zweiten Silbe in »Winde« als prominent, nach rechts, gegenüber der prominenten ersten Silbe in »meiner« als nicht-prominent zu betrachten. In II,3 trennt die mit x bezeichnete zehnte Silbe (»in«), die nach links prominent, nach rechts dagegen nicht-prominent ist, ebenfalls zwei Folgen von alternierenden Silben. In IV,1 stoßen die zwei unbetonten Silben »[…] Wech*seln, zer*stört […]« aneinander und trennen zwei Folgen von alternierenden Silben.

□ ■ □ ■ □ ■ □
Noch ein*mal* willst Du mich mit (I,1)

□ ■ □ ■ □
Mein Haar wallt hin in (I,3)

□ ■ □ ■ □ ■ □
Wie weit und ach wie eng ist (III,1)

□ ■ □ ■ □
Es rau*schet* fort im (IV,2)

■ = metrisch prominente Silbenposition
□ = metrisch nicht-prominente Silbenposition

[**Fettdruck**] = sprachlich prominente Silbe
[*Kursivdruck*] = sprachlich nicht-prominente Silbe

Es zeigt sich, daß es nicht zu auffälligen Reibungen zwischen sprachlichen und hypothetischen metrischen Einheiten kommt. Die sprachlichen Einheiten lassen sich in das Schema einfügen, die Betonungen der zweisilbigen Wörter »einmal« und »rauschet« unterstützen das Schema explizit, ebenso die semantisch sinnvoll erscheinende Betonung der adverbial gebrauchten einsilbigen Adjektive »weit« und »eng« in III,1.

Ferner ist zu klären, ob der Text Elisionen und Diäresen vornimmt, um alternierende metrische Einheiten einhalten zu können. Die dritte Person Singular Präsens zum Verb »rauschen« wird einmal einsilbig gebildet[192], einmal zweisilbig[193]; hierin zeigt sich deutlich eine Bearbeitung der sprachlichen durch die metrischen Einheiten. Ebenfalls in der zweisilbigen Form wird das Verb »glänzen« verwendet[194].

In vier der 15 Verse lassen sich allerdings die alternierenden metrischen Einheiten nicht strikt durchhalten, weil hier jeweils zwei unbetonte Silben aufeinandertreffen.[195] In I,3 könnte man, den Regeln der antiken Metrik folgend, durch Elision (»Wind' *und* meiner«) das alternierende Muster herstellen, in den anderen drei Versen müßte man jeweils eine Zäsur setzen, um die beiden unbetonten Silben zu trennen (»Se*gen* | *in* jedes« etc.). Die Verse würden dadurch in zwei Hälften mit jeweils alternierenden Silben aufgeteilt.

192 I,2: »rauscht«.
193 IV,2: »rauschet«.
194 III,2: »glänzet«.
195 Vgl. I,3: »[...] Win*de und* meiner [...]«; II,3: »[...] Se*gen in* jedes [...]«; IV,1: »[...] Wech*seln, zer*stört [...]«; IV,3: »[...] entris*sen und* wird [...]« (die unbetonten Silben jeweils kursiv).

Das Alternieren läßt sich, unter Berücksichtigung der genannten Zäsurstellen, dem Gedicht als Versprinzip zugrundelegen. Betrachtet man hinsichtlich alternierender metrischer Einheiten das Verhalten der Monosyllabica, ist festzustellen, daß nur die einsilbigen Substantive immer auf metrisch prominente Silbenpositionen fallen. Alle anderen Monosyllabica verhalten sich variabel.[196] In Klopstocks »Siona« liegt, wie zu sehen war, eine strengere Zuordnung vor. Dort fallen alle einsilbigen Substantive und Verben auf metrisch prominente Silbenpositionen, alle einsilbigen Artikel auf metrisch nicht-prominente Silbenpositionen.

Es ist zu fragen, ob neben dem Prinzip des Alternierens noch weitere metrische Übereinstimmungen zwischen den Versen vorliegen. Alle 15 Verse beginnen mit einer metrisch nicht-prominenten Silbenposition. Wenn auch für den Beginn einiger Verse eine alternative Betonungsstruktur erwogen werden kann,[197] können doch alle Verse als jambisch alternierend bezeichnet werden.[198]

Für die 15 Verse können folgende Hebungsanzahlen ermittelt werden: Strophe I: 6 / 6 / 9 / 10;[199] Strophe II: 5 / 6 / 6 / 8; Strophe III: 6 / 5 / 7 / 10; Strophe IV: 9 / 7 / 9. Wie auch schon hinsichtlich der Silbenzahl können auch hier große Schwankungen sowie das Anwachsen der Hebungszahl in den Versen 3 und 4 innerhalb der ersten drei Strophen festgestellt werden. Die Strophen entsprechen sich lediglich in ihren metrischen Mikro-Einheiten – den alternierenden Silbenpositionen –, nicht jedoch auf höheren Organisationsebenen dieser Einheiten. Ein konventioneller alterniernder Verstyp, etwa ein Fünfheber, oder ein Sechsheber mit konstanter Mittelzäsur, oder ein Wechsel von Vier- und Dreihebern, liegt nicht vor. Allein schon die Feststellung, daß die vierte Strophe aus drei und nicht aus vier Versen besteht, spricht für eine unregelmäßige metrische Makro-Organisation.

Da die Verse des Gedichtes mit 6 bis 10 Hebungen relativ lang sind, ist zu untersuchen, ob sie regelmäßige Binnenzäsuren aufweisen. Verglichen werden dabei Verse mit gleicher Hebungsanzahl. Minimalbedingung für eine Zäsur ist eine Wortgrenze, grammatikalische und syntaktische Ein-

196 Vgl. z.B. die Verben »willst« (I,1: ■) gegenüber »wallt« (I,3: □), die Artikel »des« (I,4: □) gegenüber »des« (II,4: ■), die Pronomen »er« (III,4: ■) gegenüber »Es« (IV,3: □), die Adverben »weit« (III,1: ■) gegenüber »Froh« (III,2: □).
197 Z.B. II,2: »Unfühlbar süße« gegenüber »Unfühlbar süße«; III,2: »Froh glänzet« gegenüber »Froh glänzet«; IV,1: »[So] ist das Leben« gegenüber »[So] ist das Leben«.
198 Die angeführten Abweichungen sind in jambischen Versen sehr verbreitet. Bereits Breitinger läßt den trochäischen Beginn eines jambischen Verses zu: Breitinger 1740, II, 468 f.
199 D.h.: I,1 = 6 Hebungen, I,2 = 6 Hebungen, etc.

schnitte erhöhen die Markanz der Zäsur. Den metrischen Eigenschaften der Verse zufolge gibt es drei Typen von Zäsuren: Erstens eine Zäsur nach einer prominenten und vor einer nicht-prominenten Silbe; zweitens eine Zäsur nach einer nicht-prominenten und vor einer prominenten Silbe; drittens eine Zäsur zwischen zwei nicht-prominenten Silben. Beim ersten und zweiten Zäsurtyp alterniert der Vers, trotz der Zäsur, strikt weiter, beim dritten Zäsurtyp kaschiert die Zäsur das Aufeinandertreffen von zwei unbetonten Silben.[200] In Tabelle 7 (siehe Anhang) sind die nach grammatikalisch-syntaktischen Bedingungen wahrscheinlichsten Binnenzäsuren der Verse angegeben, außerdem der damit vorliegende Zäsurtyp sowie die durch die Zäsur bedingte Aufteilung der Hebungen des Verses. Während die drei neunhebigen und die beiden zehnhebigen Verse jeweils in ihrer Zäsurbildung übeinstimmen,[201] weisen die fünf-, sechs- und siebenhebigen Verse Unregelmäßigkeiten in ihrer Zäsurbildung auf. Achthebig ist nur Vers II,4. Es läßt sich zusammenfassen, daß das Gedicht auch hinsichtlich seiner Zäsurbildungen keine regelmäßige Struktur aufweist.

Während die Ode »Siona« auf der Ebene ihrer metrischen Einheiten eine charakteristische Gestalt vorstellt, ist Arnims »Nähe des Frühlings« metrisch minimal strukturiert. Klopstock hat offenbar sehr genau darauf geachtet, daß die sprachlichen Einheiten der »Siona«-Strophen mit dem metrischen Schema kongruieren, bei Arnim hingegen ergibt sich aus der Betonungsstruktur der sprachlichen Einheiten – quasi als Nebeneffekt – das metrische Prinzip des Alternierens. In der »Siona« bilden die metrischen Einheiten eine eigenständige Ebene der Textproduktion, in »Nähe des Frühlings« fungiert das metrische Prinzip des Alternierens lediglich als Hintergrund der Versifizierung.

An dieser Stelle lohnt sich ein Blick auf die Fassung in Hs. B. Hier lautet der Text:

Nocheinmal willst du mich mit deinen Strahlen grüssen,
Du goldnes Kind, der Auferstehung Bothe,
Der aus dem langen Schlaf erweckt das Todte,
Es rauscht die milde Luft, die Bäche wollen fliessen
Von euch kommt alles her ihr blauen Frühlingslüfte,
Unsichtbar Wesen, wie der Geister Weben,
Läst du die Kräfte wieder sich erheben,
Es springt die Knospe auf, die Farb, der Sang und Düfte.

200 Der vierte denkbare Zäsurtyp, bei dem die Zäsur zwei aufeinanderfolgende betonte Silben trennen würde, liegt nicht vor.
201 Neunhebige Verse: Zäsurtyp □ | □, Versaufteilung in fünf plus vier Hebungen; zehnhebige Verse: Zäsurtyp ■ | □, Versaufteilung in sechs plus vier Hebungen.

> Ach so erschöpfend bist du daß ich ganz versinke,
> Und bin ein Kind und werd mit dir zum Kinde,
> Ich spiel mit jedem Blat, gleichwie die Winde,
> Und in der Blumen stillem Meer ganz mat ertrinke.[202]

Hier liegt eine wesentlich bestimmtere metrische Strukturierung vor. Alle Strophen bestehen aus vier Versen, statt der Strophen III und IV der Hs. A schreibt Arnim eine andere dritte Strophe. Wiederum alternieren die Verse und beginnen jambisch, allerdings sind jetzt zweisilbige Senkungsfüllungen vermieden, d.h. alle Verse alternieren strikt durch. Außerdem ist eine regelmäßige Verteilung der Hebungsanzahlen festzustellen. Erster und vierter Vers jeder Strophe sind jeweils sechshebig, zweiter und dritter Vers sind fünfhebig. Da alle Verse weiblich schließen, ergibt sich auch eine Regelmäßigkeit in der Silbenzahl: Die Verse 1 und 4 zählen je 13 Silben, die Verse 2 und 3 je 11 Silben. In fünf der sechs sechshebigen Verse[203] läßt sich eine Mittelzäsur nach der dritten Hebung ansetzen, in den Versen I,1, I,4, II,1 und II,4 nach dem ersten Zäsurtyp (■ | □), in III,1 nach dem zweiten Zäsurtyp (□ | ■).[204] Die fünfhebigen Verse lassen sich abwechselnd in zwei plus drei bzw. drei plus zwei Hebungen gliedern.

Der zweiten Fassung liegt also eine konstante Strophenform – je vier Verse, alternierndes Prinzip, jambisch, 6 / 5 / 5 / 6 Hebungen – zugrunde.[205] Diese Strophenform begegnet in der Lyrik um 1800 zwar nicht besonders häufig, ist jedoch durchaus geläufig. Oft folgen z.B. die Quartette von Sonetten dieser Form.[206] Verglichen mit der Ode »Siona« ist auch das metrische Schema der zweiten Fassung weniger ausgeprägt, da seine metrischen Mikro-Einheiten – die alternierenden Silben – rekurrent sind.

Welche der beiden Fassungen Arnim als gelungener beurteilt hat, läßt sich nicht ermitteln; keine der Fassungen hat er durch Drucklegung autorisiert. Daß er allerdings in wohl geringem zeitlichen Abstand zwei metrisch divergierende Varianten notiert hat, zeigt, daß er an der Strukturierung der Strophenform gearbeitet hat.

---

202 Zit. nach: Arnim/Brentano, Freundschaftsbriefe, I, 12.
203 I,1, I,4, II,1, II,4, III,1.
204 III,4 läßt sich eher in vier plus zwei Hebungen einteilen: »Und in der Blumen stillem Meer | ganz matt ertrinke.« (erster Zäsurtyp).
205 Ein Detail in Hs. B zeigt Arnims Bemühen, eine regelmäßige Strophenform herzustellen. II,2 ist nämlich folgendermaßen geschrieben: »Unsichtbar süße Wesen, wie der Geister Weben,«. Arnim streicht das Adjektiv vermutlich um eine Hebung einzusparen.
206 Vgl. z.B. Arnim, Gedichte, 46 f. (»Dichterschmerz«) und 48 f. (»Dichteraussicht«).

(1.2) Lautstrukturen: (1.2.1) Endreime

Im Gegensatz zu Klopstocks »Siona« verwendet Arnims Gedicht Endreime. Die ersten drei Strophen in A reimen jeweils abba, die vierte Strophe reimt aaa. Beachtet man, wieviele Silben jeweils am Reim beteiligt sind, ergeben sich folgende Strukturen: Strophe I: a(2) b(1) b(1) a(2); Strophe II und III: a(2) b(2) b(2) a(2); Strophe IV: a(3) a(3) a(3). In fünf Verspaaren liegen also weibliche Reime vor, die Verse I,2-3 reimen männlich. In der vierten Strophe liegt, da ihre Verse nicht, wie üblich, ab der letzten Hebung, sondern bereits ab der vorletzten Hebung reimen, eine dreisilbige Reimstruktur vor.[207] Stellt man weiter in Rechnung, daß die a-Reime der Strophen über die Strophengrenzen hinweg assonieren, läßt sich das folgende Gesamtreimschema angeben:

a_1[208]   (2)
b   (1)
b   (1)
a_2 (2)

a_3 (2)
c   (2)
c   (2)
a_3 (2)

a_4 (2)
d   (2)
d   (2)
a_4 (2)

a_5e   (3: 2+1)
a_6e   (3: 2+1)
a_7e   (3: 2+1)

Während das Gedicht hinsichtlich seiner metrischen Einheiten minimal strukturiert ist, weist es eine elaborierte Reimstruktur auf.[209] Dieses Analyseergebnis deckt sich durchaus mit den Prämissen der frühromantischen Poetik, die der metrischen Feinunterteilung des Verses geringe

---

207 Allerdings sind die Reime der ersten beiden Silben unrein: »Frühlings-«, »Blüten« und »früher«.
208 Abweichende Tiefzahlen bezeichnen unreine Reime.
209 Auch das Reimschema der Fassung B ist elaboriert, da sich auch dort strophenübergreifende Beziehungen ergeben: a_1 b b a_2; a_3 c c a_3; d_1 d_2 d_2 d_1 (alle Reime zweisilbig).

Bedeutung beimaß, den Reim dagegen zur »Fundamentalfigur aller übrigen musikalisch-poetischen Sprachfiguren«[210] aufwertete. Ungeachtet der Binnengliederung würde, wie A.W. Schlegel ausführt, durch die Konzentration auf den Reim »der ganze Vers [...] gleichsam wie *ein* Fuß betrachtet«[211]. Aus diesem Blickwinkel sind die unregelmäßigen Hebungszahlen der Verse, die eine konstante Strophenform verhindern, ästhetisch keineswegs unbefriedigend.

(1.2.2) Binnenreime

Eine systematische Binnenreimstruktur, d.h. Binnenreime, die an bestimmten Stellen des Textes konstant auftreten, liegt nicht vor. Allerdings gibt es einige Lautstrukturen, die sich durch stärkere Äquivalenzbeziehungen als Assonanzen (Silbenvokal-Äquivalenzen) oder Alliterationen (Silbenanlaut-Äquivalenzen) auszeichnen und die deshalb hier aufgeführt werden. In I,2 reimt »Leyer« mit »Feier«. Diesem Reim schließen sich die in ihrer Vokalstruktur äquivalenten Wörter »deiner«, sowie in I,3 »deinem« und »weichen« an. Innerhalb der Verse I,2-3 werden also fünf relativ eng benachbarte Hebungen mit Folgesilben von einer Vokalstruktur besetzt, die abgestufte Äquivalenzgrade aufweist. In Strophe II schließen sich dem Endreimpaar »Weben« / »Leben« in II,2 »Wesen«, sowie in II,3 »Regen« und »jedes« an. Das phonetische Material des Endreims scheint hier in die Verse hineinzuwirken. In Strophe III wird die Vokalfolge ɛ-ə der Wortrepetition »Nächte«[212] mehrfach wiederholt, nämlich in den Wörtern »Sternen-«, »glänzet«, »ängstet«, »Berges«.

(1.2.3) Assonanzen und Alliterationen

Neben den Reimen legt die frühromantische Poetik vor allem auf Assonanzen und Alliterationen wert. Für Bernhardi ist der »Reim [...] das eigentlich strophische Prinzip, wie die Assonanz das für ganze Gedichte, und die Alliteration für einzelne Verse«[213]. Wie auch bei der Ode »Siona« beschränke ich mich bei der Analyse von Lautstrukturen unterhalb der Ebene der End- und Binnenreime auf die Vokale (Assonanz-Strukturen) und die Anlaute (Alliterations-Strukturen) der metrisch prominenten Silben. Wiederum werden nach den oben genannten Kriterien auffällige Lautstrukturen ermittelt.

210 Bernhardi 1801-03, II, 395.
211 Schlegel 1798-99, 47.
212 III,3 und III,4.
213 Bernhardi 1801-03, II, 410.

(1.2.3.1) Vokale (siehe Anhang, Tabelle 8)

Von 19 vokalischen Phonemen des Deutschen[214] kommen 17 auf metrisch prominenten Textsilben vor.[215] Es ergeben sich die folgenden auffälligen Strukturen:

Strophe I: aɪ-Struktur (V1 / P1, P4; V2 / P1, P3, P4; V3 / P3, P4, P6; V4 / P7); ɪ-Struktur (V1 / P2, P3; V2 / P5; V3 / P2, P5, P7; V4 / P3, P9).
Strophe II: y:-Struktur (V1 / P4; V2 / P1, P2); e:-Struktur (V2 / P3, P6; V3 / P4, P5, P6); ɛ-Struktur (V3 / P2, P3; V4 / P4).
Strophe III: ɛ-Struktur (V1 / P3, P5; V2 / P1; V3 / P1, P3, P6; V4 / P4, P5); ɔ-Struktur (V2 / P2; V4 / P2, P6); ɪ-Struktur (V2 / P4; V3 / P2, P5; V4 / P1, P9), y:-Struktur (V1 / P6; V4 / P8, P10).
Strophe IV: ɪ-Struktur (V1 / P1, P4; V2 / P3; V3 / P1, P5, P6); i:-Struktur (V1 / P3; V2 / P4; V3 / P2); y:-Struktur (V1 / P7, P8; V2 / P6; V3 / P3, P8); aʊ-Struktur (V1 / P9; V2 / P1, P7; V3 / P9); ɔ-Struktur (V2 / P2, P5).

Es liegen 14 auffällige Vokalstrukturen vor, darunter am häufigsten vertreten sind die Strukturen der Vokale ɪ und y: (je dreimal); es folgen die Strukturen der Vokale ɛ und ɔ (je zweimal), je einmal sind Strukturen der Vokale aɪ, aʊ, e: und i: zu verzeichnen. Die Dichte der auffälligen Vokalstrukturen steigt von Strophe zu Strophe.[216] Eine besondere Verdichtung findet in der vierten Strophe statt, weil diese Strophe nur aus drei Versen besteht und dennoch die größte Anzahl auffälliger Strukturen aufweist. Neun der vierzehn auffälligen Strukturen erfüllen mehr als eine der drei alternativen Minimalbedingungen (s.o.).[217] Der Vergleich mit der Ode »Siona« hinsichtlich auffälliger Vokalstrukturen zeigt, daß »Nähe des Frühlings« dichter strukturiert ist. Im Strophendurchschnitt liegen mehr auffällige Vokalstrukturen vor.[218] Außerdem bietet die vierte Strophe in

---

214 Nach: Bergmann/Pauly/Schlaefer 1991, 32.
215 Nicht vertreten sind die Phoneme ɛ: und ʊ.
216 Strophe I: zwei Strukturen; Strophe II: drei Strukturen; Strophe III: vier Strukturen; Strophe IV: fünf Strukturen.
217 Vgl. z.B. Strophe I, aɪ-Struktur: Auftreten in den drei Folgeversen V1, V2, V3; Auftreten in den drei Folgeversen V2, V3, V4; Repetition in V1; Dreifach-Repetition in V2; Dreifach-Repetition in V3; Auftreten in unmittelbar benachbarten Positionen in V2; Auftreten in unmittelbar benachbarten Positionen in V3; es wird also siebenmal eines der Minimalkriterien für das Vorhandensein einer auffälligen Struktur erfüllt.
218 »Siona«: 23 auffällige Strukturen in acht Strophen; »Nähe des Frühlings«: 14 auffällige Strukturen in vier Strophen.

»Nähe des Frühlings« im Vergleich der beiden Texte das Maximum auffälliger Vokalstrukturen (fünf Strukturen). Wie in »Siona« überwiegen auch in »Nähe des Frühlings« Strukturen heller Vokale; allein 7 der 14 auffälligen Strukturen werden durch die Vokale ı, i: und y: gebildet.

(1.2.3.2) Anlaute (siehe Anhang, Tabelle 9)

Auf Ebene der Anlaute liegen die folgenden auffälligen Strukturen vor:

Strophe I: h-Struktur (V2 / P5; V3 / P1, P2); v-Struktur (V1 / P2; V3 / P4, P5); d-Struktur (V1 / P4; V2 / P3; V3 / P3); b-Struktur (V4 / P5, P8).
Strophe II: v-Struktur (V2 / P3, P4, P6); d-Struktur (V4 / P4, P8).
Strophe III: h-Struktur (V2 / P3, P4); n-Struktur (V2 / P2; V3 / P6; V4 / P5); k-Struktur (V2 / P5; V4 / P3, P10); f-Struktur (V4 / P1, P6).
Strophe IV: l-Struktur (V1 / P2, P4, P9; V3 / P2); v-Struktur (V1 / P3, P5; V2 / P3, P4; V3 / P1, P6); f-Struktur (V1 / P8; V2 / P2; V3 / P8); r-Struktur (V3 / P5, P9).

Insgesamt sind 14 auffällige Anlautstrukturen zu verzeichnen. Drei werden durch den Anlaut v gebildet, je zwei durch die Anlaute d, f und h; die Anlaute b, n, k, l und r prägen je eine Struktur. Auch hinsichtlich der Anlaute ist Arnims Gedicht dichter strukturiert als die »Siona«.

So kann resümiert werden, daß »Nähe des Frühlings« hinsichtlich der Metrik schwach strukturiert, hinsichtlich der Lautstrukturen dagegen besonders elaboriert ist. Bei der Ode »Siona« verhält es sich umgekehrt. Dieses Analyseergebnis entspricht genau der poetologischen Orientierung der Frühromantiker einerseits, Klopstocks Orientierung andererseits. Innerhalb von zwei Dichtergenerationen hat sich die Einschätzung der Valenz akustischer Strukturen offenbar stark gewandelt: Klopstock setzt auf die exakte Anordnung der Silbenbewegung, Arnim auf den Silbenklang.

(2) Syntaktische Strukturen: (2.1) Verhältnis der Satzgrenzen zur Vers- und Strophengliederung

Auf die vier Strophen verteilen sich 15 Sätze.[219] Es fällt auf, daß der Punkt nicht an jedem Satzende gesetzt wird, sondern nur an den Enden der Strophen I, II und IV. Das Ende aller Strophen fällt mit einer Satzgrenze zusammen. In den Strophen I, III und IV fällt auch jedes Versende mit einer Satzgrenze zusammen. Nur in Strophe II erstreckt sich der zweite

---

219 Strophe I: fünf Sätze; Strophe II: drei Sätze; Strophe III: vier Sätze; Strophe IV: drei Sätze.

Satz über die Verse 2 und 3. Im Inneren der Verse gibt es meistens keine syntaktischen Zäsuren, lediglich eine Hauptsatzgrenze in I,4, eine Hypotaxengrenze in III,4 sowie eine Parataxengrenze in IV,3. Die syntaktischen Grenzen im Versinneren stehen also in den Schlußversen der Strophen I, III und IV. Im Vergleich zur Ode »Siona« fällt auf, daß sich die Sätze gleichmäßiger über die Strophen und Verse verteilen.

(2.2) Syntaktische Konstruktionen

Die syntaktischen Konstruktionen in »Nähe des Frühlings« sind weniger komplex als die Konstruktionen der Ode »Siona«. Parallele Konstruktionen weisen der zweite, dritte und vierte Satz auf: auf das Subjekt (»Die Leyer«/»Mein Haar«/»Die Erde«) folgt zuerst das Verb (»rauscht«/»wallt hin«/»öffnet sich«), dann eine Ergänzung zum Verb (»zu deiner Feyer«/ »in deinem weichen Winde«/»zur Neugeburt des Grüns«); erst dann schließen sich in ihrer Funktion divergierende Satzteile an. Ebenfalls parallel konstruiert sind der neunte, zehnte und elfte Satz: auf einen adverbialen Satzteil (»Wie weit und ach wie eng«/»Froh«/»Da«) folgt zunächst das Verb (»ist«/»glänzet«/»ängstet sich«), dann das Subjekt (»diese Sternenbühne«/»das Haupt«/»des Berges Fuß«). Die drei Appositionen »Himels Sohn«[220], »blaue Frühlingslüfte«[221] und »Unfühlbar süße Wesen«[222] sind nicht in den Satzverlauf eingeschoben, sondern stehen am Ende bzw. am Anfang der Sätze. Es kommt, abgesehen von einer Ausnahme, nicht zur Aufspaltung von zusammengehörigen Satzteilen. Ungewöhnlich sind lediglich drei Konstruktionen: Im dritten Satz[223] wird der zweite Teil des Subjektes, »meiner Stimme erster Ton«, nachgestellt.[224] Da das Verb in der Singularform verwendet wird, erkennt man zunächst nicht die Zugehörigkeit des zweiten Subjektteils zum Satz, sondern könnte meinen, daß ein neuer Satz beginnt. Im siebten Satz[225] sind dem Verb eine Apposition zum Subjekt »ihr« und eine Adverbialkonstruktion – »wie der Geister Weben« – vorangestellt. In Vers II,2 bleibt deshalb die Entwicklung der Konstruktion, anders als in allen anderen Versen, unklar, bevor sie mit der Folge von Verb, Subjekt und Objekt zu Beginn von II,3 transparent wird – »Gießt ihr der Kräfte schwellend Regen«. Ungewöhnlich

---

220 I,2.
221 II,1.
222 II,2.
223 I,3.
224 Grammatikalisch korrekt müßte der Satz lauten: »Mein Haar und meiner Stimme erster Ton wallen hin in deinem weichen Winde.«
225 II,2-3.

ist auch die Häufung von drei Adverben bzw. Adverbialkonstruktionen im dreizehnten Satz[226]. Die drei Sätze »[So] ist das Leben«, »Das Leben ist wie des Lichtes Wechseln« und »Das Leben ist zerstört wie grünes Frühlingslaub« sind hier zu einem Satz verschränkt.

(3) Wortrepetitionen

Die Tabellen 10a-f (siehe Anhang) geben Auskunft über die Wortrepetitionen. Von den insgesamt 154 Wörtern des Textes[227] werden 83, d.h. gut die Hälfte, nicht wiederholt. Von den 71 Wörtern, die an Wiederholungen partizipieren, sind 47, d.h. knapp zwei Drittel, nicht außertextlich referentiell (siehe Tabelle 10 e, 10 f.). Bei den meisten Wiederholungen von Wörtern mit außertextlicher Referenz (siehe Tabelle 10 a-d) handelt es sich um paarige Wiederholungen. Bei sieben von den acht Wiederholungspaaren fällt das zweite Glied der Wiederholung in die vierte Strophe. In Strophe IV ist also eine hohe Dichte von wiederholten Wörtern zu verzeichnen. Die Wiederholugen der Pronomen der ersten und zweiten Person konzentrieren sich auf die Verse I,1-3.

Daß sich gegen Ende eines Textes die wiederholten Wörter häufen, ist zunächst ein trivialer Befund. Sobald das Thema eines Textes exponiert ist und durchgeführt wird, wird auf bereits vorhandenes Wortmaterial rekurriert. Trotzdem wird, nach Analyse des Erzählzusammenhangs, zu überlegen sein, ob die Wiederholungsdichte in Strophe IV möglicherweise kompositorisch geplant ist.

(4) Entwicklung des Erzählzusammenhangs

Bei den gehäuften Anreden in den ersten beiden Strophen handelt es sich nicht um verschiedene Subjekte, sondern, der Titel suggeriert dies, um verschiedene Bezeichnungen des Frühlings bzw. der Naturkräfte des Frühlings: »Himels Sohn« (I,2), »blaue Frühlingslüfte« (II,1), »Unfühlbar süße Wesen« (II,2). Zum einen beschreibt das Gedicht Handlungen bzw. Wirkungen dieser Frühlingskräfte, zum anderen Verhaltensweisen des Sprechers und der Natur, die in Zusammenhang mit den Frühlingskräften stehen. Strophe III entwirft auf der »Sternenbühne« eine Auseinandersetzung antagonistischer Kräfte. Aus den metaphorischen Formulierungen läßt sich eine ganze Reihe von Gegensatzpaaren herauslesen: oben vs. unten, Himmel vs. Erde, Tag vs. Nacht, hell vs. dunkel, mild vs. kalt, Frühling vs. Winter. In III,4 scheint sich diese Auseinandersetzung zu Ungunsten der Frühlingskräfte, die vom Himmel herabkommen, zu entscheiden.

---

226 IV,1.
227 Gezählt nach der zugrundegelegten Fassung.

Die ersten drei Strophen weisen Übereinstimmungen in ihrem narrativen Muster auf. Der erste Vers bildet jeweils eine Art Motto der Strophe. I,1 kündigt die Ankunft des Frühlings an, die in den Folgeversen konkretisiert wird. II,1 spricht die »Frühlingslüfte« und deren befruchtende Wirkung an – auch dieses Thema wird in den Versen 2-4 durchgeführt. In III,1 wird die Szene für das anschließende Kräftespiel abgesteckt. Die vierten Verse der ersten drei Strophen thematisieren jeweils das Verhalten der Natur. I,4 und II,4 entwerfen Bilder des Aufblühens, III,4 beschreibt den Einbruch des Frühlings durch »der Nächte Frost«.

Strophe IV entfaltet eine aufwendige Metapher. »[So] ist das Leben« liest sich zunächst als Fazit des vorangegangenen Textes: Das Leben verhält sich so wie die dargestellte Auseinandersetzung antagonistischer Kräfte. Doch der Satzkern »[So] ist das Leben« erhält mehrere adverbiale Ergänzungen, die noch einmal an das Vorangegangene erinnern. Das Leben verhält sich »wie des Lichtes Wechseln«, entspricht also dem zyklischen Alternieren von Nacht und Tag, Sommer und Winter. Die zweite adverbiale Ergänzung, »zerstört wie grünes Frühlingslaub«, greift Vers III,4 auf, der das Erfrieren des ersten Grüns beschrieben hat, und verweist so auf die Vergänglichkeit des Lebens. IV,2 führt eine weitere Metapher an: Das Leben verhält sich »wie der goldne Blüten Staub«. Diese Metapher läßt sich sowohl als Bild der Flüchtigkeit des Lebens als auch als Bild befruchtender Lebenskraft interpretieren. IV,3 greift schließlich ein Detail der vorangegangenen Metapher auf und entwickelt es weiter. Hier setzt sich inhaltlich das Erliegen der Frühlings- und Lebenskräfte durch. Eine Befruchtung findet nicht statt – der »Blüten Staub« fällt auf die »Erde« und vergeht. Die in der ersten Strophe angekündigte Frühlingsfeier weicht im Verlauf des Textes dem Nachsinnen über die Vergänglichkeit des Lebens. Die Frühlingskräfte entfalten zwar ihre belebende Wirkung, doch in den Strophen III und IV wird diese Belebung rückgängig gemacht, indem sie als nur vorübergehend gekennzeichnet wird.

In der Fassung der Hs. B ist vom Einbruch des Frühlings nichts zu lesen. Hier beschreibt die dritte Strophe das Sich-Hingeben des Sprechers an die Frühlingskräfte:

Ach so erschöpfend bist du daß ich ganz versinke,
Und bin ein Kind und werd mit dir zum Kinde,
Ich spiel mit jedem Blat, gleichwie die Winde,
Und in der Blumen stillem Meer ganz mat ertrinke.[228]

---

228 Arnim/Brentano, Freundschaftsbriefe, I, 12.

Die erste Strophe der Hs. B entfaltet eine österliche Metaphorik: »Du goldnes Kind, der Auferstehung Bothe, | Der aus dem langen Schlaf erweckt das Todte,« (I,2-3). Insofern ließe sich in Erwägung ziehen, ob die dritte Strophe in Hs. B als naturmystische unio-Metapher gelesen werden kann. Jedenfalls entwickeln sich die beiden Fassungen vom gleichen Ausgangspunkt in inhaltlich verschiedene Richtungen.

(5) Klang- und Bewegungsassoziationen

Auch Arnims Gedicht bietet eine Fülle von Klang- und Bewegungsassoziationen. In dem Motiv der Musik, die vom Himmel herab auf die Erde kommt, besteht eine Parallele zum Lied Sionas.

Auch in »Nähe des Frühlings« scheint mir das Synthetisieren von musikalischen Klängen und Naturgeräuschen konzeptionell angelegt zu sein. Dem Klang der »Leyer« folgen ein Stimmton[229] und ein Naturlaut[230]. In II,4 werden Natur- und Kulturlaut miteinander verschränkt: »Es springen auf die Knospen des Gesangs«.

Besonders die ersten beiden Gedichtstrophen verwenden Verben mit einem ausgeprägten Bewegungsaspekt: ›rauschen‹, ›wallen‹, ›öffnen‹, ›fließen‹, ›sprossen‹, ›giessen‹, ›aufspringen‹. Die Ankunft des Frühlings löst die Welt aus der Winterstarre und versetzt sie in Schwingungen und Bewegungen.

Außerdem vollzieht sich in den ersten drei Strophen räumlich jeweils eine Bewegung von oben nach unten. Vom »Himels Sohn«[231] wird der Blick des Rezipienten zur »Erde«[232] geführt, von den »Frühlingslüfte[n]«[233] zu den »Knospen« und »Blumen«[234], vom »Haupt«[235] zum »Fuß«[236] bzw. von der »Himmelsklarheit«[237] zum Bodenfrost[238]. Auch die vierte Strophe endet auf dem abweisenden Erdboden. Die mehrfach inszenierte Abwärtsbewegung kann einerseits als Herabkunft des Frühlings gedeutet werden, andererseits als (Zer-)Fall der Lebenskräfte.

229 I,3: »meiner Stimme erster Ton«.
230 I,4: »die Bäche klingend fließen«.
231 I,1.
232 I,4.
233 II,1.
234 II,4.
235 III,2.
236 III,3.
237 III,2.
238 III,4.

(6) Die analysierten Strukturen als motiviertes Zeichensystem

Der Text läßt sich inhaltlich leichter auffassen als die Ode »Siona«. Seine syntaktischen Strukturen sind regelmäßiger und weniger komplex, seine narrativen Phasen sind deutlich voneinander abgegrenzt. Die ersten beiden Strophen erzählen die Herabkunft des Frühlings, die dritte Strophe inszeniert ein Kräftespiel, bei dem der Frühling unterliegt, die vierte Strophe metaphorisiert das Vorangegangene: Die Flüchtigkeit und Vergänglichkeit der Frühlingskräfte wird auf die Flüchtigkeit und Vergänglichkeit des Lebens übertragen.

Daß sich in der vierten Strophe das zuvor Gesagte metaphorisch komprimiert, findet in der Verdichtung zahlreicher Strukturen seine Entsprechung auf Ebene der Signifikanten. Die vierte Strophe zeichnet sich durch ihre geringere Versanzahl aus, ferner durch den elaborierten Endreim, durch die Häufung auffälliger Vokalstrukturen, durch die Häufung wiederholter Wörter sowie durch die verschränkende – und dadurch ebenfalls komprimierende – Satzkonstruktion in IV,1.

Das Anwachsen der Silben- und Hebungszahl in den Versen 3 und 4 in den ersten drei Strophen könnte als formaler Ausdruck für das Sich-Verbreiten der Frühlingskräfte und das Aufblühen der Natur aufgefaßt werden. Die Binnenreimstruktur in I,2-3 könnte als lautliche Inszenierung des Leierspiels gelesen bzw. gehört werden. Daß sich in II,2-3 auf Ebene des Erzählten die Lebenskräfte überallhin ausbreiten, findet im Hineinwirken der Vokalstruktur des Endreims »Weben«/»Leben« ins Innere der Verse eine lautstrukturelle Entsprechung. In der dritten Strophe fällt auf, daß sich im unreinen Binnenreim »glänzet«/»ängstet« der inhaltliche Antagonismus, der diese Strophe prägt, konzentriert. Die anderen Wörter der Strophe mit der Vokalfolge ɛ-ə bzw. mit dem Vokal ɛ lassen sich entweder der frühlingshemmenden Sphäre zuordnen (»eng«, »Nächte«, »verwelkt«), oder sie verhalten sich neutral zu dem semantischen Gegensatz (»Sternen-«, »Berges«).

In der vierten Strophe ist zwar vom Verwelken des Lebens die Rede, die üppigen Lautstrukturen des Textes werden allerdings keineswegs reduziert, sondern scheinen noch einmal in besonderer Weise aufzublühen. So ließe sich fragen, ob sich die formalen Strukturen subversiv zu ihrem Signifikat verhalten. Einerseits wird die Vergänglichkeit allen Lebens erzählt, andererseits bietet gerade die poetische Sprache ein Gegengewicht zum um sich greifenden Verfall. Für den Moment des Gedichtes kann die Frühlingssphäre in den Signifikanten erhalten werden.

Die frühromantische Poetik entwirft mehrfach die Vorstellung von der Poesie als teilweise entsemantisierter Klangkunst. Bernhardi möchte am Ende seiner Sprachlehre »die Sprache einzig als eine Sammlung von einzelnen Tönen betrachten, und die Poesie aufsuchen, welche durch diese, rein, vom Gegenstande der Darstellung entweder ganz, oder zum Theil abgesehen möglich ist«[239]. Wie viele Gedichte der Frühromantiker kommt auch »Nähe des Frühlings« dieser Forderung nicht nach. Auch wenn sich auf Seite der Signifikanten akustisch markante Strukturen ergeben, vermittelt der Text durchaus greifbare Bedeutungen. Teilweise scheint die Lautlichkeit des Textes seine inhaltlichen Aussagen zu unterstützen, teilweise verhält sich die Lautlichkeit subversiv zum Dargestellten.

Auch wenn in der vierten Strophe die vorangehende Handlung als Metapher gelesen wird, handelt es sich nicht um ein allegorisches Gedicht. Denn eine scharfe Trennlinie zwischen Bildebene (Frühling) und Bedeutungsebene (Leben) läßt sich nicht ziehen. Das »Leben«, wie es in IV,1 angesprochen wird, wird nicht weiter konkretisiert. Es wird nicht gesagt, ob speziell das menschliche Leben oder das Leben der organischen Natur im allgemeinen gemeint ist. Deshalb kommt es nicht zu einer offensichtlichen Metapher mit der Aussage ›Die Situation des Frühlings entspricht dem Status des menschlichen Lebens‹, sondern eher zu einer tautologischen Metapher der Form ›Situation der Lebenskräfte = Situation der Lebenskräfte‹. Die an den Eingang einer Moral erinnernde Formulierung »[So] ist das Leben« zieht keine Lösung nach sich. Die Bildebene wird nicht auf eine Sach- oder Realitätsebene konzentriert und dadurch als uneigentliche Ebene des Textes gekennzeichnet. Die Form des Metaphorisierens in Arnims Gedicht findet in einer Formulierung A.W. Schlegels seine poetologische Begründung:

> Die unpoetische Ansicht der Dinge ist die, welche mit den Wahrnehmungen der Sinne und den Bestimmungen des Verstandes alles an ihnen für abgethan hält; die poetische, welche sie immerfort deutet und eine figürliche Unerschöpflichkeit in ihnen sieht. [...] Dadurch wird erst alles für uns lebendig. Dichten (im weitesten Sinne für das poetische allen Künsten zum Grunde liegende genommen) ist nichts andres als ein ewiges symbolisiren: wir suchen entweder für etwas Geistiges eine äußere Hülle, oder wir beziehn ein Äußres auf ein unsichtbares Innres.[240]

Diese Verwendung des Symbols bzw. der Metapher hat nicht eine Trennung zwischen eigentlicher und uneigentlicher Rede bzw. zwischen uneigentlichen Zeichen und eigentlicher (Be-)Deutung zum Ziel, sondern

---

239 Bernhardi 1801-03, II, 393.
240 Schlegel 1801-02, 249.

wird zu einer Grundfigur der Poesie schlechthin. »Äußres« und »Innres«, Signifikant und Signifikat werden beständig ineinandergeblendet.

4.4 Fazit: Textakustik anstelle von Vortragsakustik

In dem Zeitraum, den die beiden Texte in etwa abstecken, weisen viele Autoren auf die Kehrseiten der Letternkultur hin und fordern eine Re-Oralisierung des Literaturbetriebs. Trotzdem können auch lyrische Gedichte, zu deren Bestimmung es nach Meinung vieler Theoretiker noch um 1770 gehört, laut vorgetragen oder sogar gesungen zu werden, den Mechanismen der expandierenden Schriftlichkeit nicht entgehen. Die Vertonungspraxis zeigt ein Auseinanderdriften der Systeme Text und Musik, das gemeinschaftliche Vorlesen weicht nach und nach der isolierten, stillen Lektüre. Doch die Poetik läßt nicht davon ab, Lyrik als Kunst, die sich akustisch in der Zeit realisiert, zu begreifen – im Gegenteil, in den 1790er Jahren erfolgt durch den poetologischen Entwurf A.W. Schlegels ein energischer Versuch, die Poesie gerade auf ein sprachliches Merkmal zu gründen, das von der Schrift nicht erfaßt wird: auf den Sprachklang. Auf die Spannung zwischen dem Literaturbetrieb, der die Lyrik ihrer akustischen Realisation entzieht, und den Poetiken, die die Sprachakustik zur Leitkategorie erklären, wird in den behandelten Gedichten möglicherweise dadurch reagiert, daß akustische Komponenten der Sprache so dicht strukturiert werden, daß sie sich als bedeutungserzeugendes Zeichensystem anbieten. Dieses Angebot besteht, egal ob die Gedichte laut oder leise, vor einem Auditorium oder alleine gelesen werden. In dem Moment, in dem der Literaturbetrieb die Vortragsakustik der Lyrik dadurch in Frage stellt, daß er den Vortrag abschafft, verlagern Dichter wie Klopstock und Arnim ihr Interesse auf die in den schriftlichen Text hineinkomponierte Akustik. Anstatt Re-Oralisierung zu fordern, legen sie der Letternkultur akustische Strukturen als Kuckucksei in die Texte.[241]

In einer konkreten Vortragssituation werfen beide Gedichte Darstellungsprobleme auf. Klopstocks »Siona« enthält zwar ein rhetorisches Signal, nämlich eine Publikumsanrede an ein möglicherweise vorhandenes Auditorium, scheint aber für eine rein auditive Rezeption sehr komplex zu sein. »Nähe des Frühlings« spricht kein Publikum explizit an, die Anrede an den Frühling weicht im Verlauf des Gedichtes dem eher monologischen Räsonieren über die Vergänglichkeit des Lebens. Überlegt man,

---

[241] Zu einem ähnlichen Fazit kommt Klaus Weimar nach Analyse von Klopstocks Oden »Das schlafende Mädchen«, »Die Sommernacht« und »Die frühen Gräber«: Weimar 1995, 45.

wie sich die beiden Texte vertonen ließen, ist festzustellen, daß sie nicht mit dem musikalischen Strophenprinzip kompatibel sind. Die Syntaxgrenzen der »Siona« sprengen den strophischen Rahmen, die Hebungszahlen des metrischen Schemas kollidieren mit einer einfachen Taktgruppensymmetrie. Noch deutlicher stehen Arnims unregelmäßige Strophen einer strophischen Vertonung entgegen. Für beide Texte würde sich eher das Verfahren der Durchkomposition anbieten, das 1764 noch nicht zu Gebote stand, 1802 noch von vielen Theoretikern diskreditiert wurde.

Natürlich lassen sich beide Gedichte vortragen, auch zeitgenössische Vertonungen sind für beide denkbar. Allerdings scheinen die Texte strukturell für eine Umsetzung in – gesprochene oder gesungene – Vortragsakustik nicht ideal geeignet. Andererseits bieten sich in beiden Texten textinhärente akustische Strukturen als bedeutungserzeugendes System an.

In den interpretierten Gedichten zeigt sich eine Tendenz, die, wie ich meine, die Lyrik in der zweiten Hälfte des 18. Jahrhunderts insgesamt prägt: Lyrik ist nicht mehr das zur Lyra gesungene Lied, sondern wird zu einem gelesenen Text, für den Sprachbewegung bzw. Sprachklang dennoch konstitutive Merkmale sind.

5 Ausblick: Lyrik im 20. Jahrhundert als akustische Kunst

Im Untersuchungszeitraum dieser Arbeit ist für lyrische Gedichte die Spannung zwischen dem geschriebenen Text und dem akustischen Erlebnis, das dieser Text intendiert bzw. evoziert, konstitutiv. Hieraus kann die Frage folgen, ob dieses Spannungsverhältnis auch in anderen Zeitabschnitten der Lyrikgeschichte von Bedeutung ist, ob es eventuell sogar ein konstantes Merkmal der Gattung Lyrik ist. Auch ohne weitere mediengeschichtliche Recherchen anzustellen ist deutlich, daß Lyrik auch in Kulturen, in denen Lesen und Schreiben keine allgemeinen Kulturtechniken sind, schriftlich tradiert wird. Ebenso deutlich ist, daß Lyrik auch in Kulturen, die als im hohen Maße verschriftlicht gelten, auch laut gelesen wird, daß Rezipienten dieser Kulturen Lyrik auch als akustisches Erlebnis wahrnehmen möchten. Weder das eine noch das andere Phänomen scheint für Lyrik je nebensächlich zu sein. Nicht immer ist jedoch bereits bei den Produzenten das Spannungsverhältnis, in dem ihre Kunst steht, so präsent und so ästhetisch relevant wie in der zweiten Hälfte des 18. Jahrhunderts. Der abschließende Ausblick soll zeigen, daß auch für die deutschsprachige Lyrik im 20. Jahrhundert Sprachakustik eine entscheidende Kategorie der Poetik ist. Dies hängt m.E. damit zusammen, daß sich auch im vergangenen Jahrhundert die Kommunikationsmedien so gravierend verändert haben, daß viele Künstler herausgefordert waren, die medialen Rahmenbedingungen ihrer Arbeit zu überdenken.

Die nachhaltige Veränderung der Kommunikationsformen vollzieht sich in zwei Schüben: der erste, zu Beginn des 20. Jahrhunderts, ermöglicht die analoge Speicherung und Übertragung von akustischen und optischen Ereignissen; der zweite, der noch im Gange ist, vernetzt durch die Möglichkeiten der digitalen Speicherung die verschiedenen Medien zu einem globalen multimedialen Informationssystem. Der erste Schub kann durch drei Erfindungen charakterisiert werden:[1]

Der von Thomas Edison am 6.12.1877 erstmals präsentierte Phonograph ermöglicht es, akustische Ereignisse aller Art direkt zu speichern, ohne sie erst in ein inadäquates Zeichensystem chiffrieren zu müssen. Verbunden mit Übertragungstechniken führt diese Erfindung zur Telephonie und zur Radiophonie. Gesprochene Sprache kann mittels dieser Techniken abgelöst von den Körpern ihrer Sprecher über große Distan-

---

[1] Ausführlich hierzu: Kittler 1986.

zen und – im Falle der Radiowellen – an ein weit verstreutes Massenauditorium verbreitet werden. Neben den bis dahin allein geltenden Kommunikationsformen Schriftlichkeit und Mündlichkeit entsteht so eine weitere: technisch verfügbare Mündlichkeit, gesprochene Sprache ohne Anwesenheit ihres Sprechers. Diese zweite Form der Mündlichkeit hat, dadurch daß ihre technische Vermittlung stets präsent ist, nicht von vornherein die Aura des Authentischen und Natürlichen, wie sie im 18. Jahrhundert der Mündlichkeit vielfach zugeschrieben wurde. Für die Sprachwissenschaft bedeutet, nebenbei bemerkt, die Reihe der Erfindungen, an deren Beginn Edisons Phonograph steht, daß gesprochene Sprache unabhängig von ihrer Bearbeitung durch die Schrift erforscht werden kann.

Der ebenfalls von Edison entwickelte Kinematograph (1892) gestattet die Speicherung bewegter Bilder. Durch beide Erfindungen Edisons ist es erstmals möglich, Ereignisse in der Zeit zu konservieren und sie – zu einer anderen Zeit an einem anderen Ort – wiederzugeben. Die Entwicklung des Tonfilms und später des Fernsehens machen sich phono- und kinematographische Speicherung und Übertragung zunutze.

Schließlich führt die etwa zeitgleich von Hans Magnus Malling Hansen (1865) und Christopher Latham Sholes (1868) erfundene Schreibmaschine dazu, daß das segmentierende Prinzip der Alphabetschrift auch Einzug ins private Schreiben findet. Anstatt Buchstaben linear zu verbinden gliedert der Autor eines Typoskripts seinen Schreibfluß in einzelne Tastenanschläge und unterteilt die Schreibfläche weitaus regelmäßiger als der Manu-Skriptor.[2] Die computergestützte Textverarbeitung potenziert am Ende des 20. Jahrhunderts die durch die Schreibmaschine eingeleitete Normierung der privaten Schreibfläche. Am Bildschirm etablieren sich Schreibverfahren, die nicht mehr linear verlaufen, sondern einer Art Setzkastenprinzip folgen.

Es wäre verfehlt, in der angedeuteten Veränderung der Medien bis zum heutigen Tag eine Rückentwicklung zur Mündlichkeit sehen zu wollen. Stattdessen wird durch technisch verfügbare Anwesenheit von abwesenden Stimmen, Personen, Räumen und Ereignissen die alltägliche Kommunikationssituation noch komplexer. McLuhans Vision, daß die neuen Medien nach der aggressiven Epoche der Schriftlichkeit ein neoarchaisches Zusammenleben im »global village« gewährleisten,[3] ist hinfällig geworden. Wolfgang Scherers »Bab(b)ellogik«, nach der durch die neuen technischen Möglichkeiten akustischer Speicherung und Repro-

---

2 Zur Geschichte und Folgen der Typographie, insbesondere im 20. Jahrhundert: Wehde 2000.
3 McLuhan / Fiore 1968, 185.

duktion das Machtmonopol der Schriftkultur sich auflöst und einer fröhlichen Sound-Party Platz macht, entspringt eher popkulturellem Wunschdenken als einer differenzierten Analyse der komplizierten Wechselwirkungen zwischen Schrift-, Ton- und Bild-Medien.[4] Auch wenn Radio, Fernsehen und Internet das Kommunikationsverhalten entscheidend verändert haben und weiter verändern, muß nicht – sei es mit pessimistischem oder euphorischem Vorzeichen – das Ende der Schrift- und Buchkultur ausgerufen werden. Vielmehr sind eine Fülle neuer Formen der Koexistenz von Schrift und gesprochener Sprache entstanden, die es zu registrieren und zu analysieren gilt. Für den Literaturwissenschaftler ist interessant zu beobachten, wie unterschiedlich verschiedene Autoren auf die sich verändernde Mediensituation reagiert haben und reagieren.

Für den künstlerischen Umgang mit Sprache bedeuten die zunächst analoge, später digitale Speicherung und Übertragung akustischer Ereignisse, daß Sprache stärker als bislang als klingendes Material betrachtet werden kann. Dichten als Komponieren mit Sprach- oder auch mit Schriftmaterial zu begreifen, ist seit dem Dadaismus ein viel diskutierter poetologischer Grundsatz. Doch schon früher, bei Arno Holz, zeigt sich eine hohe Aufmerksamkeit, sowohl auf den Klang als auch auf das Schriftbild der Dichtung. Holz konzipiert seinen »Phantasus« (1898-1929) als optische und gleichzeitig als akustische Kunst. Er hebt – einen wohlmeinenden Kritiker zitierend – hervor, daß sein Werk »grade mit durch sein Satzbild, ›das vielleicht schönste Buch‹ geworden ist, ›das in Deutschland überhaupt bisher gedruckt‹ worden ist«[5]. Andererseits bezeichnet er den »Phantasus« als »Dichtung fürs Ohr«[6] und als »Partitur, die also nicht gelesen, sondern gespielt sein will«[7]. Die zentriert angeordneten »Phantasus«-Zeilen, die Holz beständig umarbeitet,[8] versteht er einerseits als rhythmische Einheiten, die sich traditionellen Metren widersetzen, andererseits als visuelle Einheiten. Doppeldeutig nennt er seine Dichtung eine »typographische Musik«[9] – in dieser Formulierung wird die dem »Phantasus« inhärente Differenz der Medien auf den Punkt gebracht.

Die Dadaisten verschärfen diese Differenz und entwickeln dadurch Lyrik in zwei Richtungen: rein akustische und rein optische Kunst. Die

---

4 Scherer 1983.
5 Holz 1921, 37.
6 Ebd., 54.
7 Holz 1922, 26.
8 Zu den Entstehungsphasen des »Phantasus«: Wohlleben 1979. Ein konkretes Beispiel für eine Änderung der Zeileneinteilung bei Holz 1921, 34 ff.
9 Ebd., 37.

so entstehenden Gedichte sind eigentlich keine Wort-Kunstwerke mehr, sondern Laut- und Graphie-Gebilde, die nicht mehr auf Wörter als Ganzheiten der Sprache zurückgreifen, sondern Material zu Wörtern neu komponieren. Lyrik wird in diesen Experimenten einerseits in Sprach-Klänge, andererseits in Schrift-Bilder umgeformt. Beide Textarten können nicht mehr im traditionellen Sinn gelesen werden. Kurt Schwitters komponiert seine »Ursonate« (1922-32) aus Lauten, die nicht mehr als sprachliche Zeichen fungieren. Notiert ist sie als Partitur, die genaue Angaben zur akustischen Realisierung enthält.[10] Ebenfalls in den 1920er-Jahren arrangiert Schwitters einzelne Buchstaben, Zahlen und geometrische Figuren zu »Bildgedichten«[11] und collagiert Textfetzen, Papiersorten und Schrifttypen.[12] Schrift ist in diesen Gebilden nicht mehr Zeichen für ein sprachliches Zeichen, sondern graphische Figur.

Während Gottfried Benn 1951 für die stille Lektüre als die der modernen Lyrik angemessene Rezeptionsform plädiert,[13] knüpfen die Autoren der wiener gruppe (Friedrich Achleitner, Hans Carl Artmann, Konrad Bayer, Gerhard Rühm, Oswald Wiener) und die internationale Bewegung der konkreten poesie an die Konzepte der Dadaisten an und komponieren weiterhin Texte, die nicht mehr im herkömmlichen Sinn lesbar sind. Ein früher und für die Begründung der Ästhetik der konkreten poesie grundlegender Text sind Eugen Gomringers »konstellationen« (1953). Hier wird der lineare Textverlauf aufgegeben. Es gibt keine definierte Leserichtung mehr; Wörter, Silben oder Buchstaben in unterschiedlichen Drucktypen sind unregelmäßig auf dem Papier verteilt und können wie ein Bild betrachtet werden. Die graphischen Arrangements Gomringers und anderer Vertreter der konkreten poesie können nicht vorgetragen werden, da sie keinen Anfang und kein Ende, keinerlei Hinweise auf Zeitstrukturen enthalten. Ebensowenig kann die »auditive poesie«, die zur gleichen Zeit entwickelt wird, still gelesen werden. Sie konstituiert sich erst durch ihre konkrete und von den Autoren oftmals exakt regulierte lautliche Realisation in der Zeit.[14] Für beide Richtungen ist konstitutiv, daß von kleinsten Bestandteilen des Schreibens bzw. des Sprechens ausgegangen wird. Diese kleinsten Bestandteile sind zunächst einmal semantisch indifferent. Trotzdem läßt sich auch in dieser reduktionisti-

---

10 Schwitters, Lyrik, 214-242. Anmerkungen von Schwitters zur akustischen Realisation: ebd., 312 f.
11 Ebd., 200 f.
12 Ebd., Abbildungen 1-6.
13 Benn, Werke, I, 529 f.
14 Zum Terminus »auditive poesie«: Rühm 1988, 7 ff.

schen Phase der Nachkriegsavantgarden die Tendenz erkennen, Bedeutungs-Assoziationen zu erzeugen. Dies zeigt sich z.b. in Gerhard Rühms Lautgedicht »gebet« (1954). Die Vokalreihe »a a u | e e o i« wird hier 14mal permutiert, indem ihr wechselnde Anlautkonsonanten hinzugefügt werden, etwa »a da hu | e de bo i«.[15] Die so entstehenden Silbenreihen enthalten keine konkret faßbaren Wortbedeutungen. Dagegen legen der Titel »gebet« und die folgende Vortragsanweisung Rühms ein ganz bestimmtes Verstehen der Silbenreihen nahe: »der vortrag erfolgt in einem litaneiartig gedämpften sprechgesang innerhalb einer grossen terz.«[16] Es handelt sich also um eine Litanei, deren Inhalt und deren Adressat zwar unbekannt sind, deren Sprechhaltung jedoch offensichtlich ist. Bedenkt man ferner, daß in der Vokalreihe der Gottesname Jehova (IEOUA) verborgen ist, könnte man auf ein Gebet in jüdisch-christlicher Tradition schließen. Derartige Anspielungen auf Bedeutungskontexte trotz weitgehender Konzentration auf Sprache als akustisches bzw. graphisches Material sind m.E. für die konkrete Poesie insgesamt – in ihrer visuellen wie auch in ihrer auditiven Spielart – charakteristisch.

Die beiden Avantgarde-Bewegungen stehen in – sowohl personell als auch programmatisch – engem Kontakt zu Avantgarden in Musik und Bildender Kunst.[17] Dem verstärkten Interesse von Lyrikautoren für Schrift-Bild und Sprach-Klang entspricht ein verstärktes Interesse bildender Künstler für Schrift bzw. eine intensive Auseinandersetzung von Komponisten mit Sprachakustik. Bei der Suche nach Alternativen zum traditionellen Tonvorrat wenden sich einige der um 1950 jungen Komponisten Geräuschen aller Art zu, besonders fasziniert sie jedoch sprachliches Geräusch-Material[18]. Josef Anton Riedl etwa schreibt nach einem Kompositionsstudium bei Carl Orff bereits Anfang der 50er-Jahre Texte für zwei und mehrere Sprecher, die die Arbeiten der wiener gruppe an Präzisierung des zeitlichen Ablaufs und an klanglicher Differenziertheit übertreffen. Noch konsequenter als seine literarischen Kollegen setzt Riedl nicht beim lexikalischen, grammatischen oder morphologischen System der Sprache an, sondern bei einzelnen Lauten und Lautkombinationen, die er durch gleichzeitiges Aussprechen-Lassen zu vielstimmigen Ereignissen macht.[19]

15 Rühm 1988, 37.
16 Ebd.
17 Zu Mischformen zwischen Bildender Kunst und Lyrik im 20. Jahrhundert: Döhl 1969.
18 Ausführlich dazu: Klüppelholz 1976.
19 Zu Riedls Lautgedichten: Hirsch 1988.

Was bei Riedls Lautgedichten an analytisch-synthetischem Kalkül intendiert ist, kann durch die Möglichkeiten des Tonstudios weiterentwickelt werden. Im Medium Radio entsteht seit den 50er Jahren eine neue Kunstform, deren Texte weder geschrieben noch gelesen werden: das Hörspiel. Denn neben Hörspielkonzepten, die geschriebene Texte auf mehrere Sprechrollen verteilen und mit einer akustischen Kulisse begleiten, entsteht das »totale Schallspiel«[20], das von den Möglichkeiten der akustischen Analyse und Synthese intensiv Gebrauch macht und Geräusche aller Art seziert und neu zusammensetzt.[21] Hörspielautoren dieser Ausrichtung, z.B. Franz Mon und Mauricio Kagel, arbeiten nicht auf dem Papier, sondern im Studio. Nicht die aus der Schrift heraus vorgestellte, sondern die konkret gesprochene Sprache wird in ihren Produktionen als ein technisch transformierbares Kompositionsmaterial behandelt. Die dadurch entstehenden Sprachklangcollagen können schriftlich nicht oder nur unzureichend dokumentiert werden.[22] Franz Mon hat die mediengeschichtliche Situation, in der das Hörspiel als neue Option der Poesie entsteht, differenziert beschrieben.[23]

Strukturell wird in dieser Art Hörspielen der Anspruch, Poesie aus Sprachlauten zu machen, am konsequentesten umgesetzt. Die Schrift wird hier nicht nur durch eine nachträglich wertende Poetik bzw. durch eine Aufführungspraxis, die die akustischen Qualitäten der Sprache hervorkehrt, als uneigentliche Ebene der Dichtung gekennzeichnet; sie ist bereits aus dem Produktionsprozess entfernt.

Die meisten Lyrikautoren in der zweiten Hälfte des 20. Jahrhunderts haben sich dieser strukturellen Radikalität nicht angeschlossen. Trotzdem war für viele von ihnen Sprachakustik in Auseinandersetzung mit der Schrift ein neuralgischer Punkt ihres Dichtens. Da es im Rahmen eines Ausblicks nicht sinnvoll ist, die für den hier untersuchten Zusammenhang relevanten Autoren, ihre Werke und ihre Poetik im Überblick aufzuzählen, beschränke ich mich abschließend exemplarisch auf einen Autor, der mir besonders interessant erscheint: auf Hans Carl Artmann.

---

20 Diese Bezeichnung wurde von Friedrich Knilli eingeführt, der 1961 eine Poetologie des Hörspiels vorlegte, in der eine Auseinandersetzung des Hörspielautors mit den technischen Möglichkeiten seines Mediums gefordert wird: Knilli 1961.
21 Zur Geschichte dieser Hörspielgattung: Schöning 1982.
22 Hier sind Franz Mons Hörspiele »wer ist dran« (1962), »das gras wies wächst« (1969), »blaiberg funeral« (1970) ebenso zu nennen wie Mauricio Kagels Hörspiel »(Hörspiel) Ein Aufnahmezustand« (1969-1971); ein Versuch, dieses Hörspiel zu notieren in: Kagel, Hörspiele, 11-93.
23 Mon 1974.

AUSBLICK: LYRIK IM 20. JAHRHUNDERT ALS AKUSTISCHE KUNST 305

Artmann gehörte zur wiener gruppe und war als ältester der jungen Autoren gerade in der Anfangsphase deren wichtigster Ideengeber[24]. So war er an der Konzeption der konkreten auditiven Poesie, die anschließend v.a. durch Gerhard Rühm weiterentwickelt wurde, beteiligt. Doch bereits mit seinem Gedichtband »med ana schwoazzn dintn« (1958) erprobt Artmann eine neue Art, gesprochene Sprache in schriftlich fixierte Lyrik einfließen zu lassen. Die für gewöhnlich nicht aufgeschriebene Sprache des Wiener Dialekts wird von Artmann möglichst genau, soweit dies im lateinischen Alphabet möglich ist, notiert; erst im lauten Lesen der Gedichte – sozusagen aus der Schrift ins Sprechen rückübersetzt – wird sie erlebbar. Artmann verwendet den Dialekt nicht in einem nostalgischen Sinn. Seine Gedichte sind nicht an eine in sich geschlossene kulturelle Gemeinschaft gerichtet, die sich in der Rezeption der Gedichte wiederfinden könnte. Stattdessen transportiert Artmann Nuancen gesprochener Sprache, konkret des Wiener Dialekts, in zeitgenössische avancierte, schriftlich verfaßte Lyrik.[25]

Eine weitere Linie von Artmanns lyrischem Werk läßt sich auf Herders Volkspoesie-Projekt beziehen. Artmann hat sich zeitlebens für die verschiedensten Traditionen europäischer Lyrik interessiert, hat eine Fülle von Sprachen (gegenwärtige wie alte) beherrscht, ist mit seinen Gedichten immer wieder in lyrische Sprecharten früherer Epochen – zitierend, kontrafazierend, ironisierend – hineingeschlüpft. So ließe sich ein Großteil seiner Lyrik als Sammeln älterer Lyrik verstehen; allerdings nicht als Sammeln im modernen, editionswissenschaftlichen Sinn, sondern – in Herders Sinn – als aneignendes Weiterdichten, als Aktualisieren. Diese Tendenz verdichtet sich in Artmanns Gedichten »Aus meiner Botanisiertrommel. Balladen und Naturgedichte« (1975).[26] Hier werden Szenarien und Personal europäischer Volkspoesie versammelt, allerdings wiederum nicht mit nostalgischem Impetus, sondern subtil gebrochen. Daß Artmann große Teile der Sammlung mit der Salzburger Gruppe »Bärengässlin« eingespielt hat, die sie in einem anachronistischen Jahrmarkts-Ton musiziert,[27] unterstreicht die Fiktion, daß es sich nicht um schriftlich konzipierte und fixierte Lyrik handelt, sondern um aufgefundene Lieder, die singend und sprechend weiterverbreitet werden.

---

24 Vgl. dazu das Porträt Artmanns durch Konrad Bayer, in: Artmann, Gedichte, 7-18.
25 Eine Neuausgabe der Dialektgedichte liegt jetzt vor: Artmann, Sämtliche Gedichte, 153-254.
26 Neuausgabe dieser Sammlung ebenfalls in: Artmann, Sämtliche Gedichte, 545-611.
27 Diese Tonaufnahme ist Bestandteil der Ausgabe Artmann, Botanisiertrommel.

Zu diesem Konzept paßt, daß Artmann das unzeitgemäße Image des fahrenden Sängers gepflegt hat. Nach seinem Weggang aus Wien Ende der 50er Jahre hat er beständig die Wohnsitze gewechselt, hat seine Gedichte bei mehreren Freunden verstreut. Die wenigen Texte Artmanns, die sich als autobiographische Aussagen darstellen, bestärken ebenfalls diesen Eindruck. Der Text »Meine heimat ist österreich [...]« (1964) besteht aus einem Satz, der Attribut über Attribut aneinanderreiht und sich dabei quer durch Europa bewegt:

[...] getauft zu St. Lorenz, geschieden in Klagenfurt, in Polen poetisch, in Paris ein atmer, in Berlin schwebend, in Rom eher scheu, in London ein vogel, in Bremen ein regentropfen, in Venedig ein ankommender brief, in Zaragoza eine wartende zündschnur, in Wien ein teller mit sprüngen [...][28]

In »Curriculum Vitae Meae« (1973) beschreibt sich der Ich-Erzähler als Wesen aus einem Märchenreich, als »kind aus einer verbindung einer wildente und eines kuckucks«[29], das nur mühsam in der gegenwärtigen Welt Platz findet und sich schnell eine eigene Sprachwelt schafft. Bezeichnenderweise endet der Text mit einem angeblichen Ossian-Zitat[30], der Ich-Erzähler schlüpft also in eine fremde Stimme.

So zeigen sich in Artmanns lyrischem Werk drei Richtungen, die auf das Spannungsfeld geschriebener Text versus akustisches Erleben von Sprache eingehen. Innerhalb der wiener gruppe arbeitet Artmann an dem strukturellen Ansatz, Poesie nur aus Sprachlauten zu machen. Die Dialektgedichte bringen gesprochene Sprache eines bestimmten Idioms in die Schriftsprache hinein und fordern deshalb implizit eine Re-Oralisierung des Geschriebenen. Das Re-Aktualisieren älterer Lyrik zitiert schließlich die Volkspoesie-Projekte Herders und der Frühromantiker und damit auch deren Intention, Alternativen zum schriftlichen Literaturbetrieb ihrer Zeit aufzeigen zu wollen.

Obwohl der Ansatz, Lyrik als akustische Kunst zu begreifen, bei einigen Autoren in der zweiten Hälfte des 20. Jahrhunderts nahe liegt, wurde er in der Literaturwissenschaft noch kaum eingeschlagen. Lediglich Ernst Jandl ist als Autor von Lautgedichten, Sprechgedichten, Hörspielen und sprachexperimentellen Theaterstücken inzwischen auch bei Germanisten

---

28 Zit. nach: Artmann, Das poetische Werk, X, 11 f.
29 Ebd., 9.
30 Ebd., 10: »Do badussa uair fa fholt buide chas; ni bia mar do ban ... sagt Ossian.«

bekannt.[31] Keine Untersuchungen gibt es dagegen (um nur besonders auffällige Desiderate zu nennen) zum umfangreichen Werk auditiver Poesie Gerhard Rühms, zu Franz Mons Hörspielen, zur Lyrik Oskar Pastiors, die in beeindruckender Formstrenge lautliche Äquivalenzen und Differenzen von Versen auskomponiert.[32]

Es wäre meiner Meinung nach ein Verlust, würde man diese Autoren und ihre Arbeiten als randständig und für die neueste Lyrikgeschichte nebensächlich einstufen. Damit würde man direkt ihren bescheidenen Publikationserfolg in geringe Relevanz für die Literaturgeschichte ummünzen. Dagegen halte ich die Arbeit an der Grenze zwischen aufschreibbarer und hörbarer Sprache für eine gewichtige Traditionslinie der Lyrikgeschichte, die keineswegs nur als Episode des Dadaismus oder der Nachkriegsavantgarde abgetan werden kann.

---

31 Von Jandl selbst stammt die terminologische Unterscheidung von »Lautgedichten«, die nur aus nicht-bedeutungstragenden Lauten bestehen, und »Sprechgedichten«, deren unbedingte Realisierungsform der laute Vortrag ist (vgl. dazu Jandls Vortrag »Das Gedicht zwischen Sprachnorm und Autonomie«, in: Jandl, Gesammelte Werke 3, 562-576). Gemeinsam mit Friederike Mayröcker hat Jandl im Bereich des neuen Hörspiels gearbeitet und Sprechtheaterstücke verfaßt, in denen die Art des Vortrags sehr genau festgelegt ist; vgl. z.B. die Hörspiele »Fünf Mann Menschen« (1967), »Der Gigant« (1967), »das röcheln der mona lisa« (1970) sowie die Sprechtheaterstücke »die humanisten. konversationsstück in einem akt« (1976), »Aus der Fremde. Sprechoper in 7 Szenen« (1978); alle in Jandl, Gesammelte Werke 3. Damit haben Jandl und Mayröcker die Konzepte akustischer Poesie, die zunächst nur in Kurzformen realisiert wurden, auf längere literarische Formen erweitert. Nicht zuletzt ist Jandl als kongenialer Rezitator seiner eigenen Gedichte bekannt geworden. Zur Bedeutung von Sprachakustik und Vortrag bei Jandl siehe jüngst Hurlebusch 2001, 95-98.
32 Vgl. z.B. die Gedichtzyklen »Neununddreißig Gimpelstifte« (1989/90) und »Vokalisen« (1990/91); zusammengefasst sind beide in: Pastior 1992.

Anhang

Zeichenerklärung

<u>Unterstrichen</u> sind Wörter oder Silben dann, wenn ihre Betonungsverhältnisse hervorgehoben werden sollen.

Kursivierung findet in folgenden Fällen Verwendung:
– Markierung von originalen Hervorhebungen in zitierten Texten, unabhängig davon, wie diese Hervorhebungen in den Quellen selbst vorgenommen sind.
– Markierung von Silben eines Textes, auf die sich die Darstellung bezieht.
– Kennzeichnung von Notennamen.

Alle anderen graphischen Hervorhebungen sind an Ort und Stelle erläutert.

Die Strophen eines Gedichtes sind mit römischen Zahlen bezeichnet, die Verse innerhalb der Strophen mit arabischen Ziffern.

Auf Quellen und Forschungsliteratur ist durch in der Bibliographie aufgeschlüsselte Kurztitel hingewiesen. Diese bestehen zumeist aus dem Autornamen und der Jahreszahl der Erstveröffentlichung, gelegentlich auch aus dem Autornamen und einem Titelstichwort.

Tabellen zu Kapitel 4

Tabelle 1: »Siona« – Akzente der mehrsilbigen Wörter

Nomenklatur:
| = Wortgrenze; X = Hauptbetonung in mehrsilbigen Wörtern; o = unbetonte Silbe; x = fakultativ (un)betonte Silbe; [Unterstreichung] = nach dem metrischen Schema prominente Silbenposition;

I X̲ o | x | X̲ o | x | X̲ o x
   x | X̲ o | o X̲ o | x | X̲ o | x
   x | o X̲ | X̲ o o | x | X̲ o | x
   x | x | x̲ | X̲ o | x | x̲ | X̲ o | o X

II X̲ o | x | X̲ o | x | X̲ o x
   o X̲ | x | x | x̲ | x | x | X̲ o x
   x | o X̲ | X̲ o | o X̲ | x̲ | x | x
   x | o X̲ | X̲ o | x | x̲ | X̲ o | x | x

III X̲ o | o X̲ o | o X̲ | o X
    x | X̲ o o x̲ o | o X̲ o | x
    x | o X̲ | X̲ o | x | x̲ | x | x̲ | x
    x | o X̲ | x o o X̲ | X̲ o | x | x

IV x | x | x̲ | x | x | o X̲ o | x
    x | X̲ o | x | X̲ o | x | X̲ o | x
    x | x | x̲ | X̲ o | x | x̲ | X̲ o | x
    x | o X̲ | X̲ o | x | x̲ | X̲ o | o X

V   X̲ o o | x̲ | x | x | x̲ | o X
    x | X̲ o | o X̲ o | x | X̲ o x
    x | o X̲ | x̲ | x | o X̲ | x̲ | x | x
    x | x | x̲ | X̲ o | o X̲ | X̲ o | x | x

VI X̲ o x | X̲ o | x | x o X
    o X̲ o | x | x̲ | x | x | X̲ o | x
    x | o X̲ | X̲ o | x | x̲ | x | o X
    x | x | x̲ | x̲ | x | x | x̲ | X̲ o o | x

VII x̲ | x | o X̲ o | o X̲ | x | x
    x | X̲ o o | x̲ | x | x | X̲ o x
    x | o X̲ | X̲ o | o X̲ | x̲ | x | x
    x | x | x̲ | X̲ o | x | x̲ | x̲ | x | x | x̲

VIII X o l x l x̱ l x l x l x̱ l o X
      x l X̱ o o l x̱ l x l o X̱ o l x
      x l o X̱ l x̱ l x l o X̱ l x l x l x̱
      x l o X̱ l X̱ o l x l x̱ l X̱ o l x l x̱

Tabelle 2: »Siona« – Wortarten der Monosyllabica

Erweiterung der Nomenklatur: S = einsilbiges Subtantiv; V = einsilbiges Verb; A = Artikel;

I   X o l x l X̱ o l A l X̱ o x̱
      A l X̱ o l o X̱ o l x l X̱ o l V
      x l o X̱ l X̱ o o l x̱ l X̱ o l S
      x l A l S̱ l X̱ o l A l S̱ l X̱ o l o X

II   X o l x l X̱ o l x l X̱ o x̱
      o X̱ l x l A l S̱ l x l A l X̱ o x̱
      x l o X̱ l X̱ o l o X̱ l x l A l S
      A l o X̱ l X̱ o l x l V̱ l X̱ o l x l S̱

III   X o l o X̱ o l o X̱ l o X
      x l X̱ o o x̱ o l o X̱ o l V
      x l o X̱ l X̱ o l x l S̱ l V̱ l x l x̱
      x l o X̱ l x̱ o o X̱ l X̱ o l x l V̱

IV   V l x l x l V̱ l A l o X̱ o l V
      x l X̱ o l x l X̱ o l A l X̱ o l x
      x l A l S̱ l X̱ o l x l V̱ l X̱ o l S
      A l o X̱ l X̱ o l x l x̱ l X̱ o l o X

V   X o o l V̱ l x l x l S̱ l o X
      A l X̱ o l o X̱ o l A l X̱ o x̱
      x l o X̱ l V̱ l x l o X̱ l x̱ l x l x̱
      x l A l S̱ l X̱ o l o X̱ l X̱ o l x l S̱

VI   X o x l X̱ o l x l x̱ o X
      o X̱ o l x l S̱ l x l x l X̱ o l x̱
      x l o X̱ l X̱ o l x l S̱ l S̱ l o X
      x l A l S̱ l x̱ l x l x l S̱ l X̱ o o l V̱

VII V | x | o | X | o | o | X | x | V
     A | X o o | S | x | A | X o x
     A | o X | X o | o X | V | x | V
     x | x | V | X o | x | S | x | x | x | x

VIII X o | x | V | x | A | S | o X
     x | X o o | S | x | o X o | V
     A | o X | V | x | o X | V | x | x
     x | o X | X o | x | V | X o | x | S

Tabelle 3: »Siona« – Vokale der metrisch prominenten Silben

I^1	I^2	2	3	4	5
I^3	ø:	a	a	aɪ	
2	i:	i:	a:	a	
3	e:	aɪ	ɪ	i:	i:
4	ɛ	ɛ	u:	a	ɔ

II	1	2	3	4	5
1	ø:	ɔ	a	aɪ	
2	ɪ	a:	o:/ɔ [4]	a	
3	ɛ	a	a	aʊ	a
4	œ	ɛ	ɛ	a	a

III	1	2	3	4	5
1	a	o:	ʊ	e:	
2	ɪ	ɪ	a:	ɪ	
3	o:	e:	a	y:	u:
4	e:	ɛ	o:	ɛ	ɪ

IV	1	2	3	4	5
1	aɪ	a:	a:	e:	
2	aʊ	ɪ	a	a:	
3	a	ɛ	ø:	aɪ	ɛ
4	a	u:	a:	ɛ	ʊ

V	1	2	3	4	5
1	ɔY	ɪ	aʊ	ɛ	
2	o:	o:	u:	a:	
3	a	i:	œ	a	i:
4	a:	y:	ɛ	u:/ʊ [5]	ɔ

VI	1	2	3	4	5
1	i:	aʊ	ʊ	i:/ɪ [6]	
2	o:	ɪ	ɔY	a:	
3	Y	e:	u:	ɔ	Y
4	ɛ	ɛ	i:	ɪ	ɪ

1 = Strophe.
2 = Position der metrisch prominenten Silbe innerhalb des Verses.
3 = Vers.
4 Aussprachevariante: ›loːrbeːrvalt‹ versus ›lɔrbeːrvalt‹.
5 Aussprachevariante: ›puːrpor‹ versus ›pʊrpʊr‹.
6 Aussprachevariante: ›zʊlamɪt‹ versus ›zʊlamiːt‹.

VII	1	2	3	4	5
1	œ	o:	ɪ	aʊ	
2	aɪ	aɪ	a	aʊ	
3	a	ɛ	ɪ	ɔ	e:
4	e:	ɪ	aɪ	ɪ	e:

VIII	1	2	3	4	5
1	a:	Y	ɛ	a	
2	ɔY	aɪ	o:	ɪ	
3	aʊ	ɛ	o:	ɛ	aʊ
4	ɪ	a	u:	ɔ	a:

Tabelle 4: »Siona« – Anlaute der metrisch prominenten Silben

I	1	2	3	4	5
1	t	h	p	h	
2	l	ʃ	d	z	
3	h	ʃ	s	z	l
4	k	v	h	ʃ	ʃ

II	1	2	3	4	5
1	h	v	p	h	
2	b	t	l	v	
3	z	ʃ	r	aʊ	v
4	v	v	d	p	g

III	1	2	3	4	5
1	t	o:	ʊ	h	
2	z	l	a:	t	
3	f	ʃ	t	f	d
4	h	r	o:	d	ɪ

IV	1	2	3	4	5
1	s	v	h	v	
2	r	v	p	n	
3	f	v	t	r	k
4	(s)t	r	n	b	ʊ

V	1	2	3	4	5
1	f	b	h	k	
2	r	r	b	t	
3	v	f	v	z	s
4	t	f	f	p	g

VI	1	2	3	4	5
1	l	ʃ	z	m	
2	o:	b	f	n	
3	f	v	r	v	f
4	h	v	l	h	z

VII	1	2	3	4	5
1	h	o:	g	r	
2	h	h	h	l	
3	(s)t	k	n	h	ʃ
4	v	l	h	r	h

VIII	1	2	3	4	5
1	a:	ʃ	v	r	
2	f	aɪ	o:	n	
3	s	h	p	l	l
4	b	h	r	d	t

TABELLEN ZU KAPITEL 4   313

Tabelle 5: »Siona« – Wortwiederholungen

5a: Substantive

Erste Nennung	Weitere Nennungen	Versabstand[7]	Positionsäquivalente Wiederholungen[8]
Siona (Titel)	Sions (I,3), Siona (III,1; VI,2; VII,1; VIII,2)	2 / 5 / 12 / 2 / 4	III,1 / VII,1
Harfe (I,1)	Harfenlaut (VII,2)	24	
Palmenhains (I,1)	Palmenhain (II,1), Palme (II,4; IV,2)	3 / 2 / 5	I,1 / II,1
Palmenhains (I,1)	Palmenhain (II,1), Hain (VII,2; VII,4)	3 / 20 / 1	I,1 / II,1
Lieder (I,2)	Lied (I,3; VI,4)	+ / 20	
Quells (I,4)	Quell (IV,3), Quelle (VII,3)	10 / 11	
Krystalls (IV,4)	Krystalls (VII,3)	10	IV,4 / VII,3
Quell des Krystals (IV,3)	Des Krystalls Quelle (VII,3)	11	
Wolken (II,1)	Gewölk (II,4; V,3)	2 / 10	
Thal (II,2)	Blumenthals (V,2), Thal (VIII,4)	11 / 13	V,2 / VIII,4
Lorbeerwald (II,2)	Wald (II,3)	+	
Triumph (III,1)	Triumph (IV,4)	6	
Silbergelispel (III,2)	Lispel (VII,4)	17	III,2 / VII,4
Berge (IV,4)	Gebirg (VIII,4)	15	

---

7 Hier wird der Abstand zwischen den wiederholten Wörtern angegeben. ›+‹ bezeichnet eine Wiederholung in direkt aufeinanderfolgenden Versen, ›++‹ eine Wiederholung innerhalb eines Verses.

8 D.h. die wiederholten Wörter stehen innerhalb der betreffenden Verse an gleicher Position.

5b: Substantive / Verben

Erste Nennung	Weitere Nennungen	Versabstand	Positionsäquivalente Wiederholungen
Tanze (III,1)	Tanz (III,3)	1	
erblickst (II,2)	blickt (V,1), Blik (VI,2)	10 / 4	V,1 / VI,2
Rauschen (IV,2)	rauscht (VII,1)	10	

5c: Verben

Erste Nennung	Weitere Nennungen	Versabstand	Positionsäquivalente Wiederholungen
Töne (I,1)	tönst (IV,3)	13	
sang (I,2)	singst (VI,4)	21	I,2 / VI,4
erhebt (I,3)	erhebst (III,4)	8	I,3 / III,4
rufen (IV,4)	ruft (VIII,4)	15	
weht (IV,1)	wehn (VII,4)	14	
erblickst (II,2)	blickt (V,1)	10	
erfüllt (VI,3)	erfüllt (VI,3)	+ +	

5d: attributiv und adverbial gebrauchte Adjektive

Erste Nennung	Weitere Nennungen	Versabstand
sanft (IV,2)	sanft (V,3)	4
freudig (VI,2)	freudiger (VIII,2)	7

5e: Pronomen der ersten und zweiten Person

Erste Nennung	Weitere Nennungen	Versabstand
mir (I,1)	mir (VI,4)	22
du (II,2)	du (III,3; IV,3; VI,4)	4 / 3 / 8

5 f: Interjektion

Erste Nennung	Weitere Nennungen	Versabstand	Positionsäquivalente Wiederholungen
0 (II,1)	0 (VI,1)	15	II,1 / VI,1

5g: Nicht eigens verzeichnete Wortwiederholungen:

Personal- / Possesiv-Pronomen: »sie« (achtmal), »ihr« (viermal).
Relativpronomen: »welche / welches / welchen« (je einmal).
Präpositionen: »herab« (zweimal), »im« (zweimal), »in« (zweimal), »mit« (zweimal), »nach« (dreimal), »um« (zweimal)[9].
Konjunktionen: »und« (siebenmal), »denn« (zweimal).
Artikel: »das« (zweimal), »dem« (dreimal), »der« (sechsmal), »des« (siebenmal), »die« (viermal).
Sonstige: »es« (dreimal), »wie« (fünfmal).

Tabelle 6: »Nähe des Frühlings« – Betonungsprofil

Nomenklatur s.o. (Tabelle 1 und 2)

I   x l X o l V l x l x l x l X o l X o l X o
    A l X o l V l x l X o l X o l X o l S
    x l S l V l x l x l X o l X o l X o l x l X o l X o l X o l S
    A l X o l X o l x l x l X o x l A l S l o X l A l X o l X o l X o

II x l x l V l X o l X o l X o x o
    x x o[10] l X o l X o l x l A l X o l X o
    V l x l A l X o l X o l X o l x l X o l X o
    x l X o l x l A l X o l A l o X l A l X o l X o l X o

9 Die Präpositionen »nach« und »um« fungieren als Bestimmungen des Verbs (IV,2: »weht ... nach«; IV,4: »rufen ... nach«; VI,2: »schauet ... nach«; V,3: »fließt ... um sie«; VII,4: »wehn ... um sie her«).
10 Die Hauptbetonung läßt sich auf die erste oder die zweite Silbe legen: »un̲fühlbar« (xXo) versus »un̲fühlbar« (Xxo).

III x | x | x | x | x | x | V | X o | X o x o
     x | X o | x | A | S | x | X o x o
     x | X o | x | A | X o | S | x | x | A | X o | X o
     A | X o | X o x | o X | A | X o | S | x | x | x | X o | x | o X o

IV   x | V | A | X o | x | A | X o | X o | o X | x | X o | X o x
     x | X o | x | x | X o | x | A | X o | X o | S
     x | V | A | X o | X o | S | o X o | x | V | A | X o | X o | S

Tabelle 7: »Nähe des Frühlings« – Zäsuren

Zäsurtypen: 1 = ■ | □   2 = □ | ■   3 = □ | □

7a: Fünfhebige Verse

Vers-Nr.	Zäsurbildung(en)	Zäsurtyp	Versaufteilung
II,1	Durch euch sprosst alles,	blaue Frühlingslüfte	2	$2 + 3^{II}$
III,2	Froh glänzet noch das Haupt	in Himmelsklarheit	1	$3 + 2$
	bzw. Froh glänzet noch	das Haupt in Himmelsklarheit	1	$2 + 3$

7b: Sechshebige Verse

Vers-Nr.	Zäsurbildung(en)	Zäsurtyp	Versaufteilung
I,1	Noch einmal willst Du mich	mit Deinen Strahlen grüßen	1	$3 + 3$
I,2	Die Leyer rauscht zu deiner Feyer	Himmels Sohn	2	$4 + 2$
II,2	Unfühlbar süße Wesen,	wie der Geister Weben	2	$3 + 3$
II,3	Giesst ihr der Kräfte schwellend Regen	in jedes Leben	3	$4 + 2$
III,1	Wie weit und ach wie eng	ist diese Sternenbühne	1	$3 + 3$

II Lies: Vor der Zäsur stehen zwei Hebungen, nach der Zäsur drei Hebungen.

7c: Siebenhebige Verse

Vers-Nr.	Zäsurbildung(en)	Zäsurtyp	Versaufteilung
III,3	Da ängstet sich des Berges Fuß | schon in der Nächte Wahrheit	1	4 + 3
IV,2	Es rauschet fort im Winde | wie der goldne Blüten Staub	2	3 + 4

7d: Neunhebige Verse

Vers-Nr.	Zäsurbildung(en)	Zäsurtyp	Versaufteilung
I,3	Mein Haar wallt hin in deinem weichen Winde | und meiner Stimme erster Ton	3	5 + 4
IV,1	[So] ist das Leben wie des Lichtes Wechseln, | zerstört wie grünes Frühlingslaub	3	5 + 4
	bzw. [So] ist das Leben | wie des Lichtes Wechseln, | zerstört wie grünes Frühlingslaub		2 + 3 + 4
IV,3	Es wird der Liebe süße[m] Kelch entrißen | und wird der Erde früher Raub	3	5 + 4

7e: Zehnhebige Verse

Vers-Nr.	Zäsurbildung(en)	Zäsurtyp	Versaufteilung
I,4	Die Erde öffnet sich zur Neugeburt des Grüns, | enteist die Bäche klingend fließen	1	6^{12} + 4
III,4	Den frischen Morgenkranz verwelkt der Nächte Frost, | daß er zu grünen sich erkühne	1	6^{13} + 4

7 f: Achthebiger Vers

Vers-Nr.	Zäsurbildung(en)	Zäsurtyp	Versaufteilung
II,4	Es springen auf die Knospen des Gesangs, | der Blumen neue Düfte	1	5 + 3

---

12 Der erste Teil des Verses läßt sich in 3 + 3 Hebungen gliedern.
13 Der erste Teil des Verses läßt sich in 3 + 3 Hebungen gliedern.

Tabelle 8: »Nähe des Frühlings« – Vokale der metrisch prominenten Silben

I	1	2	3	4	5	6	7	8	9	10
1	aɪ	ɪ	ɪ	aɪ	a:	y:				
2	aɪ	aʊ	aɪ	aɪ	ɪ	o:				
3	a:	ɪ	aɪ	aɪ	ɪ	aɪ	ɪ	e:/ɛ[14]	o:	
4	e:	œ	ɪ	ɔY	u:	y:	aɪ	ɛ	ɪ	i:

II	1	2	3	4	5	6	7	8
1	ɔY	a	aʊ	y:	Y			
2	y:	y:	e:	i:	aɪ	e:		
3	i:	ɛ	ɛ	e:	e:	e:		
4	ɪ	aʊ	ɔ	ɛ	a	u:	ɔY	Y

III	1	2	3	4	5	6	7	8	9	10
1	aɪ	a	ɛ	i:	ɛ	y:				
2	ɛ	ɔ	aʊ	ɪ	a:					
3	ɛ	ɪ	ɛ	u:	ɪ	ɛ	a:			
4	ɪ	ɔ	a	ɛ	ɛ	ɔ	ə	y:	ɪ	y:

IV	1	2	3	4	5	6	7	8	9
1	ɪ	e:	i:	ɪ	ɛ	ø	y:	y:	aʊ
2	aʊ	ɔ	ɪ	i:	ɔ	y:	aʊ		
3	ɪ	i:	y:	ɛ	ɪ	ɪ	e:	y:	aʊ

Tabelle 9: »Nähe des Frühlings« – Anlaute der metrisch prominenten Silben

I	1	2	3	4	5	6	7	8	9	10
1	aɪ	v	m	d	ʃ	g				
2	l	r	d	f	h	s				
3	h	h	d	v	v	m	ʃ	e:	t	
4	e:	œ	s	n	b	g	aɪ	b	k	f

14 Aussprachevariante: ›eːrstər‹ versus ›ɛrstər‹.

II	1	2	3	4	5	6	7	8
1	ɔY	a	b	f	l			
2	f	z	v	v	g	v		
3	iː	k	ʃ	r	j	l		
4	ʃ	aʊ	k	d	z	b	n	d

III	1	2	3	4	5	6	7	8	9	10
1	v	a	ɛ	d	ʃ	b				
2	g	n	h	h	k					
3	ɛ	z	b	f	l	n	v			
4	f	m	k	v	n	f	ə	g	z	k

IV	1	2	3	4	5	6	7	8	9
1	l	l	v	l	v	ʃ	g	f	l
2	r	f	v	v	g	b	ʃ		
3	v	l	z	k	r	v	eː	f	r

Tabelle 10: »Nähe des Frühlings« – Wortwiederholungen

10a: Substantive

Erste Nennung	Weitere Nennungen	Versabstand	Positionsäquivalente Wiederholungen
Frühlings (Titel)	Frühlingslüfte (II,1), Frühlingslaub (IV,1)	4 / 7	II,1 / IV,1
Himmels (I,2)	Himmelsklarheit (III,2)	7	
Winde (I,3)	Winde (IV,2)	10	
Erde (I,4)	Erde (IV,3)	10	
Leben (II,3)	Leben (IV,1)	5	

10b: Verben

Erste Nennung	Weitere Nennungen	Versabstand
rauscht (I,2)	rauschet (IV,2)	11
ist (III,1)	ist (IV,1)	3
wird (IV,3)	wird (IV,3)	+ +

10c: Adjektive

Erste Nennung	Weitere Nennungen	Versabstand
süße (II,2)	süßem (IV,3)	8

10d: Mehrere Wortarten

Erste Nennung	Weitere Nennungen	Versabstand	Positionsäquivalente Wiederholungen
Grüns (I,4: Substantiv)	grünen (III,4: Verb), grünes (IV,1: Adjektiv)	7 / +	III,4 / IV,1

10e: Pronomen der ersten und zweiten Person

Erste Nennung	Weitere Nennungen	Versabstand	Positionsäquivalente Wiederholungen
deinen (I,1)	deiner (I,2), deinem (I,3)	+ / +	I,2 / I,3
mein (I,3)	meiner (I,3)	+ +	

10 f: Nicht eigens verzeichnete Wortwiederholungen:

Artikel: »der« (achtmal), »die« (viermal), »das« (zweimal), »des« (viermal).
Pronomen der 3. Person: »er« (zweimal), »es« (zweimal)[15].
Reflexivpronomen: »sich« (dreimal).
Präposition: »in« (viermal).
Konjunktion: »und« (dreimal).
Sonstige: »wie« (sechsmal), »zu« (zweimal), »noch« (zweimal).

---

15 In II,4 fungiert »Es« nicht als Pronomen.

Bibliographie

Quellen

Adler / Irmscher, Nachlaß: Hans-Dietrich Irmscher / Emil Adler, Der handschriftliche Nachlaß J.G. Herders. Wiesbaden 1979.
Apel 1814-16: August Apel, Metrik. 2 Bde., Leipzig 1814-16.
Arnim / Brentano, Freundschaftsbriefe: Achim von Arnim und Clemens Brentano, Freundschaftsbriefe. Vollständige kritische Edition von Hartwig Schultz. 2 Bde., Frankfurt a.M. 1998.
Arnim, Gedichte: A. von Arnim, Werke in sechs Bänden. Bd. V: Gedichte. Hg. von Ulfert Ricklefs. Frankfurt a.M. 1994.
Artmann, Botanisiertrommel: Hans Carl Artmann, Aus meiner Botanisiertrommel. Balladen und Naturgedichte. Ausgabe innerhalb der Edition Text & Ton, Salzburg 1987 [mit Tonkassette].
Artmann, Das poetische Werk: H.C. Artmann, Das poetische Werk. Unter Mitwirkung des Autors hg. von Klaus Reichert. 10 Bde., Berlin / München / Salzburg 1994.
Artmann, Gedichte: H.C. Artmann, ein lilienweißer brief aus lincolnshire. Gedichte aus 21 Jahren. Hg. und mit einem Nachwort von Gerald Bisinger. Frankfurt a.M. 1969.
Artmann, Sämtliche Gedichte: H.C. Artmann, Sämtliche Gedichte. Unter Mitwirkung und in der Anordnung des Autors hg. von Klaus Reichert. Salzburg / Wien 2003.
Bach / Gellert 1758: Herrn Professor Gellerts Geistliche Oden und Lieder mit Melodien von Carl Philipp Emanuel Bach. Berlin 1758. Zit. nach: C.P.E. Bach (1714-1788), Herrn Professor Gellerts Geistliche Oden und Lieder mit Melodien. Berlin 1758 (Wq 194). Ders., Zwölf geistliche Oden und Lieder, als ein Anhang zu Gellerts geistlichen Oden und Liedern. Berlin 1764 (Wq 195). Für Singstimme und Klavier hg. von Christian Eisert. Wiesbaden 1988.
Ballhorn 1802: Georg Friedrich Ballhorn, Über Declamation, in medicinischer und diätetischer Hinsicht. Hannover 1802.
Bell 1863: Alexander Bell, The Principles of Speech and Vocal Physiology. London 1863.
Benn, Werke, I: Gottfried Benn, Gesammelte Werke in 4 Bänden. Bd. I: Essays, Reden, Vorträge. Hg. von Dieter Wellershoff. Wiesbaden 1959.
Bergk 1799: Johann Adam Bergk, Die Kunst, Bücher zu lesen. Jena 1799. Reprint: München / Berlin 1971.
Bernhardi 1801-03: August Ferdinand Bernhardi, Sprachlehre. 2 Bde., Berlin 1801-03. Reprint: Hildesheim 1973.
Bielfeld 1801: Detlef Friedrich Bielfeld, Ueber Deklamazion als Wissenschaft, mit Beispielen, oder psichologische Entwickelung der Laute und Töne, nebst ihrer praktischen Anwendung. Hamburg 1801.

Bodmer 1749a: Johann Jakob Bodmer, Aufgefangener Brief. In: Freimüthige Nachrichten von Neuen Büchern und Andern zur Gelehrtheit gehörigen Sachen 6 (1749), 244-246. Zit. nach: Hellmuth 1976, 9-13.
Bodmer 1749b: J.J. Bodmer, Neue Critische Briefe über gantz verschiedene Sachen, von verschiedenen Verfassern. Zürich 1749.
Breitinger 1740: Johann Jacob Breitinger, Critische Dichtkunst. 2 Bde., Zürich 1740. Reprint: Stuttgart 1966.
Brücke 1856: Ernst von Brücke, Grundzüge der Physiologie und Systematik der Sprachlaute für Linguisten und Taubstummenlehrer. Wien 1856.
Buchner 1665: August Buchner, Anleitung zur deutschen Poeterey. Wittenberg 1665. Reprint: Tübingen 1966.
Bürger 1776: Gottfried August Bürger, Bürger an einen Freund über seine teutsche Ilias. In: Der Teutsche Merkur 1776, 4. Vierteljahr, 46-67. Zit. nach: Hellmuth 1976, 158-171. [Seitenangaben nach der Originalquelle].
Chladni 1787: Ernst Florens Friedrich Chladni, Entdeckungen über die Theorie des Klanges. Leipzig 1787. Reprint: Leipzig 1980.
Chladni 1802: E.F.F. Chladni, Die Akustik. Leipzig 1802.
Cludius 1792: Hermann Cludius, Grundris der Körperlichen Beredsamkeit. Für Liebhaber der Schönen Künste, Redner und Schauspieler. Ein Versuch. Hamburg 1792.
Cludius 1810: H. Cludius, Abriß der Vortragskunst. Hildesheim 1810.
Delbrück 1800: Ferdinand Delbrück (Hg.), Lyrische Gedichte, mit erklärenden Anmerkungen. Nebst einer Untersuchung über das Schöne, und einer Abhandlung über die Grundsätze der Erklärung und des Vortrags lyrischer Gedichte. Erster Band: Oden von Klopstock. Berlin 1800.
Deutsche Volkslieder, Balladen VIII: Deutsche Volkslieder mit ihren Melodien. Hg. vom Deutschen Volkslied-Archiv. Balladen, Achter Teil. Hg. von Otto Holzapfel. Freiburg 1988.
DLLK: Deutsche Literatur von Lessing bis Kafka [CD-ROM]. Bd. I der Edition ›Digitale Bibliothek‹ (http://www.digitale-bibliothek.de). Textauswahl von Mathias Bertram. Berlin ²1998.
Engel 1780: Johann Jacob Engel, Ueber die musikalische Malerey. Berlin 1780.
Engel 1783: J.J. Engel, Anfangsgründe einer Theorie der Dichtungsarten aus deutschen Mustern entwickelt. Erster Theil, Berlin und Stettin 1783. Reprint: Hildesheim 1977.
Engel 1785-86: J.J. Engel, Ideen zu einer Mimik. 2 Bde., Berlin 1785-86. Reprint: Darmstadt 1968.
Eschenburg 1783: Johann Joachim Eschenburg, Entwurf einer Theorie und Literatur der schönen Wissenschaften. Berlin und Stettin 1783.
Franke 1789-94: Heinrich Gottfried Bernhard Franke, Ueber Deklamation. 2 Bde., Göttingen 1789-94.
Friedländer 1902: Max Friedländer, Das deutsche Lied im 18. Jahrhundert. Quellen und Studien. Erster Band, zweite Abteilung: Musikbeispiele. Stuttgart / Berlin 1902.

Garve 1770: Christian Garve, Rezension zu Karl Wilhelm Ramlers Oden aus dem Horaz. In: Neue Bibliothek der schönen Wissenschaften und der freyen Künste 10 (1770), 58-90. Zit. nach: Hellmuth 1976, 80-86. [Seitenangaben nach der Originalquelle].

Gluck, Oden: Christoph Willibald Gluck, Sieben Oden und Lieder (F.G. Klopstock). Wien 1785. Zit. nach: Ders., Lieder und Arien. Hg. von Max Friedländer. Leipzig 1917.

Goethe, Werke: Johann Wolfgang Goethe, Sämtliche Werke nach Epochen seines Schaffens. Münchner Ausgabe. Hg. von Karl Richter et alii. München 1985 ff.

Goethe / Zelter, Briefwechsel: Briefwechsel zwischen Goethe und Zelter in den Jahren 1799 bis 1832. Hg. von Edith Zehm et alii. Bd. I: Text 1799-1827. München 1991. Bd. II: Text 1828-1832, Dokumente, Register. Ebd. 1998. Bd. III: Einführung, Kommentar. Ebd. 1998 (= Goethe, Werke, Bd. XX/1-3).

Göttinger Hain: Der Göttinger Hain. Hölty – Miller – Stolberg – Voss. Hg. von Alfred Kelletat. Stuttgart 1967.

Gottsched 1730: Johann Christoph Gottsched, Versuch einer Critischen Dichtkunst vor die Deutschen. Leipzig 1730. Dritte und vermehrte Auflage, Leipzig 1742. Zit. nach: J.C. Gottsched, Ausgewählte Werke. Hg. von Joachim Birke und Brigitte Birke. Bd. VI/1-3, Berlin / New York 1973.

Hainbücher: [Drei hs. Bücher des Göttinger Hain, 1772/73]. Niedersächsische Staats- und Universitätsbibliothek Göttingen, Signaturen 8° Cod.Ms.philol. 204 k/l/m.

Heinze 1759: Johann Michael Heinze, Anmerkungen über des Herrn Professor Gottscheds Deutsche Sprachlehre nebst einem Anhange einer neuen Prosodie. Göttingen und Leipzig 1759.

Hellmuth 1976: Hans Heinrich Hellmuth, Die Lehre von der Nachahmung der antiken Versmaße im Deutschen in Quellenschriften des 18. und 19. Jahrhunderts. Mit kommentierter Bibliographie. München 1976.

Helmholtz 1863: Hermann von Helmholtz, Die Lehre von den Tonempfindungen. Braunschweig 1863.

Herder 1764/65: Johann Gottfried Herder, [Von der Ode]. Zit. nach: Herder, Frühe Schriften, 57-99.

Herder 1767: J.G. Herder, Über die neuere deutsche Literatur. Fragmente, als Beilagen zu den Briefen, die neueste Literatur betreffend, Dritte Sammlung. Riga 1767. Zit. nach: Herder, Frühe Schriften, 367-539.

Herder 1769: J.G. Herder, Viertes kritisches Wäldchen. Zit. nach: J.G. Herder, Schriften zur Literatur. Hg. von Regine Otto. Bd. II/1, Berlin / Weimar 1990, 453-637.

Herder 1772: J.G. Herder, Abhandlung über den Ursprung der Sprache. Berlin 1772. Hg. von Hans-Dietrich Irmscher. Stuttgart 1966.

Herder 1773: J.G. Herder, Auszug aus einem Briefwechsel über Ossian und die Lieder alter Völker (1773). Zit. nach: SWS, Bd. V, 159-207.

Herder, Frühe Schriften: J.G. Herder, Frühe Schriften. Hg. von Ulrich Gaier. Frankfurt a.M. 1985.

Herder, Volkslieder: J.G. Herder, Volkslieder, Übertragungen, Dichtungen. Hg. von Ulrich Gaier. Frankfurt a.M. 1990.

Hermann 1799: Gottfried Hermann, Handbuch der Metrik. Leipzig 1799.

Heydenreich 1790: Karl Heinrich Heydenreich, System der Ästhetik. Erster Band, Leipzig 1790. Reprint: Hildesheim 1978.

HKA: Hamburger Klopstock-Ausgabe. Friedrich Gottlieb Klopstock, Werke und Briefe. Historisch-kritische Ausgabe. Begründet von Adolf Beck et alii, hg. von Horst Gronemeyer et alii. Berlin / New York 1974 ff.

Hölty, Gesammelte Werke: Ludwig Christoph Heinrich Hölty, Gesammelte Werke und Briefe. Kritische Studienausgabe. Hg. von Walter Hettche. Göttingen 1998.

Hölty, Sämtliche Werke: Ludwig Christoph Heinrich Höltys sämtliche Werke. Kritisch und chronologisch hg. von Wilhelm Michael. 2 Bde., Weimar 1914-1918.

Holz 1921: Arno Holz, Die befreite deutsche Wortkunst. Wien / Leipzig 1921.

Holz 1922: A. Holz, Phantasus. Zur Einführung. Berlin 1922.

Hopkins [4]1967: The Poems of Gerard Manley Hopkins. Hg. von W.H. Gardner und N.H. MacKenzie. London [4]1967.

Jandl, Gesammelte Werke 3: Ernst Jandl, Gesammelte Werke 3. Stücke und Prosa. Hg. von Klaus Siblewski. Frankfurt a.M. 1985.

Jahrbuch der Lyrik 98/99: Jahrbuch der Lyrik 1998/99. Hg. von Christoph Buchwald und Marcel Beyer. München 1998.

Kagel, Hörspiele: Mauricio Kagel, Das Buch der Hörspiele. Hg. von Klaus Schöning. Frankfurt a.M. 1982.

Kames 1762: Lord Henry Home Kames, Elements of Criticism. 3 Bde., Edinburgh 1762. Reprint: Hildesheim 1970.

Kausch 1782: Johann Joseph Kausch, Psychologische Abhandlung über den Einfluß der Töne und insbesondere der Musik auf die Seele. Breslau 1782.

Kempelen 1791: Wolfgang von Kempelen, Mechanismus der menschlichen Sprache nebst Beschreibung einer sprechenden Maschine. Wien 1791. Reprint: Stuttgart-Bad Cannstatt 1970.

Kerndörffer 1813-15: Heinrich August Kerndörffer, Handbuch der Declamation. Ein Leitfaden für Schulen und für den Selbstunterricht zur Bildung eines guten rednerischen Vortrags. 3 Bde., Leipzig 1813-15.

Kirnberger 1776-79: Johann Philipp Kirnberger, Die Kunst des reinen Satzes in der Musik. 2 Bde., Berlin und Königsberg 1776-79. Reprint: Hildesheim 1988.

Klavierstücke 1784: Zweite Sammlung neuer Klavierstükke mit Gesang für das deutsche Frauenzimmer. Dessau / Leipzig 1784.

Kleist, Werke: Ewald Christian von Kleist, Sämtliche Werke. Hg. von Jürgen Stenzel. Erste Abteilung, Stuttgart 1971.

Klopstock 1755: Friedrich Gottlieb Klopstock, Von der Nachahmung des griechischen Sylbenmaßes im Deutschen. In: Ders., Der Messias. Zweyter Band. Kopenhagen 1755. Zit. nach: Klopstock, Natur der Poesie, 9-21.

Klopstock 1758a: F.G. Klopstock, Von der Sprache der Poesie. In: Nordischer Aufseher. Erster Band, 26. Stück, 18. 5. 1758. Zit. nach: Klopstock, Natur der Poesie, 22-34.
Klopstock 1758b: F.G. Klopstock, Vom Range der schönen Künste und der schönen Wissenschaften. In: Nordischer Aufseher. Erster Band, 43. Stück, 7. 9. 1758. Zit. nach: Klopstock, Natur der Poesie, 202-215.
Klopstock 1759: F.G. Klopstock, Gedanken über die Natur der Poesie. In: Nordischer Aufseher. Zweiter Band, 105. Stück, 21. 9. 1759. Zit. nach: Klopstock, Natur der Poesie, 180-186.
Klopstock 1771: F.G. Klopstock, Vom Sylbenmaße. Hamburg / Bremen 1771. Zit. nach: F.G. Klopstocks sämmtliche sprachwissenschaftliche und ästhetische Schriften. Nebst den übrigen bis jetzt noch ungesammelten Abhandlungen, Gedichten, Briefen etc., hg. von A.L. Back und A.R.C. Spindler. 6 Bde., Leipzig 1830. Bd. III, 227-266.
Klopstock 1774: F.G. Klopstock, Die deutsche Gelehrtenrepublik. Hamburg 1774. Zit. nach: HKA, Werke, VII/1.
Klopstock 1779a: F.G. Klopstock, Vom deutschen Hexameter. In: Ders., Fragmente über Sprache und Dichtkunst. Hamburg 1779. Zit. nach: Klopstock, Natur der Poesie, 60-156.
Klopstock 1779b: F.G. Klopstock, Von der Darstellung. In: Ders., Fragmente über Sprache und Dichtkunst. Hamburg 1779. Zit. nach: Klopstock, Natur der Poesie, 166-173.
Klopstock 1779c: F.G. Klopstock, Von der Wortfolge. In: Ders., Fragmente über Sprache und Dichtkunst. Hamburg 1779. Zit. nach: Klopstock, Natur der Poesie, 174-179.
Klopstock 1794: F.G. Klopstock, Grammatische Gespräche. Altona 1794. Zit. nach: F.G. Klopstock, Sämmtliche Werke in zehn Bänden. Leipzig 1855-56, Bd. IX.
Klopstock, Briefe 1738-1750: F.G. Klopstock, Briefe 1739-1750. Zit. nach: HKA, Briefe, I.
Klopstock, Briefe 1776-1782: F.G. Klopstock, Briefe 1776-1782. Zit. nach: HKA, Briefe, VII/1.
Klopstock, Messias: F.G. Klopstock, Der Messias. Zit. nach: HKA, Werke, IV/2.
Klopstock, Natur der Poesie: F.G. Klopstock, Gedanken über die Natur der Poesie. Dichtungstheoretische Schriften. Hg. von Winfried Menninghaus. Frankfurt a.M. 1989.
Klopstock, Oden 1771: F.G. Klopstock, Oden. Hamburg 1771.
Klopstock, Oden und Elegien: Klopstocks Oden und Elegien. Darmstadt 1771. Faksimiledruck, mit einem Nachwort und Anmerkungen hg. von Jörg-Ulrich Fechner. Stuttgart 1974.
Klopstock, Oden: Klopstocks Oden. Hg. von Franz Muncker und Jaro Pawel. 2 Bde., Stuttgart 1889.
Koch 1782-93: Heinrich Christoph Koch, Versuch einer Anleitung zur Composition. Bd. I: Leipzig / Rudolstadt 1782. Bd. II: Leipzig 1787. Bd. III: Leipzig 1793. Reprint: Hildesheim 1968.

Kraus 1778: Joseph Martin Kraus, Etwas von und über Musik fürs Jahr 1777. Frankfurt a.M. 1778. Faksimile-Nachdruck, mit Kommentar und Register hg. von Freidrich W. Riedel. München / Salzburg 1977.

Kreisler, Everblacks: Georg Kreisler, Everblacks [Doppel-CD]. Preiserrecords, 1996.

Lessing, Laokoon: Gotthold Ephraim Lessing, Laokoon oder über die Grenzen der Malerei und Poesie. Erster Teil, Berlin 1766. Zit. nach: Lessing, Werke, Bd. VI, 7-187.

Lessing, Laokoon / Paralipomena: G.E. Lessing, Nachlaßfragmente zum Laokoon. Zit. nach: Lessing, Werke, Bd. VI, 555-660.

Lessing, Werke: G.E. Lessing, Werke. Hg. von Herbert G. Göpfert. München 1970 ff.

Löbel 1787: Renatus Gotthelf Löbel, Einige Bemerkungen über die Declamation. In: Denkwürdigkeiten aus der philosophischen Welt. Hg. von Karl Adolph Caesar. Bd. V, Leipzig 1787, 45-79.

Löbel 1793: R.G. Löbel (Hg.), Ueber die Declamation oder den mündlichen Vortrag in Prose und in Versen. Nach dem Englischen des Herrn Thomas Sheridan. Mit einigen Zusätzen. Zwey Theile, Leipzig 1793.

Marpurg 1763: Friedrich Wilhelm Marpurg, Anleitung zur Musik überhaupt und zur Singkunst besonders. Berlin 1763.

Mason 1749: John Mason, An Essay on the Power of Numbers and the Principles of Harmony in Poetical Compositions. London 1749. Reprint: Menston 1967.

Mattheson 1739: Johann Mattheson, Der vollkommene Capellmeister. Hamburg 1739. Reprint: Kassel / Basel 1954.

Meier 1747: Georg Friedrich Meier, Vorrede. In: Samuel Gotthold Langens Horatzische Oden nebst Georg Friedrich Meiers Vorrede vom Werthe der Reime. Halle 1747, 3-21. Reprint in: S.G. Lange, Horatzische Oden und eine Auswahl aus des Quintus Horatius Flaccus Oden fünf Bücher. Stuttgart 1971.

Mendelssohn 1755: Moses Mendelssohn, Über die Empfindungen. Berlin 1755. Zit. nach: Mendelssohn, Ästhetische Schriften, 29-110.

Mendelssohn 1757: M. Mendelssohn, Ueber die Hauptgrundsätze der schönen Künste und Wissenschaften. In: Bibliothek der schönen Wissenschaften und der freyen Künste. Erster Band, Zweites Stück, Leipzig 1757. Zit. nach: Mendelssohn, Ästhetische Schriften, 173-197.

Mendelssohn 1762/63: M. Mendelssohn, Gedanken vom Ausdrucke der Leidenschaften. Enststanden ca. 1762/63. Zit. nach: Mendelssohn, Ästhetische Schriften, 202-206.

Mendelssohn, Ästhetische Schriften: M. Mendelssohn, Ästhetische Schriften in Auswahl. Hg. von Otto F. Best. Darmstadt 1974.

Michaelis 1795-1800: Christian Friedrich Michaelis, Über den Geist der Tonkunst. Mit Rücksicht auf Kants Kritik der ästhetischen Urtheilskraft. Zwei Theile, Leipzig 1795-1800. Neuausgabe in: Ders., Ueber den Geist der Tonkunst und andere Schriften. Ausgewählt, hg. und kommentiert von Lothar Schmidt. Chemnitz 1997.

Moritz 1785: Karl Philipp Moritz, Über den Begriff des in sich selbst Vollendeten. In: Berlinische Monatsschrift, Bd. V/3 (1785). Zit. nach: Moritz, Werke, II, 543-548.
Moritz 1786: K.P. Moritz, Versuch einer deutschen Prosodie. Berlin 1786. Reprint: Darmstadt 1973.
Moritz 1788: K.P. Moritz, Über die bildende Nachahmung des Schönen. Braunschweig 1788. Zit. nach: Moritz, Werke, II, 551-578.
Moritz 1791: K.P. Moritz, Die Wirkungen der äußern Sinne in psychologischer Rücksicht. Über das musikalische Gehör. In: Magazin zur Erfahrungsseelenkunde, Bd. VIII/1-2 (1791). Zit. nach: Moritz, Ästhetik und Poetik, 129-135.
Moritz 1793: K.P. Moritz, Die Signatur des Schönen. In: K.P. Moritz: Die große Loge oder der Freimaurer mit Wage und Senkblei. Berlin 1793. [Erstdruck unter dem Titel: In wie fern Kunstwerke beschrieben werden können? In: Monatsschrift der Akademie der Künste und mechanischen Wissenschaften zu Berlin. Bd. II/4-5 (1788); Bd. III/1 (1789).] Zit. nach: Moritz, Werke, II, 579-588.
Moritz, Ästhetik und Poetik: K.P. Moritz, Schriften zur Ästhetik und Poetik. Kritische Ausgabe. Hg. von Hans-Jürgen Schrimpf. Tübingen 1962.
Moritz, Werke, II: Karl Philipp Moritz, Werke. Hg. von Horst Günther. Zweiter Band: Reisen, Schriften zur Kunst und Mythologie. Frankfurt a.M. 1981.
Müller 1812: Adam Müller, Zwölf Reden über die Beredsamkeit und deren Verfall in Deutschland. In: Ders., Kritische, ästhetische und philosophische Schriften. Hg. von W. Schröder und W. Siebert. 2 Bde., Neuwied / Berlin 1967, I, 293-451.
Neefe, Oden von Klopstock: Christian Gottlob Neefe, Oden von Klopstock, mit Melodien. Zweyte Auflage, Flensburg und Leipzig 1779.
Nicolai 1777-78: Friedrich Nicolai (Hg.), Eyn feyner kleyner Almanach vol schönerr echterr liblicherr Volckslieder, lustigerr Reyen unndt kleglicherr Mordgeschichte. 2 Bde., Berlin / Stettin 1777-78. Reprint in: F. Nicolai, Gesammelte Werke. Hg. von Bernhard Fabian und Marie-Luise Spieckermann. Bd. IV, Hildesheim / Zürich / New York 1985.
Omeis 1712: Magnus Daniel Omeis, Gründliche Anleitung zur Teutschen accuraten Reim- und Dichtkunst. Andere Auflage, Nürnberg 1712.
Opitz 1624: Martin Opitz, Buch von der deutschen Poeterey. Breslau 1624. Zit. nach: Ders., Gesammelte Werke. Kritische Ausgabe. Hg. von George Schulz-Behrend. Bd. II/1, Stuttgart 1978, 331-416.
Pastior 1992: Oskar Pastior, Vokalisen & Gimpelstifte. München 1992.
Printz 1676-96: Wilhelm Caspar Printz, Phrynis oder Satyrischer Componist. Bd. I: Quedlinburg 1676. Bd. II: Sagan 1677. Bd. III: Dresden / Leipzig 1696.
Reichardt 1774: Johann Friedrich Reichardt, Über die Deutsche comische Oper, nebst einem Anhange eines freundschaftlichen Briefes über die musikalische Poesie. Hamburg 1774. Reprint: München 1974.

Reichardt 1782-91: J.F. Reichardt, Musikalisches Kunstmagazin. 10 Bde., Berlin 1782-91. Reprint: Hildesheim 1969.
Riepel 1752: Joseph Riepel, Anfangsgründe zur musicalischen Setzkunst. Nicht zwar nach alt-mathematischer Einbildungsart der Zirkel-Harmonisten, Sondern durchgehends mit sichtbaren Exempeln abgefasset. Erstes Capitel De Rhythmopoeia, Oder von der Tactordnung [...]. Regensburg und Wien 1752. Reprint: Wien / Köln / Weimar 1996.
Rühm 1988: gerhard rühm, botschaft an die zukunft. gesammelte sprechtexte. hamburg 1988.
Say 1745: Samuel Say, An Essay on the Harmony, Variety and Power of Numbers, whether in Prose or Verse. London 1745. Reprint: Los Angeles 1956.
Scheibe 1745: Johann Adolph Scheibe, Critischer Musicus. Neue, vermehrte und verbesserte Auflage, Leipzig 1745. Reprint: Hildesheim u.a. 1970.
Schlegel 1747: Johann Elias Schlegel, Brief an J.J. Bodmer vom 15. 4. 1747. Zit. nach: Hellmuth 1976, 6.
Schlegel 1770: Johann Adolf Schlegel, Vom Reime. In: Herrn Abt (Charles) Batteux Einschränkung der Schönen Künste auf einen einzigen Grundsatz. Aus dem Französischen übersetzt und mit verschiedenen eignen damit verwandten Abhandlungen begleitet von Johann Adolf Schlegeln. 2 Bde. Dritte, von neuem verbesserte und vermehrte Auflage, Leipzig 1770, Bd. II, 513-586. Zit. nach: Hellmuth 1976, 87-124. [Seitenangaben nach der Originalquelle].
Schlegel 1795-96: August Wilhelm Schlegel, Briefe über Poesie, Silbenmaß und Sprache. In: Die Horen 1795/11; 1796/1-2. Zit. nach: Schlegel, Sämmtliche Werke, VII, 98-154.
Schlegel 1795-99: A.W. Schlegel, Betrachtungen über Metrik. An Friedrich Schlegel. Entstanden ca. 1755-1799. Zit. nach: Schlegel, Sämmtliche Werke, VII, 155-196.
Schlegel 1796: A.W. Schlegel, Rezension zu Voss, Homers Werke. In: ALZ 1796. Zit. nach: Hellmuth 1976, 314-332.
Schlegel 1798: A.W. Schlegel, Der Wettstreit der Sprachen. Ein Gespräch über Klopstocks grammatische Gespräche. In: Athenäum 1 (1798), 3-69. Zit. nach: Schlegel, Sämmtliche Werke, VII, 197-268.
Schlegel 1798-99: A.W. Schlegel, Vorlesungen über philosophische Kunstlehre. Jena 1798-1799. Zit. nach: A.W. Schlegel, Vorlesungen über Ästhetik I [1798-1803]. Mit Kommentar und Nachwort hg. von Ernst Behler. Bd. I, Paderborn / Wien u.a. 1989.
Schlegel 1801-02: A.W. Schlegel, Vorlesungen über schöne Literatur und Kunst. Erster Teil: Die Kunstlehre [Berlin 1801-1802]. Zit. nach: A.W. Schlegel, Vorlesungen über Ästhetik I [1798-1803]. Mit Kommentar und Nachwort hg. von Ernst Behler. Bd. I, Paderborn / Wien u.a. 1989.
Schlegel, Sämmtliche Werke, VII: A.W. Schlegel, Sämmtliche Werke. Hg. von Eduard Böcking. Bd. VII: Vermischte und kritische Schriften. Leipzig 1846. Reprint: Hildesheim 1971.

Schmiedtgen 1794: Johann Gottfried Daniel Schmiedtgen, Ueber die Euphonie oder den Wohllaut auf der Kanzel. Leipzig 1794.

Schocher 1791: Christian Gotthold Schocher, Soll die Rede auf immer ein dunkler Gesang bleiben, und können ihre Arten, Gänge und Beugungen nicht anschaulich gemacht, und nach Art der Tonkunst gezeichnet werden? Leipzig 1791.

Schröder 1759: Friedrich Josef Wilhelm Schröder, Lyrische, Elegische und Epische Poesien, nebst einer kritischen Abhandlung einiger Anmerkungen über das Natürliche in der Dichtkunst und die Natur des Menschen. Halle 1759.

Schubart 1777: Christian Friedrich Daniel Schubart, Vorlesungen über die schöne Wissenschaften für Unstudierte. Herausgegeben von einem seiner ehmaligen Zuhörer. Augsburg 1777.

Schubart 1793: Schubart's Leben und Gesinnungen. Von ihm selbst, im Kerker aufgesetzt. Zweiter Theil. Herausgegeben von seinem Sohne Ludwig Schubart. Stuttgart 1793.

Schulz, Lieder im Volkston: Johann Abraham Peter Schulz, Lieder im Volkston, bey dem Klavier zu singen. 3 Bde., Berlin 1782-90.

Schulz / Voss, Briefwechsel: Briefwechsel zwischen Johann Abraham Peter Schulz und Johann Heinrich Voss. Hg. von Heinz Gottwaldt und Gerhard Hahne. Kassel / Basel 1960.

Schwitters, Lyrik: Kurt Schwitters, Das literarische Werk. Hg. von Friedhelm Lach. Bd. I: Lyrik. Köln 1973.

Seckendorff 1816: Gustav von Seckendorff, Vorlesungen über Deklamation und Mimik. 2 Bde., Braunschweig 1816.

Steele 1779: Joshua Steele, Prosodia rationalis. London 1779. Reprint: Hildesheim / New York 1971.

Suhrkamp 1913: Ernst von Suhrkamp, Die Sprechmaschine als Hilfsmittel für Unterricht und Studium der neuern Sprachen. Stuttgart 1913.

Sulzer 1773-74: Johann Georg Sulzer, Allgemeine Theorie der schönen Künste in einzeln, nach alphabetischer Ordnung der Kunstwörter auf einander folgenden Artikeln abgehandelt. 4 Bde., Leipzig 1773-74. Zit. nach: Neue vermehrte Ausgabe, Leipzig 1792-94. Reprint: Hildesheim 1967-70.

SWS: Johann Gottfried Herder, Sämmtliche Werke. Hg. von Bernhard Suphan. 33 Bde., Berlin 1877-1913.

Tacitus, Germania: Cornelius Tacitus, Germania. Zit. nach: Ders., Agricola. Germania. Hg., übersetzt und erläutert von Alfons Städele. Darmstadt 1991.

Tieck 1803: Ludwig Tieck (Hg.), Minnelieder aus dem Schwäbischen Zeitalter. Berlin 1803. Reprint: Hildesheim 1966.

Tieck, Gedichte: L. Tieck, Gedichte. 3 Bde., Dresden 1821-23. Reprint: Heidelberg 1967.

Von der Ode: Von der Ode. Ein Versuch [ohne Verf.-Angabe]. In: Vermischte Beiträge zur Philosophie und den schönen Wissenschaften. Bd. II/1, Breslau 1763, 152-177.

Voss 1802: Johann Heinrich Voss, Zeitmessung der deutschen Sprache. Königsberg 1802.

Voss, Ausgewählte Werke: J.H. Voss, Ausgewählte Werke. Hg. von Adrian Hummel. Göttingen 1996.
Voss, Briefe: J.H. Voss, Briefe. Nebst erläuternden Beilagen hg. von Abraham Voss. 3 Bde., Halberstadt 1829-33. Reprint: Hildesheim 1971.
Voss, Lyrische Gedichte: J.H. Voss, Lyrische Gedichte. 4 Bde., Königsberg 1802.
Webb 1762: Daniel Webb, Remarks on the beauties of poetry. London 1762. Zit. nach: Ders., Ästhetische Schriften.
Webb 1769: D. Webb, Observations on the correspondence between poetry and music. London 1769. Zit. nach: Ders., Ästhetische Schriften.
Webb, Ästhetische Schriften: D. Webb, Ästhetische Schriften. Nachdruck der Ausgaben von 1761, 1762 und 1769, mit einer einleitenden Abhandlung von Inge Kerkhoff. München 1974.
Winckelmann 1756: Johann Joachim Winckelmann, Gedanken über die Nachahmung der Griechischen Werke in der Malerey und Bildhauerkunst. Zweyte vermehrte Auflage, Dresden / Leipzig 1756. Reprint: Baden-Baden 1962.
Wötzel 1814: Johann Carl Wötzel, Grundriß eines allgemeinen und faßlichen Lehrgebäudes oder Systems der Declamation nach Schochers Ideen. Wien 1814.
Wunderhorn: Des Knaben Wunderhorn. Alte deutsche Lieder, gesammelt von Ludwig Achim von Arnim und Clemens Brentano. 3 Bde., Heidelberg 1806-08. Zit. nach: Kritische Ausgabe, hg. und kommentiert von Heinz Rölleke. Stuttgart 1987.
Zelter 1821: Carl Friedrich Zelter, Neue Liedersammlung. Zürich / Berlin 1821. Zit. nach: Ders., Lieder. Faksimile der wichtigsten gedruckten Sammlungen nebst Kritischem Bericht. Hg. von Reinhold Kubik und Andreas Meier. München 1995 (= Das Erbe Deutscher Musik, Bd. 106).

Forschungsliteratur

Adler 1994: Hans Adler, Aisthesis, steinernes Herz und geschmeidige Sinne. Zur Bedeutung der Ästhetik-Diskussion in der zweiten Hälfte des 18. Jahrhunderts. In: Schings 1994, 96-111.
Albert 1994/95: Claudia Albert, Dichten und Schlittschuhlaufen. Eine poetologische Betrachtung von Klopstocks Eislaufoden. In: Lessing Yearbook 26 (1994/95), 81-92.
Albertsen 1971: Leif Ludwig Albertsen, Die freien Rhythmen. Rationale Bemerkungen im allgemeinen und zu Klopstock. Aarhus 1971.
Albertsen 1989: L.L. Albertsen, Klopstocks aufgeklärte Revision des Kirchenlieds. In: Klaus Bohnen / Sven-Aage Jørgensen (Hg.), Der dänischen Gesamtstaat: Kopenhagen, Kiel, Altona. Heidelberg 1989, 139-151.
Albertsen 1995: L.L. Albertsen, Poetische Form bei Klopstock. In: Hilliard / Kohl 1995, 68-79.
Albertsen 1996: L.L. Albertsen, Eigenarten der Anacreontea. Zum Verständnis einiger Form- und Inhaltselemente in Gleim, Uz und den spanischen Trochäen.

In: Edelgard Biedermann et alii (Hg.), Sozusagen. Eine Festschrift für Helmut Müssener. Stockholm 1996, 1-18.
Barsch 1991: Achim Barsch, Metrik, Literatur und Sprache. Generative Metrik zwischen empirischer Literaturwissenschaft und generativer Phonologie. Braunschweig 1991.
Becker 1998: Claudia Becker, Naturgeschichte der Kunst. August Wilhelm Schlegels ästhetischer Ansatz im Schnittpunkt zwischen Aufklärung, Klassik und Frühromantik. München 1998.
Benning 1995: Hildegard Benning, Ut Pictura Poiesis – Ut Musica Poiesis. Paradigmenwechsel im poetologischen Denken Klopstocks. In: Hilliard / Kohl 1995, 80-96.
Benning 1997: H. Benning, Rhetorische Ästhetik. Die poetologische Konzeption Klopstocks im Kontext der Dichtungstheorie des 18. Jahrhunderts. Stuttgart 1997.
Bergmann / Pauly / Schlaefer 1991: Rolf Bergmann / Peter Pauly / Michael Schlaefer, Einführung in die deutsche Sprachwissenschaft. Heidelberg 1991.
Bernhart 1974: Walther Bernhart, Complexity and Metricality. In: Poetics 12 (1974), 113-141.
Bernhart 1995: W. Bernhart, How final can a theory of verse be? Toward a pragmatics of metrics. In: Küper 1995-96, I, 429-444.
Bernstejn 1927: Sergej Bernstejn, Ästhetische Voraussetzungen einer Theorie der Deklamation. Erstveröffentlichung [russ.] in: Poëtika III, Leningrad 1927, 25-44. Dt. in: Stempel 1972, 338-385.
Bockelmann 1991: Eske Bockelmann, Propädeutik einer endlich gültigen Theorie von den deutschen Versen. Tübingen 1991.
Borsche 1986: Tilman Borsche, Der Herr der Sinne verliert die Übersicht. Bemerkungen zu Platons Schriftkritik und zu Derridas Platonkritik. In: Kodikas / Code 9 (1986), 317-333.
Bosse 1994: Heinrich Bosse, Der Autor als abwesender Redner. In: Goetsch 1994, 277-290.
Brang 1988: Peter Brang, Das klingende Wort. Zur Theorie und Geschichte der Deklamationskunst in Rußland. Wien 1988.
Brenning 1998: Ulrike Brenning, Die Sprache der Empfindungen. Der Begriff Vortrag und die Musik des 18. Jahrhunderts. Frankfurt a.M. / Berlin u.a. 1998.
Brik 1927: Osip Brik, Rhythmus und Syntax. Erstveröffentlichung [russ.] in: Novyj Lef, 3-6 (1927). Dt. in: Stempel 1972, 163-221.
Bülow 1990: Michael Bülow, Buchmarkt und Autoreneigentum. Die Entstehung des Urhebergedankens im 18. Jahrhundert. Wiesbaden 1990.
Costazza 1996: Alessandro Costazza, Schönheit und Nützlichkeit. Karl Philipp Moritz und die Ästhetik des 18. Jahrhunderts. Bern / Berlin u.a. 1996.
Costazza 1999: A. Costazza, Genie und tragische Kunst. Karl Philipp Moritz und die Ästhetik des 18. Jahrhunderts. Bern / Berlin u.a. 1999.
Dahlhaus 1978: Carl Dahlhaus, Die Idee der absoluten Musik. Kassel 1978.

Danneberg et alii 1995: Lutz Danneberg / Michael Schlott / Jörg Schönert / Friedrich Vollhardt, Germanistische Aufklärungsforschung seit den siebziger Jahren. In: Das achtzehnte Jahrhundert 19 (1995), 172-192.

Danuser et alii 1988: Hermann Danuser et alii (Hg.), Das musikalische Kunstwerk: Geschichte – Ästhetik – Theorie. Fs. Carl Dahlhaus zum 60. Geburtstag. Laaber 1988.

Debrunner 1996: Albert Debrunner, Das güldene schwäbische Alter. Johann Jakob Bodmer und das Mittelalter als Vorbildzeit im 18. Jahrhundert. Würzburg 1996.

Derrida 1967: Jacques Derrida, De la grammatologie. Paris 1967. Dt.: Grammatologie. Aus dem Franz. von Hans-Jörg Rheinberger und Hanns Zischler. Frankfurt a.M. 1974.

Diller 1982: Hans-Jürgen Diller, Der Beitrag des Russischen Formalismus zur Versbeschreibung. Opladen 1982.

Döhl 1969: Reinhard Döhl, Poesie zum Ansehen, Bilder zum Lesen? Notwendiger Vorbericht und Hinweise zum Problem der Mischformen im 20. Jahrhundert. In: Helmut Kreuzer (Hg.), Gestaltungsgeschichte und Gesellschaftsgeschichte. Literatur-, kunst- und musikwissenschaftliche Studien. Stuttgart 1969, 554-582.

Dürbeck 1998: Gabriele Dürbeck, Einbildungskraft und Aufklärung. Perspektiven der Philosophie, Anthropologie und Ästhetik um 1750. Tübingen 1998.

Düwel / Zimmermann 1986: Klaus Düwel / Harro Zimmermann, Germanenbild und Patriotismus in der deutschen Literatur des 18. Jahrhunderts. In: Heinrich Beck (Hg.): Germanenprobleme in heutiger Sicht. Berlin 1986 (= Ergänzungsbände zum Reallexikon der Germanischen Altertumskunde, Bd. I), 358-395.

Ejchenbaum 1925: Boris Ejchenbaum, Die Theorie der formalen Methode. Erstveröffentlichung [russ.] in: Ders., Teorija, kritika, polemika. Leningrad 1927, 116-148. Dt. in: Ders., Aufsätze zur Theorie und Geschichte der Literatur. Frankfurt a.M. 1965, 7-52.

Engelsing 1974: Rolf Engelsing, Der Bürger als Leser. Lesergeschichte in Deutschland 1500–1800. Stuttgart 1974.

Finnegan 1988: Ruth Finnegan, Literacy and Orality. Studies in the Technology of Communication. Oxford 1988.

Fischer-Lichte / Schönert 1999: Erika Fischer-Lichte / Jörg Schönert (Hg.), Theater im Kulturwandel des 18. Jahrhunderts. Inszenierung und Wahrnehmung von Körper – Musik – Sprache. Göttingen 1999.

Forchert 1988: Arno Forchert, Vom ›Ausdruck der Empfindung‹ in der Musik. In: Danuser et alii 1988, 39-50.

Fragstein / Ritter 1990: Thomas von Fragstein / Hans Martin Ritter (Hg.), Sprechen als Kunst. Positionen und Prozesse ästhetischer Kommunikation. Frankfurt a.M. 1990.

Frank 1989: Manfred Frank, Einführung in die frühromantische Ästhetik. Frankfurt a.M. 1989.

Fuhrmann 1987: Manfred Fuhrmann, Von Wieland bis Voss: Wie verdeutscht man antike Autoren? In: Jb. des Freien Dt. Hochstifts 1987, 1-22.
Fussell 1954: Paul Fussell, Theory of Prosody in Eighteenth-Century England. Connecticut ²1966 [Erste Auflage: ebd. 1954].
Gaier 1988: Ulrich Gaier, Herders Sprachphilosophie und Erkenntniskritik. Stuttgart-Bad Cannstatt 1988.
Garbe 1981: Burckhard Garbe, Klopstocks Vorschläge zur Rechtschreibreform. In: Klopstock 1981, 45-58.
Gardt 1994: Andreas Gardt, Sprachreflexion in Barock und Frühaufklärung. Entwürfe von Böhme bis Leibniz. Berlin / New York 1994.
Gasparov 1996: Mikhail L. Gasparov, A History of European Versification. Translated by G.S. Smith and Marina Tarlinskaja. Edited by G.S. Smith. Oxford 1996.
Gellhaus 1995: Axel Gellhaus, Enthusiasmos und Kalkül. Reflexionen über den Ursprung der Dichtung. München 1995.
Gerhardt 1975: Claus W. Gerhardt, Geschichte der Druckverfahren. Teil II: Der Buchdruck. Stuttgart 1975.
Gessinger 1994: Joachim Gessinger, Auge & Ohr. Studien zur Erforschung der Sprache am Menschen 1700–1850. Berlin / New York 1994.
Giegerich 1983: Heinz Jürgen Giegerich, Metrische Phonologie und Kompositionsakzent im Deutschen. In: Papiere zur Linguistik 28 (1983), 3-25
Gier / Gruber 1995: Albert Gier / Gerold W. Gruber (Hg.), Musik und Literatur. Studien zur Strukturverwandtschaft. Frankfurt a.M. 1995.
Goetsch 1985: Paul Goetsch, Fingierte Mündlichkeit in der Erzählkunst entwickelter Schriftkulturen. In: Poetica 17 (1985), 202-218.
Goetsch 1991: P. Goetsch, Der Übergang von Mündlichkeit zu Schriftlichkeit. Die kulturkritischen und ideologischen Implikationen der Theorien von McLuhan, Goody und Ong. In: Wolfgang Raible (Hg.), Symbolische Formen – Medien – Identität. Jahrbuch 1989/90 des SFB ›Übergänge und Spannungsfelder zwischen Mündlichkeit und Schriftlichkeit‹. Tübingen 1991, 113-129.
Goetsch 1994: P. Goetsch (Hg.), Lesen und Schreiben im 17. und 18. Jahrhundert. Studien zu ihrer Bewertung in Deutschland, England, Frankreich. Tübingen 1994.
Goody / Watt 1968: Jack Goody / Ian Watt, The Consequences of Literacy. In: J. Goody (Hg.), Literacy in Traditional Societies. Cambridge 1968, 21-68.
Göttert 1998: Karl-Heinz Göttert, Geschichte der Stimme. München 1998.
Grimm 1998: Gunther E. Grimm, Letternkultur. Wissenschaftskritik und antigelehrtes Dichten in Deutschland von der Renaissance bis zum Sturm und Drang. Tübingen 1998.
Gumbrecht / Pfeiffer 1988: Hans-Ulrich Gumbrecht / Klaus-Ludwig Pfeiffer (Hg.), Materialität der Kommunikation. Frankfurt a.M. 1988.
Gumbrecht / Pfeiffer 1993: H.-U. Gumbrecht / K.-L. Pfeiffer (Hg.), Schrift. München 1993.
Gumbrecht 1988: H.-U. Gumbrecht, Rhythmus und Sinn. In: Gumbrecht / Pfeiffer 1988, 714-729.

Günther 1986: Hartmut Günther, Was the alpahbet discovered or invented? On the alleged common process in speech and writing. In: Gerhard Augst (Hg.), New trends in graphemics and orthography. Berlin 1986, 248-261.

Günther 1988: H. Günther, Schriftliche Sprache. Strukturen geschriebener Wörter und ihre Verarbeitung beim Lesen. Tübingen 1988.

Häntzschel 1977: Günter Häntzschel, Johann Heinrich Voss. Seine Homer-Übersetzung als sprachschöpferische Leistung. München 1977.

Halle / Keyser 1966: Morris Halle / Samuel Keyser, Chaucer and the Study of Prosody. In: College English 28 (1966), 187-219.

Halle / Keyser 1971: M. Halle / S. Keyser, English Stress: Its Form, Its Growth, and Its Role in Verse. New York 1971.

Hauge 1993: Hans Hauge, ›De la Grammatologie‹ und die literarische Wende. In: Gumbrecht / Pfeiffer 1993, 319-335.

Havelock 1963: Eric A. Havelock, Preface to Plato. Cambridge (Mass.) 1963.

Hellmuth 1973: Hans-Heinrich Hellmuth, Metrische Erfindung und metrische Theorie bei Klopstock. München 1973.

Helms 1966: Hans G Helms, Komponieren mit sprachlichem Material. In: Melos 1966, Heft 5, 137-143.

Heusler 1891: Andreas Heusler, Zur Geschichte der altdeutschen Verskunst. Breslau 1891.

Heusler 1925-29: A. Heusler, Deutsche Versgeschichte. Mit Einschluß des altenglischen und altnordischen Stabreimverses. 3 Bde., Berlin / Leipzig 1925-29.

Hey'l 1996: Bettina Hey'l, Der Briefwechsel zwischen Goethe und Zelter. Lebenskunst und literarisches Projekt. Tübingen 1996.

HHR: Historisches Handwörterbuch der Rhetorik. Hg. von Gert Ueding. Bd. I: 1992; Bd. II: 1994.

Hilliard / Kohl 1995: Kevin Hilliard / Katrin Kohl (Hg.), Klopstock an der Grenze der Epochen. Mit Klopstock-Bibliographie 1972-1992 von Helmut Riege. Berlin / New York 1995.

Hilliard 1989: K. Hilliard, Klopstock in den Jahren 1764 bis 1770. Metrische Erfindung und die Wiedergeburt der Dichtung aus dem Geiste des Eislaufs. In: Jb. der dt. Schillergesellschaft 33 (1989), 145-184.

Hirsch 1988: Michael Hirsch, 15 Bemerkungen zu Josef Anton Riedls Lautgedichten. In: Melos 1988, Heft 4, 45-59.

Hirschenauer 1968: Rupert Hirschenauer, Erlkönig. In: Ders. / Albrecht Weber (Hg.), Wege zum Gedicht II. Interpretationen von Balladen. München 1968.

Höffe 1954: Wilhelm Ludwig Höffe, Sprachlicher Ausdrucksgehalt und akustische Struktur. Jena 1954.

Höffe 1965: W.L. Höffe, Gesprochene Sprache. Gesammelte Beiträge zur Phonetik, Sprechkunde und Sprecherziehung. Ratingen 1965.

Holzapfel 1989: Otto Holzapfel, Die Ballade von ›Graf und Nonne‹ – eine Fallstudie. In: Erika Lindig / Lutz Röhrich (Hg.), Volksdichtung zwischen Mündlichkeit und Schriftlichkeit. Tübingen 1989, 261-271.

Hummel 1997: Adrian Hummel, ›Es war die Zeit, da ein Schwarm junger Kräftlinge ...‹. Bestimmungen des ›Romantischen‹ bei Johann Heinrich Voss. In: Frank Baudach / Günter Häntzschel (Hg.), Johann Heinrich Voss (1751-1826). Beiträge zum Eutiner Symposium im Oktober 1994. Eutin 1997, 129-147.

Hurlebusch 2001: Klaus Hurlebusch, Klopstock, Hamann und Herder als Wegbereiter autorzentrischen Schreibens. Ein philologischer Beitrag zur Charakterisierung der literarischen Moderne. Tübingen 2001.

Ihwe 1971-72: Jens Ihwe (Hg.), Literaturwissenschaft und Linguistik. Ergebnisse und Perspektiven. 3 Bde., Frankfurt a.M. 1971-72.

Ihwe 1975: Jens Ihwe, On the Foundations of Generative Metrics. In: Poetics 16 (1975), 367-399.

Jacob 1997: Joachim Jacob, Heilige Poesie. Zu einem literarischen Modell bei Pyra, Klopstock und Wieland. Tübingen 1997.

Jakobson 1923: Roman Jakobson, O ceškom stixe preimuščestvenno v sopostavlenii s russkim. Berlin / Moskau 1923. Dt.: Über den tschechischen Vers. Unter besonderer Berücksichtigung des russischen Verses. Konstanz 1974.

Jakobson 1960: R. Jakobson, Linguistics and Poetics. In: Thomas Sebeok (Hg.), Style in Language. Cambridge (Mass.) 1960, 350-377. Dt. in: R. Jakobson, Poetik. Ausgewählte Aufsätze 1921-1971. Hg. von Elmar Holenstein und Tarcisius Schelbert. Frankfurt a.M. 1979, 83-121.

Jakobson 1976: R. Jakobson, Hölderlin – Klee – Brecht. Zur Wortkunst dreier Gedichte. Eingeleitet und hg. von Elmar Holenstein. Frankfurt a.M. 1976.

Jakobson / Lotz 1941: R. Jakobson / John Lotz, Axiomatik eines Verssystems, am Mordwinischen Volkslied dargelegt [Vortrag, gehalten am 8. 4. 1941 am Ungarischen Institut der Universität Stockholm]. Dt. in: Ihwe 1971-72, III, 78-85.

Jakobson / Waugh 1979: R. Jakobson / Linda R. Waugh, The sound shape of language. Brighton 1979. Dt.: Die Lautgestalt der Sprache. Berlin / New York 1986.

Kabell 1960: Aage Kabell, Metrische Studien II. Antiker Form sich nähernd. Uppsala 1960.

Kalmbach 1996: Gabriele Kalmbach, Der Dialog im Spannungsfeld von Schriftlichkeit und Mündlichkeit. Tübingen 1996.

Katz / Hacohen 1988: Ruth Katz / Ruth Hacohen, ›Ut musica poiesis‹: The crystallization of a conception concerning cognitive process and ›well-made worlds‹. In: Danuser et alii 1988, 17-37.

Kemper 1997: Hans-Georg Kemper, Deutsche Lyrik der frühen Neuzeit. Bd. VI/1: Empfindsamkeit. Tübingen 1997.

Kemper 1999: H.-G. Kemper (Hg.), Gedichte von Georg Trakl. Interpretationen. Stuttgart 1999.

Kemper 2002a: H.-G. Kemper, Deutsche Lyrik der frühen Neuzeit. Bd. VI/2: Sturm und Drang: Genie-Religion. Tübingen 2002.

Kemper 2002b: H.-G. Kemper, Deutsche Lyrik der frühen Neuzeit. Bd. VI/3: Sturm und Drang: Göttinger Hain und Grenzgänger. Tübingen 2002.

Khushf 1993: George P. Khushf, Die Rolle des ›Buchstabens‹ in der Geschichte des Abendlandes und im Christentum. In: Gumbrecht / Pfeiffer 1993, 21-33.

Kiesel / Münch 1977: Helmuth Kiesel / Paul Münch, Gesellschaft und Literatur im 18. Jahrhundert. Voraussetzungen und Entstehung des literarischen Markts in Deutschland. München 1977.

Kiparsky 1975: Paul Kiparsky, Stress, Syntax and Meter. In: Language 51 (1975), 576-616.

Kittler 1985: Friedrich Kittler, Aufschreibsysteme 1800 / 1900. München 1985.

Kittler 1986: F. Kittler, Grammophon – Film – Typewriter. Berlin 1986.

Klopstock 1981: Friedrich Gottlieb Klopstock. Sonderband der Reihe text + kritik. Hg. von Heinz-Ludwig Arnold. München 1981.

Klüppelholz 1976: Werner Klüppelholz, Sprache als Musik. Studien zur Vokalkomposition bei Karlheinz Stockhausen, Hans G Helms, Mauricio Kagel, Dieter Schnebel und György Ligeti. Herrenberg 1976. Neuauflage: Saarbrücken 1995.

Knilli 1961: Friedrich Knilli, Das Hörspiel. Mittel und Möglichkeiten des totalen Schallspiels. Stuttgart 1961.

Koch / Oesterreicher 1985: Peter Koch / Wulf Oesterreicher, Sprache der Nähe – Sprache der Distanz. Mündlichkeit und Schriftlichkeit im Spannungsfeld von Sprachtheorie und Sprachgeschichte. In: Romanistisches Jahrbuch 36 (1985), 15-43.

Koebner 1977: Thomas Koebner, Lektüre in freier Landschaft. Zur Theorie des Leseverhaltens im 18. Jahrhundert. In: Leser und Lesen im 18. Jahrhundert. Kolloquium der Arbeitsstelle 18. Jahrhundert der GHS Wuppertal, 24.-26.10.1975. Heidelberg 1977, 40-57.

Kohl 1995: Katrin Kohl, ›Sey mir gegrüßet!‹ Sprechakte in der Lyrik Klopstocks und seiner deutschen Zeitgenossen. In: Hilliard / Kohl 1995, 7-32.

Kohlhäufl 1996: Michael Kohlhäufl, Die Rede – ein dunkler Gesang? Kleists ›Robert Guiskard‹ und die Deklamationstheorien um 1800. In: Kleist Jahrbuch 1996, 142-168.

Koschorke 1997: Albrecht Koschorke, Platon / Schrift / Derrida. In: Gerhard Neumann (Hg.), Poststrukturalismus. Herausforderung an die Literaturwissenschaft. Stuttgart / Weimar 1997, 40-58.

Koschorke 1999a: A. Koschorke, Körperströme und Schriftverkehr. Mediologie des 18. Jahrhunderts. München 1999.

Koschorke 1999b: A. Koschorke, Wissenschaften des Arbiträren. Die Revolutionierung der Sinnesphysiologie und die Entstehung der modernen Hermeneutik um 1800. In: Vogl 1999, 19-52.

Küper 1988: Christoph Küper, Sprache und Metrum. Semiotik und Linguistik des Verses. Tübingen 1988.

Küper 1993: C. Küper (Hg.), Von der Sprache zur Literatur. Motiviertheit im sprachlichen und im poetischen Kode. Tübingen 1993.

Küper 1995-96: C. Küper (Hg.), Metrics today I / II. (= Poetics today 1995/3; 1996/1).

Küper 1998: C. Küper, Language and verse. On the linguistic foundations of english and german metrical poetry. In: Marianne Nordman (Hg.), Meter

Mål Medel. Studier framlagda vid Sjätte nordiska metrikkonferensen med temat ›Metrik och dramatik‹, Vasa 25.-27. 9. 1997. Vasa 1998, 7-36.
Küper 2002: C. Küper (Hg.), Meter, Rhythm, Performance – Metrum, Rhythmus, Performanz. Proceedings of the International Conference on Meter, Rhythm and Performance, held in May 1999 at Vechta. Bern / Frankfurt a.M. / New York 2002.
Kurz 1999: Gerhard Kurz, Macharten. Über Rhythmus, Reim, Stil und Vieldeutigkeit. Göttingen 1999.
Landshoff 1902: Ludwig Landshoff, Johann Rudolf Zumsteeg (1760-1802). Ein Beitrag zur Geschichte des Liedes und der Ballade. Berlin 1902.
Langen 1952/53: August Langen, Klopstocks sprachgeschichtliche Bedeutung. In: Wirkendes Wort 1952/53, 330-346. Zit. nach: Ders., Gesammelte Studien zur neueren deutschen Sprache und Literatur. Zum 70. Geburtstag des Verfassers ausgewählt und hg. von Karl Richter et alii. Berlin 1978, 87-108.
Laufhütte 1991: Hartmut Laufhütte, Volkslied und Ballade. In: Goethe-Jb. 108 (1991), 85-100.
Lohre 1915: Heinrich Lohre, Zur Entstehung von Nicolais ›Feynem kleynen Almanach‹. In: Zs. des Vereins für Volkskunde 25 (1915), 147-154.
Lösener 1999: Hans Lösener, Der Rhythmus in der Rede. Linguistische und literaturwissenschaftliche Aspekte des Sprachrhythmus. Tübingen 1999.
Lotz 1972: John Lotz, Elements of Versification. In: William K. Wimsatt, Versification. Major Language Types. New York 1972, 1-21.
Lubkoll 1995: Christine Lubkoll, Mythos Musik. Poetische Entwürfe des Musikalischen in der Literatur um 1800. Freiburg 1995.
Lüdtke 1969: Helmut Lüdtke, Die Alphabetschrift und das Problem der Lautsegmentierung. In: Phonetica 20/1 (1969), 147-176.
Lütteken 1998: Laurenz Lütteken, Das Monologische als Denkform in der Musik zwischen 1760 und 1785. Tübingen 1998.
Maas 1986: Utz Maas, ›Die Schrift ist ein Zeichen für das, was in dem Gesprochenen ist.‹ Zur Frühgeschichte der sprachwissenschaftlichen Schriftauffassung: das aristotelische und nacharistotelische (phonographische) Schriftverständnis. In: Kodikas / Code 9 (1986), 247-292.
Maas 1999: U. Maas, Phonologie. Einführung in die funktionale Phonetik des Deutschen. Opladen / Wiesbaden 1999.
Mahl 1999: Bernd Mahl, Goethes ›Faust‹ auf der Bühne (1806-1998). Fragment, Ideologiestück, Spieltext. Stuttgart / Weimar 1999.
Maier 1971: Gunter Maier, Die Lieder Johann Rudolf Zumsteegs und ihr Verhältnis zu Schubert. Tübingen 1971.
Maier 1984: Siegfried Maier, Studien zur Theorie des Taktes in der ersten Hälfte des 18. Jahrhunderts. Tutzing 1984.
Malinowski 2002: Bernadette Malinowski, »Das Heilige sei mein Wort«. Paradigmen prophetischer Dichtung von Klopstock bis Whitman. Würzburg 2002.
McLuhan 1962: Marshall McLuhan, The Gutenberg Galaxy. The Making of Typographic Man. Toronto 1962.

McLuhan / Fiore 1968: M. McLuhan / Quentin Fiore, War and Peace in the Global Village. New York / Toronto 1968.
Menke 1999: Bettine Menke, Töne – Hören. In: Vogl 1999, 69-95.
Menke 2000: B. Menke, Prosopopoiia. Stimme und Text bei Brentano, Hoffmann, Kleist und Kafka. München 2000.
Menninghaus 1987: Winfried Menninghaus, Unendliche Verdopplung. Die frühromantische Grundlegung der Kunsttheorie im Begriff absoluter Selbstreflexion. Frankfurt a.M. 1987.
Menninghaus 1989: W. Menninghaus, Klopstocks Poetik der schnellen ›Bewegung‹. In: Klopstock, Natur der Poesie, 259-361 [Nachwort].
Menninghaus 1994: W. Menninghaus, ›Darstellung‹. F.G. Klopstocks Eröffnung eines neuen Paradigmas. In: Christiaan Hart-Nibbrig (Hg.), Was heißt ›Darstellen‹? Frankfurt a.M. 1994, 205-226.
Meschonnic 1982: Henri Meschonnic, Critique du rythme, anthropologie historique du langage. Paris 1982.
Minor 1893: Jakob Minor, Neuhochdeutsche Metrik. Straßburg 1893. Zit. nach: Zweite, umgearbeitete Auflage, Straßburg 1902.
Mix 1996: York-Gothart Mix (Hg.), Almanach- und Taschenbuchkultur des 18. und 19. Jahrhunderts. Wiesbaden 1996 (= Wolfenbütteler Forschungen, Bd. 69).
Mix 1999: Y.-G. Mix, Medialisierungsstrategien im 18. Jahrhundert. Prämissen und Perspektiven der Forschung. In: Das achtzehnte Jahrhundert 23/1 (1999), 40-58.
Mix 2001: Y.-G. Mix, Das Ende des Rokoko und die Formierung eines autonomen Lyrikmarktes in Deutschland (J.G. Herder, J.W.L. Gleim, G.A. Bürger). In: Luserke, Matthias / Marx, Reiner / Wild, Reiner (Hg.), Literatur und Kultur des Rokoko. Göttingen 2001, 211-222.
Moering 1999: Renate Moering, ›Dass der leidenschaftliche Zwiespalt zwischen Classikern und Romantikern sich endlich versöhne.‹ Rückwirkungen. In: Christoph Perels (Hg.), ›Ein Dichter hatte uns alle geweckt.‹ Goethe und die literarische Romantik [Ausstellung im Frankfurter Goethe-Museum, 19.6.-31.7.1999]. Frankfurt a.M. (Freies Deutsches Hochstift) 1999, 111-187.
Mon 1974: Franz Mon, Hörspiele werden gemacht. Radioessay, erstmals gesendet am 24. 5. 1974, WDR 3 / NDR 3. Zit. nach: Ders., Gesammelte Texte 1. Essays. Berlin 1994, 264-274.
Motte-Haber 1979: Helga de la Motte-Haber, ›Es flüstern und sprechen die Blumen …‹ Zum Widerspruch zwischen Lied als romantischer Kategorie und musikalischer Gattung. In: Zs. für Literaturwissenschaft und Linguistik 9 (1979), 70-79.
Mülder-Bach 1998: Inka Mülder-Bach, Im Zeichen Pygmalions. Das Modell der Statue und die Entdeckung der ›Darstellung‹ im 18. Jahrhundert. München 1998.
Müller 1977: Jan-Dirk Müller, J.J. Bodmers Poetik und die Wiederentdeckung mittelhochdeutscher Epen. In: Euphorion 71 (1977), 336-352.

Mukařovsky 1930: J. Mukařovsky, Phonologie und Poetik. Erstveröffentlichung [franz.] in: Réunion phonologique internationale tenue a Prague (18.-21.12. 1930). Prag 1931, 278-288. Dt. in: Ders., Kunst, Poetik, Semiotik. Hg. von Květoslav Chvatik. Übersetzt von Erika Annuß und Walter Annuß. Frankfurt a.M. 1989, 254-267.

Muncker 1880: Franz Muncker, Lessings persönliches und literarisches Verhältnis zu Klopstock. Frankfurt a.M. 1880.

Naumann 1990: Barbara Naumann, ›Musikalisches Ideen-Instrument.‹ Das Musikalische in Poetik und Sprachtheorie der Frühromantik. Stuttgart 1990.

Neubauer 1986: John Neubauer, The Emancipation of Music from Language. Depature from Mimesis in Eighteenth-Century Aesthetics. New Haven / London 1986.

Ong 1983: Walther J. Ong, Orality and Literacy. The Technologizing of the Word. London / New York 1983. Dt.: Oralität und Literalität. Die Technologisierung des Wortes. Opladen 1987.

Peter 1999: Emanuel Peter, Geselligkeiten. Literatur, Gruppenbildung und kultureller Wandel im 18. Jahrhundert. Tübingen 1999.

Pfotenhauer 1991: Helmut Pfotenhauer, ›Die Signatur des Schönen‹ oder ›In wie fern Kunstwerke beschrieben werden können?‹ Zu Karl Philipp Moritz und seiner italienischen Ästhetik. In: Ders. (Hg.), Kunstliteratur als Italienerfahrung. Tübingen 1991, 67-83.

Plumpe 1979: Gerhard Plumpe, Eigentum – Eigentümlichkeit. Über den Zusammenhang ästhetischer und juristischer Begriffe im 18. Jahrhundert. In: Archiv für Begriffsgeschichte 23 (1979), 175-196.

Plumpe 1981: G. Plumpe, Der Autor als Rechtssubjekt. In: Helmut Brackert / Jörn Stückrath (Hg.), Literaturwissenschaft. Grundkurs. Bd. II, Hamburg 1981, 179-193.

Pompino-Marschall 1995: Bernd Pompino-Marschall, Einführung in die Phonetik. Berlin / New York 1995.

Posner 1980: Roland Posner (Hg.), Ikonismus in den natürlichen Sprachen (= Zs. für Semiotik 2 (1980), Heft 3).

Raible 1991: Wolfgang Raible, Zur Entwicklung von Alphabetschrift-Systemen. [vorgetragen vor der philosophisch-historischen Klasse der Heidelberger Akademie der Wissenschaften am 21. 4. 1990] Heidelberg 1991.

Raible 1998: W. Raible (Hg.), Medienwechsel. Erträge aus zwölf Jahren Forschung zum Thema ›Mündlichkeit und Schriftlichkeit‹. Tübingen 1998.

Richter 1993/94: Simon Richter, Medizinischer und ästhetischer Diskurs im 18. Jahrhundert. Herder und Haller über Reiz. In: Lessing Yearbook 25 (1993/94), 83-95.

Richter 1999: S. Richter, Intimate relations. Music in and around Lessing's ›Laokoon‹. In: Poetics today 20/2 (1999), 155-173.

Riedel 1994: Wolfgang Riedel, Anthropologie und Literatur in der deutschen Spätaufklärung. Skizze einer Forschungslandschaft. In: IASL 1994, 6. Sonderheft, 93-157.

Rosenberg 1988: Rainer Rosenberg, Die Sublimierung der Literaturgeschichte oder: ihre Reinigung von Materialitäten der Kommunikation. In: Gumbrecht / Pfeiffer 1988, 107-120.

Saenger 1998: Paul Saenger, Space between words. The origins of silent reading. Stanford 1998.

Saine 1973: Thomas P. Saine, Vorwort. In: Moritz 1786, V-XVIII.

Saran 1907: Franz Saran, Deutsche Verslehre. München 1907.

Saussure, Grundfragen: Ferdinand de Saussure, Grundfragen der allgemeinen Sprachwissenschaft. Hg. von Charles Bally und Albert Sechehaye, übersetzt von Herman Lommel. Berlin ²1967. [Originalausgabe: Cours de linguistique générale. Lausanne / Paris 1916].

Schade 1990: Ernst Schade, Volkslied-Editionen zwischen Transkription, Manipulation, Rekonstruktion und Dokumentation. In: Jb. Volkslied 35 (1990), 44-63.

Scherer 1983: Wolfgang Scherer, Bab(b)ellogik. Sound und die Auslöschung der buchstäblichen Ordnung. Basel 1983.

Scherer 1988: W. Scherer, ›Aus der Seele muß man spielen‹. Instrumentelle und technische Bedingungen der musikalischen Empfindsamkeit. In: Gumbrecht / Pfeiffer 1988, 295-309.

Scherpe 1968: Klaus R. Scherpe, Gattungspoetik im 18. Jahrhundert. Historische Entwicklung von Gottsched bis Herder. Stuttgart 1968.

Schings 1994: Hans-Jürgen Schings (Hg.), Der ganze Mensch. Anthropologie und Literatur im 18. Jahrhundert. DFG-Symposion 1992. Stuttgart 1994.

Schmid 1977: Wolf Schmid, Der ästhetische Inhalt. Zur semantischen Funktion poetischer Verfahren. Lisse 1977.

Schmidt 1989: Siegfried J. Schmidt, Die Selbstorganisation des Sozialsystems Literatur im 18. Jahrhundert. Frankfurt a.M. 1989.

Schneewolf 1987: Rainer Schneewolf, Laut und Leute. Über das Problem, für die lautliche Ebene poetischer Texte verbindlich zu sagen, was dort auf wen wirkt, d.h. mit Fug und Recht als Lauttextur, als wirkrelevant, als literarisches Faktum zu gelten hat [...]. Münster 1987 (= Studium Sprachwissenschaft, Beiheft 11).

Schneider 1998: Nikolaus Schneider, Ganz einfach schön oder ganz schön kompliziert? Beobachtungen zu einem Volkslied und zu einem Schlaflied. In: Parapluie [http://www.parapluie.de]. Lieferung 2: Schönheit und Ideal, 1998.

Schneider 2002: N. Schneider, Klopstock at Vechta: An obstinate conference-participant. In: Küper 2002, 115-128.

Schön 1987: Erich Schön, Der Verlust der Sinnlichkeit oder Verwandlungen des Lesers. Mentalitätswandel um 1800. Stuttgart 1987.

Schöning 1982: Klaus Schöning (Hg.), Spuren des Neuen Hörspiels. Frankfurt a.M. 1982.

Schrimpf 1964: Hans-Joachim Schrimpf, Vers ist tanzhafte Rede. Ein Beitrag zur deutschen Prosodie aus dem 18. Jahrhundert. In: William Foerster / Karl Heinz Borck (Hg.), Fs. Jost Trier zum 70. Geburtstag. Köln / Graz 1964, 386-410.

Schultz 1982: Hartwig Schultz, Form als Inhalt. Vers- und Sinnstrukturen bei Joseph von Eichendorff und Annette von Droste-Hülshoff. Bonn 1981.
Schwab 1965: Heinrich W. Schwab, Sangbarkeit, Popularität und Kunstlied. Studien zu Lied und Liedästhetik der mittleren Goethezeit, 1770-1814. Regensburg 1965.
Seidel 1975: Wilhelm Seidel, Über Rhythmustheorien der Neuzeit. Bern 1975.
Seidel 1988: W. Seidel, Zwischen Immanuel Kant und der musikalischen Klassik. Die Ästhetik des musikalischen Kuntwerks um 1800. In: Danuser et alii 1988, 67-84.
Siegert 1995: Reinhart Siegert, ›Im Volkston‹. Zu einem Phantom in Literatur, Musik und Bildender Kunst. In: Ursula Brunold-Bigler / Hermann Bausinger (Hg.), Hören – Sagen – Lesen – Lernen. Fs. Rudolf Schenda zum 65. Geb. Bern u.a. 1995, 679-694.
Sievers 1912: Eduard Sievers, Rhythmisch-melodische Studien. Heidelberg 1912.
Simon 1998: Ralf Simon, Das Gedächtnis der Interpretation. Gedächtnistheorie als Fundament für Hermeneutik, Ästhetik und Interpretation bei J.G. Herder. Hamburg 1998.
Sklovskij 1919: Viktor Sklovskij, Die Kunst als Verfahren. Originalausgabe [russ.] in: Poétika. Sborniki po teorii poétičeskogo jazyka. Prag 1919, 101-114. Dt. in: Striedter 1969, 2-35.
Smeed 1987: John William Smeed, German Song and its Poetry, 1740-1900. New York 1987.
Smolka-Koerdt et alii 1988: Gisela Smolka-Koerdt / Peter M. Spangenberg / Dagmar Tillmann-Bartylla (Hg.), Der Ursprung von Literatur. Medien, Rollen, Kommunikationssituation zwischen 1450 und 1650. München 1988.
Solms 1990: Friedhelm Solms, Disciplina aesthetica. Zur Frühgeschichte der ästhetischen Theorie bei Baumgarten und Herder. Stuttgart 1990.
Stanitzek 1992: Georg Stanitzek, [Rezension zu:] Siegfried J. Schmidt, Die Selbstorganisation des Sozialsystems Literatur im 18. Jahrhundert (1989). In: IASL 17 (1992), 181-191.
Stefano 1995: Giovanni di Stefano, Der ferne Klang. Musik als poetisches Ideal in der deutschen Romantik. In: Gier / Gruber 1995, 121-143.
Stempel 1972: Wolf-Dieter Stempel (Hg.), Texte der russischen Formalisten. Bd. II: Texte zur Theorie des Verses und der poetischen Sprache. München 1972.
Stetter 1997: Christian Stetter, Schrift und Sprache. Frankfurt a.M. 1997.
Stierle 1984: Karlheinz Stierle, Das bequeme Verhältnis. Lessing und die Entdekkung des ästhetischen Mediums. In: Gunter Gebauer (Hg.), Das Laokoon-Projekt. Pläne einer semiotischen Ästhetik. Stuttgart 1984, 23-58. Zit. nach: K. Stierle, Ästhetische Rationalität. Kunstwerk und Werkbegriff. München 1996, 104-137.
Stock 1996: Eberhard Stock, Text und Intonation. In: Sprachwissenschaft 21 (1996), 211-240.
Stoljar 1985: Margret M. Stoljar, Poetry and Song in Late Eighteenth Century Germany. A Study in the musical ›Sturm und Drang‹. London u.a. 1985.

Striedter 1969: Jurij Striedter (Hg.), Texte der russischen Formalisten. Bd. I: Texte zur allgemeinen Literaturtheorie und zur Theorie der Prosa. München 1969.

Strube 1990: Werner Strube, Die Geschichte des Begriffs ›Schöne Wissenschaften‹. In: Archiv für Begriffsgeschichte 33 (1990), 136-216.

Szondi 1974: Peter Szondi, Poetik und Geschichtsphilosophie I. Studienausgabe der Vorlesungen, Bd. II. Hg. von Senta Metz und Hans-Hagen Hildebrandt. Frankfurt a.M. 1974.

Taylor 1988: Dennis Taylor, Hardy's Metres and Victorian Prosody. Oxford 1988.

Ter-Nedden 1988: Gisbert Ter-Nedden, Das Ende der Rhetorik und der Aufstieg der Publizistik. Ein Beitrag zur Mediengeschichte der Aufklärung. In: Hans-Georg Soeffner (Hg.), Kultur und Alltag. Göttingen 1988, 171-190.

Tillmann 1994: Hans G. Tillmann, Phonetics, Early Modern, especially Instrumental and Experimental Work. In: The Encyclopedia of Language and Linguistics. Hg. von R.E. Asher. Bd. VI, Oxford u.a. 1994, 3082-3095.

Tillmann / Günther 1986: Hans G. Tillmann / Hartmut Günther, Zum Zusammenhang von natur- und geisteswissenschaftlicher Sprachforschung – Phonetik und Phonologie. In: Zs. für Sprachwissenschaft 5 (1986), 187-208.

Todorov 1977: Tzvetan Todorov, Symboltheorien. Aus dem Franz. von Beat Gyger. Tübingen 1995 [Originalausgabe: Théories du symbole. Paris 1977].

Trabant 1988: Jürgen Trabant, Vom Ohr zur Stimme. Bemerkungen zum Phonozentrismus zwischen 1770 und 1830. In: Gumbrecht / Pfeiffer 1988, 63-79.

Trabant 1990: J. Trabant, Traditionen Humboldts. Frankfurt a.M. 1990.

Trubetzkoy ^{3}1958: Nikolaj S. Trubetzkoy, Grundzüge der Phonologie. Göttingen ^{3}1958 [1. Auflage: 1939].

Tsur 1977: Reuven Tsur, A Perception-Oriented Theory od Metre. Tel Aviv 1977.

Tsur 1992: R. Tsur, Towards a theory of cognitive poetics. Amsterdam 1992.

Tsur 1998: R. Tsur, Poetic Rhythm. Structure and Performance. An Empirical Study in Cognitive Poetics. Bern 1998.

Tynjanov 1924: Jurij Tynjanov, Das Problem der Verssprache. Zur Semantik des poetischen Textes. Leningrad 1924. Aus dem Russischen übersetzt, eingeleitet und mit Registern versehen von Inge Paulmann. München 1977.

Utz 1990: Peter Utz, Das Auge und das Ohr im Text. Literarische Sinneswahrnehmung in der Goethezeit. München 1990.

Vellusig 1991: Robert H. Vellusig, Mimesis von Mündlichkeit. Zum Stilwandel des Briefes im Zeitalter der technischen Reproduzierbarkeit der Schrift. In: Theo Elm / Hans H. Hiebel (Hg.), Medien und Maschinen. Literatur im technischen Zeitalter. Freiburg 1991, 70-92.

Vogl 1999: Joseph Vogl (Hg.), Poetologien des Wissens um 1800. München 1999.

Vogt-Spira 1991: Gregor Vogt-Spira, Vox und Littera. Der Buchstabe zwischen Mündlichkeit und Schriftlichkeit in der grammatischen Tradition. In: Poetica 23 (1991), 295-327.

Wagenknecht 1981: Christian Wagenknecht, Deutsche Metrik. Eine historische Einführung. München 1981. Zit. nach: ebd. ^{2}1989.

Wehde 2000: Susanne Wehde, Typographische Kultur. Tübingen 2000.
Weimar 1989: Klaus Weimar, Geschichte der deutschen Literaturwissenschaft bis zum Ende des 19. Jahrhunderts. München 1989.
Weimar 1991: K. Weimar, Zur neuen Hermeneutik um 1800. In: Jürgen Fohrmann / Wilhelm Voßkamp (Hg.), Wissenschaft und Nation. Studien zur Entstehungsgeschichte der deutschen Literaturwissenschaft. München 1991, 195-204.
Weimar 1995: K. Weimar, Das Wandeln des Wortlosen in der Sprache des Gedichts. In: Hilliard / Kohl 1995, 33-45.
Weithase 1930: Irmgard Weithase, Anschauungen über das Wesen der Sprechkunst 1775–1825. Berlin 1930.
Weithase 1940: I. Weithase, Die Geschichte der deutschen Vortragskunst im 19. Jahrhundert. Anschauungen über das Wesen der Sprechkunst vom Ausgang der deutschen Klassik bis zur Jahrhundertwende. Weimar 1940.
Weithase 1961: I. Weithase, Zur Geschichte der gesprochenen deutschen Sprache. 2 Bde., Tübingen 1961.
Weithase 1980: I. Weithase, Sprachwerke – Sprechhandlungen. Über den sprecherischen Nachvollzug von Dichtungen. Köln / Wien 1980.
Wiesemann 1997: Ursula Wiesemann (Hg.), Phonologie. Ein Lehrbuch. Bonn 1997.
Wittmann 1982: Reinhard Wittmann, Buchmarkt und Lektüre im 18. und 19. Jahrhundert. Beiträge zum literarischen Leben 1750-1880. Tübingen 1982.
Wittsack 1932: Walther Wittsack, Studien zur Sprechkultur der Goethezeit. Greifswald 1932.
Wohlleben 1979: Robert Wohlleben, Der wahre Phantasus. Studien zur Konzeption des Hauptwerks von Arno Holz. In: die horen 1979, Heft 4, 84-102.
Zeuch 1996: Ulrike Zeuch, ›Ton und Farbe, Auge und Ohr: Wer kann sie commensurieren?‹ Zur Stellung des Ohrs innerhalb der Sinneshierarchie bei J.G. Herder und zu ihrer Bedeutung für die Wertschätzung der Musik. In: Zs. für Ästhetik und Allgemeine Kunstwissenschaft 41/2 (1996), 233-257.
Zeuch 2000: U. Zeuch, Umkehr der Sinneshierarchie. Herder und die Aufwertung des Tastsinns seit der frühen Neuzeit. Tübingen 2000.
Zimmermann 1981: Harro Zimmermann, Geschichte und Despotie. Zum politischen Gehalt der Hermannsdramen F.G. Klopstocks. In: Klopstock 1981, 97-121.
Zirmunskij 1921: Viktor Zirmunskij, Die Aufgaben der Poetik. Erstveröffentlichung [russ.] in: Načala 1 (1921), 51-81. Dt. in: Stempel 1972, 136-161.
Zollna 1994: Isabel Zollna, Der Rhythmus in der geisteswissenschaftlichen Forschung. Ein Überblick. In: Zs. für Linguistik und Literaturwissenschaft 96 (1994), 12-52.
Zumthor 1983: Paul Zumthor, Introduction à la poésie orale. Paris 1983. Dt.: Einführung in die mündliche Dichtung. Aus dem Franz. übersetzt von Irene Selle. Berlin 1990.

Quellennachweise der Abbildungen und Notenbeispiele

Die hier angegebenen Kurztitel sind in der Bibliographie verzeichnet und aufgelöst.

S. 35	Nicolai 1777-78, I, 44 f.
S. 36	Friedländer 1902, Nr. 117.
S. 88	Steele 1779, 77.
S. 193	Seckendorff 1816, I, 33.
S. 203	Muncker 1880, 218 f.
S. 205	Gluck, Oden, 12 [vereinfachte Umschrift, ohne Wiedergabe der Tonhöhen und ohne Wiedergabe des Begleitsatzes].
S. 207	Gluck, Oden, 5.
S. 208-209	Neefe, Oden von Klopstock, 14 f.
S. 214-218	Reichardt 1782-91, 17-21.
S. 231	Zelter 1821, 20.